本书出版受到华中师范大学中央高校基本科研业务费专项资金资助

印度尼西亚国情报告
（2017）

主编／韦红　副主编／王勇辉

REPORT ON NATIONAL SITUATION OF THE REPUBLIC OF INDONESIA (2017)

社会科学文献出版社
SOCIAL SCIENCES ACADEMIC PRESS (CHINA)

主要编者简介

主编韦红

韦红，华中师范大学政治与国际关系学院副院长、教授、博士生导师，中国印尼人文交流研究中心主任，中国国际关系学会常务理事，中国东南亚研究会理事。主要研究领域为东南亚国际关系。

曾主持研究"总体国家安全观下的中国东南周边地区安全机制构建""中国参与国际体系变革进程""亚太地区救灾合作机制建设对策"等国家社会科学基金重大、重点课题多项；出版有《东南亚五国民族问题研究》《地区主义视野下的中国—东盟合作研究》《东南亚国家城市化与乡村发展研究》《新加坡精神》等多部著作；在《现代国际关系》《国际问题研究》《当代亚太》《东南亚研究》等刊物上发表论文60余篇。

副主编王勇辉

王勇辉，复旦大学国际政治学博士（国际政治经济学方向），华中科技大学理论经济学博士后，剑桥大学访问学者，华中师范大学政治与国际关系学院副教授。主要研究方向为东亚经济合作、区域政治发展、印度尼西亚问题等。曾主持教育部青年项目、湖北省社会科学基金项目、国家协同创新项目等多项课题，并作为子课题负责人参与多项国家社会科学基金重大项目和国家社会科学基金重点项目。主要著作有《东亚货币合作的政治经济学分析》《农村城镇化与城乡统筹的国际比较》《两次金融危机背景下的世界经济》《中国对亚太地区投资合作研究》等。在《现代国际关系》《东南亚研究》等刊物发表论文40余篇，并在 Fudan Journal of the Humanities and Social Sciences 等国际刊物发表论文数篇。

目　录

上篇　总报告（2016~2017年）

- 一　政局总体稳定，但各方力量博弈加剧…………………………………003
- 二　出台多项改革措施，经济保持增长势头…………………………………014
- 三　环境问题不容乐观，多元主义受到冲击…………………………………030
- 四　努力扩大国际影响力，突出海洋权益保护与合作………………………037

中篇　分报告（2016~2017年）

第一章　印度尼西亚政治 …………………………………………………047
- 第一节　雅加达省长选举与"钟万学事件"………………………………047
- 第二节　肃贪工作的推进……………………………………………………062
- 第三节　政治改革……………………………………………………………073
- 第四节　政党选举政治………………………………………………………081
- 第五节　立法司法工作………………………………………………………087

第二章　印度尼西亚经济 …………………………………………………093
- 第一节　农业稳健发展，但部门发展不均衡………………………………093
- 第二节　工业发展速度放缓，油气等产业形势严峻………………………106
- 第三节　能源结构调整压力加大，国际能源合作继续推进………………120
- 第四节　金融业成熟度低，发展速度缓慢…………………………………137
- 第五节　对外经济与贸易发展不够稳定，中国是最大贸易伙伴…………149

第三章　印度尼西亚外交 …… 159
- 第一节　印尼总体外交特征 …… 159
- 第二节　对外关系 …… 172
- 第三节　国际立场 …… 176

第四章　印度尼西亚社会、文化、宗教与教育 …… 183
- 第一节　社会发展 …… 183
- 第二节　文化发展 …… 201
- 第三节　维护宗教和谐 …… 215
- 第四节　教育改革与合作 …… 228

第五章　印尼—中国关系 …… 235
- 第一节　印尼—中国政治关系 …… 236
- 第二节　印尼—中国经济关系 …… 249
- 第三节　印尼—中国人文交流 …… 273

下篇　大事记及统计数据（2016年）

- 一　2016年印度尼西亚大事记 …… 289
- 二　2016年印度尼西亚—中国关系大事记 …… 299
- 三　经济社会数据统计表格 …… 303

参考文献 …… 322

后　记 …… 327

上篇
总报告（2016~2017年）

2016年至2017年上半年，印度尼西亚在佐科政府的领导下，逐渐探索出一条国家利益优先、安全稳定为重、经济发展至上的国家发展道路。佐科政府在政治、经济、外交等方面都取得了不错的成绩，但也面临着不小挑战。特别是随着2018年地方选举和2019年总统选举周期的临近，印尼各政党和各利益集团间的博弈加剧。另外，宗教极端主义、恐怖主义、环境等问题也对印尼多元主义价值和社会安全构成了威胁。

一 政局总体稳定，但各方力量博弈加剧

2016年印尼国内政治进程总体比较平稳，佐科执政联盟基础扩大，政党间的关系大为改善并趋于稳定。但随着2016年下半年雅加达省长选举的进行，党派之间的竞争逐渐紧张起来，各利益集团的政治博弈日趋激烈，印尼提前进入了2019年总统大选的政治生态。在这一总体环境下，佐科面临着巨大的执政压力和危机。

（一）雅加达省长选举成功举行，选举过程一波三折

自2016年10月开始至2017年4月结束的雅加达省长选举，以阿尼斯的胜利而告终。值得注意的是，这场选举是在激烈和紧绷的氛围下举行的，被形容为"印尼最两极化最分裂的选举"，充斥着伊斯兰宗教因素。[①] 其中，钟万学在政治选举宣传中发表的有关伊斯兰的不当言论被过分解读和利用，并引发多次大规模的"反钟万学"游行示威，钟万学深陷"亵渎伊斯兰"

---

① 《印尼宗教势力抬头》，《联合早报》2017年4月22日，http://www.zaobao.com/forum/views/opinion/story20170422-751856。

的罪责指控。而钟万学的主要竞争对手阿尼斯充分利用伊斯兰教,大打宗教牌,呼吁印尼广大穆斯林将选票投给自己。印尼繁荣公正党(PKS)领袖指出,阿尼斯的胜利与印尼穆斯林联合起来给予其支持是分不开的。[1] 南洋理工大学国际问题研究院廖建裕接受《联合早报》采访时也指出,宗教高度政治化是造成钟万学败选的主因。[2]

1. 雅加达选举候选人的推出

2016年9月20日,斗争民主党(PDI-P)正式宣布推选现任雅加达省长钟万学和副省长查罗特为2017年雅加达正副省长候选人搭档,前总统苏西洛长子阿古斯和雅加达省府官员希尔菲娜也被正式确定为候选人搭档,大印尼运动党主席普拉博沃则推出教育与文化部前部长阿尼斯和企业家桑迪阿加。三组候选人的最终确定预示着雅加达省长选举正式拉开帷幕。三组候选人有着自身的特点和优势。民主党人阿古斯作为1号候选人,年轻帅气,政治背景雄厚,再加之其穆斯林的身份,深受穆斯林团体和妇女的欢迎;2号候选人钟万学属于斗争民主党,在首任雅加达省长期间力推改革,促进雅加达的城市建设并取得较好的政绩,其务实的作风和精明能干的特质获得社会各个阶层的广泛支持;3号候选人阿尼斯曾担任大学校长和教育与文化部部长,开明、勇于改革和具有国际大局观,深受大学生和年轻人的喜爱。与三组候选人相对应的,此次雅加达选举充斥着印尼政坛不同势力的激烈角逐,印尼政坛被分为了严格的三派:佐科和梅加瓦蒂支持的钟万学和查罗特竞选集团;普拉博沃支持的阿尼斯和桑迪阿加竞选集团;苏西洛支持的阿古斯和希尔菲娜竞选集团。

2. "钟万学亵渎案"的发酵

此次选举中,钟万学因其不当言辞而意外演化出"钟万学亵渎案",这一案件贯穿选举始终,对选举的进程和结果产生重要影响。"钟万学亵

---

[1] "Anies' Victory Raises Muslim Dignity in Politics: PKS", *The Jakarta Post*, Apr. 26, 2017, http://www.thejakartapost.com/news/2017/04/26/anies-victory-raises-muslim-dignity-in-politics-pks.html.

[2] 《国际特稿:阿学落选 印尼变色?》,《联合早报》2017年4月30日, http://www.zaobao.com/sea/politic/story20170430-754640。

渎案"主要分为四个阶段。第一，钟万学关于《古兰经》不当言论的发布。钟万学2016年9月27日到访千岛群岛时发表政治选举讲话，批评其竞选对手企图利用《古兰经》经文，他的讲话很快被政敌和宗教极端分子歪曲，钟万学的演讲视频也被人剪接并配上误导性字幕，指责"钟万学声称《古兰经》这段经文是说谎话"，因此钟万学被扣上"亵渎伊斯兰"的帽子。第二，大规模"反钟万学"示威游行活动的爆发。2016年10月14日、11月4日和12月2日，在雅加达爆发多次大规模的"反钟万学"游行，并伴随流血冲突事件。印尼"反钟万学"的浪潮日益高涨，钟万学被推到风口浪尖之上。甚至在第二轮选举前夕，印尼保守派穆斯林团体多次走上街头，抗议钟万学亵渎《古兰经》。第三，印尼法院关于"钟万学亵渎《古兰经》"的立案调查。由于"反钟万学"游行示威日益壮大，严重影响社会稳定，尤其是11月雅加达游行所造成的流血事件，迫使钟万学的政治盟友佐科同意当局以涉嫌亵渎宗教罪起诉钟万学。[1] 2016年11月16日，钟万学最终因涉嫌亵渎宗教被认定为该案犯罪嫌疑人。之后，钟万学也多次被传唤至法庭进行调查，直至法院做出判决，法院共计庭审23次。第四，法院关于钟万学的最终判决。2017年5月9日，雅加达北区地方法院主席团宣布，钟万学违反《刑法》156a条款，故意在公众面前发表声明或散布敌对情绪，错用或亵渎某一宗教，以"亵渎伊斯兰"罪名判处其两年监禁，并立即收监。[2]

3. 雅加达省长的选举结果

印尼地方首长选举采取二轮决选制的选举方法，即任何一组候选人在首轮投票得票数过半即告当选；若没有一组候选人得票数过半则重新进行第二轮投票选举，由首轮得票最高的两组候选人进行对决，并最终确定选举结果。

---

[1] 《学者廖建裕：雅城首长选举是总统选举前哨战》，《联合早报》2017年2月13日，http://www.zaobao.com/news/sea/story20170213-723958。

[2] Adam Harvey, "Jakarta's Christian Governor Ahok Found Guilty in Islam Blasphemy Trial", ABC News, May. 9, 2015, http://www.abc.net.au/news/2017-05-09/jakartas-outgoing-governor-ahok-found-guilty-in-blasphemy-trial/8509936.

在雅加达省长首轮选举中，钟万学组合以约43%的得票率领先，阿尼斯组合以约40%的得票率紧追，阿古斯组合则以约17%的得票率垫底。但由于三组候选人得票数都没有超过五成，因此必须进行第二轮投票。[①] 2017年4月19日，雅加达次轮选举在紧张气氛下顺利举行。结果阿尼斯—桑迪阿加获得了57.96%的选票，比现任雅加达省长钟万学及其搭档查罗特高出16百分点，阿尼斯获得雅加达省长选举的最终胜利，并于2017年10月正式上任。

4. 雅加达省长选举深受瞩目的原因

印尼地方性选举能引起诸多争议，并深受各国关注，主要在于这次选举是印尼政治生态的缩影，将长期影响印尼政治。此次选举将会加剧印尼各方势力在未来总统大选中的博弈以及世俗政治与伊斯兰政治的博弈。第一，雅加达选举是印尼2019年总统大选的预演。对于普拉博沃而言，为了能在2019年的总统选举中再次对抗佐科并取得胜利，必须先在雅加达省长之战中取胜。否则，2019年问鼎总统宝座就会成为泡影。对于佐科而言，由于2019年印尼总统选举会出现更多的候选人，如果钟万学在雅加达选举中胜利，就能在阻止2019年总统大选出现新的竞选者方面起到重大作用，对佐科能够继续连任总统产生积极影响。钟万学的竞选失利极大增强了佐科竞争对手的竞选实力。因此，无论是佐科还是普拉博沃，都密切关注并积极参与此次雅加达选举。第二，雅加达选举是对印尼多元主义的重大考验。宗教主义和极端主义利用社交媒体在此次选举中起着重要作用，挑战着印尼的国家多元主义，也加大了社会的两极分化。曾任印尼前总统瓦希德顾问的政治分析员威马表示："这是对印尼多元主义的一次测试，考验它能否经受得起宗教团体与民粹主义者的压力。"[②] 繁荣公正党领导人指出，阿尼斯的胜利为穆斯林进一步提高在政治领域的地位提供了动力。[③] 因此，此次选举备受关

[①] 《雅加达首长选举将有次轮投票》，《联合早报》2017年2月15日，http://www.zaobao.com/realtime/world/story20170215-725108。

[②] 《雅城首长选举考验多元文化，商界担心落选方或暴力报复》，《联合早报》2017年4月17日，http://www.zaobao.com/news/sea/story20170417-749637。

[③] "Anies' Victory Raises Muslim Dignity in Politics: PKS", *The Jakarta Post*, Apr. 26, 2017, http://www.thejakartapost.com/news/2017/04/26/anies-victory-raises-muslim-dignity-in-politics-pks.html.

注，事关印尼多元主义和包容性特征的走向。第三，"认同政治"影响着此次雅加达选举结果，并对印尼的民主进程产生影响。印尼日惹加查玛达大学教授纳吉阿兹卡认为，"认同政治"是造成此次雅加达选举结果的主因，并在印尼已成为主导民意的主力，甚至能抹杀钟万学所有的善政和治理成效。① 尽管印度尼西亚是一个种族、宗教、文化和习俗多元化的国家，但这并不能确保印尼能够接受所有的社会阶级进入国家的统治系统，雅加达选举中钟万学的败选就是其中的重要例子，占民众主体的穆斯林选民更倾向于选择具有穆斯林相同地位、文化背景的领导人。② 对保守派的摇摆态度表明许多印尼穆斯林不能调和宗教与民族身份，公众缺乏理性思维与批判性思维，单纯对政坛人物主观设想的不合理的认同将继续妨碍印度尼西亚的民主进程。③

（二）普委会修订选举法案，确保大选有序进行

雅加达省长选举落下帷幕，同时拉开了2018年地方选举和2019年总统大选的序幕。2019年，印尼总统选举、国会议员选举、地方代表理事会成员选举、地方（省县市）议会议员选举同时举行。四项选举同时进行是印尼建国以来的第一次尝试，选举过程将充满极大的不确定性和挑战性。因此，为保证选举公正、公平、民主、透明地顺利进行和有效开展，印尼当局必须尽快落实新选举法的制定。而印尼各方势力围绕着选举法的修改进行激烈的博弈和竞争，试图做出有利于自身的修改。

1. 不同政党推出多种选举方案，国会最终艰难通过新选举法

在此次选举法的修订过程中，围绕着选举的五个关键性问题出现了三种

---

① 《国际特稿：阿学落选 印尼变色？》，《联合早报》2017年4月30日，http://www.zaobao.com/sea/politic/story20170430-754640。
② Diya Sri Widiyanti, "Multicultural Politics in Governor Candidates of DKI Jakarta 2017 in Tempo.Co", *MIMBAR*, Vol. 33, No. 1, 2017, pp. 29-36.
③ Kuala Lumpur, "Rather than Move on, Let's Learn from Divisive Jakarta Election", *The Jakarta Post*, July. 5, 2017, http://www.thejakartapost.com/academia/2017/07/05/rather-than-move-on-lets-learn-from-divisive-jakarta-election.html。

不同的选举方案，这五个关键性的问题是：议席分配、议会门槛、政党提名总统候选人的门槛、选举制度和选票转换席位方式。其中，"政党提名总统候选人的门槛"成为各政党关注和争论的焦点。总结起来，共出现了三种方案。方案一：将总统候选人门槛设立为20%/25%（即在议会选举中赢得国会20%议席或在全国获得25%有效票的政党或政党联盟有权提名总统候选人），这一方案得到了斗争民主党、从业党、团结建设党、民族复兴党、国民民主党和民心党的支持；方案二：总统候选人门槛设立为0，这一方案获得大印尼运动党、公正福利党和民主党的支持；方案三：总统候选人门槛为10%/15%，这一折中方案获得国家使命党的支持。很明显，门槛设立的高对获得支持率较高的政党或政党联盟有利，门槛设立的低对在野党和实力较弱的政党或政党联盟有利。

由于各政党坚持己见、争论不断、互不相让，国会不得不多次做出推迟通过新选举法案的决定。原定于2017年4月通过的新选举法由于各方势力针对某些关键问题未达成一致而被拖延；至6月初，国会再次做出推迟讨论新选举法案的决定；最终，国会于7月21日凌晨艰难地批准通过选举法草案，包括对普选特委会未能达成一致的"选举制度、总统候选人提名门槛、议会门槛、选票转换成议席方式和每个选区的席位分配"五个关键问题做出决定。[①] 国会最终通过了大多数党派支持的将"总统候选人门槛设立为20%/25%"的方案，其具体内容为：①采用开放式比例选举制；②总统门槛为20%/25%，即在议会选举中赢得国会20%议席或在全国获得25%有效票的政党或政党联盟有权提名总统候选人；③议会门槛为4%，即在议会选举中得票率低于4%的政党不能获得国会、省议会或县/市议会的席位；④选票转换议席采用圣拉古法；⑤每个选区席位分配3~10席，即一个选区分配到的议席最少3席，最多10席。由此，新选举法案终于尘埃落定。

2. 迅速成立普选委员会，规范监督选举过程

为保证2018年地方选举和2019年总统选举的顺利进行，印度尼西亚做

[①]《国会表决通过选举法案》，《国际日报》2017年7月22日，http://www.guojiribao.com/shtml/gjrb/20170722/326197.shtml。

出相应的准备。第一，成立 2017~2022 年普选委员会。2017 年 4 月 5 日，国会第二委员会通过投票机制选出 2017~2022 年的 7 名普选委员会（KPU）委员和 5 名普选监委会（Bawaslu）委员。第二，筹备选举的相关工作。普选委员会和普选监委会负责选举的日常工作和具体事宜，做好前期准备工作，以及准备应对选举过程中出现的一系列问题。比如，向大众普及选举的相关知识，公布和宣传选举的各种信息，招募选举的相关工作人员和志愿者，更新选民和候选人的即时信息等。2017 年 6 月，普委会正式开始了选举的筹备工作。[1] 第三，增加财力投入，训练安保人员。为了确保印尼 2018 年的地方首长同步选举顺利进行，印尼警方将出动超过 7 万名训练有素的警力，分别部署在警方认为最易发生冲突的 12 个地区，共计耗资约 9000 亿卢比。[2] 因此，印尼国家警察总长狄托呼吁相关地方尽快批准安全预算，以提高相关安保人员的综合维稳能力，保证选举秩序正常、有序。

（三）佐科执政业绩显著，政党博弈加剧

2016 年，由于在多个方面取得了较为显著的政绩，佐科政府较 2015 年获得了更大的支持，多家民调机构反映印尼民众对佐科政府的满意度和支持率明显上升。但同时由于雅加达选举而提前开始了竞选博弈，印尼政坛暗流涌动，这给佐科执政带来一定挑战。

1. 民意支持率持续上升，佐科政府执政受到肯定

2016 年 7 月 SMRC 民意调查结果显示，67% 的民众对佐科政府的执政表现感到满意；72% 的民众相信，印尼在佐科领导下会变得更好。[3] 同年 10 月 23 日，印度尼西亚《罗盘报》公布民意调查结果并指出，印尼民众对佐

---

[1] "KPU Starts Preparations of Simultaneous Regional Elections", *The Jakarta Post*, June. 14, 2017, http://www.thejakartapost.com/news/2017/06/14/kpu-starts-preparations-of-simultaneous-regional-elections.html.
[2] 《警方为确保明年地方选举顺利举行需要安全预算 9000 亿卢比》，《雅加达环球报》2016 年 12 月 5 日。
[3] 《佐科维政府政绩民意调查》，《国际日报》2016 年 7 月 25 日，http://www.guojiribao.com/shtml/gjrb/20160725/277580.shtml。

科—卡拉政府业绩的满意度达到61%。自2015年4月至2016年1月，民众对政府的满意度低于60%，尤其是在法律和经济方面，民众的满意度甚至低于50%。但2016年4~10月，印尼民众的满意度保持在60%以上水平，而10月的满意度甚至达到了61%。①公众满意度在经济、法律和海事领域最高。在几乎整个2016年，佐科政府的执政满意度都能够保持在60%以上，佐科政府获得了印尼主体民众的支持和拥护，这与其开展行之有效的改革分不开。2016年7月，佐科第二次改组政府，重新调动和任免包括财政部、投资统筹机构、海事统筹部、教育与文化部等多个关键部门的人员。其中，印尼前三军总司令威兰托被任命为政治、法律与安全事务统筹部部长；卢胡特调任海事统筹部部长，以增加"全球海洋战略"的影响力；曾担任2005~2010年印尼财政部部长的改革派实干家穆燕妮重新被启用，负责印尼的经济改革；具有多年投行经验的贸易部原部长托马斯·拉蓬出任投资统筹机构主任，专门负责外国投资事务。另外，佐科政府着手精简国家政府机构，消除机构重叠现象，提高政府行政效率。2016年9月20日召开的内阁会议决定解散9个非结构性机构（LNS）。②

这些人事调整以及相应的改革取得了实际效果，比如在法律方面，税务特赦政策让更多的资金回流，国内的税务系统也日趋完善；肃贪委的反腐成果显著；推动警方改革和铲除司法黑帮。经济方面，在生活必需品的供求上印尼日益独立；印尼家庭经济收入持续增长；公共基础设施的迅速发展提高了公众对经济领域的满意度。在海事领域，大力在各岛屿建设港口以实现海上捷运的构想，加强海上防务和海上领土权益的维护取得实效等。在其他方面，如扫毒、增加国家收入等也取得显著成绩。这些都成为佐科政府获得较高支持率的重要基础，为佐科2019年总统选举提供了一个良好的群众基础和坚实票仓。

---

① 《印尼民众对佐科政府满意度逾六成》，《联合早报》2016年10月23日，https://www.zaobao.com/realtime/world/story20161023-681323。
② 《政府决定解散9个非结构性机构》，《国际日报》2016年9月22日，http://www.guojiribao.com/shtml/gjrb/20160922/285734.shtml。

2. 基建项目稳步推进，经济建设取得显著效果

加大基础设施建设力度是佐科政府执政以来的重要施政目标，并以此来加强印尼国内的互联互通和公平发展。为此，佐科出台多项措施来落实和改善印尼的基础设施建设。2016年至2017年8月，佐科政府已经推出了8期旨在促进经济发展和推进基础设施建设的经济刺激计划（第9~16期），始终将加快基础设施建设、完善物流运输系统和吸引外资等作为施政的重点。① 其中，在引进外资方面，佐科撤销那些对投资营业环境不利的条例，简化投资许可证手续，提升投资和经济增长率。具体来讲，印尼200多个国家政府法规得到修订或完善，3000多个地方政府规章因阻碍发展被撤销，近50个行业的外资限制得到放松。在联合国贸发会议公布的全球吸引外国直接投资目的国排行榜中，印尼位列第三。② 在公路建设方面，2016年印尼公路总长度达到526413公里，较2015年增长2500公里。③ 在供电方面，印尼大力兴建火力发电与水力发电厂，辅以天然气、地热发电、家庭太阳能等新型供电方式，计划两年内实现村村通电。④ 在灌溉系统中，印尼目前共有209座灌溉堤坝，政府将在2017年完成5座灌溉堤坝的修建任务。在工业园区建设方面，经过2016~2017年的努力，印尼现有享有直接投资便利工业园区32个，总面积达13516公顷。⑤ 2016~2017年，佐科政府取得了可观的经济成果。具体来讲，2016年印度尼西亚国内生产总值增长率保持在5.02%，实现了近几年增长率的首次回升；在进出口贸易上仍呈现出超，额

---

① Winny Tang, "Govt Launches 16th Economic Package to Boost Investment", *The Jakarta Post*, Aug. 31, 2017, http://www.thejakartapost.com/news/2017/08/31/govt-launches-16th-economic-package-to-boost-investment.html.
② 《印尼成为全球第三大吸引外资目的国》，http://www.mofcom.gov.cn/article/i/jyjl/j/201611/20161101708583.shtml。
③ *Statistical Yearbook of Indonesia 2017*, p.400, BPS-Statistics Indonesia, https://www.bps.go.id/website/pdf_publikasi/Statistik-Indonesia-2017.pdf.
④ 《印尼计划两年内实现村村通电》，《经济日报》2017年2月24日，http://paper.ce.cn/jjrb/html/2017-02/24/content_326572.htm。
⑤ 《印尼投资机构推介享有建筑直接投资便利18工业区》，《千岛日报》2017年2月25日，http://www.qiandaoribao.com/news/91977。

度达到 95.334 亿美元；在抑制通货膨胀上，印尼通货膨胀率全年保持在 3.02%。①

3. 肃贪工作取得成效，反腐斗争任重道远

佐科总统上任以来，实行高压反腐，调查对象转向政府、立法和司法部门的高级官员。历经 2015 年和 2016 年的高压反腐，肃贪委员会和佐科成为民众目前最信任的反贪克星。② 肃贪委取得了较为显著的成果。首先，侦办了几起重要的贪污案件。如电子身份证贪污案，涉及前任和现任的多名政府高级官员，印尼国会议员、专业集团党主席诺凡托也被确定为该案犯罪嫌疑人之一。在医疗器械舞弊案中，国家使命党尊严理事会主席阿敏·莱士也成为主要嫌疑人。其次，推动《资产追回法案》建设。肃贪委成员劳德·夏立夫对此表示，《资产追回法案》对于打击腐败犯罪者至关重要，他们希望有权扣押和接管涉嫌腐败和洗钱犯罪的资产。2016 年肃贪委从案件中扣押和没收钱财，向国库总共捐献 4976 亿盾资金，③ 一定程度上缓解了国内基础设施资金不足的困境。再次，肃贪委加强与其他政府机构的协调与合作。肃贪委和内政部、监察机构合作，对案件展开共同调查，共享反腐信息，严厉打击腐败行为；对一些重大贪污腐败案件，肃贪委和警方联合调查，结合各自特点使反腐斗争行之有效，④ 同时尽最大努力保护肃贪委调查人员的人身安全。⑤

由于涉案官员众多、牵涉利益复杂、打击范围庞大，肃贪委在调查过程中受到不同势力的阻挠、限制和掣肘。例如国会成立肃贪委调查委员会对肃

---

① "December Inflation at 0.42% with Total Annual Inflation Reaching 3.02%", *The Jakarta Globe*, Jan. 12, 2017, http://jakartaglobe.id/multimedia/december-inflation-0-42-total-annual-inflation-reaching-3-02/.
② 《调查：肃贪会和佐科是印尼人最信任反贪克星》，《联合早报》2017 年 7 月 24 日，http://www.zaobao.com/news/sea/story20170724-781321。
③ 《述说肃贪委 2016 年业绩》，《国际日报》2017 年 1 月 10 日，http://www.guojiribao.com/shtml/gjrb/20170110/301820.shtml。
④ 《肃贪委和警方各有优势和弱点》，《国际日报》2016 年 8 月 20 日，http://www.guojiribao.com/shtml/gjrb/20160820/281061.shtml。
⑤ Andi Hajramurni, "Police Ready to Provide 'Maximum' Protection for KPK: Chief", *The Jakarta Post*, Apr. 12, 2017, http://www.thejakartapost.com/news/2017/04/12/police-ready-to-provide-maximum-protection-for-kpk-chief.html.

贪委进行调查，这会削弱肃贪委打击贪腐的执法权力，并阻碍肃贪委对电子身份证案件的进一步调查；①肃贪委调查人员的人身安全受到威胁，例如肃贪委调查员诺菲尔·巴斯瓦丹遭到硫酸攻击；②甚至有官员建议冻结肃贪委，暂停肃贪委的工作。③为此，佐科强调，"决不允许任何人、任何机构试图削弱肃贪委的权力，我们必须要共同捍卫肃贪委"。④这对于佐科而言是一次严峻考验，既考验佐科政府的反腐执行力和决心，也考验佐科政府的政治智慧和政治手腕。2016年，印尼的腐败指数评分只有37分，世界排名90位。（见图1、图2）虽然在佐科政府的强力反腐态势下，印尼的腐败指数和排名略有上升，腐败问题较前几年有所好转，但佐科政府面临的情况依旧严峻，形势不容乐观，印尼反腐斗争仍任重而道远。

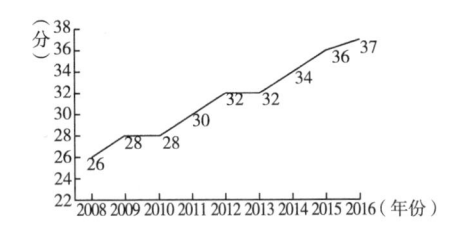

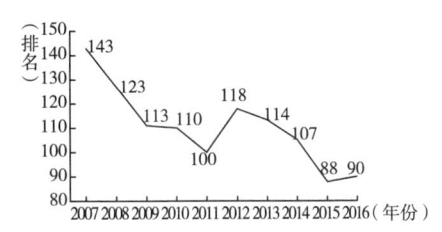

图1　印尼2008~2016年腐败指数评分　　　图2　印尼2007~2016年世界腐败排名

注：根据国际民间反腐组织透明国际的打分标准，通常以50分为及格标准。
资料来源：https：//zh.tradingeconomics.com/indonesia/corruption-index。

4. 政党之间博弈加剧，大选竞争拉开帷幕

随着充满紧张气氛的雅加达省长选举结束，印尼政局也逐步升温，各政党在选举过程中努力拉取选票和建立政党联盟，试图在2018年的地方首长选举和2019年总统大选来临之前占据有利位置。首先，政党间联盟趋势日

---

① "Inquiry not 'Suitable' for Us：KPK", The Jakarta Post, June. 13, 2017, http：//www.thejakartapost.com/news/2017/06/13/inquiry-not-suitable-for-us-kpk.html.
② "KPK Investigator Suffers Burns in Acid Attack", The Jakarta Post, Apr. 11, 2017, http：//www.thejakartapost.com/news/2017/04/11/kpk-investigator-suffers-burns-in-acid-attack.html.
③ 《斗争民主党政治家建议冻结肃贪委》，http：//cari.gxu.edu.cn/info/1370/13439.htm。
④ "I won't Let 'Anyone' Weaken KPK：Jokowi", The Jakarta Post, Sept. 11, 2017, http：//www.thejakartapost.com/news/2017/09/11/i-wont-let-anyone-weaken-kpk-jokowi.html.

益加强,各政党为2019年总统大选的到来提前做好准备。大印尼运动党表示将与民主党、公正福利党和国家使命党合作组成四党联盟,共同应对2019年大选。① 在7个政府联合政党中,民心党总主席乌斯曼宣布,民心党正式推举佐科参加2019年总统选举,专业集团党、团结建设党和国民民主党相继宣布支持佐科连任,而斗争民主党、民族觉醒党和国家使命党仍在观望,还未做出决定是否在2019年总统选举中继续支持佐科。② 同时,由于国会第二大党专业集团党主席涉嫌电子身份证贪污案,若佐科政府处理不当,极有可能使专业集团党走向佐科政府的对立,造成执政联盟破裂,这对于佐科竞选2019年总统是一个严峻考验。国家使命党政治态度的迅速转变就是因为其党首阿敏·莱士被列为医疗器械舞弊案的嫌疑人,从而离开佐科执政联盟,投靠普拉博沃的大印尼运动党。因此,政党间的分离、合作与观望使执政联盟和反对联盟出现新的分化与重组,对即将到来的总统大选产生深远影响。在雅加达选举过程中出现的以佐科、普拉博沃及前总统苏西洛为首的三方势力的角逐,也表明围绕下一届总统大选展开的斗争已拉开帷幕。③

二 出台多项改革措施,经济保持增长势头

进入2016年,虽然印度尼西亚经济发展面临的客观环境依然严峻,如外部国际环境复杂多变,全球金融环境趋于紧张,美国新政府的政策不确定,大宗商品价格不断下跌;内部经济结构的转型任重而道远,基础设施资金短缺等。不过,诸多有利于印尼经济发展的积极迹象已经显现,印度尼西亚央行行长玛托瓦多约将2016年称为印度尼西亚经济恢复之年。④ 印度尼

---

① 《大印党声称将促成四党联盟》,《国际日报》2017年7月26日,http://www.guojiribao.com/shtml/gjrb/20170726/326854.shtml。
② "PKB Unperturbed by Parties' Support for Jokowi's Reelection", *The Jakarta Post*, Aug. 5, 2017, http://www.thejakartapost.com/news/2017/08/05/pkb-unperturbed-by-parties-support-for-jokowis-reelection.html.
③ 杨晓强、王翕哲:《印度尼西亚:2016年回顾与2017年展望》,《东南亚纵横》2017年第1期,第24页。
④ 杨晓强、王翕哲:《印度尼西亚:2016年回顾与2017年展望》,《东南亚纵横》2017年第1期,第24页。

西亚2016年国内生产总值增长率保持在5.02%,略高于2015年4.79%的实际增长率,这是印度尼西亚自2010年以来国内生产总值增长率首次回升,扭转了近几年连续下跌的颓势。(见图3)2016年,印尼国内生产总值达到9323亿美元,远远高于其他东盟国家,几乎与泰国、马来西亚和新加坡三国国内生产总值的总和持平。(见表1)瑞士洛桑国际管理发展学院(IMD)发布的《2017年世界竞争力年报》根据"经济表现""政府效率""营商效率""基础建设"四个要素对经济体竞争力进行排名,印度尼西亚居第42位,比前一年高了6位,[1] 这展现出印尼良好的增长势头和发展趋势。这主要得益于印尼坚实的经济政策和家庭消费的持续增长。

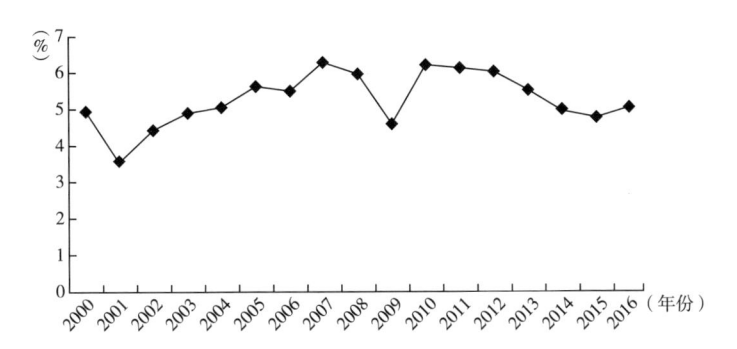

图3 印度尼西亚2000~2016年国内生产总值增长率

资料来源:世界银行。

表1 东盟2010~2016年国内生产总值

单位:10亿美元

国家	2010年	2011年	2012年	2013年	2014年	2015年	2016年
印度尼西亚	755.094	892.969	917.87	912.524	890.487	861.934	932.259
泰国	340.924	370.609	397.291	419.889	404.32	395.168	406.84
马来西亚	255.617	297.952	314.443	323.277	338.069	296.283	296.359
新加坡	236.422	275.221	289.269	300.288	306.344	292.739	296.966
菲律宾	199.591	224.143	250.092	271.836	284.834	292.451	304.905

[1] 《我国跃升6级为第42名》,《国际日报》2017年6月4日,http://www.guojiribao.com/shtml/gjrb/20170605/320249.shtml。

续表

国家	2010年	2011年	2012年	2013年	2014年	2015年	2016年
越南	115.932	135.539	155.82	171.222	186.205	193.599	202.616
缅甸	49.541	59.977	59.731	60.133	65.575	62.601	67.43
柬埔寨	11.242	12.83	14.038	15.45	16.778	18.05	20.017
文莱	13.707	18.525	19.048	18.094	17.123	12.93	11.4
老挝	7.128	8.261	9.356	11.189	11.739	12.369	15.903

资料来源：http：//data.worldbank.org.cn/country/lao-pdr?view=chart。

（一）制定《税务特赦法案》，促进国外资金回流

1. 实施《税务特赦法案》，推动税务体制改革

2016年6月28日，印度尼西亚国会正式通过了《税务特赦法案》，7月18日开始实施税务特赦政策，此项税收体制改革的主要目的在于减少偷税漏税现象、吸引海外资产回流、增加国家税收收入、填补国内基础设施资金不足、推动税务体制改革等。[1] 印尼战略与国际研究中心的经济学家指出，财政危机促使政府寻求通过税收改革来保证财政可持续性的方法，而《税务特赦法案》则推开了印尼税务体制改革的大门。[2]

根据此项政策，只要在2017年3月底之前，印尼的公司或者个人主动申报其国内资产或将其海外资产申报并转移回国保留至少三年，只需缴税2%~5%；若是将申报资产留在国外，税率则是4%~10%，无论如何都远低于顶级收入者在正常情况下所面对的30%的税率。公司资产和个人资产都涵盖在特赦计划内，而且越早申报，特赦税率就越低。[3] 税务特赦共分三期开展，7~9月为第一期，10~12月为第二期，次年1~3月为第三期。（见表

---

[1] 《回归国内资金多供基础设施项目》，《国际日报》2016年7月25日，http://www.guojiribao.com/shtml/gjrb/20160725/277601.shtml。

[2] "Tax Amnesty Opens Door to Tax Reform", *The Jakarta Post*, Oct.13, 2016, http://www.thejakartapost.com/news/2016/10/13/tax-amnesty-opens-door-to-tax-reform.html.

[3] 《印尼正式启动税务特赦计划》，《联合早报》2016年7月18日，http://www.zaobao.com/news/advance/story20160718-642809。

2）印尼公民存在国外的款项约有1000万亿盾，印尼政府希望通过税务特赦措施，追回这些款项中的165万亿盾。①

表 2　赎回款项税率

一般纳税人	资产申报含递交期间的赎回款项税率		
	2016年7~9月	2016年10~12月	2017年1~3月
资产申报（不汇回印尼）	4%	6%	10%
海外资产申报（汇回印尼并投资至少3年）	2%	3%	5%
境内资产申报（停留在印尼至少3年）	2%	3%	5%

2. 采取相应措施，配合税务特赦政策的开展

税务特赦政策的实施面临巨大的政治、法律和社会压力，为了保证税务特赦政策得到良好实施，印尼政府采取了相应的行动和措施来配合税务特赦政策的开展。第一，加强宣传该项政策，确保政策有效落实。印尼税务局工作人员积极引导纳税人申请税务特赦优惠政策，并在印尼各大城市宣传和普及该项政策。同时，印尼政府呼吁宗教领袖能够在宣传和普及税务特赦政策方面起到应有的作用。② 第二，颁布多项行政命令，力保政策有序落实。其一，警方在协助税收赦免措施实施时，协助税务局及申请人正确申报资产，并协助撤回存放在国外的资产或资金；其二，警方决不可泄漏申请人的身份、隐私和税收赦免的资料；其三，警方应能协助各地有关当局营造良好的投资环境，保证税收赦免措施申请人或投资人可以安心进行投资或营业活动。③ 第三，简化行政程序，方便纳税人申报。申报者可以利用税务局服务平台和官方网站获取申请表，纳税人可就近将申请表

---

① 《佐科维：若盾币呈强势　我们也担心》，《国际日报》2016年7月15日，http://www.guojiribao.com/shtml/gjrb/20160715/276597.shtml。
② Grace D. Amianti, "Govt Seeks Help from Religious Leaders to Promote Tax Amnesty", The Jakarta Post, Jan. 16, 2017, http://www.thejakartapost.com/news/2017/01/16/govt-seeks-help-from-religious-leaders-to-promote-tax-amnesty.html.
③ 《总警长就税务赦免下达三项命令》，《国际日报》2016年7月30日，http://www.guojiribao.com/shtml/gjrb/20160730/278202.shtml。

交至税务服务办事处等。① 第四，与其他国家或地区共享银行资料。到目前为止，印度尼西亚已经同新加坡、中国香港、瑞士、中国澳门等几个逃税目的地交换银行数据、共享银行资料，以监督更多的外流资金，并实现更多资金回国的预期目的。

3. 税务特赦政策取得一定成果，但未达到预期

税务特赦政策从 2016 年 7 月中旬实施到 2017 年 3 月结束，取得了一定成果。首先，在税收申报总额上，截至 2017 年 3 月 30 日，申报总额高达 3600 亿美元，占印尼国民生产总值近四成。印尼国家税务总局局长肯指出，税收总额比去年同期增加了 18%，已完成全年额度的 17%，比 2016 年前 3 个月提高了 3 百分点。他认为，《税务特赦法案》的推出和执行，扩大了纳税者的覆盖面，规范了收入税和财产税的管理机制，至少增加了 10% 的合法纳税者，这是印尼税务体制改革的一大亮点。② 其次，在新增纳税人方面，在实施该计划期间，印尼税务局登记了 5 万多名新纳税人，2017 年的登记纳税人也增长至 3603 万人，超过 2016 年的 3279 万人。③ 但是，税务特赦政策并没有实现既定目标，虽然申报资产超出预期，但回流资产和税收都还没有达标，仅仅完成了既定目标的 75%。其中，回流资产的目标是 165 万亿印尼盾，实际上只完成 147 万亿印尼盾；税收目标是 167 万亿印尼盾，也只完成了 134.99 万亿印尼盾。④ 总的来说，税务特赦虽然没有达到预期的目标，但对于扩充国内资金、促进基础设施建设、发展国家经济也起到了不可忽视的作用。

---

① 《为方便纳税人申报税务特赦尽可利用税务局服务台或网站等》，《印度尼西亚商报》2016 年 8 月 24 日。
② 《印尼税务特赦计划成效初显》，《经济日报》2017 年 4 月 25 日，http://paper.ce.cn/jjrb/html/2017-04/25/content_331882.htm。
③ 《税务特赦计划 75% 达标 印尼首季税收增两成》，《联合早报》2017 年 4 月 18 日，http://www.zaobao.com/news/sea/story20170418-750018。
④ "Tax Amnesty Achieves 75 percent of Target: Tax Office", *The Jakarta Post*, Apr. 17, 2017, http://www.thejakartapost.com/news/2017/04/17/tax-amnesty-achieves-75-percent-of-target-tax-office.html.

(二) 转变经济增长方式，促进经济均衡发展

1. 调整产业结构，优化经济增长方式

印尼政府以打造公平的市场环境、避免潜在社会冲突为基础，制定有利于均衡发展经济的措施。这种经济措施中，包括土地改革、农业、园业、城市贫民和廉价屋、渔民和海藻养殖业、公平税务制度、制造业、信息和通信技术、贷款和政府预算、职业、创业和劳动力市场、零售和市场等多个领域。印尼政府从宏观上为印尼经济结构的调整做出必要的准备。第一，政府利用公共资源投资基础设施建设，涉及的基础设施包括电力、公路、铁路、港口、机场、码头、水利等与生产息息相关的领域，以扩大实物资本存量，为经济结构的调整奠定物质基础。第二，印尼政府扩大在医疗、教育和社会援助方面的支出，以改善人力资源的结构、提高人力资本的生产力，为产业结构的调整提供人力基础。第三，印尼政府为中小型私营部门的发展、创新和提高生产力提供了有利环境和优惠政策。[①] 这主要集中在两个方面，一方面是在整个生产流程中提供便利，包括产品标准认证和设备采购融资；另一方面是通过完善公共设施帮助企业拓宽市场渠道，例如搭建数字交易平台和支付系统。除此之外，佐科强调在各地区发展不同下游部门产业的重要性，一方面能提高产品的附加值和增加就业机会，另一方面能调整产业结构，而不是将经济的发展过分依赖于某一产业，以实现经济的均衡长久发展。[②]

2. 注重贫穷落后地区和边界地区的经济发展

印度尼西亚超过一半的人口生活在爪哇岛上，其经济的发展重心和经济发达地区也集中在爪哇岛上。印尼全国范围内各地区的经济发展差距比较大，尤其是贫穷落后地区和边界地区经济的发展状况亟须得到改善。为此，佐科政府推出多项措施，包括持续增加经济特区、新增海上捷运航线和发展

---

① "Indonesia Economic Quarterly Sustaining Reform Momentum January 2017", http://www.worldbank.org/en/country/indonesia/publication/indonesia-economic-quarterly-january-2017.

② "S. Kalimantan Must Depend Less on Mining: Jokowi", *The Jakarta Post*, Apr. 10, 2017, http://www.thejakartapost.com/news/2017/04/10/s-kalimantan-must-depend-less-on-mining-jokowi.html.

边界地区经济等多种措施以实现各地区的均衡发展。首先,增加设立经济特区。印尼从目前已有的 11 个经济特区再增加 14 个经济特区,到 2019 年使印度尼西亚全国能拥有 25 个经济特区。政府发展经济特区有利于发挥经济特区的辐射和带动作用,加速爪哇岛外的经济发展,实现印尼全国经济的均衡发展。截至 2017 年 6 月,印尼原有的 11 个经济特区吸引投资额已经达到 1649 万亿美元。① 同时,经济特区有利于加强各地互联互通关系,并通过这种互联互通关系改善全国各地的物流供应系统。2017 年 8 月,印尼政府研讨有关设立 8 个新的特别经济区,此项政策也逐步开展。② 其次,2017 年印度尼西亚计划再增加 6 条海上捷运的航线,改善全国物流供应系统,促进全国各地互联互通,带动落后地区、偏僻地区和边界地区的经济发展。印尼交通部部长苏马迪指出,我们现在已经开启了 7 条海上捷运的航线,已经初步改善了巴布亚等地的物流供应系统。我们还要建设 6 条海上捷运航线,使更多的落后地区、偏僻地区和边界地区能互联互通,也改善它们的物流供应系统。③ 最后,打造和建立具有窗口示范效应的边界经济区。佐科指出,西加省与邻国拥有 996 公里长的边界线,应被建设成最主要的前沿地区和展示国家的窗口。除了注重核心地区的口岸建设,也应继续在支撑地区进行建设,以提高连通性。④ 2016 年 8 月,印尼共有 187 个边境镇区已被定为优先地点,这些镇区分布于 13 个省的 41 个镇,优先发展和改善边境镇区的基本服务,其中包括教育、卫生、净水和卫生设施等。⑤ 2017 年的印尼国家预算中,政府为边境地区的 6 个县(纳土纳、努努干、贝鲁、塔劳、摩罗泰和

---

① "Investment in 11 Special Economic Zones Reaches Rp 221 Trillion", *The Jakarta Post*, July. 8, 2017, http://www.thejakartapost.com/news/2017/07/08/investment-in-11-special-economic-zones-reaches-rp-221-trillion.html.
② 《印尼政府近期公布 8 个新特别经济区》, http://www.ccpit.org/Contents/Channel_4170/2017/0801/851375/content_851375.htm。
③ 《印尼政府将再增加 6 条海上捷运航线》, http://www.ccpit.org/Contents/Channel_4170/2017/0801/851367/content_851367.htm。
④ 《总统:边区应打造成展示国家的窗口》,《国际日报》2017 年 3 月 15 日, http://www.guojiribao.com/shtml/gjrb/20170315/309661.shtml。
⑤ 《边境地区建设 2019 年完成》,《国际日报》2016 年 8 月 12 日, http://www.guojiribao.com/shtml/gjrb/20160812/279862.shtml。

马老奇）划拨了超过2.4万亿印尼盾（约合1.774亿美元）的财政预算以促进当地经济的发展，根据每个县的特点，将投资侧重在农业、旅游业、渔业以及其他领域，以创造出合适的商业模式来打造自身经济竞争力。同时，一体化的边界地区管理系统，使印尼边境口岸周边地区可以发展成新的经济增长中心，成为展示印尼国家发展实力的窗口。

3. 改善人民生活，努力实现包容性增长

印度尼西亚推行公平和正义的经济发展政策，努力实现国家发展成果全民共享。印度尼西亚国家统计局数据显示，至2016年年底，印度尼西亚的失业率从2015年的6.18%降到了5.61%，反映贫富差距的基尼系数从0.41降至0.4，贫困人口比例则从11.2%降到10.7%。[1] 虽然印尼的贫富差距现象有所改善，但是其贫富差距仍然不容乐观。据统计，2015年印尼43.9%的社会总财富由全国1.64亿成年总人口中的1%（约164万人）掌握，在全球财富分配最不均衡榜上排名第四，仅次于俄罗斯、印度和泰国。而2016年这1%人口拥有的财富占比更大，达53.5%。[2] 因此，印尼在缩小贫富差距、促进社会公平正义方面仍任重而道远。

面对此种状况，佐科政府进行大刀阔斧的改革，力推多项"扶贫综合"措施应对。首先，印尼政府改善贫困人口住房问题。穆燕妮指出，印尼仅有40%的家庭能够承担起购房的压力，而印尼每年对房屋数量的需求达到80万~100万套。[3] 为此，2017年初，印尼公共工程与民居部通过了"全国建造100万民房纲领"，持续建筑房屋以满足低收入民众的需求。公共工程与民居部部长巴苏基表示，"2016年建造民房数量约达80万间，比2015年建成69.9

---

[1] *Statistical Yearbook of Indonesia 2017*, p.205, BPS-Statistics Indonesia, https://www.bps.go.id/website/pdf_publikasi/Statistik-Indonesia-2017.pdf.

[2] Abdul Manap Pulungan, "Lingering Problems behind Surging Inequality", *The Jakarta Post*, Mar. 10, 2017, http://www.thejakartapost.com/academia/2017/03/10/lingering-problems-behind-surging-inequality.html.

[3] "Only 40 percent of Indonesians Can Afford to Buy a House: Sri Mulyani", *The Jakarta Post*, Mar. 28, 2017, http://www.thejakartapost.com/news/2017/03/28/only-40-percent-of-indonesians-can-afford-to-buy-a-house-sri-mulyani.html.

万间民房有提高的迹象。其中,为低收入人群提供了近 57 万套住房,为其他社会成员提供了近 23.6 万套住房"。① 同时,印尼政府将住房问题作为 2018 年基础设施建设的四个重点领域之一。其次,提高全国人民教育水平,提高劳动力综合素质。目前,印尼劳动力的教育水平偏低,教育水平为小学程度的约占总数的 42%,小学程度与初中程度加起来共占 66%,小学、初中和高中程度所占比例是 88%。② 印尼贫困人口的典型特征为教育水平低下、职业技能欠缺等。③ 因此,佐科指出,"我国人力资源的教育程度还是很低,我们必须尽快提高他们的教育水平,才能够提高他们的竞争能力,同时也尽量发挥人口红利的利好条件"。为此,佐科决定增设更多的中专院校,同时改革中专院校的课程设置,设立富有弹性的课程,诸如焊接、建筑、钢铁等专门技术。④ 印尼将教育问题列入 2017 年的优先发展计划当中,并把教育问题和扶贫问题联系在一起,积极开展职业教育,努力提高全国人民的综合素质。再次,继续进行土地改革,将传统集体所有的土地尤其是生产效率不高的土地,更为公平地分配给个人并保障其所有权,这是印尼今后两年经济改革的重中之重。同时,在土地改革的基础上,力求改革成果分配更为公平、购地融资更为便捷,尤其要强化小额信贷和信贷保险以确保机会公平。最后,出台切实有效的惠民政策。印尼政府从 2015 年开始出台了一系列针对普通民众的政策和措施,如建造面向工人的廉价房;提高医疗保险计划覆盖率到 72%,为劳工提供福利保障;将街头流动的小贩安置在固定集市中,并减免税收和摊位租金;加紧加大投资建设乡村,保护低收入社群等。⑤ 这

---

① "Govt to Continue 1 Million Houses Program", *The Jakarta Post*, Jan. 6, 2017, http://www.thejakartapost.com/news/2017/01/06/govt-to-continue-1-million-houses-program.html.
② 《总统:应利用 30 年人口红利期》,《国际日报》2017 年 1 月 27 日,http://www.guojiribao.com/shtml/gjrb/20170127/304037.shtml.
③ Abdul Manap Pulungan, "Lingering Problems behind Surging Inequality", *The Jakarta Post*, Mar. 10, 2017, http://www.thejakartapost.com/academia/2017/03/10/lingering-problems-behind-surging-inequality.html.
④ 《总统:增设更多的中专院校》,《国际日报》2017 年 7 月 29 日,http://www.guojiribao.com/shtml/gjrb/20170729/327146.shtml.
⑤ 吴崇伯、钱树静:《印度尼西亚的中等收入陷阱问题分析》,《南洋问题研究》2017 年第 3 期,第 86 页。

些政策对于改善印尼人民生活、享受国家发展成果、促进社会公平正义具有重要意义。

（三）大力发展海洋经济，实现经济可持续发展

作为世界上最大的群岛国家，印尼70%以上的国土面积为海洋滩涂，每年经济潜力可达1.2万亿美元，约等于2012年国家财政收入的10倍，可吸收的投资超过255亿美元。[①] 印尼海事统筹部部长卢胡特表示，"国家预算案最大的资金贡献来自海洋资源，而且我们还有很多丰富的海洋资源未能挖掘出来，所以佐科总统提出海事轴心纲领，也发展海上捷运等项目"。[②] 佐科强调，"海洋是国家未来发展的前途，我们的海洋开发政策应能整合现有的所有发展计划，而海洋开发计划应能成为挖掘海洋潜力和海洋潜在资源管理的参考数据"。[③] 因此，印尼政府积极地制定并实施海洋综合管理计划，积极推动"蓝色经济"，重新整合政府资源，加强国家与地方政府的协调统筹管理，推动国际交流与合作，加快海洋综合开发与利用，保持海洋资源的可持续发展。

1. 加强水产养殖，促进渔业发展

渔业是印尼国民经济的主要部门之一，并对印尼国民经济的发展做出重大贡献。海事统筹部部长卢胡特表示，"我国生产总值的75%来自海洋，单单在海洋渔业方面的贡献约达350亿美元"。[④] 就印尼目前而言，苏门答腊岛东岸的巴干西亚比亚是世界著名的大渔场，勿里洞沿海产海参，马鲁古群岛沿海盛产珍珠，马都拉岛沿海主要产海盐。因此，印度尼西亚在不同地区拥有不同的资源和区域发展特点，印尼政府正计划投入更多资源发展渔业，以振兴国内经济，应对全球日益激烈的渔业竞争压力，保持印尼的世界渔业

[①] 吴崇伯：《中国—印尼海洋经济合作的前景分析》，《学术研究》2015年第1期，第74页。
[②] 《海洋资源每年贡献350亿美元》，《国际日报》2017年4月7日，http://www.guojiribao.com/shtml/gjrb/20170407/313474.shtml。
[③] 《海洋是印度尼西亚未来的发展关键》，http://cari.gxu.edu.cn/yqbg/gbyq2/ydnxyyqzb.htm。
[④] 《总统：大力发展海洋和渔业部门》，《国际日报》2016年9月14日，http://www.guojiribao.com/shtml/gjrb/20160914/284179.shtml。

大国地位。佐科希望渔产加工业、罐头业和捕捞业开始发展，因为这将吸纳许多劳动力。同时，他表示，"我们将改进海洋与渔业部门，特别是对渔产加工业所需要的原料供应，这将为提高印尼人民的收入创造更多的机会"。[①] 印尼海洋与渔业部门2017年在爪哇中部和南部建立三处海洋水产养殖设施，总投资达1050万美元。该海上养殖设施模式从挪威引进先进管理技术和养殖技术，在8个月内建成，以加强水产养殖，扩大渔业生产和国际竞争力。[②] 同时，印尼积极倡导建立打击非法捕鱼的合作机制。2016年10月11日，由印尼海事统筹部主办的"建立打击非法捕鱼及有关犯罪活动区域公约第二次会议"在印度尼西亚日惹召开，印尼在国际公约文件和管理机制存在诸多缺陷的前提下，建议成立一个涵盖东南亚周边水域、具有法律约束力的区域性公约。[③]

2. 完善海上交通，加快港口建设

完善港口基础设施建设对于海洋经济的发展至关重要。佐科刚刚就任总统时便指出，印尼具备发展海洋经济的巨大潜力，要通过建设"海上高速公路"，将印尼打造成海洋文明古国。同时，佐科还表示，发展港口和海洋运输是推进印尼经济发展的关键因素。印尼政府采取措施改善物流系统，提高物流效率，不仅要改进港口基础设施，改善硬件设施，还要提高港口管理能力和运输船队服务能力，以增强海上运输软实力。在海上捷运方面，政府在2016年新增6条海上捷运路线，政府已规定24个港口为海上捷运主要港口，还要建设47个非商业港口作为辅助，其中41个港口正在建设。佐科表示，"我们的目标是直至2019年将建成100个港口"。[④] 同时，除了陆路运输系统之外，海上捷运也将获得空运系统的支持，政府

---

① 《总统：大力发展海洋和渔业部门》，《国际日报》2016年9月14日，http：//www.guojiribao.com/shtml/gjrb/20160914/284179.shtml。
② 《2017年印尼扩大鲈鱼养殖规模》，http：//www.bbwfish.com article.asp？artid＝189469。
③ 《"建立打击非法捕鱼及有关犯罪活动区域公约第二次会议"在印度尼西亚日惹召开》，http：//www.cndwf.com/bencandy.php？fid＝21&id＝9827。
④ 《佐科维总统发表国情咨文》，《国际日报》2016年8月18日，http：//www.guojiribao.com/shtml/gjrb/20160818/280718.shtml。

在2017年已经修建和新建9个机场,来辅助各港口之间的人员交往与联系。印尼政府声称,"我国现时的物流开支仍在生产开支总额中占据26%,随着海上捷运的建设发展,政府指定物流运输费在生产开支的占据比例会下降至10%"。① 这对于进一步降低生产成本、发展海洋经济具有极大的促进作用。另外,印尼也积极建设国际性港口,印尼政府准备近期动工兴建三个国际港口,分别为位于西爪哇省的加拉璜、苏北省棉兰的库瓦拉丹绒以及邦加勿里洞省的勿里洞港口。通过这些港口实现印尼海洋经济的对外交流与合作。

3. 利用多边经济组织,开展海洋经济合作

印度尼西亚作为环印度洋地区合作联盟(缩写为IOR-ARC,又称环印联盟)的成员之一,2017年作为环印联盟的轮值国举办了环印度洋区域合作联盟峰会,同时召开第二次蓝色经济会议,发表了关于蓝色经济的《雅加达宣言》。其中,《雅加达宣言》达成的六项承诺包括:促进海上安全;加强贸易与投资合作;促进可持续的渔业开发和负责任的管理;加强灾害风险管理;加强学术和科学合作;促进旅游和文化合作。可见,印尼主导的此次多边会议在重申BCE-I原则基础上,就渔业、水产养殖、海上安全及合作达成了若干协议和共识。同时,确定蓝色经济的优先发展领域,包括渔业和水产养殖、可再生的海洋能源、港口和航运、近海碳氢化合物和海底矿物、海洋生物技术的研究与开发和海上旅游业。另外,印尼也积极与其他国家就海洋经济问题举行双边会谈,开展经济合作。2017年3月7日,佐科在会见南非总统祖玛时表示,印尼和非洲在未来将进行海事对话,届时印尼将邀请南非参加"印尼—非洲对话会"。② 3月8日,佐科接见斯里兰卡总统西里塞纳并举行印斯双边会谈,双边会议也产生了多项合作同意书。其中,双方明确表示

---

① 《发展海上捷运降低物流开支》,《国际日报》2017年6月6日,http://guojiribao.com/shtml/gjrb/20170606/320376.shtml。
② 《印尼和南非致力提高经贸合作》,《国际日报》2017年3月9日,http://www.guojiribao.com/shtml/gjrb/20170309/308999.shtml。

要加强海洋和渔业方面的合作,并互通信息、共享资源,共同打击非法、不报告和不管制的捕鱼活动。①

(四)出台多项改革措施,国内投资略微上涨

2016年印度尼西亚的总体经济形势虽然有所好转,但是其进出口贸易自2012年以来持续萎缩,2016年进出口贸易总额相较2015年有所下降,不过总体上实现了贸易顺差,有效地增加了印度尼西亚的外汇储备,提高了印尼的国际支付和偿还能力,也大大增强了印度尼西亚抵御金融风险的能力。

1. 进出口贸易持续萎缩,出口产品结构有待改善

2016年印度尼西亚出口贸易额达到1451.862亿美元,较2015年下降51.801亿美元,同比减少3.45%;进口贸易额为1356.528亿美元,比2015年下降70.42亿美元,同比减少4.94%。虽然进出口贸易额都有所减少,但整体上呈现出超,额度达到95.334亿美元。②从出口商品结构来看,排在前五位的分别是矿物燃料、其他制成品、机械和运输设备、按原料分类的制成品、动植物油脂(分别占比19.21%、14.55%、14.37%、13.86%和12.05%)。③从出口商品的结构可以清晰地发现,印度尼西亚仍然是以出口原材料、初级工业制成品等附加值较低和能源消耗较高的初级产品为主,这与近几年印度尼西亚的经济发展模式并无二异,其经济发展结构没有得到有效的改善。从进口商品的结构来看,排在前五位的分别是机械和运输设备、按原料分类的制成品、化学药品、矿物燃料、食品和活畜(分别占比32.36%、16.68%、14.74%、14.18%和10.13%)。④进

---

① 《印尼—斯里兰卡加强三项合作》,《国际日报》2017年3月9日,http://www.guojiribao.com/shtml/gjrb/20170309/309001.shtml。
② *Statistical Yearbook of Indonesia 2017*, p.537, BPS-Statistics Indonesia, https://www.bps.go.id/website/pdf_publikasi/Statistik-Indonesia-2017.pdf.
③ *Statistical Yearbook of Indonesia 2017*, p.541, BPS-Statistics Indonesia, https://www.bps.go.id/website/pdf_publikasi/Statistik-Indonesia-2017.pdf.
④ *Statistical Yearbook of Indonesia 2017*, p.541, BPS-Statistics Indonesia, https://www.bps.go.id/website/pdf_publikasi/Statistik-Indonesia-2017.pdf.

口物品中机械和运输设备、按原料分类的制成品和矿物燃料占比达到60%以上，可见印度尼西亚仍然将国家基础设施建设作为经济发展的重心。印度尼西亚出口大量附加值较低的初级产品而进口附加值较高的制成品，极大地降低了印度尼西亚经济在国际上的竞争力，这对印度尼西亚降低原材料的出口、提高产品的技术含量和增加出口商品的附加值提出了更高的要求。佐科指出，"印尼必须要加速推动加工制造业的发展，为印尼整体经济增加利益。比如，所有的矿产品应先加工增值才可以出口，所以印尼境内不再允许出口原矿石"。[1] 海事统筹部部长卢胡特也表示，印尼国内产业在其生产运作中必须持续提高国内材料的成分，提高产品的竞争力。[2]

2. 国内实际落实投资略微上涨，基础设施建设仍成为投资重点

虽然2016年全球投资环境仍然较为严峻，但印度尼西亚2016年度的国内外实际投资额仍有小幅度的上涨，这与佐科政府积极实施有利于吸引投资的经济政策分不开。2016年印尼国内外实际落实投资额约为451.61亿美元，总体上比2015年上涨24.43亿美元。其中，国内实际落实投资额为161.97亿美元，国外实际落实投资额为289.64亿美元；相较于2015年，国内实际投资增长27.54亿美元，同比增长20.4%，国外实际投资减少3.11亿美元，同比减少1.06%。[3] 从投资结构来看，国内落实投资主要集中在：制造业（占比约为49.38%）；运输、仓储、通信（占比约为12.38%）；电力、天然气、自来水（占比约为10.54%）；农业（占比约为9.92%）。外国实际投资主要集中于：制造业（占比约为57.61%）；采矿业（占比约为9.47%）；房地产和商业服务（占比约为8.02%）；电力、天然气、自来水（占比约为7.39%）。无论是国内实际投资还是国外实际投资，一半左右的

---

[1] 《总统：禁止出口原矿石!》，《国际日报》2017年3月23日，http://www.guojiribao.com/shtml/gjrb/20170323/312164.shtml。
[2] 《生产业须提高国内原材料成分》，《国际日报》2017年3月13日，http://www.guojiribao.com/shtml/gjrb/20170313/309407.shtml。
[3] *Statistical Yearbook of Indonesia 2017*, p.440, BPS-Statistics Indonesia, https://www.bps.go.id/website/pdf_publikasi/Statistik-Indonesia-2017.pdf。

投资额集中在制造业上,这是有深刻原因的。一方面,印度尼西亚的制造业以劳动密集型产业为主,由于印尼的技术水平和创新水平较低,只有通过发挥劳动密集型产业的人力资源优势来弥补这一不足,促进国家产品的对外出口和实现国际贸易的顺差。另一方面,印度尼西亚庞大的人口基数以及人口红利成为印度尼西亚发展劳动密集型产业的动因。制造业为印尼提供了70%的国家税收。[1] 人口红利造成的人力资本较低,成功地吸引了国内外资本的关注,佐科总统声称,"我国从现在直至未来30年期间将遇到百年难求的人口红利时期,以充分发挥人口红利的利好条件"。[2] 同时制造业也能有效创造大量的就业岗位,吸收丰富的劳动力资源,提高人民的基础收入,减少贫困人口的数量,实现经济的快速增长。国内外实际投资的另一个重点是印度尼西亚的基础设施建设。除了制造业之外,其余的大量资金主要集中在与基础设施建设和民生建设紧密相关的运输、仓储、通信和电力、天然气、自来水上。

3. 撤销不利规章制度,放松外来资本限制

印度尼西亚2016年的投资额整体上较2015年略有上涨,但国外实际投资略有下降,这对于印尼来说是一个不利消息。作为主要依靠外资来发展和促进国内基础设施建设的国家,印尼不得不改善国内投资环境和降低外来资本的进入条件,以实现国外投资额的有效增长。为此,内政部已撤销3143项条例,包括诸多地方政府条例。2016年11月,印尼政府表示将进一步促进金融服务、石油和天然气、电子商务和教育服务等部门的自由化。[3] 最初负责吸引外国投资的是投资统筹机构、贸易部和工业部三个部门,佐科上台

---

[1] Dylan Amirio, "Indonesia Focuses on Internal Reform to Enhance Investment Climate", *The Jakarta Post*, Feb. 21, 2017, http://www.thejakartapost.com/news/2017/02/21/indonesia-focuses-on-internal-reform-to-enhance-investment-climate.html.

[2] 《总统:应利用30年人口红利期》,《国际日报》2017年1月27日,http://www.guojiribao.com/shtml/gjrb/20170127/304037.shtml。

[3] Anton Hermansyah, "Indonesia Plans to Further Relax Negative Investment List", *The Jakarta Post*, Sept. 15, 2016, http://www.thejakartapost.com/news/2016/09/15/indonesia-plans-to-further-relax-negative-investment-list.html.

后将其简化为由投资统筹机构一个部门专门负责,这样一来简化了行政程序,提高了专业性与针对性,避免了部门间的相互推诿和利益纠纷,极大地方便了外国资本的进入。

4. 国际评价逐渐提高,投资环境趋于改善

印尼政府持续改善国内投资环境,也抓住机会吸引国外投资,在不同国际投资评价机构的声誉与评级逐渐提高。目前,印尼已先后获得穆迪国际公司和惠誉评级公司的"投资"评级,最近又被标准普尔主权信用评级提升为"BBB-/A-3"或"投资级"。信用评级是对投资风险和投资环境的综合打分,信用评级上升意味着印尼投资风险的降低和投资环境的改善。[①] 联合国贸易和发展会议发布的《2017年世界投资报告:投资和数字经济》称,印尼是全世界第四大投资宝地,这项报告的适宜性为2017～2019年度。印尼的直接投资仅次于美国、中国和印度,在东盟国家中则领先于其他9个成员。[②] 在吸引外资方面,中国在东爪哇省共落实投资82项工程,价值约2.04万亿盾或1.527亿美元,吸收当地员工2253人。[③] 日本对参与印度尼西亚基建热情高涨,两国正商谈改建雅加达—泗水快速铁路事宜,预计投资额将达60亿美元。世界银行高级经理委员会也已同意拨放2亿美元贷款,用于支持印尼政府扩大社会援助纲领和基础设施建设。[④] 印尼通过发展双边关系,实现引进外资的目的。2017年1月15日,佐科与安倍晋三在印尼茂物会晤,日本同意向印尼提供6.5亿美元的贷款。[⑤] 3月4日,印尼财政部

[①] Bhayu Purnomo, "What Does An Investment Grade Mean for Indonesia?", *The Jakarta Post*, June. 20, 2017, http://www.thejakartapost.com/academia/2017/06/20/what-does-an-investment-grade-mean-for-indonesia.html.

[②] 《我国成为全球第四投资宝地》,《国际日报》2017年6月9日,http://www.guojiribao.com/shtml/gjrb/20170609/320773.shtml。

[③] 《中国在东爪投资82项工程》,《国际日报》2017年3月18日,http://www.guojiribao.com/shtml/gjrb/20170318/311138.shtml。

[④] "World Bank Lends ＄200m to Expand Indonesia's Social Assistance Programs", *The Jakarta Globe*, May. 10, 2017, http://jakartaglobe.id/business/world-bank-lends-200m-expand-indonesias-social-assistance-programs/.

[⑤] 《日本提供印尼的贷款数额达6.5亿美元》,《国际日报》2017年1月18日,http://www.guojiribao.com/shtml/gjrb/20170118/302733.shtml。

与沙特阿拉伯签署了基础设施建设工程等11项合约，获得近10亿美元的投资。① 3月29日，佐科总统在独立宫会见来访的法国总统奥朗德。两国在能源、基础设施和零售领域达成了26亿美元的新协议。② 4月，美国副总统彭斯代表美国政府访问印尼，两国签订了11项合作协议，合同价值多达100亿美元或大约等于132.5万亿印尼盾。③ 相较于2015年，2016~2017年印尼国内的外国直接投资金额逐渐上升并保持稳定。（见图4）这些成绩与印度尼西亚国内投资环境的改善和国际声誉的提高分不开。

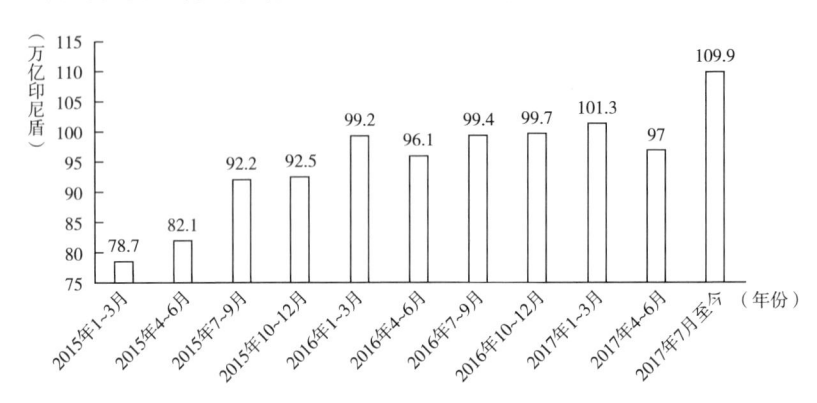

图4 2015~2017年印尼接受外国直接投资额

资料来源：印度尼西亚国家统计局。

三 环境问题不容乐观，多元主义受到冲击

（一）原生、次生灾害频发

印度尼西亚处在环太平洋火山地震带上，地质活动剧烈，火山、地震

---

① Grace D. Amianti, "Small Part of $1b Saudi Deal to Go toward Export Financing", *The Jakarta Post*, Mar. 3, 2017, http://www.thejakartapost.com/news/2017/03/03/small-part-of-1b-saudi-deal-to-go-toward-export-financing.html.
② "Indonesia-France Cooperation to Focus on Maritime Affairs, Creative Economy", *The Jakarta Globe*, Mar. 29, 2017, http://jakartaglobe.id/news/indonesia-france-cooperation-focus-maritime-affairs-creative-economy/.
③ 《印美两国签订11项合作协议》，《国际日报》2017年4月22日，http://www.guojiribao.com/shtml/gjrb/20170422/315154.shtml。

频发。相较2015年，2016年印尼发生的地震次数更多、更为频繁，发生的地点和范围几乎遍及印尼爪哇岛、巴厘岛、加里曼丹岛等所有主要岛屿。虽然地震以中小型为主，但也不乏震级大于5.0的大型地震。例如，2016年12月7日，印度尼西亚亚齐特区发生里氏6.4级地震，地震已造成97人死亡、613人受伤，超200栋房屋、商店、教学楼、清真寺被毁；[①] 12月30日，印度尼西亚中部东努沙登加拉省早上发生6.6级地震；印尼的锡纳朋火山也多次喷发。由于地震发生比较频繁、范围比较广、地震级别比较高，有的地震发生在人口聚集区域，因此给印尼带来不可估量的影响，而且伴随着地震而来的火山爆发也给印度尼西亚的社会经济发展造成巨大损失。火山喷发的大量山灰直接加剧了印度尼西亚的烟霾问题，空气质量和能见度直线下降，大量航班多次被取消，严重影响交通问题，相关旅游景点的暂时关闭严重阻碍印度尼西亚的旅游业发展。此外，这些自然灾害更是造成了印度尼西亚巨大的人员伤亡和财产损失。2016年印尼自然灾害导致的人员死亡达440人，受伤人数高达2678人，失踪人数为81人，这些都比2015年高很多。（见表3）

表3 2016年印度尼西亚地震统计

岛屿	震源深度（公里）			震级（里氏震级）		
	浅源地震（<60）	中源地震（60~300）	深源地震（>300）	小型（<4.0）	中型（4.0~5.0）	大型（>5.0）
苏门答腊岛	530	115	0	370	251	24
爪哇岛	602	105	7	549	158	7
巴厘岛	121	25	4	128	22	0
小巽他群岛	551	279	20	625	208	17
加里曼丹岛	21	0	0	9	12	0
苏拉威西岛	879	477	28	1033	339	12

① 《印尼亚齐地震死亡人数上升至97人》，http://news.xinhuanet.com/2016-12-7/c-1120074856.htm。

续表

岛屿	震源深度（公里）			震级（里氏震级）		
	浅源地震 (<60)	中源地震 (60~300)	深源地震 (>300)	小型 (<4.0)	中型 (4.0~5.0)	大型 (>5.0)
马鲁古群岛	955	457	61	824	605	44
巴布亚岛	309	65	1	162	199	14
总计	3968	1523	121	3700	1794	118

资料来源：*Statistical Yearbook of Indonesia 2017*，印度尼西亚国家统计局。

表4 印度尼西亚2015~2016年自然灾害人员伤亡统计

单位：人

年份	死亡	受伤	失踪
2015	232	410	108
2016	440	2678	81

资料来源：*Statistical Yearbook of Indonesia 2017*，印度尼西亚国家统计局。

表5 印度尼西亚2015~2016年自然灾害房屋损失统计

单位：栋

年份	严重损坏	一般损坏	轻微损坏
2015	5090	3843	16246
2016	9086	9984	29293

资料来源：*Statistical Yearbook of Indonesia 2017*，印度尼西亚国家统计局。

印度尼西亚的林火问题和烟霾问题频频发生。虽然2016年出现的林火热点较2015年有所减少，但是林火形势仍然较为严重。2016年3月，印度尼西亚廖内省发生大规模的山火；8月，加里曼丹岛又一次发生规模较大的林火。绿色和平组织说，根据其掌握的卫星信息，印尼全国8月26日共发生138处森林火情。[1] 烟霾问题是印度尼西亚又一棘手问题。在森林火灾、火山喷发、农民焚烧芭蕉秸秆、季节性干旱等多重因素作用下，原本较为严重的烟

---

[1] 《印尼"烧芭"！新加坡再度"窒息"》，http://news.xinhuanet.com/world/2016-08/27/c_129258257.htm。

霾问题加剧了。烟霾的扩散也导致了东南亚有关国家的严重不满。2016年6月，新加坡司法机构以"印尼对'烧芭'造成的空气污染负有责任"为由对印度尼西亚一家企业的负责人提出起诉。烟霾问题给印度尼西亚造成了巨大的经济损失，并严重影响国民的身体健康。为改善这一状况，佐科指出当地政府要改善林火的早期预警系统，安排直升机待命，并做好造雨灭火的准备。同时，他要求警察加大对非法"烧芭"者的执法力度，并增加在林火多发区特别是廖内和加里曼丹的空中巡逻次数。①

此外，2016年山体滑坡也严重影响印度尼西亚的居民生活。2016年6月19日，印尼中爪哇省发生的洪水和山体滑坡造成35人死亡、26人失踪；② 9月21日，爪哇岛因洪水和山体滑坡灾害，死亡人数达19人，另有32人受伤、9人失踪，大约1100人被迫离开家园，许多建筑物也遭到破坏。③ 2017年4月，印尼全国救灾机构资料信息中心与公关主任苏多波宣布，据统计，印尼全国受中度至重度山体滑坡灾害影响的人数达4009万人（相当于全国人口的17.2%）。受重度灾害威胁的居民，大体上居住在基础设施条件薄弱的地区。印尼山体滑坡易发区分布于苏门答腊省萨尔山沿海地区、爪哇中部和南部、巴厘、努沙登加拉省、苏拉威西、马鲁古和巴布亚，计有274个县/市容易发生中度至重度的山体滑坡灾害。④

表6 2016年河流水质状况统计

污染程度	轻度污染	中度污染	重度污染
数量	6	1	27

资料来源：*Statistical Yearbook of Indonesia 2017*，印度尼西亚国家统计局。

---

① 《为防烟霾，印尼宣布廖内省进入林火紧急状态》，《联合早报》2017年1月25日，http://www.zaobao.com/news/sea/story20170125-717480。
② 《印尼山体滑坡 24人亡26人失踪》，http://news.ifeng.com/a/20160620/49196252_0.shtml。
③ 《印尼洪灾和山体滑坡死亡人数增至19人 32人受伤》，http://world.huanqiu.com/hot/2016-09/9469296.html。
④ 《千岛日报》2017年4月6日。

（二）宗教极端主义蔓延趋势加强

2016年6月至2017年6月，印度尼西亚国内爆发多次恐怖袭击事件，且多集中在梭罗、万隆和雅加达等大城市。由于国外恐怖主义势力通过多种渠道向印度尼西亚渗透和传播，印度尼西亚国内恐怖主义日益猖獗。印尼军方指出，印尼几乎所有的省份都存在国际极端武装组织"伊斯兰国"的潜伏力量。① 印尼国内"伊斯兰祈祷团"于2014年7月宣称效忠"伊斯兰国"，并长期将组织成员送到阿富汗受训，而印尼警方缴获的一些与"伊斯兰国"有关的文件，揭露了"伊斯兰国"计划将印尼苏拉威西省的波索地区打造成其在东南亚的根据地之一。② 同时，社交媒体Twitter上与"伊斯兰国"有关的账户至少有4.6万个，最高时甚至达9万。而印尼Facebook用户已达3500万，位列全球第二。印尼国家反恐局防恐和去激进化部门副主任阿都拉曼透露，印尼极端组织创建宣扬极端主义的网站约1.5万个。③ 网络加剧了国外恐怖主义在印尼的传播和蔓延。

印尼为严厉打击恐怖主义出台了一系列措施。首先，加强对社会的"去极端化"教育。印尼强制规定从叙利亚归来的公民必须参加去激进化方案，国家反恐局将通过内政部要求地方政府积极参与对新来的定居者的监督。④ 印尼政府通过伊斯兰政党和伊斯兰组织加强对青少年的宣传教育工作，在强调印尼多元文化基础之上增强公众自觉抵制极端思想的意志与能力。其次，加强国家间、地区间的合作与协调，共同应对和打击宗教极端主义与恐怖主义。2016年11月，印尼外长蕾特诺明确表示，伊斯兰会议组织

---

① 《军方：印尼几乎所有省份都潜伏了"伊斯兰国"细胞组织》，《联合早报》2017年6月14日，http://www.zaobao.com/news/sea/story20170614-770965。
② 《伊国组织要把印尼波索打造成根据地》，《联合早报》2016年3月30日，http://www.zaobao.com/special/report/politic/attack/story20160330-598673。
③ 王玉娟、方天建：《泛伊斯兰背景下"伊斯兰国"对东南亚的渗透》，《东南亚研究》2017年第1期，第121页。
④ 《从叙利亚归来的印尼公民必须参加去激进化方案》，《国际日报》2017年7月5日，http://www.guojiribao.com/shtml/gjrb/20170705/323252.shtml。

和平与解决冲突联络小组（OIC-PCR）的创建是在伊斯兰世界中创造和平的关键力量，要积极发挥它在抵制极端主义思想与预防恐怖事件上的作用。①他还强调，东盟地区所有情报和军事力量应联起手来协助解决在东南亚的恐怖主义危机。②再次，强化网络监管力度，遏制极端思想传播，维护社会文化的多元价值。2016年9月，新加坡逮捕的极端分子承认被印度尼西亚一宗教电台洗脑，印尼政府加强了对国内电台的监管与整治；③印尼对多个传播极端主义思想的非法网站进行了监控与屏蔽，以营造一个良好、健康、绿色的网络环境。最后，落实和完善对宗教极端主义的相关法律法规，打击和限制宗教极端主义制造的恐怖活动。印尼政府从2016年初就开始酝酿新的反恐法案，在新法案下，那些到国外加入恐怖组织的印尼公民在回国后，可能被监禁长达15年。④

（三）出台多项措施维护社会稳定

印尼一直将"建国五项原则（潘查希拉）"作为国家的指导思想并写入宪法，强调社会的多元、包容与开放。但雅加达选举之后，印度尼西亚受到一些极端主义、恐怖主义和社会冲突的困扰，印尼的多元主义遭到挑战，社会稳定受到冲击。第一，印尼一些伊斯兰强硬派组织，如印尼解放组织（Hizbut Tahrir Indonesia，HTI）、伊斯兰捍卫者阵线（Front Pembela Islam）、伊斯兰世界论坛（Forum Umat-Islam）等，与一些政党和政治精英频频合作。如一些极端的伊斯兰组织和保守穆斯林宣扬极端思想，利用游行示威活动扩大其影响力和号召力，造成社会氛围逐渐紧张、趋于对立。第二，印尼的谣言和虚假信息泛滥，造成社会分裂和不安定。

---

① 《雅加达邮报》2017年1月11日。
② 《东南亚恐怖威胁形势严峻》，《国际日报》2017年6月13日，http://www.guojiribao.com/shtml/gjrb/20170613/321166.shtml。
③ 《宣扬极端教义　印尼宗教电台增多引关注》，《联合早报》2016年9月2日，http://www.zaobao.com/news/advance/story20160902-661848。
④ 《料9月通过新法令　在外国加入恐怖组织　印尼公民返国后可被监禁》，《联合早报》2017年6月22日，https://www.zaobao.com/news/sea/story20170622-773103。

部分民众通过各大社交媒体，制造和传播与中国相关的负面话题或不实言论，引导舆论。如"中国工人误闯雅加达空军基地事件"，谣传中国兴建雅万高铁有军事意图；"辣椒事件"，谣传中国将利用生化武器攻击印尼；"中国劳工事件"，谣传1000多万中国劳工涌入印尼，抢夺当地的劳动机会；等等。① 这些不仅有悖于印尼一直坚持的"潘查希拉"价值观，也造成了宗教和种族冲突，给社会的安定与稳定带来负面影响。为此，佐科强调，"印尼民族天生是多元化的，我们必须共同努力，按照'潘查希拉'价值观实现国家的理想，使印度尼西亚在国际社会眼中成为一个公平、繁荣和有尊严的国家"。② 第三，2016~2017年印度尼西亚的犯罪案件较多，较2015年增加了近5000起，其中36.2%的犯罪案件集中在经济较为发达、人口稠密的爪哇岛。③

表7 印度尼西亚2014~2016年犯罪数量统计

年份	2014	2015	2016
犯罪数量	325317	352936	357197

资料来源：*Statistical Yearbook of Indonesia 2017*，印度尼西亚国家统计局。

为此，印尼政府果断采取行动，遏制不利于多元主义的一切形式的思想和行为，维护社会的稳定与安全。第一，解散一些思想较为激进的组织。由于伊斯兰解放阵线（HTI）在"反钟万学游行"中发表一些比较激进的言论并声称取消"潘查希拉"，2017年7月20日，佐科政府以伊斯兰解放阵线组织开展的活动违反了印尼建国原则和1945年颁布的宪法、已引起社会冲突、威胁到社会安全和公共秩序、不利于国家的完整统一、不履行参与实现

---

① 潘玥、常小竹：《印尼对"一带一路"的认知、反应及中国的应对建议》，《现代国际关系》2017年第5期，第52页。
② 《总统：印尼民族天生是多元的》，《国际日报》2017年6月2日，http://www.guojiribao.com/shtml/gjrb/20170602/319949.shtml。
③ *Statistical Yearbook of Indonesia 2017*, p.193, BPS-Statistics Indonesia, https://www.bps.go.id/website/pdf_publikasi/Statistik-Indonesia-2017.pdf.

国家发展目标的积极作用等理由，撤销伊斯兰解放阵线的法律地位，这一极端组织正式被取缔。① 印度尼西亚通过撤销一些极端组织来维持社会的多元发展，防止社会向极端化和偏激化靠拢。第二，成立"建国五项原则（潘查希拉）思想指导工作委员会（UKP-PIP）"，加强"潘查希拉"的核心思想教育。2017年6月7日，"潘查希拉"思想指导工作委员会成立，这一工作委员会将根据时代的发展和印尼国情的需要，运用新技术和新媒体，例如社交网站、博客、视频以及漫画等多种形式来宣传和普及"潘查希拉"价值观，尤其针对年轻人群体，使他们树立更多元化的、开放性的崇高价值观。佐科总统希望，通过普及"潘查希拉"价值观，印尼民族的各个元素之间变得更加和谐，全体国民相互尊重，同胞手足情谊更加稳固。② 第三，组建"防止谣言专案工作组"，严厉打击传播谣言行为。印尼积极遏制通过社交媒体发布在社会上流传的虚假消息，同时限制会破坏社会安宁、损害公众信心和混淆视听的滥用社交媒体行为。③ 另外，约谈社交媒体管理商，加强对虚假消息的打击与管理。印尼社会自发组成的"印尼反谣言社群"在泗水、梭罗、三宝垄、沃诺梭波和万隆等多地举行宣传会，说明社交媒体参与者共同抗拒谣言或虚假消息的重要性，强调基于国家的利益以正确的方式使用社交媒体等。④

四 努力扩大国际影响力，突出海洋权益保护与合作

2016年是佐科执政的第三个年头，面对全球范围内恐怖主义盛行、民粹主义兴起、大宗商品价格持续走低、世界经济发展预期低迷、大国间紧张

---

① 《印尼政府正式取缔伊斯兰解放阵线》，《联合早报》2017年7月20日，http://www.guancha.cn/Neighbors/2017_07_20_419151.shtml。
② 《总统成立潘查希拉思想工作委员会》，《国际日报》2017年6月8日，http://www.guojiribao.com/shtml/gjrb/20170608/320636.shtml。
③ 《政府将成立打击谣言工作组》，《国际日报》2017年1月13日，http://www.guojiribao.com/shtml/gjrb/20170113/302208.shtml。
④ 《共同呼吁抗拒虚假消息》，《国际日报》2017年1月9日，http://www.guojiribao.com/shtml/gjrb/20170109/301537.shtml。

局势加剧、区域整合和全球化趋势退潮等状况，印尼外交政策仍然始终致力于维护国家利益、关注人道主义精神和全球安全形势，为促进世界和平与稳定持续努力。纵观整个 2016 年，佐科总统参加了 55 次双边或多边国际会议，副总统卡拉出席了 13 次会议，外交部部长更是出席了多达 302 次会议，外交部副部长出席了 35 次会议。① 佐科政府希望以此来增强本国的国际影响力。

（一）巩固区域大国地位，加大国际事务影响力

佐科的外交政策与苏西洛的"千友零敌"政策相比更加狭隘，佐科主要依靠经贸和战略联系来加强与亚洲关键国家的联系。② 但印尼作为东南亚区域内最大的政治经济实体，始终致力于推进东盟一体化进程建设，发挥印尼在东盟的核心大国影响力，彰显其在维护东南亚区域安全中的关键作用，并将东盟作为自己走向世界、进一步发挥国际事务影响力的一个重要发展平台。

1. 推动东盟国家间安全合作

作为东盟框架中的核心大国，印尼积极维护地区安全与稳定。为保障东南亚区域内海域的安全，2016 年 11 月 8 日，印尼外长和马来西亚外长共同表示，必须改进现有的海上安全机制，制定更有效的快速反应机制，并围绕沙巴海域创建安全点。2016 年 12 月，印尼承诺并履行向缅甸罗兴亚族穆斯林提供援助物资的人道主义义务。2017 年 6 月，印尼重申必须建立印、菲、马三边合作机制，打击恐怖主义。③ 印尼还积极推动东南亚无核化进程，

---

① "The Annual Press Statement of The Indonesian Minister for Foreign Affairs 2017", Minister for Foreign Affairs of the Republic of Indonesia, Jan. 10, 2017, http：//kemlu.go.id/en/pidato/menlu/Pages/Annual-Press-Statement-of-Minister-For-Foreign-Affairs-Of-The-Republic-Of-Indonesia-2017.aspx.

② "Country Report Indonesia Generated on May 11th 2017", p. 4, the Economist Intelligence Unit, http：//country.eiu.com/indonesia.

③ 《印马菲三国防长召开海上巡逻会议 强调反恐措施要明确和协调》，《千岛日报》2017 年 6 月 21 日，http：//qiandaoribao.com/news/97195。

2017年在菲律宾马尼拉举行的东南亚无核武器委员会会议上，印尼外长蕾特诺表示，核武器国家签署东南亚无核武器协议书是必需的，该协议书的签订有利于确保东盟居民免受核武器的威胁。①

2. 加强与域外大国的合作关系

除了加强与东盟国家的合作，印尼还注重发展与域外大国的合作关系。2017年4月，印尼与美国签订了价值100亿美元的贸易投资协议，加强和巩固两国的经济伙伴关系。同时，印尼在各个领域加强同美国的合作，通过软实力打击恐怖主义和激进主义。印尼同澳大利亚讨论地区安全形势及军事合作，此外还同意加强科技合作、网络安全合作等。印尼和法国签署关于国防建设、城市可持续发展、科技研究等方面的合作谅解备忘录，同时将加强海事和创意经济这两个新领域的合作。② 印尼和韩国就国防合作、贸易和投资合作、海事合作、社会和文化合作以及共同关心的区域和全球战略问题交换了意见。③

3. 积极参加国际多边活动

佐科政府延续传统的外交格局，推行"多方面、全方位"的积极外交，主动参加国际上的各种多边会议，在国际事务中发挥积极作用。一方面，印尼积极参加联合国会议、20国集团峰会、中等强国合作体会议（MIKTA）、亚太经济合作组织领导人峰会、"一带一路"高峰论坛等重要国际多边会议，关注的议题有联合国改革、地区冲突管控、中等国家发展、全球经济发展形势等。另一方面，印尼也举办多次重要的国际多边会议。例如，2016年3月，举办巴勒斯坦问题特别峰会，为和平解决巴勒

---

① "Indonesia Strives to Realize A Nuclear Weapon Free Southeast Asia", Minister for Foreign Affairs of the Republic of Indonesia, Aug. 5, 2017, http://kemlu.go.id/en/berita/Pages/Indonesia-Strives-to-Realize-A-Nuclear-Weapon-Free-Southeast-Asia-.aspx.

② "Indonesia-France Cooperation to Focus on Maritime Affairs, Creative Economy", *The Jakarta Globe*, Mar. 29, 2017, http://jakartaglobe.id/news/indonesia-france-cooperation-focus-maritime-affairs-creative-economy/.

③ "The 1st Meeting of High Working Level Strategic Dialogue between The Republic of Indonesia and The Republic of Korea", Minister for Foreign Affairs of the Republic of Indonesia, Feb. 6, 2017, http://kemlu.go.id/en/berita/Pages/ri-rok-high working-level-strategic-dialogue-meeting.aspx.

斯坦问题做出贡献；2016年12月，印尼举办"巴厘民主论坛"，积极协调民主、宗教和多元主义之间的关系，为世界其他国家树立了一个良好的民主国家典范。印尼还是联合国维和行动的最大贡献国之一，迄今为止，印尼已在联合国9个特派团派遣和部署了2731名维和人员。印尼主动参加和举办各种多边国际会议和多边活动，通过区域协商与多边对话合作的形式讨论和推进国际议题，向其他国家展示印尼国内民主政治生态和国际影响力。

（二）捍卫国家领土主权，积极维护海洋权益

主权和领土完整是每一个国家的核心利益需求，国家外交政策的制定与实施总是离不开这一核心目标。印尼外长强调，印尼始终维护印尼领土完整，在主权问题上决不退缩。[①] 印尼采取各种措施以维护领土主权和海洋权益。

1. 加强边界领土管理和宣示

为加强边界领土管理，印尼总统佐科签署新条例，修订了2005年颁布的一道政令，将确认为边界领土的最外沿岛屿从原来的92个增加至111个，印尼通过此举希望避免与邻国发生领土声索纠纷，也为防止偏远岛屿被非法占用。[②]

2. 开展"边界外交"

2016年印度尼西亚的"边界外交"在2015年的基础上持续推进，逐步落实和开展同相关国家的边界对话与边界磋商，并取得了较为显著的效果。在这一年里，印度尼西亚与周边国家开展了36次边界问题的协商谈判，同多个国家针对海上边界问题进行了20次海洋边界谈判和16次陆地

[①] "The Annual Press Statement of The Indonesian Minster for Foreign Affairs 2017", Minister for Foreign Affairs of the Republic of Indonesia, Jan.10, 2017, http：//kemlu.go.id/en/pidato/menlu/Pages/Annual-Press-Statement-of-Minister-For-Foreign-Affairs-Of-The-Republic-Of-Indonesia-2017.aspx.

[②] 《印尼宣示拥有111个最外沿岛屿主权》，《联合早报》2017年3月14日，http：//www.zaobao.com/news/sea/story20170314-735587。

边界谈判。通过积极、友好、有效的协商与谈判，印尼在边界问题上取得了一系列的突破与成果。其中，2016年12月15日，印度尼西亚与新加坡共同批准了关于两国领海争端的《海洋边界协定》，并于2017年1月在新加坡互换协议文书，这是印尼此年度边界谈判中最为重要的成果。另外的主要成就有：第一，印度尼西亚和马来西亚签订了《两国在北加里曼丹岛和沙巴州的陆地边界调查与划界第二十个合作备忘录草案的协定》；第二，印尼和东帝汶就两国有争端的两个陆上边界展开最后阶段的协商与谈判，在未解决的部分领土争端上达成一致协议。① 印尼与周边国家积极开展海上和陆地的边界谈判，一方面可以逐渐减少并实际解决与周边国家历史遗留下来的领土纠纷与争端，避免陷入局部冲突和加剧地区紧张氛围，为自身的经济发展营造一个良好的周边环境，为地区安全做出应有的表率与作用；另一方面，印尼以友好对话、平等协商的方式处理和解决领土争端问题，可以在东南亚地区乃至世界范围内树立一个正面的、友好的、热爱和平的良好国际形象，进而巩固印尼在东盟中的核心地位，更好地在地区和国际事务中发挥积极作用。

3. 加大国防开支

自佐科执政以来，印尼大幅度增加国防开支，提高军费预算，为维护印尼海上权益提供物质基础。2016年国防部的军费预算达到108.4万亿印尼盾，在印尼政府15个部门中高居首位。（见表2）印尼的国防预算增长主要用于购买和更新武器装备、减少对军事贷款和军事援助的资金依赖、促进国内军工产业发展等方面，以增强国防力量，努力实现国家军备现代化，为"海洋强国战略"的实施和"全球海洋支点"的构建打下一个坚实的物质基础和重要的军事保障。

---

① "The Annual Press Statement of The Indonesian Minister for Foreign Affairs 2017", Minister for Foreign Affairs of the Republic of Indonesia, Jan. 10, 2017, http://kemlu.go.id/en/pidato/menlu/Pages/Annual-Press-Statement-of-Minister-For-Foreign-Affairs-Of-The-Republic-Of-Indonesia-2017.aspx.

表 8　印尼 2016~2018 年政府各部门预算开支

单位：万亿印尼盾

部门	2016 年	2017 年	2018 年（最高限额）
国防部	108.4	106.9	108
公共工程与民居部	91.7	106	101.5
国家警察总部	79.3	76.5	84
宗教事务部	56.2	63.7	60.2
卫生部	62.7	60.1	58.3
交通部	42.9	48.5	46
财政部	38.1	45.7	40.8
科研与高等教育部	40.6	41.2	39.7
教育与文化部	43.6	40.1	39.8
农业部	27.9	22.7	22.1
社会部	13.1	22.1	17.5
司法与人权部	11.3	9.9	9.4
最高法院	8.8	8.3	8.2
环保与林业部	7.0	8.1	7.4
海洋与渔业部	10.6	7.3	9.3
总额	642.2	667.1	652.2

资料来源：印度尼西亚国家统计局。

（三）继续开展经济外交，积极加强海洋合作

1. 继续开展经济外交

2016 年，印度尼西亚继续强化经济外交，鼓励出口、吸引投资、加大基础设施建设、促进旅游业的发展。整个 2016 年，印尼经济外交成果丰富。具体来讲，2016 年度，印尼和其他国家签署了 149 项双边或多边协定，有效密切了与其他国家和地区的经济往来与合作。印尼积极与其他国家展开全面经济伙伴关系协定（CEPA）的谈判，其中，印尼与欧盟全面经济伙伴关系的合作范围草案已经初步完成，正式谈判于 2017 年展开；与澳大利亚进行了 4 次全面经济伙伴关系协定的谈判；同其他相关国家和

地区进行了6次关于地区全面经济伙伴关系协定的协商会议；召开2次关于构建印尼—欧洲自由贸易联盟的全面经济伙伴关系协定的会议。在2016年印尼贸易展览会上，印尼外交人士积极与其他125个参与方谈判并达成了约97476万美元交易额的贸易合作。此外，印尼还和其他国家签署了31项价值2亿美元的商业合同。印尼"经济外交"特别工作小组和印尼海外代表团已经促成了超过3.5万名印尼商人建立海外商业联系、处理业务查询和撮合潜在的300亿美元交易的贸易合作。在技术交流与"南南合作"方面，印度尼西亚向35个友好国家提供了农业、海洋、公共管理以及旅游和媒体方面的培训。①

2. 加强海洋合作

自佐科竞选总统到担任总统以来，佐科政府始终坚持和完善"海洋强国战略"。为了实现海洋强国战略目标，佐科政府在经济、外交和防务等领域推出了一系列的政策措施。首先，与多国展开海洋合作。2016年，印尼和10个国家签署了13个海洋合作协议，这些国家包括印度、荷兰、美国、帕劳、新西兰、俄罗斯、韩国、英国、匈牙利和东帝汶，② 这些海洋合作协议的重心都集中在海事建设、基础设施建设、铁路、港口、能源和燃油、海洋安全等方面。2016年3月，印尼举办了以海洋资源保护为主题的第七届海域安全桌面演习，促进各个国家的海洋合作与海洋经济的可持续发展。2016年12月，日本和印尼举行的"日本·印尼海洋论坛"中，两国就港口基础设施建设、开发离岛和提高海上警备能力等海洋问题达成若干合作协议。其次，充分利用国际会议和组织，推动相关海洋合作议题设置。2017

---

① "The Annual Press Statement of the Indonesian Minister for Foreign Affairs 2017", Minister for Foreign Affairs of the Republic of Indonesia, Jan. 10, 2017, http://kemlu.go.id/en/pidato/menlu/Pages/Annual-Press-Statement-of-Minister-For-Foreign-Affairs-Of-The-Republic-Of-Indonesia-2017.aspx.

② "The Annual Press Statement of the Indonesian Minister for Foreign Affairs 2017", Minister for Foreign Affairs of the Republic of Indonesia, Jan. 10, 2017, http://kemlu.go.id/en/pidato/menlu/Pages/Annual-Press-Statement-of-Minister-For-Foreign-Affairs-Of-The-Republic-Of-Indonesia-2017.aspx.

年8月，印尼巴厘成功举办第三届国际海事安全研讨会，旨在加强和促进国家间的海上安全合作。[①] 同时，印尼作为环印联盟2017~2019年的轮值国，积极推动有利于印尼海上战略发展的相关海洋议题的设置与讨论。2017年3月，在印尼雅加达召开的环印联盟峰会上通过的《雅加达宣言》中，纳入了促进海上安全、加大贸易投资合作、促进渔业的可持续发展、加强灾害风险管理、促进旅游和文化合作以及发展蓝色经济等内容。同年9月，在环印联盟外长级会议上，印尼提议并通过了"加强在印度洋的海事合作，维护其和平与稳定"的相关决议。这些具体的实质性内容与印尼发展"海洋强国战略"的需求高度契合。

[①] "Bali Hosts 2017 International Maritime Security Symposium", *The Jakarta Globe*, Aug. 24. 2017, http：//jakartag-lobe. id/news/bali-hosts-2017-international-maritime-security-symposium/.

中篇
分报告（2016~2017年）

第一章　印度尼西亚政治

2015~2016年度，印度尼西亚政治处于一个平稳发展的阶段，但随着全国地方首长同步选举的靠近，2016~2017年度印度尼西亚政治掀起波澜。在过去的一年里，首都雅加达省长选举及与之相关的"钟万学事件"是2016~2017年政治发展领域值得关注的热点议题；佐科政府进行了第二次内阁改组，并精简了国家机构，政府工作稳步推进；政党政治方面，各政党为地方首长选举或结盟或对抗，竞争激烈；立法机关方面，印度尼西亚国会制定和修改了一系列重大法律，并对肃贪委行使了调查权；肃贪委工作方面，虽然国会对肃贪委行使了调查权，但该举措并没有影响肃贪委工作的积极性，肃贪委仍然破获了众多贪腐案件；司法机关方面，各级法院加强自身建设，稳步推进落实司法判决。

第一节　雅加达省长选举与"钟万学事件"

2017年的地方首长选举是印度尼西亚政治的热点。雅加达原省长钟万学在重新竞选省长的活动中，因引用《古兰经》而受到指控，并被判入狱，这一事件引起了印度尼西亚国内甚至是国际上的广泛争议。伴随该事件浮出水面的是印度尼西亚国内强硬派穆斯林对多元化民主国家形象的破坏，政府针对该事件采取了一系列措施以促进民族团结及社会稳定。

一　"钟万学事件"起因

印尼全国地方首长选举于2017年2月15日举行，全国101个省、市、县同步举行首长选举活动，4100万名选民将选出7名省长、18名市长和76

名县长。其中最受关注的是雅加达省长选举。雅加达是印度尼西亚最大的城市，被划为首都特区，由印尼政府直接管辖，享有省级地位。雅加达有1000多万人口，多数居民为爪哇人，少数为华人、荷兰人。雅加达省长的选举有非常重要的意义，印尼现任总统佐科曾经担任过雅加达省长，而后于2014年竞选总统并成功当选。印尼政坛自此开了先例，担任雅加达省长是成为印尼总统的绝佳跳板，或者起码可以掌握印尼最丰富的政治资源，因此这次雅加达省长选举被外界普遍视为2019年总统选举的"前哨战"。

雅加达省长选举引人注目的另外一个原因是，此次省长选举的候选人很有特色。此次选举最终确定有三组人马以"省长—副省长"组合形式参选，分别为钟万学和雅加达原副省长查罗特、印度尼西亚前总统苏西洛的长子阿古斯和雅加达官员希尔菲娜、教育与文化部前部长阿尼斯和商人桑迪阿加·乌诺。其中最引人关注、呼声最高的候选人是钟万学。钟万学是华裔，也是一名基督徒，在约88%的人口信奉伊斯兰教的印度尼西亚，钟万学作为只占1%人口的华人代表参选首都领导人非常不容易。钟万学在2012年佐科当选雅加达省长时，是他的副手，担任雅加达副省长，在佐科2014年当选总统时，自动替补为雅加达省长。在佐科与钟万学担任雅加达领导人期间，他们成功地改善了困扰雅加达多年的交通和水患问题，这是佐科能当选总统以及钟万学能突破印尼华人参政困局的主要原因。佐科当选总统后，钟万学成为雅加达特区首位华裔省长。他担任雅加达省长期间，作风强硬，重实效轻形式，做出了许多政绩。他整顿了雅加达的市政官僚体系，建立评分制度考核官员表现，强力打击政府贪腐和官僚作风，禁止浪费公款。为了推动雅加达官僚体系改革，提高行政效率，钟万学经常对政府部门突击检查，严惩纪律差或业绩差的公务员，拟吸收"新鲜血液"充实、替换政府工作人员。他定期在网站上传省政府会议视频，提高政府工作透明度。除此之外，钟万学也积极推出各种福利举措，包括廉价医疗、免费教育、廉租房、整顿贫民窟等。这些举措让他获得很高的支持率，雅加达大部分民众都很满意他的政绩。但是对他的非议和攻击也从未间断，他的华裔身份尤其凸显，有谣言称钟万学服务中国的利益，甚至指控他将配合中国政府的"劳工移民"政策等。所幸这些谣言都没有撼动雅加达民众对钟万学的高支持率。

另外，伊斯兰教是影响雅加达省长选举的关键因素，在选举过程中发挥重要作用。印度尼西亚人口超过2.4亿，其中88%是穆斯林，而全东南亚最大的清真寺也坐落于雅加达。苏哈托1998年倒台后，印度尼西亚进入民主转型时期。民主的进一步发展，要求引入解除党禁、修改政党法、选举改革、推进新闻言论自由等措施，这些措施在推动印度尼西亚成为一个民主国家的同时，也为伊斯兰势力进入国家政治中心提供了机会。不少穆斯林强烈希望"伊斯兰教在公共事务发挥作用"，这导致两个伊斯兰政治实体的诞生，即"星月党（PBB）"和"繁荣公正党（PKS）"。这些伊斯兰政党不断累积自身参政经验，出台争取民众支持的措施，获得了越来越多的支持。作为世界上穆斯林人口最多的国家，伊斯兰教政党的参政能有效扩大穆斯林群众的政治参与，有益于推进政治民主化。在民主转型时期，伊斯兰教势力的崛起反映了时代和环境的要求，其发展壮大也反映了印尼政党制度不断发展和完善。印度尼西亚伊斯兰教具有广泛的兼容性和多样性，并且被认为是伊斯兰世界中最温和和最宽容的，但随着宗教极端主义在东南亚地区的发展，印尼也出现了一些激进的伊斯兰团体和势力，他们试图将伊斯兰教教义纳入政治，把伊斯兰教教规纳入社会公共生活，并推动将一些伊斯兰教教规法律化、要求妇女戴头巾、禁止瑜伽等。近几年来，一些行为偏激的伊斯兰极端组织的活跃度不断增加，如"伊斯兰解放阵线（HTI）"、"伊斯兰捍卫者阵线（FPI）"等，而且其支持者数量也在增加。这些强硬派的伊斯兰势力在雅加达选举过程中，通过游行示威等方式给政府施压以实现自身诉求，很大程度上影响了雅加达选举的过程及结果。

正是在这样的背景下，雅加达省长选举中发生了令人瞩目的"钟万学事件"。钟万学于2014年11月19日宣誓就职雅加达省长，并在2017年的地方选举中力求连任。由于钟万学过去5年间在雅加达取得了令人瞩目的政绩，获得了大部分民众的支持，因此钟万学在寻求连任时，民众对其呼声最高。但在2016年9月的竞选演讲中，钟万学提及《古兰经》的诗篇。有人很快在网上发布视频，显示钟万学涉嫌暗示《古兰经》欺骗穆斯林。10月

7日，两个伊斯兰组织向雅加达特区警察局告发钟万学亵渎《古兰经》。这一指控导致他在选举中落败，并且被判两年拘禁。然而，发布钟万学涉嫌亵渎视频的布尼（Buni Yani）表示，曾对视频进行过编辑，以制造钟万学侮辱穆斯林和《古兰经》的错觉。布尼通过修改视频使钟万学好像是在说"你被《古兰经》宴席篇中的51章骗了"，但钟万学实际上是说，"你被那些误用宴席篇51章的人骗了"。钟万学的原意是指穆斯林被那些误用《古兰经》的人骗了，但是布尼通过剪辑视频，造成这位省长称《古兰经》欺骗了穆斯林。印尼第一大伊斯兰组织"伊斯兰教士联合会（NU）"高层观看钟万学讲话的录像后也判断，他没有对《古兰经》不敬，只是非议那些借用《古兰经》达到政治目的的人。

二 雅加达省长选举过程

随着雅加达首长选举日期的临近，国会10个政党已分为三个阵营各提名一对候选人，即斗争民主党（PDI-P）联合了专业集团党（Golkar）、国民民主党（Nasdem）、民心党（Hanura）推举钟万学—查罗特搭档；民主党（Partai Demokrat）联合了国家使命党（PAN）、民族觉醒党（PKB）、团结建设党（PPP）推举阿古斯—希尔菲娜搭档；大印尼运动党（Gerindra）联合繁荣公正党（PKS）推举阿尼斯—桑迪阿加搭档。这三派形成三足鼎立局面。

政府为确保首长选举顺利进行，做了一系列工作。国民军总司令加铎上将要求国民军必须保持中立，所有指挥官应加强监督，尽早发现军队中偏袒倾向的迹象并尽快处理。上将要求所有军人不要随意在社交媒体上发布有关首长同步选举的消息，更不可发布倾向于支持某一个候选人的消息。内政部也已经提名几个人出任代理省长来解决竞选期间的政治空白。根据新修订的《地方选举法》，如果现任官员要寻求连任，则必须在竞选宣传期间休假。在此期间，内政部将任命代理省长临时负责。一般而言，内政部会任命副省长出任代理省长。但如果副省长也参加竞选，内政部部长则可以从内政部或其他部门中任命一个处长级别的官员来出任代理省长。由于原省长准备参加

2017年选举，内政部已经为雅加达选好了代理省长。① 雅加达警署也做好了应对工作。在雅加达省长选举期间，各组候选人的支持者之间经常会发生摩擦，以致扰乱首都的安全。为此，雅加达警署从筹备治安人员，到会见社会各界领袖，已采取多项措施，确保这次民主选举安全举行。雅加达警方已筹备1.9万名警力，为2017年雅加达省长选举的整个过程保驾护航。不仅如此，警方还培训了特别保安人员，为每一组省长—副省长候选人提供贴身保护。特别保安人员由机动警察、警备队员、情报人员、重要人物保安人员和交通警察组成，他们将为省长—副省长候选人及其家人提供贴身保护。雅加达各分署警长在竞选期间亲自主持安保工作，总局通过卫星定位系统监测分署警长所在的位置，并要求他们对竞选活动现场拍照实时传送。雅加达警方也已与雅加达军方建立合作，其中之一是双方随时交换关于雅加达安全形势的信息。除了在现实世界进行巡逻，雅加达警方还成立了专业小组，巡视虚拟世界（社交媒体）。由于竞选期间经常出现抹黑和可能造成分裂的挑拨言论，该小组加强监控社交媒体爆出的问题，雅加达警长甚至下令警察直接逮捕在社交媒体上发表挑拨言论的肇事者。

伊斯兰强硬派势力坚持认为钟万学亵渎宗教，要求立即起诉，伊斯兰强硬派组织"伊斯兰捍卫者阵线"则于2016年11月4日在雅加达领导反对钟万学的大规模游行。印尼警方估计，参加人数超过10万，1.8万名警察、城管及军人组成的联合执法队当天在现场维持秩序。指挥这次抗议的，除"伊斯兰捍卫者阵线"领导人外，还有印尼人民协商会议前主席赖斯、大印尼运动党的国会副议长法德里等政治反对派。但印尼三大伊斯兰组织均表示不支持这次示威游行，并呼吁自己的成员不要以组织名义参加游行。警察总部刑侦总局迫于压力在2016年11月17日正式将钟万学定为"亵渎宗教案"的嫌疑人。但警方表示只有经过法庭的公开审讯后，才能裁决钟万学是否有罪。尽管钟万学已经被定为犯罪嫌疑人，但支持他的斗争民主党、专业集团

---

① "Home Affairs Minister to Appoint Acting Governors Ahead of Campaign Period", *The Jakarta Globe*, http://jakartaglobe.id/news/home-affairs-minister-appoint-acting-governors-ahead-campaign-period.

党和民心党纷纷表态将继续支持钟万学竞选连任,专业集团党还呼吁大家要尊重正在进行的法律程序。警方刑侦局12月1日正式把"亵渎宗教案"第二阶段卷宗提交到雅加达南区一般刑事案副检察长办公楼,该卷宗长达826页,内容包括30名证人、11位专家和1名犯罪嫌疑人的证词。钟万学在辩护律师普拉尤纳(Sirra Prayuna)陪同下到场见证。总检察院决定不拘留钟万学,因为按照标准作业程序,如果警方刑侦局不进行拘留,检察院也不会拘留犯罪嫌疑人。但警方已对钟万学下达禁止离境令,钟万学也承诺将随传随到。钟万学的辩护律师普拉尤纳已暗示,提交第二阶段卷宗后,钟万学将继续进行竞选活动,不会被拘留。① 但一些伊斯兰组织对没有扣留钟万学的行为表示不满,决定在12月2日再次展开"捍卫伊斯兰教示威行动",示威预计在雅加达市中心的印尼饭店圆环附近进行,这可能会引起比早先示威更大的暴动。国家警察总长狄托呼吁伊斯兰强硬派取消正在策划中的街头示威。为说服他们放弃街头示威的计划,警方与强硬派的领导人进行了谈话。最后,为确保集会和平有序进行,集会组织者同意将所有活动限制在雅加达国家纪念碑广场进行,集会时间从早上8点到下午1点。②

钟万学"亵渎宗教案"在12月13日首次开庭,为防止激进组织或个人趁案件开庭审理之际借机生事,警方实施特别安全措施,部署超过2000名警力以确保庭审顺利进行。在审理中,钟万学被控触犯《刑法》第156条骚扰及第156a条亵渎的条款,若触犯《刑法》第156条判罪确定,他将面临最高4年有期徒刑;若触犯《刑法》第156a条判罪确定,他将面临最高5年有期徒刑。检察官以《刑法》第156条起诉钟万学,其内容是:无论何人在大庭广众讲话中引起他人产生仇恨或产生愤怒,将被处罚监禁徒刑最多4年。检察官认为,在2016年9月27日到访千岛群岛演讲时,钟万学有提到《古兰经》宴席篇,但由于钟万学没有存心亵渎宗教,因此不能以

---

① 《总检察院接手处理"亵渎宗教案",按照标准作业程序决定不拘留钟万学》,《国际日报》2016年12月2日,http://www.guojiribao.com/shtml/gjrb/20161202/297095.shtml。
② "Police Chief Calls for Cancelation of Anti-Ahok Protest", *The Jakarta Globe*, http://jakartaglobe.id/news/police-chief-calls-cancelation-anti-ahok-protest.

《刑法》第156a条起诉。检察官要求法官判处钟万学一年有期徒刑,缓刑两年。不过,"亵渎宗教案"的审判不会影响钟万学的候选人资格,他可以参加所有的选举阶段,包括2017年2月15日的投票日。只有在法院做出具有法律约束力的裁决后,该案件才能影响到他的候选资格。

雅加达首长选举2017年2月15日第一次投票时,钟万学以约43%得票率领先两名对手,阿尼斯以约四成得票率居次,另一名候选人阿古斯以约17%的得票率垫底。由于没人得票过半,得票最高的钟万学与阿尼斯将在第二轮投票中对决。由于钟万学与阿尼斯得票率之间的差距并不大,第一轮选举落选的阿古斯的支持者成为双方争取的对象,而印尼伊斯兰强硬派对钟万学亵渎宗教的宣扬则影响了这些游离选民的决定。原本声望极高的钟万学自卷入"亵渎宗教案",在印尼伊斯兰强硬派发动一系列的大规模反钟万学集会后,选情遭受一定的冲击。钟万学华裔、基督教徒的特殊身份以及"亵渎宗教案"成为其竞争对手争取选票的有利把柄。雅加达选举加深了印尼民众的宗教分歧,大部分的穆斯林选民都投票给阿尼斯组合,而大部分的非穆斯林以及少数的温和派穆斯林选民投票给钟万学组合。雅加达省长选举可被视为2019年印尼总统大选的"前哨战",对总统佐科及其斗争民主党而言,若钟万学连任成功,既可防止2019年总统大选中出现一名新挑战者,又可巩固斗争民主党执政政党的地位。而之前竞选总统失败的普拉博沃,若想在2019年总统选举中再次对抗佐科,必须先在雅加达获胜,否则胜选概率不大,因此其力挺阿尼斯参选。

根据雅加达省长第二轮选举的正式计票结果,2号候选人钟万学—查罗特获得42.04%选票,3号候选人阿尼斯—桑迪阿加获得57.96%选票。[①] 根据法律规定,得票最多的候选人当选为新一届雅加达省长和副省长。2017年5月5日雅加达选委会主席苏马诺(Sumarno)在全体会议上正式宣布,阿尼斯—桑迪阿加当选为2017~2022年雅加达省长和副省长。2017年5月9

---

① 《雅加达选举委员会宣布选举结果》,《国际日报》2017年5月6日,http://www.guojiribao.com/shtml/gjrb/20170506/316664.shtml。

日，钟万学"亵渎宗教案"庭审在雅加达南区农业部大堂举行，判决钟万学亵渎宗教罪名成立，判以两年有期徒刑，钟万学被判刑后当即被拘押在芝槟榔监狱。法官团称，钟万学在千岛群岛向当地居民发表演讲时引用《古兰经》经文被认为亵渎宗教。法官团称，钟万学触犯《刑法》第156a条，即任何人如果在大庭广众故意表达敌视的态度以及做出具有敌意、误用或者亵渎印尼人所信仰的宗教，或者有意使人不信仰任何宗教，将被监禁最长五年，钟万学表示将对法官的判决提出上诉。钟万学的支持者表示，他们准备成为钟万学推迟拘留的担保人。钟万学的律师表示，团结建设党主席法利德（Djan Faridz），印尼斗争民主党成员、雅加达立法委员会发言人帕拉斯迪奥（Prasetyo Edi Marsudi）等已经向雅加达高等法院提出推迟拘留钟万学的请求。钟万学的支持者在市政厅收集签名和身份证副本，以满足作为担保人的要求。但反对钟万学的人则声称刑罚太轻，也上街示威要求法庭加重刑罚。在此背景下，钟万学撤回了上诉申请，希望平息因此案而起的对抗。钟万学表示撤销上诉是为了国家和人民，希望这样能结束几个月来的社会分裂，否则示威集会的干扰造成的交通阻塞会进一步导致经济损失，雅加达市民会继续蒙受很大的损失。联合国数名人权专家认为钟万学是被犯罪化的受害者，并敦促印尼政府释放他。提供意见的专家包括宗教和信仰自由特别报告员艾哈迈德（Ahmad Shaheed）、表达意见自由特别报告员大卫（David Kaye）和促进民主与公平的国际秩序独立专家阿尔弗雷德（Alfred de Zayas）。联合国亚洲人权处刊登了专家们的声明。这三名专家呼吁印尼政府在上诉过程中撤销对钟万学的判刑，或者基于印尼的法律制度而扩展任何形式的宽恕，以便把钟万学释放。专家们表示，亵渎宗教条例不适合诸如印尼的民主社会，并且会损害到国家的多元性。专家们做出结论，对钟万学做出的亵渎宗教判决可能破坏印尼的宗教、信仰和言论自由。

三 "钟万学事件"的影响

首先，钟万学的落选与入狱表明印尼的宗教势力已经抬头。宗教议题成为本次选举的热点，反钟万学势力借助伊斯兰强硬派势力赢得选举，在今后的选举中可能会有更多的人以种族和宗教为借口大打"宗教牌",以获得政治利益。在穆斯林众多的印尼,非穆斯林候选人此后的竞选阻力可能会增加。这场选战是在激烈和紧绷的氛围下举行的,被形容为"印尼最两极化最分裂的选举"。这场选举也被看作是印尼对宗教与种族包容的考验,钟万学无法成功连任,显示激进宗教势力有抬头迹象,更甚的是,随着阿尼斯胜出,这股力量受到鼓舞,获得更大动力,或会加速扩展,对印尼的多元包容构成威胁。激进宗教势力趁势坐大,对印尼而言并非好事。走在改革路上的印尼,需要更多中间的声音,而不是妨碍发展的激进呐喊。① 印度尼西亚的穆斯林在宗教上已趋向不具宽容性。从近几年的情况来看,可以了解这种转变的严重程度。强硬派组织"伊斯兰捍卫者阵线"得到公开支持,大批群众参与了2016年11月4日和12月2日的大规模示威行动,频频批评和贬低基督教的"伊斯兰捍卫者阵线"领袖里齐克(Rizieq Shihab)也赢得许多支持。这一现象的出现不是一朝一夕的事,宗教不宽容情绪是这些年来慢慢形成的。"伊斯兰捍卫者阵线"于2008年烧毁"艾哈迈迪派(Ahmadiyah)"追随者的房子;勿加泗地方政府于2009年下令关闭巴达基督新教教会;对印尼最高法院2010年关于优思明园印尼基督教会(GKI Yasmin Church)可以继续建教堂的判决,茂物市政府置之不理;三邦县马都拉岛的什叶派穆斯林也于2012年被迫迁移。印尼全国暴力监控系统(National Violence Monitoring System)的数据显示,自2004年以来,不同宗教之间和个别宗教内部的冲突一直呈上升趋势,2004年4宗,2008年27宗,2011年101宗,2014年257宗,而大多数事件都涉及穆斯林。

政客把宗教情绪政治化和缺乏跨宗教间的对话等都是造成这种转变的原因。不过,最关键的原因是,一个不受公众监督的体制让宗教更容易被利用,这更增加了不宽容的程度。在营造一个不宽容的氛围上,1965年《亵渎宗教法》与《刑法》第156a条(亵渎罪)是两大源头。《亵渎宗教法》让一些人认为,不容忍其他宗教是理所当然的权利,这促使不宽容情绪日益

---

① 《印尼宗教势力抬头》,http://www.zaobao.com/forum/views/opinion/story20170422-751856。

高涨。而《刑法》第156a条的最大弊端是它没有清楚说明什么行为构成亵渎。理论上，法令允许任何在主观上觉得自己的宗教被亵渎的公民对他人提出指控。虽然，法庭也会听取那些主要宗教组织如印尼伊斯兰教传教士理事会（Indonesian Ulema Council）的较客观和公正的意见。实际上，公众对这些组织缺乏信任，因为它们歧视少数群体，认为只有它们自己可以诠释伊斯兰教教义。法令条文含糊不清的结果让信徒占大多数的宗教得以欺压少数宗教，主观决定什么是亵渎宗教的言行。事实上，法令的存在和不明确性，本身就意味着这种无节制的滥权情况会出现。政府于2010年对法令进行了司法检讨，最终结果是，宪法法庭决定保留法令，但必须做出一些"修改"。然而，政府在其后并没有进一步的行动。信徒占大多数的宗教觉得自己有权决定什么构成亵渎，并动员信徒把问题政治化，这种社会文化已经根深蒂固。结果，一些宗教社群觉得他们享有不受节制或限制的至高无上的权力，这显示在他们对其他宗教的不宽容态度上，对宗教教义的任何意见或批评，都可以被指为亵渎行为，从而会面对愤怒信徒的报复。要消除这种不宽容，宗教必须去政治化，也必须进一步探讨宗教应该如何融入印尼的民主制度。政府也必须明确检讨《亵渎宗教法》，反思一个民主社会是否应该允许信徒占大多数的宗教凌驾法律，完全不顾其他宗教社群的基本权利。①

其次，此次选举结果可能对2019年总统大选产生一定的影响，对于佐科竞选连任带来一定的冲击。大印尼运动党主席普拉博沃原本已没有多少政治资本再与佐科对抗，但如今名声大振，不排除他在2019年再度竞选总统挑战佐科。虽然佐科目前声望较高，但钟万学败选足以说明反对势力不可小觑。钟万学是现任总统佐科的战友，在佐科2012年当选雅加达省长时，钟万学就是他的副手。对于佐科来说，如果钟万学当选为雅加达省长，则可以增加其在2019年总统大选时的助力，所以他不希望反对党支持的阿尼斯当选，因为反对党支持的候选人当选雅加达省长之位，则有可能在2019年总

---

① 《节制印尼的宗教不宽容》，http://www.zaobao.com/wencui/opinion-asean/story20170207-721994。

统大选中挑战佐科，或者成为对手的盟友。钟万学的落选已导致佐科连任之路蒙上阴影，击败钟万学的参选人阿尼斯的支持者主要是普拉博沃领导的大印尼运动党和有激进倾向的繁荣公正党。2014年总统竞选失败的普拉博沃是苏哈托的女婿并持反华立场，而繁荣公正党主张印尼国家法律应采用更多伊斯兰律法。这两个政党具有保守的立场和政治主张。普拉博沃支持的阿尼斯在雅加达省长选举中的胜出，无疑对他再次竞选总统有利。普拉博沃已经表明会在2019年继续参与总统竞选。钟万学是佐科的支持者，在佐科担任雅加达省长时，两个人共同在雅加达进行多项改革措施，并在佐科当选总统后，坚定地支持与执行佐科的改革。钟万学的败选，意味着佐科失去了雅加达的政治资源，也给佐科竞选连任带来了不确定性。

最后，钟万学的落选表明印尼华人的政治空间进一步受到挤压。此次钟万学竞选雅加达省长连任在社会上引起了争议，主要原因为钟万学的华裔和基督徒身份。印尼伊斯兰强硬派认为，雅加达首长一职具有深远的政治意义，因为其位阶等同部长，也能成为日后竞逐总统的跳板。他们担心钟万学成功连任将设下先例，导致当地冒出更多"钟万学"，甚至出现非穆斯林担任印尼总统的局面。因为印尼是世俗主义国家，宪法没有限制总统参选人的种族身份，因此理论上有可能出现华人总统。由于印尼政府的一些政策及历史阴影，印尼华人数十年来一直难以进入公共领域，华人从政也属寥寥。随着歧视华人政策逐渐被废除，华人重获参政权，并意识到必须通过参政争取政治地位。钟万学2012年与现任总统佐科搭档竞选雅加达省长，两人获胜后，钟万学成为副省长。佐科2014年10月当选总统，钟万学顺理成章升任省长，这是当地华人首次担任此职。印尼法律严禁挑动种族问题，因此反钟万学势力就转向从宗教下手。雅加达几次反钟万学大示威都显示，示威者并不攻击钟万学的华人身份，而是集中攻击他的基督徒身份。伊斯兰强硬派组织看准基督教和伊斯兰教的敏感关系，加上印尼法律对操弄宗教问题者没有类似惩治挑动种族问题者的严苛刑罚，因此一些人就转而在这方面大做文章。未来也许会有更多人以种族和宗教为借口，捞取政治利益。华人在印尼2.58亿总人口中不到1%。由于强人总统苏哈托政府有计划的排挤，华人在二战后几十年都难以进入公共领域，从政者寥寥。苏哈托1998年下台后，华人重新获准参政。钟万学的崛起被视为华人参政20年来的标杆之一，特别是在特区首长、省长、市长和省级议员实现直选以来，华人开始崭露头角，担任公职及议员。目前华人担任公职的最高层级是部长，代表者有现任贸易部部长鲁基托（中文名吕有恩）及投资统筹机构主任拉蓬（Thomas Lembong，中文名汤连旺），先后出任贸易部部长及旅游部部长的冯慧兰，以及交通部前部长伊格纳苏斯·佐南（中文名杨贤灵）等。钟万学家族中，除了他本人，弟弟钟万有也在他之后担任东勿里洞县县长。[1] 这种华裔从政的趋势让伊斯兰强硬派感受到了威胁，而这种对身份的认同在印尼已成为主导民意的主力，甚至能抹杀钟万学所有善政。路透社曾获得智库《罗盘报》研发中心（Litbang Kompas）一份未公布的出口民调报告。其中，调查单位访问了400个投票站的1289人，约34%受访者表明支持阿尼斯是由于宗教理由，另外14.9%的受访者则是由于"同文同种"而支持他。该中心研究员巴斯提安表示，绝大多数阿尼斯的支持者是因宗教与种族原因，而施政计划与政绩无关紧要。赛夫姆贾尼研究与咨询机构（SMRC）在选举前几天展开的民调显示，76%的受访者肯定钟万学的政绩，但愿意投票支持他的只有48%，这显示当地穆斯林选民无法支持一名基督徒与华裔候选人。在后苏哈托时代，印尼通过民主改革使得印尼的民主化程度不断提高，华裔也逐渐摆脱边缘人的身份，进入社会主流，这似乎反映了印尼的民主政治正逐步走向包容与成熟。而这次钟万学的落选所表现出来的身份认同问题，则显示印尼民主政治有所倒退，在一定程度上破坏了印尼多元文化和多元种族社会的形象。

四 印尼政府的应对措施

为了防止宗教极端势力的蔓延，维护社会稳定，印尼采取了一系列措施。

---

[1] 《钟万学选举成败是印尼华人突破从政藩篱指标》，http://www.china-asean-media.com/show-11-10189-1.html。

首先,解散"伊斯兰解放阵线组织"。印尼政治、法律与安全事务统筹部部长威兰托 2017 年 5 月 8 日与内政部部长扎赫约·库莫罗、司法与人权部部长亚索纳·劳利及国家警察总长狄托·卡纳维安将军会谈后表示,政府决定解散"伊斯兰解放阵线组织"。[①] 政府解散"伊斯兰解放阵线组织"有三点理由:第一,伊斯兰解放阵线作为一个法人社会团体,不履行参与实现国家发展目标的积极作用;第二,有强烈迹象显示,伊斯兰解放阵线开展的活动与潘查希拉建国五项原则和 1945 年宪法的目标背道而驰,已违反 2013 年第 17 号社团法令;第三,伊斯兰解放阵线开展的活动已引起社会冲突,可能威胁到社会安全、公共秩序和国家的统一。一直以来,伊斯兰解放阵线的活动已引发社会冲突,并威胁到印尼共和国的安全与稳定,因此,解散这一组织势在必行。此前,警方拒绝批准伊斯兰解放阵线申请的多项活动,认为其活动旨在实现基于伊斯兰教法的政府,此事将使公众感到不安。综观这些因素以及人民的愿望,政府有必要采取明确的法律措施解散伊斯兰解放阵线组织。这一决定并不意味着政府反对伊斯兰社会组织,而只是为了维护基于潘查希拉和 1945 年宪法建立的印尼共和国的完整性。与此同时,内政部部长库莫罗在政治、法律与安全事务统筹部出席会议后表明,讨论解散伊斯兰解放阵线组织的会议进行了超过 6 次,这已经是一个成熟的决定,解散伊斯兰解放阵线的法律措施从当天开始生效。

其次,对仇恨言论采取坚定行动。总统佐科命令国家警察总长狄托和国民军总司令加铎,对所有仇恨言论或挑衅行为事件采取坚定行动。佐科在会晤印尼伊斯兰理事会(MUI)、伊斯兰教士联合会(NU)、穆罕默迪亚(Muhammadiyah)、天主教印尼教长大会(KWI)、印尼基督教堂协会(PGI)、印尼佛教代表协会(Perwakilan Umat Budha)、印尼印度教教长委员会(PHDI)和印尼孔教最高理事会(MATAKIN)等 8 位宗教领袖和国民军总司令及国家警察总长时,下令警察总长和国民军总司令对一切破坏团结

[①] 《政府决定解散伊斯兰解放阵线组织》,《国际日报》2017 年 5 月 9 日,http://www.guojiribao.com/shtml/gjrb/20170509/317047.shtml。

和兄弟情谊的言论和行为采取毫不犹疑的严厉措施。总统对所有宗教承诺继续维护不同宗教教徒、不同群体和不同阶层之间的团结友爱、和平及相互包容。佐科指出，印尼宪法保障言论和宗教自由，国内所有宗教和社群都应维护宪法，言论和宗教自由必须遵守法律和社会价值观。他呼吁民众停止侮辱任何宗教或民族，并努力和平地化解分歧。司法与人权部部长亚索纳·劳利表示印尼将检讨《亵渎宗教法》，钟万学选举落败后，检方把亵渎罪改为刑责较轻的侵扰罪，虽然要求判他一年监禁，但缓期两年执行。然而，在2017年5月9日，钟万学却被意外地判定为亵渎伊斯兰教罪，必须入狱两年，不得缓刑。这个判决连检方也认为定罪过重，并提起上诉。欧洲联盟、东盟政府间人权委员会和国际特赦组织等都对钟万学被重判案件深表关注。亚索纳·劳利在日内瓦出席联合国定期检讨会议时，与会者要求印尼检讨少数宗教、言论和宗教自由及亵渎等相关法律，并提出了建议。印尼当局在巨大压力下可能会逐步展开讨论，进行彻底检讨。

再次，加大力度打击极端主义分子。印度尼西亚警方向伊斯兰强硬派组织"伊斯兰捍卫者阵线"领袖里齐克发出通缉令，此举显示印尼总统佐科开始对极端主义分子采取更严厉的打击。[1] 里齐克及其领导的伊斯兰捍卫者阵线是反钟万学示威的领军力量，现在里齐克被指控为一起色情案的犯罪嫌疑人，涉嫌与一名女子互相发送裸照和肉麻露骨的手机短信，触犯印尼《反色情法》和针对不良传播内容的《电子信息法》，如果罪名成立，他将面临至少五年监禁。警方把里齐克列为犯罪嫌疑人后曾两度召他问话，但他都置之不理。因此警方对他发出逮捕令，并进一步把他列入通缉犯名单，并把此案定为需紧急处理案件。印尼移民局的信息显示，里齐克4月26日与家人前往沙特麦加进行小朝圣，并且人还一直在沙特。在里齐克被列为通缉犯后，移民局就可以取消他的印尼护照，以便他目前所在国家的移民局协助将他遣送回国。根据印尼司法制度，任何人若被列为犯罪嫌疑人，意味着当

---

[1] 《印尼佐科总统加大力度打击极端伊斯兰分子》，http://beltandroad.zaobao.com/beltandroad/news/story20170602-767424。

局认为已掌握足够证据可将他控上法庭。阿尔戈透露，警方掌握的证人证词以及在网络上传播的视频，足以将里齐克列为色情案犯罪嫌疑人。里齐克还牵扯另一起案件，他涉嫌在2014年诽谤印尼国父苏加诺以及质疑印尼建国五项原则，此案仍在调查中。实际上，里齐克于2003年和2008年曾因参与暴力活动和干扰公共秩序，两度被判入狱。然而，伊斯兰捍卫者阵线称，针对里齐克的所有指控都是毫无根据的，有人要陷害伊斯兰教士。里齐克的代表律师也驳斥控状，指责雅加达特区前首长钟万学的支持者捏造罪证。印尼总统佐科已表明绝不允许任何人或组织破坏印尼的世俗社会基础和多元主义。

最后，成立"潘查希拉"思想指导工作委员会。佐科总统2017年6月7日在国家宫为"建国五项原则（潘查希拉）思想指导工作委员会（UKP-PIP）"9名委员及1名执行长主持就职仪式。这9名委员分别是印尼第5任总统梅加瓦蒂（Megawati Soekarno Putri）、第6任副总统特里·苏特里斯诺（Try Sutrisno）、第13任穆罕默迪亚总主席马里夫（Ahmad Syafii Maarif）、现任伊斯兰教士联合会总主席萨伊德（Said Agil Seeradj）、现任伊斯兰教传教士理事会总主席马鲁夫·阿敏（Ma'ruf Amin）、宪法法院前任院长马弗德（Muhammad Mahfud MD）、著名企业家苏达默（Sudhamek）、基督教领袖安德烈亚斯（Andreas Anangguru Yewangoe）和兴都教领袖威斯努（Wisnu Bawa Tenaya）退休少将。担任执行长的是伊斯兰教研究中心主席尤迪（Yudi Latif）教授。出席上述仪式的有卡拉副总统、国会领导人、人协领导人、地方代表理事会领导人、多位内阁部长以及各政党领导人。佐科总统在致辞中强调，"潘查希拉"思想指导工作委员会的工作并非进行思想灌输。委员会的宣传方式将适应时代的发展和印尼社会的情况，例如通过脸书、博客、视频，以至漫画的形式来普及"潘查希拉"思想。委员会的目标是让社会各界特别是年轻人，可以理解和接受"潘查希拉"思想的高尚价值观。宣誓就职后，执行长和委员们将直接投入工作。委员会已经有了工作计划，不过这个工作计划并非定案，未来还将与精神革命和国家防御计划相结合。"潘查希拉"思想指导工作委员会将不断进行评估，以找到最容易让公众理解和接受"潘查希拉"价值观的方案，然后再推广到所有地区和全社会。佐科希望通过普及"潘查希拉"价值观，使印尼民族的各个元素之间变得更加和谐，全体国民相互尊重，同胞手足情谊更加稳固。印尼是一个多元化的国家，"潘查希拉"作为国家基础和思想意识，是促进团结的推进剂。印尼是一个民族、宗教多元化的国家，众多民族、语言、习俗、宗教信仰及群体能够统一起来，就是殊途同归的体现。除了在制定国家政策时要贯彻"潘查希拉"价值观，脱离"潘查希拉"价值观的社会现象也必须整顿。民族和国家生活正在经历背离"潘查希拉"的考验，目前存在一些观点或做法对多元化和团结构成威胁。"潘查希拉"的目的是促进印尼的团结和解决社会问题，以促进社会平稳发展。总统建立"建国五项原则（潘查希拉）思想指导工作委员会"的目的，就是希望它能够重振"潘查希拉"作为民族思想意识和民族哲学的地位。在雅加达省长选举中表现出来的不宽容的态度与做法，无疑是对印尼多元化民主国家形象的挑战。政府认识到印尼的民族团结与社会稳定受到威胁，因此果断采取各项措施惩治极端势力，贯彻"潘查希拉"价值观，将局面控制在可控范围内。

第二节　肃贪工作的推进

一　肃贪委简介

肃贪委诞生在2002年，成立的目的是提高肃清贪污刑事罪行的能力和效果。肃贪委的地位很特别，几乎是独立于立法、司法、行政三权之外的第四股力量。肃贪委的长官由总统提名，经议会审核通过，但是肃贪委的工作不受国会或者政府的影响，只对公众负责。肃贪委有权力调查有贪污嫌疑的政府高官和执法人员、在不需要申请庭令的情况下也可以查阅情报、对犯罪嫌疑人实施旅游禁令及充公资产以进行调查等。随着政府对反贪工作的重视程度不断加深，肃贪委在反贪工作中的作用也越来越重要。当年肃贪委成立时，只不过是一个仅有100名职员的执法机构，而其所调查的对象也只是一些中层官员、区域领导人或商人，根本没有对任何政治人物下手。可是在

2004年，以肃贪为竞选口号的苏西洛当选总统后，情况开始改变，肃贪委将目标转向政治人物。肃贪委已经破获了许多大案要案，被肃贪委检举的人基本上都被定罪。[①] 就连苏西洛的亲信，即苏西洛大儿媳的父亲、中央银行前副行长波汗（Aulia Pohan）也因舞弊行为，被判入狱四年。2013年，肃贪委正式逮捕涉贪的青年与体育部前部长安迪（Andi Mallarangeng）。安迪在2012年12月初被列为汉巴朗体育中心建筑工程贪污案的犯罪嫌疑人后辞职，成为印尼近十年来首位因涉贪而辞职的在任部长。2014年，肃贪委指控宪法法院前院长阿基尔（Akil Mochtar）在地方选举中涉及受贿案件多达15起。肃贪委披露，自从出任国会议员以来，他接收贿金高达570亿印尼卢比，也一直涉及洗钱案件。此外，2012年，肃贪委调查印尼交警总长查科（Djoko Susilo），他被怀疑在采购驾驶模拟器的过程中干扰招标，收受贿赂，给国家造成上千万美元的经济损失，并被判十年有期徒刑。由于印度尼西亚的腐败行为频发，肃贪委的工作也就涉及各个国家机构，包括行政机构、立法机构以及司法机构。肃贪委还与其他部门进行合作，共同打击贪污腐败行为。

二 肃贪工作成果

在2016~2017年度，肃贪委的肃贪工作主要取得下列成果。

1. 调查国会内部议员

肃贪委就西苏门答腊省12项工程的贪腐案，将5名涉案者，包括国会第三委员会议员布度（Putu Sudiartana）列为犯罪嫌疑人，并将其扣留。经过审查，肃贪委已将布度和其他两名议员定为受贿犯罪嫌疑人。肃贪委也已查封布度在国会的办公室，他被证实接受了5亿卢比的贿赂。这笔钱分3次汇到不同的银行，其中一个是布度本身名字的账户。除了以上3名受贿犯罪嫌疑人，肃贪委也将另2名涉案者定为行贿犯罪嫌疑人，他们一个被昵称为SPT，另一个被昵称为YA。

[①] 《先后逮捕前部长、前最高法官、前交警总长，印尼肃贪委深获民心》，http://www.zaobao.com/sea/politic/story20131118-277691/page/0/1。

2. 调查电子身份证贪污案

电子身份证项目是将原来的纸质身份证升级为普及生物识别技术的电子身份证。这样的身份证可以整合公民的数据、银行、税务等信息，并借此建设全国人口数据库。该电子身份证的持有者会在全国人口数据库中留下自己的指纹等各种数据，各地政府部门都可以刷卡查询持证人信息。该项目总耗资大约5.9万亿印尼卢比。但据2017年3月反贪污机构的初步估算，其中可能有多达2.3万亿印尼卢比遭人贪污，导致项目迟迟无法完成。该案据查与一个名叫安迪的商人有关。安迪多次与数名国会议员接触、协商，最终把项目预算提高到5.9万亿印尼卢比。作为补偿，安迪承诺给数十名国会议员和内政部官员巨额"分红"，将巨款的51%用于电子身份证项目，其他49%则分给官员们当作好处费。国会议员米丽燕·哈里亚妮（Miryam S. Haryani）在2017年3月30日被肃贪委列为嫌疑人，她被指控在电子身份证舞弊案中做伪证。自被指定为嫌疑人后，米丽燕已经忽视了几份肃贪委员会的传唤。肃贪委要求警方将米丽燕列入通缉名单，警方则在2017年5月1日凌晨逮捕了米丽燕。米丽燕被送到雅加达国家警察总部拘留之后将会移交给肃贪委。在4月末的法庭听证会上，米丽燕·哈里亚妮撤销了之前在肃贪委官方调查报告中的证词。她说之前的证词是在肃贪委审查人员的胁迫和恐吓下作出的，肃贪委否认了她的说法。目前被指定为电子身份证项目舞弊案嫌疑人的两人苏吉哈托（Sugiharto）和伊尔曼（Irman）都是内政部的前高级官员，他们被指控挪用了电子身份证项目的资金。肃贪委也声称商人安迪（Andi Narogong）为电子身份证项目贪污案嫌疑人。2017年4月10日，肃贪委又声称国会议长塞特亚·诺凡多（Setya Novanto）为电子身份证贪污案件的嫌疑人，肃贪委员会主席阿古斯（Agus Rahardjo）称，塞特亚·诺凡多在规划和讨论电子身份证项目的预算过程中，以及在该项目的采购和服务过程中都发挥了重要作用，他为确定参与和获得电子身份证采购的投标人创造了条件。诺凡多还涉嫌毁灭证据和串供。肃贪委已将诺凡多正式列为嫌疑人。如果罪名成立，诺凡多将面临至少20年监禁及高达10亿印尼卢比的罚款。移民局根据国家反腐机构的要求，对塞特亚·诺凡多实施出国禁行令，塞特亚·诺凡多自4月10日起，在未来6个月中将不得离开印尼。在法院揭露几个国会议员涉嫌电子身份证采购项目贪污案后，国会已经提出申请，要求对这一案件进行调查。该倡议由一些议员们发起，包括繁荣公正党的副议长法赫里·哈姆扎（Fahri Hamzah），他们表示必须维护立法机构的良好形象。议员们不愿意对该计划发表评论，人协议长祖尔基夫里·哈桑（Zulkifli Hasan）表示最好还是将问题交给肃贪委来处理。国会议长塞特亚·诺凡多表示愿尊重法律，接受肃贪委进一步审查。对肃贪委的上述决定，国会高层领导开会后宣称，由于尚无法庭判决，故塞特亚·诺凡多作为国会议长的身份不变。

3. 调查司法机关官员

肃贪委在2017年1月25~26日的现场抓捕行动中，逮捕了一位名叫帕特里斯·阿克巴（Patrialis Akbar）的宪法法院法官。肃贪委检察官指控帕特里斯·阿克巴收受贿赂，涉案金额为7万美元，并请求对与农业和动物健康有关的第41/2014号法律进行司法审查。帕特里斯·阿克巴也被指控同意接受由肉类进口商人哈莱曼（Basuki Hariman）提供的20亿卢比的费用，以换取对第41/2014号法律请愿的有利裁决。肃贪委检察官宣读了对另一名嫌疑人卡玛鲁丁的起诉书，他被怀疑在帕特里斯·阿克巴和哈莱曼之间扮演了中间人的角色。此前，肃贪委检察官在听证会上宣读了两份分别针对哈莱曼和他的秘书芬妮的起诉书。两人都被控行贿，操纵司法审查。肃贪委检察官称，帕特里斯·阿克巴作为一名国家官员滥用职权接受贿赂，是由于他有权力和能力来裁决司法审查请求。宪法法院为此向社会大众表示道歉，并要求佐科总统及时将涉及贪污的法官暂时撤职。尽管该法官仍然因涉嫌贪污受贿被捕，但是印尼的司法系统已经形成了一套完善的防止腐败与贿赂行为的制度。印尼也将加强对法院及法官的监督，并且会开通公众投诉热线。

4. 调查政党党员

因为涉及采购《古兰经》贪污案，专业集团党青年团主席被逮捕。肃贪委2017年4月27日把专业集团党青年团（AMPG）总主席法德（Fahd El Fouz），又名拉菲克（Fahd A Rafiq），列为2011~2012年采购《古兰经》贪污案嫌疑人之后，于4月28日直接把他囚禁。法德被指控与2011~2012年宗教事务部项目的腐败有关，该项目是为伊斯兰教高中采购《古兰经》书籍和计算机实验设备，这两个项目总价值达148亿卢比（约合111万美元）。该案件最初于2012年被调查，法德被怀疑从两个项目中挪用了34亿卢比。肃贪委把法德列为采购《古兰经》贪污案第三个嫌疑人，在这之前，贪污刑事法庭已把专业集团党政治家祖卡纳因（Zulkarnaen Djabbar）及其儿子邓迪（Dendy）定罪。邓迪被判处8年监禁另加罚款3亿卢比或易科1个月监禁徒刑。法德此前曾涉及地方基础设施调节基金（DPID）分配管理贪污案。贪污刑事法庭法官就该案在2012年12月11日裁定法德有罪，并判处他2年半监禁徒刑另加罚款5000万卢比或易科2个月监禁徒刑。肃贪委调查人员已经完成了对法德贪污案件的调查，并把他的案件文件交给了检察官，检方将在向雅加达腐败法庭登记案件之前起草起诉书。此外，肃贪委6月20日在明古鲁开展现场抓捕行动，逮捕了5个人，并没收了藏在一个纸盒里的现款。据悉其中两人是明古鲁省长里德宛·穆迪（Ridwan Mukti）及其夫人莉莉（Lili Madari），被捕的5个人随即被押到明古鲁省警署进行初步审查，肃贪委怀疑当地政府官员和私营部门正在进行某种交易。

5. 调查国家使命党尊严理事会主席涉嫌医疗器械贪污案

国家使命党尊严理事会主席阿敏·莱士（Amien Rais）在2016年6月5日被指涉及卫生部前部长西蒂·法迪拉（Siti Fadilah Supari）的医疗器械采购贪污案，阿敏·莱士从被告西蒂·法迪拉处接受5亿卢比资金。据悉，在2007年，西蒂·法迪拉共汇5次资金给阿敏·莱士的账户，资金转入阿敏·莱士的账户是在2007年1月15日，4月13日，5月1日，5月21日和8月13日，每次1亿卢比。在法院庭审中，西蒂·法迪拉被判处6年有期徒刑和5亿卢比。国家使命党政客穆斯里姆（Muslim Ayub）指责肃贪委无法摆脱政治影响，已成为某些集团打击报复对政府持批判态度人士的工具。肃贪委发言人费布里对此回应说，肃贪委作为执法机构，在法律上对任何人及任何政党一视同仁，无论是执政党或在野党。肃贪委在贪污刑事法庭上提呈的是法律证据，希望不要硬牵扯到政治问题上去。据费布里说，肃贪委审理的医疗器械采购贪污案属于重大案件,因为此案恰恰发生在禽流感疫情猖獗时期。

6. 推动通过《资产追回法案》

2017年2月10日,肃贪委和财务交易报告与分析中心(PPATK)正在推动几项反腐败法案成为法律,其中一项是《资产追回法案》。肃贪委成员劳德·夏立夫对此表示,《资产追回法案》对于打击腐败犯罪至关重要,他们希望有权扣押和接管涉嫌腐败和洗钱犯罪的资产。然而,目前印尼没有任何有关资产追回的法律,而国会既没有开始审议该法案,也没有将其列入年度立法方案。

7. 搜查巴布亚省长办公室及基础设施部门

2017年2月2日,肃贪委在调查有关基础设施工程贪污案件中,对巴布亚省长卢卡斯(Lukas Enembe)的办公室采购部门进行了搜查。此次行动主要是调查自2015年来的道路建设工程中的违规行为。此前,反腐调查人员对巴布亚省基础设施部门及某基础设施公司展开了8个小时的搜查,并查获了许多文件信息。

8. 要求地方首长候选人提交财富报告

肃贪委敦促地方首长候选人向反贪机构提交正式的财富报告,此举也是保持透明度的方法之一。肃贪委主席阿古斯·拉哈尔佐表示透明度已经被用来维护廉正,是以一种积极的政治意愿来维护公众利益的方式。肃贪委将开设专门的柜台来处理那些想要参加明年地方选举的候选人所递交上来的财富报告。该柜台将一直持续开放到2016年10月3日。阿古斯·拉哈尔佐还鼓励所有印尼民众监督其所在地区的首长选举过程,在2004~2016年间,肃贪委至少处理了63起涉及地方首长的腐败案件,其中有30起均为受贿案。[①] 因此应该接受财富报告以避免地方首长腐败行为的进一步发展,因为这些地方首长都肩负提高当地社区福利的重任。

---

① "KPK Calls on Regional Head Candidates to Report Wealth", *The Jakarta Post*, Sept. 21, 2016, http://www.thejak-artapost.com/news/2016/09/21/kpk-calls-on-regional-head-candidates-to-report-wealth.html.

9. 呼吁采取行动反对公务员作为委员的双重职能

肃贪委 2017 年 5 月 4 日在南雅加达办事处组织了一个论坛，邀请了印度尼西亚共和国的司法特派员和印度尼西亚公务员委员会（ICSC）讨论国有企业雇佣公务员承担双重角色的风险。司法特派员萨拉基（Alamsyah Saragih）、公务员委员会成员瓦鲁约（Waluyo Martowiyoto）和肃贪委主席阿古斯·拉哈尔佐谈到了国有企业雇佣这些公务员作为其委员的利益冲突和脆弱性。国有能源公司——印尼国家石油公司（Pertamina）的前董事瓦鲁约表示，利益冲突是腐败的根源，这应该由政府来解决。在苏哈托时代，官员们从雇佣他们的国家机构和企业两处受薪是一种常见的做法。苏哈托时代的公务员工资不高，他们就开始寻找其他工作，最简单的办法是就职于国有企业，高级官员通常会承担双重角色。然而，这种形式的治理不仅不道德，而且违反法律。在财政部、公共工程与民居部、农业部和卫生部都存在这种两处受薪的情况。根据司法特派员的说法，目前在不同的国有公司有 222 名委员采取这种做法。

三 肃贪工作的阻力

1. 国会对肃贪委行使调查权

2017 年 4 月 28 日，国会批准对肃贪委行使调查权。运用调查权的提案是国会第三委员会于 2017 年 4 月 18~19 日与肃贪委举行听证会时提出的。当时第三委员会要求肃贪委公开披露对第二委员会前议员米丽燕·哈里亚妮的审讯记录，米丽燕·哈里亚妮涉嫌在电子身份证贪污案中作假证。[1] 国会议长塞特亚·诺凡多也呼吁议员加快设立一个调查组以调查肃贪委。塞特亚·诺凡多表示，国会议员希望将肃贪委调查计划推向下一阶段。国会最终通过了这项由来自 8 个派系的 25 名议员联名建议的提案。国会称已经发现了肃贪委在反腐工作中涉嫌的大量违规行为，因而成立了国会对肃贪委行使

---

[1] 《国会批准对肃贪委行使调查权》，《国际日报》2017 年 4 月 29 日，http://www.guojiribao.com/shtml/gjrb/20170429/315809.shtml。

调查权的特别委员会，主要调查肃贪委的工作表现、审查成绩、预算使用、组织结构等。

针对国会对肃贪委行使调查权的行为，肃贪委主席阿古斯·拉哈尔佐表示，他会请求佐科总统支持肃贪委。佐科则表示，政府仍无法判断国会组建特别委员会的目的。组建该特别委员会是许多政党共同的决定，而总统从不干涉组建特别委员会的过程，立法权不在总统管理的范围。但如果是为了削弱或解散肃贪委，佐科总统绝对会介入。国会特别委员会的副主席，同时也是负责监督此项调查的陶菲克（Taufiqulhadi）呼吁佐科总统不要干涉国会调查肃贪委的计划，称此举可能打破行政和立法部门之间现存的权力平衡。陶菲克声称，鼓励总统介入此案与让总统和国会正面交锋是一样的，这从长期看会破坏印尼的多党总统制度。他认为鼓励总统进行干预是不负责任的，国会特别委员会保证调查将以透明的方式进行。国会对特别委员会委员穆罕默德（Mukhamad Misbakhun）建议，如果不让2009~2014届国会第二委员会议员米丽燕·哈里亚妮出席特别委员会会议，国会就不讨论2018年国家警察总部和肃贪委预算修正案。肃贪委发言人费布里·迪安萨（Febri Diansyah）声明，如果预算被扣押，肃贪委肯定不能再展开现场抓捕行动，同时也将影响大案件的查办，如电子身份证污案、央行注资案等。国家警察总部也会面临同样的风险。警察将会肩负更繁重、更广泛的任务，维护治安和执法也将受影响。此前，国家警察总长狄托指出绑架国家警察总部预算影响深远，将使警方许多工作半途而废，包括国家警察的主要职责：服务民众和为民众提供安全感。阻碍国家警察总部预算对国家警察总长个人无甚影响，对警察机构却大有影响。

一些派系反对该提案，认为尽管有必要对肃贪委的执法方式进行评估，但没有必要运用调查权，运用调查权会削弱肃贪委打击贪腐的执法权力。以伊斯兰教为基础的繁荣公正党向国会议长塞特亚·诺瓦多递交了一封信，拒绝接受一项国会发起的针对肃贪委腐败的调查决定。他称，在4月28日的全体会议上决定发起调查的过程并没有遵循程序。根据国会2014年行为准则规定，在全体会议上作出的决定必须考虑到所有派别和成员的意见和建议。在全体会议期间，主持会议的国会副议长法赫里·哈姆扎单方面地定槌通过调查。大印尼运动党、民主党和民族觉醒党的成员们走出会场以示抗议。民主党议员苏里雅妮（Erma Suryani Ranik）表示，运用调查权会削弱肃贪委打击贪腐的执法权力，民主党认为这不合时宜，对肃贪委的执法方式作出评估是必要的，但没有必要运用调查权，因此不赞同对肃贪委行使调查权。与此同时，大印尼运动党议员马尔丁（Martin Hutabarat）建议，是否应用调查权最好推迟到下一个会期进行决定，因为国会即将休会，他担心这个时候提出运用调查权并不符合民众的愿望，而只是部分议员的个人意愿。民族觉醒党、国家使命党、繁荣公正党和民主党坚决表示不会派任何代表到肃贪委调查组。

国会成立对肃贪委行使调查权的特别委员会在社会上引起了争议。肃贪委的主要任务是肃清贪污，而肃贪委成立的原因是其他执法机构如警察和检察机构没有充分发挥作用。肃贪委成立的目的是提高肃清贪污刑事罪行的能力和效果，采取行动确实是肃贪委的职责，但是防止贪污，不仅仅是肃贪委的责任。贪污不只是存在于权力中心，也蔓延到地方机构，甚至各个角落。无论是行政机构、立法机构，还是司法机构，都未能幸免。在这种情况下，国会一意孤行地对肃贪委行使调查权，令肃贪委处于被动尴尬的境地，那些声称调查权是为了改善肃贪委的辩解难以令人信服。肃贪委的工作当然不是面面俱到，但是，国会调查委员会的所作所为令人更相信国会是为了削弱肃贪委，从监狱贪污囚犯获取资料的行为最为明显。行使调查权是国会的宪法权力，没有人否认这一点。虽经国会全会批准，但调查委员会的合法性还是存有问题。事实上，调查委员会的成立，不论从法律、政治还是代表性上都受到人们的质疑。宪法法院认为，肃贪委是为了实现公正和繁荣的社会，依据"潘查希拉"和1945年宪法成立的，肃贪委从宪制上是重要的。强调肃贪委的独立性，和在执行任务和行使职权中不受任何权力的干扰，恰恰是重要的。宪法法院认为，肃贪委需要独立性和自主性，因为最可能受肃贪委调查、审查或起诉的是执法人员，或者公职人员。国会是民意代表机构，国会议员则是人民的代表，本应该受到人民的支持，代表人民的意见，应该把打击贪污腐败作为自己的职责，而不是阻碍肃贪工作的进展。

2. 肃贪委人身安全遭遇威胁

由于肃贪委做事雷厉风行，工作风格极具进攻性，因此引来多方的不满，作为肃贪委的工作人员需要担负极大的风险。2015年7月5日，两名不明身份男子在肃贪委调查员阿比布（Apip Julian Miftah）家前放了一个包裹，这个盒形东西被黑色的胶带捆扎起来，看起来与炸弹相似。[①] 勿加泗警察局副局长阿瑟布（Asep Edi Suheri）大警监声称，该包裹已被他们与国家警察总部拆弹组拆开检查，发现那个东西并不是邮包炸弹。包裹里面只有电线没有爆炸物。勿加泗警察局与雅加达都市区警察厅加强对被恐吓的肃贪委调查员住家的保护，雅加达都市区警察厅委派多名警察看守被恐吓的肃贪委调查员阿比布的住家，勿加泗市警察局也派两名全副武装的警察看守调查员住家。这是一周内该调查员住家第三次遭到不明身份人士恐吓，第一次是该调查员的汽车轮胎被人用利刀刺破，第二次是汽车被泼硫酸。肃贪委代理副主席尹德利延托（Indriyanto Seno Adji）称，目前该调查员至少正在处理5起案件，因为涉及调查员的人身安全，所以必须对他正在处理的案件保密。阿比布本人表示，正在处理5起案件，其中一起是大案件，他是处理这起大案件的调查组组长，他估计这起恐吓事件与此大案有关。

2017年4月10日，肃贪委调查员诺菲尔·巴斯瓦丹（Novel Baswedan）在凌晨5点左右从清真寺做礼拜出来之后，突然遭到两名骑摩托车不明身份歹徒使用硫酸袭击，导致诺菲尔脸部和眼睛受重伤，他寻找水源洗脸和大声喊叫求救，之后清真寺做祷告的其他信徒和附近居民立即把诺菲尔送往附近的医院进行急救。到医院探望诺菲尔的肃贪委主席阿古斯·拉哈尔佐表示，诺菲尔·巴斯瓦丹遭遇到的恐吓和威胁，可能与肃贪委正在处理的电子身份证贪污案有关，因为诺菲尔是电子身份证贪污案最前锋的肃贪委专职小组负责人之一。这已经不是诺菲尔第一次遭到报复了，他曾多次参与重大弊案的调查工作，战绩彪炳也树敌众多。

---

① 《印尼肃贪委员会调查员一周遭三次恐吓》，http://www.ydnxy.com/article-1193-1.html。

四 政府治理贪腐措施

佐科总统2016年12月1日在雅加达出席全国反腐败会议时称,政府已采取一些防止和打击贪污腐败的措施。佐科首先下令各部委和国家机构对直接与公众接触的公共服务部门进行改革,例如土地管理服务、医疗、教育、港口、机场、车辆载重检测及其他行政服务单位,因为这些服务单位柜台最容易发生腐败行为;其次,佐科责成税务总局整顿税收部门,最大限度提高国家在粮食和自然资源管理部门的财政收入;再次,政府也在货物与服务采购、发放赠款和社会救助金方面提高透明度;复次,佐科下令各部委和机构在货物与服务采购和预算编制中运用信息技术,例如电子预算编制、电子采购和电子目录,同时加强监管信息技术的运用;最后,打击非法收费。佐科表示要将自上而下杜绝非法收费行为作为政府公共部门改革议程的一部分,改革旨在提供更好更透明的公共服务。印尼全国的非法收费总额可能达到数万亿卢比,政府已经成立了几个工作小组来监督和报告政府公共服务部门的违规及非法收费行为。佐科已签发2016年关于成立"肃清非法收费工作组"的第87号总统令。总统指示印尼所有省长采取具体步骤打击非法收费。他指出,除了办理居民证、地契及其他许可证外,非法收费也发生在公路、港口、办公室、医院及其他地方。应消除一切非正式的收费,通过综合治理,打击非法收费将更有效力。为了加速落实政府的计划和跟进公众的投诉,消除非法收费是必须共同解决的问题。自政府开始打击非法收费行动后,已接到数万个投诉,勒索的数目横跨几千卢比到几百万卢比。官僚的非法收费习惯造成政治、经济、社会、文化、国防、国家和人民治安领域的不平衡。佐科总统组建的"肃清非法收费工作组"公开接受民众有关任何非法收费行为的投诉消息。民众可通过http://saberpungli.id网站、1193投诉热线或联系呼叫中心193进行投诉。这些投诉会由专责小组直接接收,所有相关方将对投诉者的身份进行保密。专责小组自2016年10月成立以来,已接到民众的踊跃举报,许多敲诈勒索的官员已经被捕,该工作组打击非法收费卓有成效。佐科强调，从行政机关、立法机构到执法机构，从政府官员、私营企业到社会大众，所有利益相关者都应参与防止和打击贪污腐败。佐科总统称，政府将根除在国家文官管理处进行的买卖官职行为。佐科2017年1月18日在雅加达总统办公室与数名部长举行有关国家文职官员管理问题的局部会议时表示，任用国家文职官员的过程中进行的一切非法手段必须被彻底根除。

第三节 政治改革

一 第二次内阁改组和机构精简

自2015年8月12日进行第一次内阁改组后，佐科政府在2016年7月27日进行了第二次内阁改组。此次内阁改组涉及13个职位，包括政治、法律与安全事务统筹部部长，海事统筹部部长，财政部部长，国家发展规划部部长，土地与空间规划部部长，教育与文化部部长，贸易部部长，投资统筹机构主任，工业部部长，交通部部长，能源与矿产资源部部长，国家机构改革部部长，农村、落后地区发展和移民部部长。

第二次改组后的内阁名单[①]

职位	负责人
政治、法律与安全事务统筹部部长	卢胡特（Luhut Binsar Pandjaitan） 威兰托（Wiranto）
海事统筹部部长	里查尔·兰姆里（Rizal Ramli） 卢胡特
财政部部长	班邦·布罗佐内戈罗（Bambang Brodjonegoro） 斯莉·穆尔雅妮（Sri Mulyani）
国家发展规划部部长	索菲安·贾里尔（Sofyan Djalil） 班邦·布罗佐内戈罗

---

① 若无特殊情况说明，在同一职位栏中，上者为第二次改组前的负责人，下者为第二次改组后的负责人。

续表

土地与空间规划部部长	菲力·巴尔丹（Ferry Mursyidan Baldan）
	索菲安·贾里尔
教育与文化部部长	阿尼斯·巴斯瓦丹（Anies Baswedan）
	穆哈齐（Muhajir Effendi）
贸易部部长	托马斯·拉蓬（Thomas Lembong）
	鲁基托（Enggartiasto Lukito）
投资统筹机构主任	弗兰基（Franky Sibarani）
	托马斯·拉蓬
工业部部长	萨利赫·胡辛（Saleh Husin）
	艾朗卡（Airlangga Hartanto）
交通部部长	伊格纳苏斯·佐南（Ignatius Jonan）
	布迪·卡利亚·苏马迪（Budi Karya Sumadi）
能源与矿产资源部部长[①]	苏迪尔曼·赛义德（Sudirman Said）
	达哈尔（Archandra Tahar）
	伊格纳苏斯·佐南
国家机构改革部部长	尤迪·克里斯南迪（Yuddy Chrisnandi）
	阿斯曼（Asman Abnur）
农村、落后地区发展和移民部部长	马尔万·贾法尔（Marwan Jafar）
	艾科·普特罗（Eko Putro Sanjoyo）
经济统筹部部长	达尔敏·纳苏迪安（Darmin Nasution）
人类发展与文化统筹部部长	普安·马哈拉妮（Puan Maharani）
国务秘书部部长	普拉蒂克诺（Pratikno）
内政部部长	扎赫约·库莫罗（TjahyoKumolo）
外交部部长	蕾特诺·马尔苏迪（Retno Marsudi）
国防部部长	里亚米扎尔德·里亚库杜（Ryamizard Ryacudu）
司法与人权部部长	亚索纳·劳利（Yasonna Laoly）

① 达哈尔于2016年7月27日代替苏迪尔曼·赛义德成为能源与矿产资源部部长，但由于达哈尔拥有双重国籍，被佐科总统停职，在10月份他又委任了伊格纳苏斯·佐南为能源与矿产资源部部长。

续表

农业部部长	安迪·阿姆兰·苏莱曼（Andi Amron Sulaiman）
环保与林业部部长	西蒂·努尔巴亚（Siti Nurbaya）
海洋与渔业部部长	苏茜·普吉亚司杜蒂（Susi Pudjiastuti）
劳工部部长	哈尼夫·达基里（Hanif Dhakiri）
公共工程与民居部部长	巴苏基·哈迪穆尔约诺（Basuki Hadimuljono）
卫生部部长	妮拉·穆卢克（Nila Djuwita Anfasa Moeloek）
科技与高等教育部部长	穆罕默德·纳西尔（Mohammad Nasir）
社会部部长	柯菲花·帕拉万萨（Khofifah Indar Parawansa）
宗教事务部部长	鲁克曼·哈基姆·塞义夫丁（Lukman Hakim Saifuddin）
旅游部部长	阿里夫·叶海亚（Arief Yahya）
信息与通信部部长	鲁迪安达拉（Rudiantara）
中小企业与合作社部部长	努拉·普斯帕约加（Anak Agung Gede Ngurah Puspayoga）
妇女与儿童部部长	约哈娜·延比塞（Yohana Yembise）
国有企业部部长	莉妮·苏玛尔诺（Rini Soemarno）
青年与体育部部长	伊玛姆·纳赫拉维（Imam Nahrawi）

另外，为了消除机构重叠现象和提高效率与效能，政府在2016年9月20日召开的内阁会议上决定解散9个非结构性机构（LNS）。[①] 2014年原本有127个非结构性机构，当年已废除10个，2015年又解散2个，此次内阁会议决定再解散9个非结构性机构，因此总共已废除或解散21个非结构性机构。接下来还有106个非结构性机构，其中85个非结构性机构是基于法令成立的，其余21个是基于政府条例或总统条例成立的。基于法令成立的85个非结构性机构不能随意废除，而剩下的21个非结构性机构还需研究是要解散、合并、清算还是以其他方式处理。被解散的非结构性机构，其任务将交回给原来的部门，例如国家种子局的任务将交回给农业部。至于员工的命运，被解散的非结构性机构只有一二十个固定员工，他们将返回原来的部

[①] 《政府决定解散9个非结构性机构》，《国际日报》2016年9月22日，http://www.guojiribao.com/shtml/gjrb/20160922/285734.shtml。

门，还有一些临时员工将按照现行规定安排。这9个非结构性机构将在总统条例发布后解散，它们是：国家种子局，批量制导控制局，经济与金融稳定委员会，吉里汶、民丹和巴淡岛经济特区开发指导委员会，全国地形命名标准化小组，印尼海事局，保税区与自由港全国委员会，国家空间规划协调委员会和人畜共患病防治委员会。

印度尼西亚总统佐科在一年内第二次改组内阁，引人关注。佐科改组内阁有政治、人事以及经济三方面原因。

从政治上看：佐科当选总统时，在国会势力薄弱，560名国会议员中，支持他的四个政党议员仅有207人（即36.97%），是国会的少数派。但是一年多后，支持他的政党增至七个，议员人数也增加到386人（68.93%），成为国会的多数派。这是因为本来附属于反对党行列的团结建设党、国家使命党以及专业集团党都先后加入了他的阵营。因此，他所提出的法案，都能在国会顺利通过。按照印尼的政治规则，凡支持政府的政党，都将获得奖赏，方式就是分配内阁部长的职位。在这次的内阁改组中，有13个职位变动。政党的人选往往会取代无党派的专业人士。例如，教育与文化部部长阿尼斯（大学校长）由穆哈齐（印尼伊斯兰联盟）取代，贸易部部长托马斯·拉蓬（专业人士）由鲁基托（国民民主党）接任，工业部部长萨利赫·胡辛（企业家）由艾朗卡（专业集团党）取代。在34个内阁部长中，有15个部长来自支持佐科的政党。

从人事上看：佐科为了能够顺利地推行他的计划，利用该机会调动或者撤除好几个不听指挥的部长。例如，曾反对兴建雅加达万隆高铁的交通部部长伊格纳苏斯·佐南遭淘汰。其实，佐南是个能干的部长，对于改善印尼的铁路交通做出过巨大的贡献。10月份总统又任命他为能源与矿产资源部部长。海事统筹部部长里查尔·兰姆里由于常与其他部长争执也遭革职。然而，同样是具有争议的国有企业部部长莉妮·苏玛尔诺，表现平平的人类发展与文化统筹部部长普安·马哈拉妮（梅加瓦蒂之女），以及无法稳定食物价格的农业部部长安迪·阿姆兰·苏莱曼，因为佐科的需要或者有政党做后盾而没有被撤除或调职。最耐人寻味的是卢胡特的调职，他从政治、法律与安全事务统筹部部长变成了海事统筹部部长，取代里查尔·兰姆里；而政治、法律与安全事务统筹部部长则由民心党主席威兰托担任。许多观察家认为，大权在握的卢胡特已在佐科政府"失势"。这名退休将领曾经为佐科"打天下"，不但献计也为佐科阻挡顽敌。然而，他的势力逐渐增大，超越副总统以及其他部长，引起许多部长的不满。这次被调职海事统筹部部长被认为是降级。其实，这可能只是事情的表面。海事统筹部实际上管辖的部门至少有四个，而且皆是资金来源的最大部门：能源与矿产资源、海洋与渔业、交通以及旅游。卢胡特同时也掌管发电厂以及地铁的建设，这些都是重要的基础实施，也可以说是印尼成为"海洋强国"的重要基础，是佐科实现"印尼梦"的重要一环。此外，在现阶段，印尼在海洋权利方面还与一些国家有分歧，卢胡特可能是处理这些问题最恰当的人选。

从经济上看：这次的内阁改组，最重要的目的是要改善印尼的经济表现以及减少失业的人数。自佐科上台后，印尼的经济增长变缓，以前的经济增长率曾在7%以上，如今仅有5%左右，而要维护印尼政治的稳定，经济增长必须要在5%以上。因此，在被撤除以及调动的内阁成员里，绝大部分都与经济有关联。在这次改组中，最受关注的人物应该是出任财政部部长的斯莉·穆尔雅妮。她被认为是能改变印尼经济增长变缓的女将。这名具有美国著名大学经济学博士学位的教授，曾出任苏西洛的财政部部长长达五年（2005~2010年）。印尼现在正在想尽办法增加税收，以作建设发展的用途。印尼最近推出的税务特赦计划就是来自斯莉·穆尔雅妮的建议。据估计，印尼国民在国外约有2000亿美元的资产，这些资产中有许多是逃税、贪污、犯罪的非法所得。如今，印尼需要大量资金，于是政府在7月份开始启动税务特赦计划，只要在被指定的期限内向政府报税，并将款项带回印尼，交出2%~5%的税务特赦，这些资产便可成为合法资产。印尼政府估计，此计划将给印尼带来数百亿美元的税收。

二 法律改革工作

佐科总统2016年10月11日召开商讨有关法律改革方案的内阁局部会

议，要求相关内阁部门提出有关法律政策最终草案的报告。总统认为，印尼成为法律国家的目标尚未在日常生活中实现，法律仍然倾向于尖锐，越往下越尖锐而越往上就变得越钝。其导致的问题是，国家即将出现不服从及不信任法律或者执法机构的情况。而法律的确定性是国家在区域或国际上竞争的重要条件。印尼没有其他选择，必须尽快进行法律全方面改革。当天有政治、法律与安全事务统筹部部长威兰托、经济统筹部部长达尔敏、海事统筹部部长卢胡特、警察总长狄托上将、国民军总司令加铎上将及最高检察官柏拉史迪约、国家情报局局长布迪·古纳万及国家禁毒机构主任布迪·瓦史梭出席会议。在此之前，总统邀请最高法官卡俞斯（Gayus Lumbuun）到总统办公室，询问法律改革方案的相关意见。卡俞斯采取的决定十分坚定，特别是对连环杀手执行死刑的判决。卡俞斯表示，政府应尽快进行法律改革，而且法律改革方案符合佐科总统的九项优先纲领。因为其中第四项纲领的明确内容就是国家法律应进行改革。在制定法律改革方案时，卡俞斯是唯一被邀请到总统办公室商讨法律问题的法官。总统与卡俞斯的会议共进行了两个小时，卡俞斯提出的一项建议是撤换不符合条件的五名最高法官，该五名最高法官不符合法令规定，也就是最高法官应先担任三年高等法官的条件。最高法官应有担任 20 年法官及 3 年高等法官的经验，然而司法部门有些最高法官没有达到该要求。虽然司法委员会（KY）和国会已为最高法官准备了资格测试，但事实上国会不了解行政事务，而司法委员会了解的是行政、教育和健康背景。卡俞斯表示，在委任最高法官前，总统可增加一个条款，若出现偏离条件的事情，总统将会重新考量决定书。

总统佐科表示，为重建法律国家，印尼需要进行大规模的法律改革。在政策层面需要解决的主要问题有：腐败、侵犯人权、违禁品、故意放火和毒品犯罪。而文化层面的问题则包括：不断上升的非包容性、暴力及打击报复行为。[①] 不论是在国家行政部门还是在社会生活方面，印尼都没有达到正义

[①] "Massive Legal Reforms Needed for Indonesia to Become a State of Law: Jokowi", *The Jakarta Globe*, http://jakartaglobe.id/news/massive-legal-reforms-needed-indonesia-become-state-law-jokowi.

国家的目标。因此，印尼必须要尊重与捍卫所有公民的基本人权。佐科—卡拉政府2014年大选时提出的九项优先纲领涵盖经济措施、法律措施和政治措施，因而，政府正在准备制定一揽子法律措施。法律是一个社会的共识，理应被全社会遵守和贯彻执行，然而目前印尼在法律领域的状况令人关切，制定一揽子法律措施是为了恢复公众对国家法律的信任。总统也亲临交通部视察违法逮捕行动。警方在执行现场逮捕行动中，逮捕了涉及非法收费的交通部官员。此次非法收费金额高达9500万卢比，该不法官员的银行账户资金超过10亿卢比。佐科总统在现场逮捕行动中到交通部视察，是履行推动法律改革的承诺。政府发布一揽子法律改革政策，是为了加强执法，防止和克服贪污腐败问题。总统佐科还在总统办公室召集22位法律专家讨论法律改革以及运用法律威慑力等相关问题。

三 三大机构合作打击恐怖主义

印度尼西亚三大机构——国家反恐局、教育与文化部及信息与通信部将携手合作，一起打击恐怖主义。国家反恐局局长苏哈迪（Suhardi Alius）表示，过去十多年来，极端分子一直通过教科书和网站来宣扬极端主义，反恐局希望教育与文化部、信息与通信部能够遏止极端分子，教育与文化部应该审核教科书的内容，认真处置那些含有激进主义内容的教科书，信息与通信部则应该利用其权威监督色情网站和那些带有激进主义内容的网站。雅加达和西爪哇省首府万隆已有许多学生展现激进思想，因为年轻人对于极端主义没有足够的认知，一般很容易被极端组织招募。根据一项民调显示，有7.7%的印尼穆斯林容易受极端主义影响，这相当于1150万人。这项民调是由印尼智库瓦希德研究所和印尼调查研究所于2016年3月30日至4月9日期间进行的，受访者是1530名来自全国34个不同身份的穆斯林。民调显示，有多达72%的印尼穆斯林并不容忍也拒绝参与任何极端行为，包括袭击其他宗教的宗教场所、示威或是对违反伊斯兰教义的场所进行违法的扫荡行动。然而，有7.7%的受访者表示，他们愿意参与极端行为。有0.4%的受访者甚至透露，他们其实已经参与过这类行为。这样的数据令人担忧。考虑到印尼穆斯林人口多达1.5亿，这意味着有1150万人容易受极端主义影响，而有60万人甚至已经参与了极端行为。虽然这并不是实际数字，但足以提醒人们正视这个问题。由印尼人权组织塞塔拉在2015年3月9~19日进行的另一项民调则显示，来自雅加达和万隆的515名受访学生当中，有多达16.9%的比例相信，伊斯兰国组织（IS）[①]是一个由纯粹想要建立"伊斯兰帝国或哈里发国"的穆斯林成立的组织。瓦希德研究所所长、印度尼西亚前总统瓦希德的女儿燕妮（Yenny Wahid）呼吁政府在学府和大学通过较有创意的方式来灌输宽容、和平和品格。该研究所也希望警察部队能够对那些会引发矛盾冲突的行为（包括发表仇恨言论和展现歧视行为）进行深入调查，并在必要时指控这些行为人。燕妮说，地方政府不应该继续支持偏激和极端组织，包括为这些组织提供资金或允许这些组织使用政府大楼。[②]

四　签署心灵革命民族运动总统令

2016年，佐科总统正式签署第12号心灵革命民族运动（Gerakan Nasional Revolusi Mental）总统令。发出该总统令意在完善和打造民族性格。该总统令指向诚信价值观、职业道德和互助合作精神，以此建立基于印尼建国五项原则的有尊严、现代化、先进，以及繁荣和安宁的文化。该总统令指向所有内阁部长、内阁秘书、最高检察官、国民军总司令、国家警察总长、非部级政府机构负责人、国家机构秘书处负责人、省长、市长与县长等。总统向上述政府高官下达如下命令：基于各自的任务、功能和权力来采取贯彻心灵革命民族运动的步骤。根据该总统令，需要被促进的五个方案即：①印尼服务活动方案；②印尼清洁活动方案；③印尼秩序活动方案；④印尼自立活动方案；⑤印尼团结活动方案。根据该总统令，国家机构改革部部长将就"印尼服务活动方案"做出协调工作，让国家公务员对落实服务精神负有责任；海事统筹部部长将就"印尼清洁活动方案"做出协调工作，并就实现

---

① "伊斯兰国"前称为"伊拉克和大叙利亚伊斯兰国"，是一个自称建国的活跃在伊拉克和叙利亚的极端恐怖组织。
② 《印尼三大机构合作一起打恐》，http://www.zaobao.com/sea/politic/story20160804-649737。

印尼人民保持清洁作风负有责任；政治、法律与安全事务统筹部部长将就"印尼秩序活动方案"做出协调工作，并就实现印尼人民良好秩序负有责任；经济统筹部部长将就"印尼自立活动方案"做出协调工作，并就实现印尼人民自主负有责任；内政部部长将就"印尼团结活动方案"做出协调工作，就实现印尼人民团结负有责任。

第四节 政党选举政治

2016~2017年，印度尼西亚政党的工作重心由之前专注于各自的政党建设以及日常党务活动转向为2017年地方首长选举做准备，尤其是在雅加达的省长选举中，各政党为了在选举中获胜，纷纷组成联盟推举候选人，并开展竞选活动。

一 筹备雅加达省长选举

七党大联盟推举首都雅加达省长候选人。在地方首长选举初期，七个政党地方理事在2016年8月8日会合，就推举2017年雅加达省长候选人而成立"亲戚联盟（Koalisi Kekeluargaan）"。进行联盟的七个政党即印尼斗争民主党、大印尼运动党、民主党、繁荣公正党、团结建设党、民族觉醒党和国家使命党。除了宣布进行联盟之外，七个政党地方理事也就将推举的雅加达省长候选人的标准达成协议。雅加达印尼斗争民主党地方理事会代主席班邦（Bambang Dwi Hartono）表示，已就将推举的雅加达首长候选人性格标准公式化，即贤明、文明待人、有礼貌、有道德、清廉和精明。民众可以以此标准来选出能够庇护他们以及成为雅加达建设动力的领导人。七个政党地方理事将就成立"亲戚联盟"事宜与各党的中央理事会理事进行讨论，七个政党成立大联盟之举意在找到强有力的雅加达省长候选人。与此同时，钟万学表示，就算大多数政党最后选择在下届雅加达省长选举中联手对抗他，他也不会感到惧怕。钟万学在选举活动一开始便获得了国民民主党、民心党和专业集团党的支持。钟万学在最初通过独立候选人渠道参选时，就和所有政党产生对立，以至国会议员有意通过修改地方首长选举法令来加重独立候选人的参选条件。当时他已做好对抗所有政党的准备。钟万学相信雅加达市民可以看到人行道、堤坝和垃圾车等相关问题已经得到解决，他们会客观地评估他的工作能力。政治对手吹毛求疵来攻击他的问题，钟万学认为这是没有拥有建设雅加达概念的政治对手出于妒忌而采取的手段。他表示他的愿景明确，使命明确，纲领明确，政策明确，策略明确，而这一切都是透明公开的。

在地方首长选举初期推举雅加达省长候选人方面，斗争民主党从27位以政党名义登记姓名的种子选手中挑选出了六位候选人以参加2017年的雅加达省长选举，然而其中不包括现任省长钟万学。斗争民主党秘书长哈斯托（Hasto Kristiyanto）表示所选定的六位候选人中没有一个是党内成员，最终提名将由党魁梅加瓦蒂宣布。由于现任省长钟万学没有以政党名义进行登记，所以未将其列入名单之中。另据爆料，有几个有意竞选雅加达省长职位的政党成员，如现任雅加达副省长查罗特和博伊（Boy Sadikin）也尚未进行登记。斗争民主党一直坚持支持钟万学以独立候选人身份参选，但如果钟万学选择政党途径，斗争民主党也将会支持他。钟万学在2016年7月27日表示，2017年在雅加达省长选举中将通过政党支持渠道参加选举，而放弃独立候选人的方式。[①] 协助钟万学的支援团队"钟万学之友"尽管已经获得了钟万学作为独立候选人所需的公众支持，但也表示将支持钟万学在独立候选人和政党支持这两种途径之间进行选择。"钟万学之友"和支持他的政党一致认为目前主要目标是钟万学赢得选举。最新颁布的《地方选举法》规定，在正式支持信件递交到地方投票委员后的14天之内，需要进行独立候选人支持者的"事实核实"。这需要进行面对面的核实，这一要求无疑为包括钟万学在内的任何独立候选人制造了一系列的麻烦。经过冗长过程之后，斗争民主党终于敲定推荐钟万学和查罗特为雅加达正副省长候选人。钟万学和查罗特

---

① "Ahok to Run With Political Parties in Jakarta Governor Race", The Jakarta Globe, http://jakartaglobe.id/news/ahok-run-political-parties-jakarta-governor-race.

出席了在雅加达中区斗争民主党中央理事会办公室举办的公布参加2017年地方首长候选人名单的活动，并受到斗争民主党中央理事会主席安德烈亚斯（Andreas Hugo Pereira）的欢迎。安德烈亚斯表示，对于提名钟万学和查罗特为雅加达地方首长候选人事宜，斗争民主党并没有跟他们索求任何政治费用，但是，作为该党支持的候选人当然还是必须实行该党、"潘查希拉"和1945年宪法的思想。斗争民主党吁请全国所有地方议会的本党议员，在2017年雅加达地方首长选举中帮助正副省长候选人钟万学和查罗特，动员所有在国会的本党议员，在各自的地区发动雅加达市民，并尽全力让他们相信，已被证明工作能力的钟万学与查罗特应该再次被委以建设雅加达的重任。

国民民主党、民心党和专业集团党支持钟万学。印度尼西亚执政联盟成员民心党宣布，支持雅加达特区首长钟万学在2017年选举中寻求连任。这是钟万学表明将以独立人士身份参选后，首个表态支持他的政党。民心党主席威兰托表示，该党是基于钟万学担任首长期间能力及表现良好而决定继续支持他。该党的考量不是有关候选人的个人宗教信仰或种族身份，而是其表现、能力及创造力。民心党将要求党员及支持者协助钟万学的支援团队"钟万学之友"，向合法选民收集签名及支持表格，以便钟万学能以独立人士身份参选。专业集团党也宣布支持钟万学竞选连任雅加达省长。虽然钟万学已做出将通过独立候选人途径参选的声明，但专业集团党对此并不介意。专业集团会支持钟万学皆因他是坚定和清廉的人物，并且有能力把雅加达整顿好。钟万学已获民心党和国民民主党支持竞选连任雅加达省长，又获专业集团党的支持，即已有资格通过政党参选。

团结建设党主席罗玛胡穆齐（M. Romahurmuziy）表示希望与民主党、国家使命党、民族觉醒党进行合作，推举阿古斯为候选人，并且推翻印尼斗争民主党以领导政党联盟来反对钟万学。但是团结建设党法利德阵营领导层决定继续支持钟万学与查罗特竞选2017年雅加达地方首长。法利德表示，没有其他省长副省长敢承诺为伊斯兰奋斗到底。钟万学作为团结建设党支持的候选人，团结建设党也要始终支持到底，因为钟万学致力于穆斯林的福祉和亲民，是真诚地亲平民和亲穆斯林的领袖。有关钟万学被列为亵渎宗教案犯罪嫌疑人，法利德重申将支持钟万学，法利德也不想干涉"钟万学案"的法律程序。

大印尼运动党宣布推荐桑迪阿加·乌诺成为雅加达省长候选人，为了能够击败钟万学，大印尼运动党也愿意让桑迪阿加·乌诺退而求其次，成为副省长候选人来配搭其他有竞争力的候选人。繁荣公正党也表示将支持桑迪阿加·乌诺参加2017年的雅加达省长选举，繁荣公正党已经与大印尼运动党主席普拉博沃就省长选举前的联盟可能性进行了深入会谈。繁荣公正党是雅加达市议会第三大党，而大印尼运动党是第二大党，若两者联盟，则有足够的席位来提名候选人。在阿尼斯和桑迪阿加·乌诺组成竞选搭档后，大印尼运动党与繁荣公正党就成了他们的主要支持者。

在雅加达地方首长选举第一轮竞选中，国会十个政党已分为三个阵营各提名一对候选人，即斗争民主党联合专业集团党、国民民主党、民心党推举钟万学—查罗特搭档，民主党联合国家使命党、民族觉醒党、团结建设党推举阿古斯—希尔菲娜搭档，大印尼运动党联合繁荣公正党推举阿尼斯—桑迪阿加·乌诺搭档，角逐首都省长、副省长职位。在2017年2月15日举行的第一轮投票中，钟万学与阿尼斯得票率都在40%左右，钟万学以微弱优势领先。另一名候选人、印尼前总统苏西洛之子阿古斯被淘汰。根据印尼的地方选举制度，如果没有候选人能获得过半的选票，则得票最多的两组候选人将于4月进行第二轮选举。在第二轮选举中，原本支持阿古斯组合的政党国家使命党和团结建设党正式宣布支持阿尼斯和桑迪阿加·乌诺。国家使命党是雅加达市议会中席位最少的政党，国家使命党与阿尼斯—桑迪阿加·乌诺有着同样的愿景，并且他们的阵营有着更加现实的方案，同时还强调钟万学的性格和态度不符国家使命党理想候选人的要求。民族觉醒党宣布支持钟万学—查罗特组合，民主党则鼓励支持者自由选择，允许其成员在4月19日的雅加达省长第二轮选举中为自己中意的候选人投票。

二 政党数量增加

司法与人权部部长亚索纳·劳利2016年10月7日在雅加达新闻发布会

上表示，印尼团结党（Solidarity Party）通过了法律验证程序，被认证成为法律实体。其他新政党由于未能达到印尼政党法的规定没有获得验证。印尼新政党在认证成为法律实体时，需要在印尼的每个省、75%的市级地区以及50%的市级以下地区都拥有自己的地方领导机构。此次法律验证中，印尼团结党满足以上所有要求，包括拥有公证证书和全国总部。然而，尽管印尼团结党现在是一个法律实体，但如果要参加2019年大选，还需要符合普选委员会的相关规定。只有目前在国会的10个政党可以提名总统候选人，提名资格应该符合提名总统候选人所需的要求。根据2014年的要求，只要政党持有国会20%或更多的席位，就可以提名总统候选人。但实际最低要求是要得到全国2500万张的选票，而无法达到最低要求的政党组成联盟也是可以接受的。

司法与人权部已批准前总统苏哈托的小儿子托米（Tommy Soeharto）参与创立的创业党（Partai Berkarya）。在苏哈托时代，托米也是一名专业集团党干部，很多专业集团党老干部后来都自己创党或成为新政党的干部。进入改革时代后，苏哈托家族已不在政治舞台上正式亮相。2016年10月17日，根据列号 M.HH-20.AH.11.01 的司法与人权部部长决定书，创业党被批准为合法政党。[①] 秘书长巴达鲁丁（Badaruddin Andi Picunang）10月17日在雅加达表明，司法与人权部部长10月13日已签发决定书，批准创业党成立并认可创业党中央委员会2012~2016年组织结构（理事阵容）。创业党是由国家共和党和榕树党合并成立，而托米也是榕树党的创立人之一，并在榕树党担任辅导委员会主席。除了托米，创业党的创立人还有前国民民主党政治家德佐海军上将，他被任命为创业党辅导委员会主席。被批准为合法政党后，创业党将努力满足选委会的参选条件，准备参加2019年大选。创业党将举行全党大会，重新审视党的章程和章程细则。与此同时，创业党副总主席约基（Yockie Hutagalung）表明，很多创业党理事希望托米出任党的总主

---

① 《托米·苏哈托成立创业党》，《国际日报》2016年10月19日，http://www.guojiribao.com/shtml/gjrb/20161019/289987.shtml。

席，因为这个政党需要一个指挥官。目前创业党的领导班子由三人组成，即总主席杜蒂（Neneng A Tutty）、副总主席约基和秘书长巴达鲁丁。

三 政党主张

专业集团党与斗争民主党表示支持佐科政府。专业集团党（Golkar）于2016年7月27~28日在雅加达召开全国领导人会议，会议议程将包括加强对佐科政府的支持，并正式宣布其政党支持佐科在2019年的总统大选。专业集团党副秘书长埃斯（Ace Hasan Syadizly）表示必须想办法推行巴厘岛特别大会上新主席授权的各项建议。其中巴厘岛会议上的一项建议就是加强党对于佐科—卡拉政府的支持，该党目前强烈认同五月份新上台的主席塞特亚·诺凡多，并且已正式宣布支持佐科政府，专业集团党还讨论如何支持佐科参加2019年的总统大选。[①] 塞特亚·诺凡多要求各成员开始为佐科2019年的总统选举助选。在具有战略意义的地区设立佐科的照片，并介绍专业集团党提名佐科为2019年总统候选人。为了捍卫这一决定，塞特亚·诺凡多引用了一项内部调查，调查显示佐科的人气指数达到了50.8%。同时，他进一步要求专业集团党成员制定一个适当的竞选战略，以赢得即将举行的地方选举和总统选举，他期望在印尼地方选举中记录100名新的党干部。印尼执政党——印尼斗争民主党总主席梅加瓦蒂在斗争民主党建党44周年庆典仪式上向威胁佐科政府的团体发出警告，她宣布，其党员干部已充分做好保护总统佐科与副总统卡拉的准备。梅加瓦蒂没有表明其言语针对的对象。然而，斗争民主党秘书长哈斯托表示，该警告适用于那些利用宗教挑战扰乱佐科政府的团体以及企图叛国的人。斗争民主党的工作就是保护依照宪法当选的总统佐科和副总统卡拉。

斗争民主党派系建议将国会门槛提高至6%。这一建议的门槛相当高，比政府的方案高1.5~2.5百分点。政府在普选法草案里规定的国会门槛只

---

① "Golkar Party to Hold National Leadership Meeting, Consolidate Support for Jokowi", *The Jakarta Globe*, http：//jakartaglobe.id/news/golkar-party-hold-national-leadership-meeting-consolidate-support-jokowi.

有3.5%。斗争民主党中央理事会主席安德烈亚斯表示，国会门槛5%~6%是最理想的，国会门槛有必要提高，以控制国会多党制的局面，便利国会做出决议。此前，国会专业集团党、国民民主党和民族觉醒党各派系也建议提高国会门槛。他们分别建议国会门槛调高为10%、7%和5%。

繁荣公正党反对政府提高能源价格的决定。国会繁荣公正党派系呼吁政府重新评估其提高燃料和电力价格的决定，因为许多印尼人目前正处于经济拮据状态，且社会失业率高，购买力低。繁荣公正党主席贾祖里（Jazuli Juwaini）表示，鉴于这一现实，政府通过提高能源价格给社会增加额外的经济负担是不明智的。因此，繁荣公正党呼吁总统取消或暂停燃料和电力价格的上涨。他建议政府在提高能源价格之前，积极创造就业机会，大幅降低失业率，大幅提高人民购买力。

斗争民主党希望国家使命党离开政府联盟。斗争民主党秘书长哈斯托表示，希望将多次提出异议的国家使命党从支持政府的政党联盟中除去。国家使命党对此回应，其中央领导委员会主席延德利（Yandri Susanto）表示，与政府班子联盟的政党是与总统联盟，不是与斗争民主党联盟，是否从联盟中除去国家使命党，是总统的权力。目前国家使命党仍支持政府班子，对于实施欠佳的政府政策，也不会说三道四。国家使命党内部是团结一致的，并且不曾讨论过是否要从联盟中撤出一事，国家使命党始终与政府班子同在。对于政府制定的合理政策，国家使命党会支持，而对于欠佳的政策，则会提出建议。对于在雅加达地方首长选举中，与联盟中的其他政党支持的候选组合不同一事，国家使命党回应称这是正常现象。在普选法草案的讨论中国家使命党提出异议，是因为每个政党都要考虑在未来的地方首长选举中所获的支持。如果上述两点使得斗争民主党认为国家使命党需从联盟中除名，国家使命党表示反对。

第五节 立法司法工作

一 国会立法进展

国会是印度尼西亚的立法机构，全称人民代表会议。国家立法机构行使除修宪之外的一般立法权。国会无权解除总统职务，总统也不能宣布解散国会；但如总统违反宪法，国会有权建议人民协商会议追究总统责任。国会议员来自参加大选的政党，通过选举产生。本届国会于2014年10月成立，共有议员560名，兼任人民协商会议议员，任期五年，设议长1名，副议长4名，现任议长为塞特亚·诺凡多。2016~2017年，印度尼西亚国会稳步推进立法工作，制定并修改了一系列重要法律，并对肃贪委行使了调查权。

通过2017年国家预算草案。政府所提交的2017年国家收支预算草案，经过国会召开全体大会，由各个派系代表发表观点并一致同意之后正式通过，如今这项草案将进入技术方面的讨论。2017年国家收支预算草案主要的宏观设想或指标，其中国家预算收入总额为1737.6万亿盾，国家预算开支总额为2070.5万亿盾，因此将出现预算开支赤字约达332.8万亿盾，或等于国内生产总值的2.41%。另有2017年全国平均经济增长率指标为5.3%，市场通胀率指标为4%，3月期国家有价证券年息为5.3%，外汇兑率为1美元兑13300印尼盾，印尼原油标准价格为每桶45美元，国内原油实际日产量为78万桶，天然气实际日产量为110万桶油当量。佐科总统曾于2016年8月16日举行的国会全体大会上表示，2017年的国家财政主要是政府中期计划的延续，其中包括加强激活市场，提高各项经济防御系统。2017年全年经济增长率指标为5.2%~5.6%，而国家收入总值比2016年预算修正案的预算价值更低，这是符合目前实际情况的，主要的目的就是推动下一年经济更快成长。

呼吁颁布更严反恐法。随着印尼与沙特阿拉伯警方达成反恐协议，国会呼吁颁布更严厉的反恐法以打击恐怖主义。负责人权、安保和司法事务的国会第三委员会主席班邦（Bambang Soesatyo）表示，国会正在进行辩论的反恐法修正案应该强化反恐单位，例如88反恐特遣队所扮演的角色。印尼与沙特达成的谅解备忘录对两国至关重要，这意味着沙特确认了恐怖主义的危险。这个原因足以促使他们通过修正案加强和扩大当局的权限，采取行动对付涉及恐怖活动的任何人。沙特国王萨勒曼在国会发表讲话时，呼吁印尼与沙特联手对付恐怖主义；沙特驻雅加达大使奥萨马表示，两国合作议程中最重要的项目就是打击极端组织伊斯兰国（IS）。印尼目前的反恐法是在2002年巴厘岛炸弹爆炸案之后颁布的，此后历届政府频频提议修改，但直至雅加达2016年1月遭受连环恐袭，修改反恐法的工作才终于提上议程。不过，由于有议员担心执法机构获得更大的权力后会滥用职权，导致国会迟迟无法颁布新反恐法。为此，佐科总统召见了司法与人权部部长亚索纳·劳利，要他会晤国会各派系领袖，以加速审议反恐法修正案。班邦称，恐怖威胁防不胜防，政府需要更大的反恐权。拟议中的新反恐法将赋予执法单位更大的权力，当局将有权采取行动对付与武装组织合作或是为武装组织招兵买马的人；电子通信内容、情报报告、财务交易将可作为指控恐怖犯罪嫌疑人的呈堂证物；未经审讯可关押犯罪嫌疑人超过一周，以便让警方有更多时间收集足够证据控告对方；防范性拘留犯罪嫌疑人的最长时限从目前的120天延长至180天；出国接受武装组织训练或参与恐怖袭击的印尼公民将被剥夺公民权。印尼面对的另一个问题是，即使是守卫森严的监狱也已沦为滋生武装分子的温床，在狱中服刑的激进教士竟然可以与其信众保持联系，继续散播极端思想。

启动对广播委员会委员候选人的任职资格审查。国会已经对27位印尼广播委员会（KPI）委员候选人的任职资格启动审查。负责国防和情报事务的国会第一委员会副主席哈桑丁（Hasanuddin）表示，在2016年7月18日的委员会会议期间将对15名候选人进行任职资格审查，其余的将被安排到7月19日进行。在资格审查结束后，国会将根据第一委员会成员的评估来做最终定论，从中挑选出9名候选人，并且他们的名字将被提交给政府审批。这27名候选人当中有7名是广播委员会的前任或现任委员。而这些新委员们将接任2017年即将到任的委员们的职位。[①]

二 推进落实司法判决

雅加达南区法院审理伊尔曼·古斯曼贿赂案。2016年11月4日，砂糖

[①] "House Starts Fit and Proper Tests of 27 Broadcasting Commissioner Candidates", *The Jakarta Globe*, http://jakartaglobe.id/news/house-starts-fit-proper-tests-27-broadcasting-commissioner-candidates.

进口配额贿赂案已进入庭审程序,雅加达南区法院驳回原地方代表理事会(DPD)主席伊尔曼·古斯曼(Irman Gusman)的预审要求。伊尔曼·古斯曼因涉嫌砂糖进口配额贿赂案件而被肃贪委在其家中拘捕,除他之外,贪污行贿嫌疑人 CV Semesta Berjaya 公司总经理沙菲利安迪(Xaveriandy Sutanto)与妻子、弟弟同时被拘捕;在伊尔曼家中,肃贪委没收了1亿卢比的赃款证据。在雅加达南区法院公开庭审中,法官已经驳回伊尔曼·古斯曼预审要求,因为伊尔曼·古斯曼的案件已经进入庭审程序。

审理两名叛国案犯罪嫌疑人。2016年12月2日,超过15万名穆斯林响应强硬派穆斯林团体的号召,在雅加达参与示威,要求警方逮捕被指"亵渎伊斯兰"的雅加达特区首长钟万学。印尼警方在当天凌晨展开行动逮捕了11人,包括前总统梅加瓦蒂的妹妹拉玛华蒂、一名前军官及一名从政的歌手。其中八人被控叛国罪,另三人则涉嫌在网上散播仇恨言论。随着雅加达美都查雅警区侦查员向雅加达南区地方法院移交违反信息和电子交易案嫌疑人詹兰(Jamran)和里扎尔(Rizal Kobar)以及他们的案卷后,同是叛国案嫌疑人的两人将很快在法庭上受审。上述两人都是警方在2016年12月2日逮捕的11名活动家中的一分子。雅加达最高法院法律信息中心主任瓦鲁尤表示,检察院将在短时间内向法庭移交违反《信息和电子交易法》被告詹兰和里扎尔的案卷,他们被控违反《信息和电子交易法》第28条第2款规则,如果罪名成立,他们可被判处最高6年监禁的徒刑。考虑到另一名信息和电子交易案嫌疑人布尼(Buni Yani)是在德博市(Depok)上传和剪辑钟万学在千岛群岛的演讲视频,所以雅加达高等检察院把其案卷移交至西爪哇省高等检察院。

最高法院驳回阿布·巴卡的上诉。最高法院驳回了极端组织伊斯兰教祈祷团精神领袖阿布·巴卡(Abu Bakar Bashir)的上诉,阿布·巴卡必须继续服刑。阿布·巴卡因资助亚齐一个恐怖组织的训练营,于2011年被判15年监禁。他要求复审,希望撤销这一罪名。最高法院上周以缺乏新证据为由,拒绝撤销阿布·巴卡的罪名。阿布·巴卡资助的组织当时策划杀害印尼总统及在当地的西方人。阿布·巴卡的律师团队称,他所募集的资金原本是要用于救助巴勒斯坦贫民,最后却在他不知情之下,被送到有关亚齐武装组织手中。阿布·巴卡的律师将找出新证据,继续为阿布·巴卡争取摆脱罪名。阿布·巴卡是公认的伊斯兰教祈祷团关键领导人物。该组织被指进行2002年巴厘岛恐怖炸弹袭击案,200多人在袭击中丧生,其中很多是外国游客。阿布·巴卡曾因巴厘岛袭击案被判坐牢,但在上诉后罪名撤销。[1] 印尼在2000~2009年多次遭伊斯兰极端组织袭击,但在警方加大反恐力度后,最危险的恐怖组织力量已大为削弱。然而,近年随着伊斯兰国的崛起,印尼极端分子大受鼓舞,有数以百计的人到中东加入了该组织的"圣战"。2016年1月,雅加达发生连环恐袭案,造成8人死亡(包括4名恐怖分子),伊斯兰国声称为此负责。

判决毒贩死刑。大毒贩弗雷迪(Freddy Budiman)运入140万颗摇头丸的案件被侦破之后,他的罪行被揭发,尽管正在坐牢,但他仍有能力掌控监狱外面营业额流动量高达数百亿印尼盾的毒品生意。为此,弗雷迪被雅加达西区地方法院、雅加达高等法院和雅加达最高法院判处死刑。不接受判决的弗雷迪随后提出复议申请。最高法院驳回了其复议申请。作出上述裁定的为夏利夫汀(Syarifuddin)首席法官、安迪(Andi Samsan Nganro)法官和萨尔曼(Salman Luthan)法官。除了涉及运入140万颗摇头丸的案件之外,弗雷迪还涉及在芝槟榔监狱设立冰毒工厂和购买5万颗摇头丸等案件。在短时间内将被处决的毒品死刑犯还包括多名外籍人士。处决死刑犯需要经过一系列过程,如果被处决的死刑犯是外籍人士,那就要通知其国家大使馆。此外,相关死刑犯也必须先被隔离,以及为他提供神职人员,还有就是必须准备行刑队伍等。佐科政府在去年已经执行了两轮死刑,共处死了14名犯人。总检察长办公室正在等待最高法院裁决第三轮毒贩执行死刑的日期。在第三轮处决中,共有4名毒贩,包括一名印尼人与三名尼日利亚人,但尚未决定什么时候处死另外10名被判死刑的毒贩。即将处决的囚犯已依照印度尼西

---

[1] 《印尼最高法院驳回阿布·巴卡上诉》,http://www.zaobao.com/sea/politic/story20160805-650172。

亚法律获得通知，家属也前往探望。最高检察官柏拉史迪约称，最高检察院不久将进行第四轮的处决死刑犯行动，将被处决的大多数是毒品死刑犯。但柏拉史迪约不愿透露具体时间，而仅仅说将在合适的时间进行。他表示这样做是为确保国家和民族的平稳。最近两年，最高检察院已经三次展开处决国内外的毒品死刑犯行动。联合国官员呼吁印度尼西亚不要执行死刑，不过，印度尼西亚政府不为所动。联合国人权事务高级专员胡笙（Zeid Ra'ad Al Hussein）表示，印度尼西亚执行死刑的情形越来越多，令人担忧，他呼吁印度尼西亚政府立即停止这种不公正和不符合人权的做法，希望印度尼西亚暂停死刑。印度尼西亚若干人权团体和律师们也呼吁印度尼西亚政府赦免死刑犯，但印度尼西亚总统佐科态度强硬，拒绝所有的相关请求。政府表示，虽然舆论对执行死刑一片哗然，但是政府处决毒品经销商和分销商的决心不会动摇，因为他们已经给国家带来了巨大的威胁。

总之，2016~2017年印度尼西亚政治在稳定的基础上不断发展，稳定的政局有利于国家机关充分行使权限，开展工作。行政、立法以及司法机关在制度建设与具体工作上也取得了很大进展。

然而各利益集团争夺权力的斗争从未停歇，印尼强硬派穆斯林团体发起针对雅加达前省长钟万学的大规模游行示威活动，对雅加达乃至印度尼西亚全国的稳定形成强烈冲击，不过，对于激进组织借助特定势力要挟社会的行径，印度尼西亚政府给予坚决抵制，社会秩序总体可控。雅加达特区首长选举结果事关2019年总统大选布局，钟万学的落选减少了佐科的助力，各政党围绕此次雅加达省长选举进行的活动，表明各势力围绕下一届总统大选展开的斗争已经拉开帷幕。肃贪委在肃清贪污的行动中发挥着无可取代的重要作用，在加大对贪污腐败打击力度的同时，国会对肃贪委行使了调查权，这一行为无疑会限制肃贪委的行动。在过去的一年里佐科政府多项改革措施取得进展，"九项优先纲领"稳步推进，但同时需要谨慎处理极端主义、毒品犯罪以及恐怖主义等诸多挑战。

第二章　印度尼西亚经济

第一节　农业稳健发展，但部门发展不均衡

一　农业发展总体情况

印度尼西亚是传统的农业国家，地跨赤道，属于典型的热带雨林气候，常年高温多雨，适宜农作物生长，这为印度尼西亚的农作物、林业、畜牧业发展创造了优越的自然环境。同时印尼也是世界上最大的群岛国家，拥有世界上第二长海岸线，其海洋面积为316.6万平方公里（不包括专属经济区），比190.4万平方公里的陆地面积还要大，[①] 这也为印尼渔业发展奠定了基础。农业作为印尼的支柱性产业，在印尼国民经济中占有十分重要地位。农业收入也是印度尼西亚国家经济增长的主要动力之一，近年来印尼农业增长速度都保持在3%以上的水平。[②]

2016年，印度尼西亚国内农业总产值为1680.9万亿印尼盾（约合1260亿美元）比2015年的1568.9万亿印尼盾（约合1209.8亿美元）增加了约50.2亿美元。[③] 从印度尼西亚的官方数据来看，具体的农业行业产值和增长速度也存在不同程度的差异。在产值方面：粮食作物产值达到424.9万亿印尼盾（约合320.9亿美元）；渔业产值为317.09万亿印尼盾（约合239.5亿美元）；其他经济作物产值为429.69万亿印尼盾（约合324.54亿美元）；畜牧业产值为200.61万亿印尼盾（约合151.52亿美元）；林业产值为

[①] 《印度尼西亚国家概况》，http://www.fmprc.gov.cn/web/gjhdq_676201/gj_676203/yz_676205/1206_677244/1206x0_677246/。
[②] 印度尼西亚国家统计局，https://www.bps.go.id。
[③] 印度尼西亚国家统计局，https://www.bps.go.id。

85.54万亿印尼盾（约合64.61亿美元）。①

表1 2012~2016年印度尼西亚农业相关行业产值

年份 \ 类别	粮食作物	其他经济作物	畜牧业	林业	渔业	总产值
2012年	459.9	130.0	116.5	43.9	204.2	954.5
2013年	497.4	139.6	132.0	45.5	233.3	1047.8
2014年	534.6	154.3	147.3	48.6	272.2	1157.0
2015年	552.3	158.2	153.1	51.1	295.1	1209.8
2016年	320.9	324.5	151.5	64.6	239.5	1260.2

注：2012~2015年数据除总产值外单位为万亿印尼盾，2016年数据单位为亿美元。
资料来源：印度尼西亚国家统计局，https://www.bps.go.id。

二 主要农业领域发展状况

（一）粮食作物需求量大，应扩大种植面积

印度尼西亚地处热带，适宜种植水稻、玉米等粮食作物，所以印尼居民以大米为主食。除此之外，印尼还种植大豆、花生以及绿豆等粮食作物。2016年，印度尼西亚的粮食作物产值为424.9万亿印尼盾，比2015年增长了2.53%。大米产量为7914万吨，相比2015年增长11%。

印度尼西亚是一个拥有近2.5亿人的人口大国，对于粮食的需求量也相对较大，由于印度尼西亚的地理位置以及随着近年来经济的不断发展，人口数量也在急速增长，国内出现粮食供不应求的状况。因此印尼不得不进口粮食来满足国内需求，这不仅会对印尼国内的粮食价格产生很大影响，威胁农民切身利益，而且作为民众的主食，大米等粮食作物需要通过进口来满足也会威胁到印尼的国家安全。严格控制粮食的进口

---

① 印度尼西亚国家统计局，https://www.bps.go.id。

量,力争尽早实现粮食自给自足,是印尼政府亟须解决的问题。印尼投入大量资金来解决农民问题,同时也不断扩大粮食作物的种植面积来解决国内粮食需求问题。印尼政府通过近年来的不断努力,已经实现了大米的自给自足,印度尼西亚农业部表示2017年将停止玉米进口(玉米是印尼的主要饲料原料)。农业部已经将玉米播种面积提高到200公顷来满足国内需求。

(二)经济作物种类繁多,发展形势良好

1. 棕榈油

随着近年来印度尼西亚棕榈油行业的迅猛发展,目前印度尼西亚已经成为世界第一大棕榈油生产国,同时也是世界第一大棕榈油出口国。印度尼西亚现有棕榈种植面积11.9万平方公里,比2015年增加了约0.6万平方公里,其中国有种植面积约占8%,私营企业种植园占49%,分散的个体农户占43%。[①] 2016年,由于受到厄尔尼诺现象带来的干旱天气的影响,棕榈油的产量大幅度下降。据美国农业部的数据显示,印度尼西亚作为全球最大的棕榈油生产国,2015年产量达到3250万吨棕榈油,2016年将下降到约3210万吨,下降了1.2%,这是自1998年以来第一次下降。

棕榈油作为印度尼西亚最主要的经济作物之一,对印度尼西亚的经济发展起着非常重要的作用。根据印度尼西亚棕榈油协会数据,印度尼西亚2016年的棕榈油及衍生品出口量为2500万吨,占全球棕榈油总出口量的53.91%,以棕榈油平均价格864.24美元/吨的价格来计算,2016年印尼棕榈油及衍生品出口额达到216万亿美元。[②] 印尼棕榈油协会(GAPKI)称,2017年印尼棕榈油产量和出口量可能会减少10%~15%。棕榈油的减产可能会进一步推动棕榈油价格的上涨,可能会涨到四年来的最高水平。根据GAPKI发布的最新数据,印尼2015年棕榈油的产量为3551万吨,这就意味

---

① 印度尼西亚国家统计局,https://www.bps.go.id。
② 《2017年全球棕榈油进出口贸易分析》,http://www.askci.com/news/chanye/20170524/14532898832.shtml。

着2017年的产量在3000万~3200万吨。① 印尼贸易部计划于2017年2月份将棕榈油原油（CPO）的出口参考价格提升到815.2美元/吨，较1月的788.26美元/吨上涨了3.42%。棕榈油原油出口参考价之所以上涨是因为财政部将棕榈油原油的关税提高了5倍，从3美元/吨上涨到18美元/吨。②

2. 橡胶

橡胶是继棕榈油之后印度尼西亚又一个主要经济作物，印尼天然橡胶产量仅次于泰国，种植面积居世界首位。2016年印度尼西亚产量或相对减少至311.2万吨，降幅为1.1%。因为①2008~2011年印尼新增天然橡胶种植面积大幅减少，对应的2016年可割胶面积亦将下滑。②受厄尔尼诺现象影响，2015年下半年印尼80%区域遭受20年来最严重干旱，山林火灾频发，直至2016年年初雨季到来才有所缓解，预计2017年割胶效率或受影响；同样的旱灾在1998~1999年间曾有发生，当时印尼橡胶单产下滑，且2000年总产量率下降6%。③2016年3~8月印尼预计减少橡胶出口23.87万吨，占2015年同期出口的17.2%，在限产结束后或将加大出口量。③

随着近年来国际橡胶价格的不断下跌，许多种植橡胶的农户纷纷放弃种植，而转向其他更有经济价值的农作物。因为印尼橡胶种植户的大部分是中小型私营企业和个体农户，所以橡胶的产量也大多数来自非政府企业。印尼政府为了缓解橡胶价格的上涨，保护橡胶种植者的利益也采取了一系列有力的措施，一方面取消橡胶业的10%增值税，以此来提高本国橡胶的价格优势，维护橡胶种植者的利益；另一方面延长橡胶产业链，从而提高印尼橡胶的竞争优势。与此同时，印尼政府也加强与其他国家合作，签订协议来保证橡胶市场的稳定。

3. 其他经济作物

印度尼西亚是世界上种植面积仅次于巴西的第二大热带作物生产国，不

---

① 《2016年印尼棕榈油产量和出口将会减少10%到15% 推动价格上涨》，《国际日报》2016年11月24日。
② 《印尼棕榈油原油出口参考价格及出口关税将在二月份上涨》，《雅加达邮报》2017年1月27日。
③ http://www.chyxx.com/industry/201607/429987.html。

仅适合种植棕榈树和橡胶树，还适合种植多种其他经济作物，特别是咖啡、茶叶、甘蔗、丁香等，不但品种多样而且产量在世界上都是名列前茅。同时，印度尼西亚的地理环境决定了其水果王国的地位，印度尼西亚盛产香蕉、杧果、山竹等多种热带水果。

咖啡：印尼咖啡的种植面积全球最大，达130公顷，由于整个群岛的大部分地区受到干旱天气的影响，打乱了咖啡樱桃的开花成熟，其中影响最大的是种植了75%的罗布斯塔咖啡豆的苏门答腊南部和爪哇岛地区，阿拉比卡咖啡豆生长在苏门答腊北部，不受这些自然灾害影响。因此2016年印尼咖啡的产量只达到60万吨，居世界第四位，较2015年有所下降。产量的降低势必也会引起印尼咖啡出口量的下滑，据统计，2016年印尼咖啡的出口量约48万吨，居世界第四位，较2015年有所下降。[1] 印尼拥有全球最大的咖啡种植面积，咖啡产量却不高存在一些自然因素，但是更重要的是印尼咖啡的生产效率很低，每公顷的产量仅760公斤，相比较巴西和越南，单位产量低了很多，这也极大影响了印尼咖啡的产量。

可可：目前印尼是世界三大可可生产国之一，其提出到2020年成为世界第一大可可生产国的目标。印度尼西亚可可协会代表透露，2016年该国的可可出口量预计下跌37%至2.5万吨，主要的原因是该国提高了出口关税，印尼2015年的可可出口量为4万吨。印尼农业部为提高农产品的出口量已经执行"10+10"纲领，即制定10种首要和10种次要农产品的出口纲领，可可就是被关注的首要出口农产品之一。虽然印尼可可产量位于世界前三，但国内生产量无法满足国内消费需求，因此印尼仍需要进口可可。此外印尼可可的生产效率依然低下，种植者纷纷放弃可可的种植导致种植面积减少，产量也在下降。

烟草：印度尼西亚是世界上第三大烟草消费国（仅次于中国和印度），约有6000万19岁以上烟民。详细的统计数据显示，2016年，印度尼西亚各卷烟制造商生产的卷烟总量为3420亿支，与2015年的3480亿支相比减

---

[1] http://www.askci.com/news/chanye/20161003/17194267051.shtml

少了60亿支,印度尼西亚国内的卷烟产量与2015年相比下降了1.7%。[①]卷烟产量减少的原因是:印尼政府计划的减产措施;政府提高卷烟产品税率导致卷烟市场零售价格增长,进而也在一定程度上抑制了烟草消费者的消费需求。最高法院于2016年12月撤销有关2015~2020年烟草行业路线图的2015年63号工业部长条例后,原以奄奄一息的国内烟草行业如今面临更高的税率,烟草的增值税由原来的8.7%调升为9.1%。[②]

丁香:印度尼西亚2017年卷烟产量将下降,从2016年的3480亿支降至3420亿支,这将影响到2017年年初的丁香价格。2月份丁香价格9万印尼盾/公斤,低于农民理想的12万印尼盾/公斤,甚至低于农民10万盾/公斤的生产成本。印尼丁香农协会(APCI)秘书长布迪满(I Ketut Budiman)称,丁香业仍依赖于卷烟业,尤其丁香烟。因此,当该工业受到冲击,将直接影响到售价。虽然目前价格很低,但是他说,2017年全国丁香产量仍将稳定。"极端天气对该商品影响不大。若有下降,数量也很少。印度尼西亚东部如北苏拉威西、南苏拉威西和北马露姑,仍成为今年全国丁香生产的主力。"他补充说,丁香农除了丁香烟业,仍设法寻找替代市场。因为这对稳定价格很重要。丁香烟业吸收75%的全国丁香产量,其余则由食品业和制药业使用。而目前出口市场份额很低。去年,丁香出口量大约100吨。全国香料主席卡玛尔·纳特西(Gamal Natsir)认为,目前丁香价格比去年7.5万印尼盾/公斤的价格有所提高。据他称,保持本地丁香价格稳定的一个方法,是再开放出口市场,这可能更有前途。[③]

(三)畜牧业发展态势转好,但仍无法满足国内需求

印度尼西亚适宜放牧的面积广阔,但是畜牧业发展较慢。近年来,为提高国民营养水平,减少进口,印度尼西亚政府大力发展畜禽业,强调集约化

---

① 《印度尼西亚2016年卷烟产量下降》,http://www.eastobacco.com/gjyc/201702/t20170215_430086.html。
② 《印尼政府调升香烟增值税至9.1%》,《国际日报》2017年1月7日。
③ 《印尼卷烟产量下降,丁香价格暴跌》,《印度尼西亚商报》2017年2月24日。

经营，发展大中型的养鸡场、养猪场、奶牛场。印度尼西亚的主要畜禽品种是山羊、牛、绵羊、鸡和鸭等。从印尼国家统计局发布的数据来看，2016年的畜牧业总体发展态势良好，家禽、家畜的数量都呈现增长态势。

家畜类：2016年印度尼西亚的奶牛养殖总数为53.3万头，同比增长15万头；养殖肉牛的总数为1609万头，同比增长672.7万头；养殖水牛总数为139万头，同比增长38.9万头；养殖马匹总数为43.7万头，同比增长0.7万头；山羊的养殖总数为1961万头，同比增长59.6万头；绵羊的养殖总数为1807万头，同比增长104万头；猪的养殖总数为811.5万头，同比增长30.7万头。其中牛肉的产量为56万吨，马肉的产量为2188吨，羊肉的产量为11.5万吨，猪肉的产量为34.2万吨。

家禽类：2016年印度尼西亚的家禽养殖主要以鸡类和鸭类为主，其中鸡类可分为土鸡和肉鸡，养殖总数分别是16亿只和3亿只；鸭的养殖总数为4736万只。其中土鸡肉的产量为169万吨，肉鸡产量为31.6万吨。①

以上数据可以看出，印尼的畜牧业主要以牛、羊、鸡的养殖为主，而这些也是根据印尼国内88%的穆斯林人口的需求形成的。虽然畜牧业的各个方面发展情况良好，但随着人口的迅猛增长国内的需求量也在不断扩大，部分畜牧业产品供不应求，需要通过进口来满足国内市场。与此同时印尼政府也在采取积极措施改变畜牧业产品供不应求的状况，印尼政府打算要求生牛进口商建造养殖场，否则他们将拿不到进口许可证。生牛进口商必须要拿出为期五年的养殖场建造计划，这是获得许可证的前提，印尼政府此举也是为了减少国内对进口牛肉的依赖。但是这一政策导致印尼国内的牛群数量急剧减少，牛肉价格飞涨，不少农民将未成熟的幼崽卖掉换成现金。据悉，印尼2016年允许进口60万头生牛，2017年允许在2016年的基础上再增长17%，届时印尼国内的养殖牛数量将达到1550万头，但是依然无法达到2012年的顶峰。②

---

① *Satistical Yearbook of Indonesia 2017*, pp.277-288.
② 《政府出台新的养殖业进口规定》，《雅加达邮报》2016年9月18日。

（四）渔业发展迅速，前景大为可观

印度尼西亚作为世界上最大的群岛国家，海洋资源丰富，渔业发展迅猛。据最新数据显示，2016年第二季度印尼经济增长率达到5.18%，渔业增长率为3.2%。[1] 海洋与渔业部部长苏茜证实该部门颁布的政策有很好的成果。铲除非法捕捞者政策成了苏茜部长改进渔业部门的焦点。农民们都感受到海洋与渔业部政策的效果。渔民交换价值（NTN）增加5%~7%，渔业交换价值增加了20%。而且印尼贸易平衡首次名列东南亚第一。印尼鱼供每年持续增加，从2013年鱼供650万吨升至2017年1251万吨。鲜鱼食用者每年食用量36公斤增为41.6公斤。该数目是全国鲜鱼研究委员会的很多专家统计出来的，而2017年的目标是43公斤。[2]

印度尼西亚作为东南亚最大的渔业产品生产国，其捕捞业和水产养殖业分别占渔业比重的70%和30%。渔业养殖已经成为印尼政府的重点扶持和发展方向。目前印度尼西亚也积极与其他国家进行合作，加快本国的渔业发展。日前印尼总统佐科在茂物行宫与到访的日本首相安倍晋三举行会谈，讨论两国经贸和投资合作关系。印尼政府向日方提出四项要求：一是要求日方与印尼在渔业和农业领域开展合作；二是为避免双重征税的问题再次召开会议，找出彻底解决的办法；三是为了让印尼制成品符合日本市场需求，日方应对在印尼的生产设施进行定期的维修和保养；四是从2017年开始对印尼与日本经济伙伴关系协定进行一般性审查，并加以完善。两国领导人还就数项大型基础设施项目进行商谈，包括印尼电站领域投资（约120亿美元）、印尼玛瑟拉油气田建设（约250亿美元）、印尼巴丁班港口项目（约30亿美元）、雅加达—泗水中速铁路建设项目以及合作开发纳土纳群岛渔业资源等。[3]

---

[1] 《印尼第二季度经济增长率达5.18%》，http://search.mofcom.gov.cn/swb/searchList.jsp。

[2] 《印度尼西亚渔业政策效果显著，贸易平衡列东南亚第一》，《印度尼西亚商报》2017年7月11日。

[3] 《日本安倍首相访问印尼，双方探讨大型合作项目金额超过400亿美元》，http://id.mofcom.gov.cn/article/jjxs/201701/20170102505978.shtml。

除此之外，印度尼西亚还在国内采取许多措施来发展本国的渔业。印尼海洋与渔业部部长苏茜在新闻发布会上表示，为了能通过整顿使用权以更好发挥和掌控最偏僻岛屿，该部门将与国家土地局携手合作，为111个最偏僻岛屿提供管理权地位，目的是要避免个人或企业完全掌控这些岛屿。苏茜说："我们要他们按照规定掌控这些岛屿，而非由一个人或一家企业完全掌控一个岛屿，因为这会造成当地民众丧失福利。"她强调，政府将对国内外私企所掌控的最偏僻岛屿展开调查，了解他们是否已按照规定付诸实施。按照现行规定，个人或企业只能掌握70%持控权，余下30%归国家所有或为绿色地区和公共空间。她说，之所以采取这项步骤是为了要兑现政府承诺，即维护印尼领土主权和国家资产。①

（五）林业发展带动就业，雨林毁坏严重

印度尼西亚热带雨林面积在世界上排名第三，全国森林资源总面积为12035万公顷（其中保护林为3352万公顷，天然防护林和旅游林区为2050万公顷，有限生产林为2306万公顷，永久生产林为3520万公顷，加上8100万公顷转换林），森林覆盖率为62.6%，占国土面积的63.7%，占土地面积的67.1%（根据1999年联合国粮农组织公布的数字，1995年印度尼西亚森林面积为1.09亿公顷，占土地面积的60.6%）。活立木蓄积量约为83亿立方米。森林面积和活立木蓄积量分别为亚洲第一和亚洲第二。印度尼西亚是全球最大的热带木材出口国之一，林业在印尼经济发展中发挥了重要作用。木材产品的出口是该国外汇的主要来源，林业和林产工业提供了大量的就业机会。②

随着印度尼西亚的林业不断发展，印度尼西亚已成为亚洲最大的林产品出口国。主要的林产品包括胶合板、木材、纸浆和木制家具等。林产品是印度尼西亚第三大出口创汇产品，仅次于石油天然气和纺织品，每年出口额在

---

① 《印尼政府整顿偏僻岛屿使用权，个人或企业最多可占70%持控权》，http://id.mofcom.gov.cn/article/jjxs/201701/20170102505970.shtml。
② 《印度尼西亚林业概况》，http://indonesia.forestry.gov.cn/article/662/663/677/2013-06/20130616-061625.html。

75亿~80亿美元，约占非石油和天然气出口总额的20%。然而2017年印尼林业和木业对印尼的经济贡献从过去的2%大幅下降，这两个行业所占国内生产总值比重不足1%。在印尼国家中期发展计划中，林业部门并没有被提到作为2015~2019年的发展重点。①

印尼林业在迅速发展的背后也出现众多不可避免的毁林开荒情况，据悉，印尼拥有世界第三大雨林，但目前该国雨林正以每小时将近300个足球场面积的速度消失。生质燃油的原料之一就是印尼出产的棕榈油，砍掉雨林改种棕榈树背后年产值8000亿美元的庞大经济利益，进一步加快了印尼雨林的消失速度。②

三 农业基础设施建设

农业对于印尼的国民生计和经济发展都发挥着十分重要的作用，印尼历届政府为此高度重视农业发展。佐科·维多多自2014年当选印尼总统后，多次强调要优先发展农业经济。印尼《国际日报》2017年4月12日报道，印尼国家发展规划部部长班邦表示，为实现印尼政府设定的经济增长目标，即2018年经济增长率为5.6%~6.1%，应着重促进制造业、农业和旅游业三个领域的发展。注重农业的发展，主要是因为可以改善农民的生活，同时也可以巩固粮食防御系统。③

印尼政府认识到，要实现经济增长目标，就需要注重农业的发展，加强农业基础设施建设。首先，印尼政府表示要再开拓700万公顷耕地。据印尼《国际日报》2017年5月4日报道，为了提高粮食防御系统的能力，政府通过农业部开发更多的农粮种植区，并加强收购农民稻谷的能量。农业部部长苏莱曼2017年5月3日在雅加达农业部大厦召开工作会议时说："我们在去

---

① 《2016年6月27日，印尼林业价格行情》，http://www.chinatimber.org/price/60858.html。
② 《印尼失去雨林：每小时消失近300个足球场》，http://indonesia.forestry.gov.cn/article/662/664/678/2015-10/20151016-154807.html。
③ 《印尼为在2018年实现经济增长5.6%~6.1%，将注重发展制造业、农业和旅游业三大领域》，http://id.mofcom.gov.cn/article/dzhz/201704/20170402556644.shtml。

年10月份直至今年3月份开发新的农粮种植区获得成功，甚至超出了预定的指标。如今我们再次开发新的农粮耕种区，在未来的5个月期间，或者直至9月份，新开拓的耕地不可低于600万公顷，希望能达到650万至700万公顷，最好能达到700万公顷。"①

其次，印尼政府将在2017年建成5座灌溉堤坝。《雅加达邮报》2017年5月27日报道，印尼公共事务与民居部水力资源处总干事伊曼·桑托索（Imam Santoso）2017年5月26日在雅加达部门办公室接受采访时称，为了增加农作物产量，政府将在2017年完成5座灌溉堤坝的修建任务。这5座灌溉堤坝分别位于：东加里曼丹的马朗·卡尤（Marang Kayu）、东努沙登加拉的拉纳摩（Raknamo）、西努沙登加拉的坦朱（Tanju）和米拉（Mila）以及东爪哇的图古（Tugu）。据报道，马朗·卡尤大坝已经建成，拉纳摩大坝已完成工作量的92.6%，坦朱和米拉大坝完成了工作量的74.02%，而图古大坝完成了工作量的71%。印尼目前共有209座灌溉堤坝，总蓄水量126.2亿立方米，可灌溉土地761542公顷。②

最后，印尼政府拨款6万亿卢比兴建亚齐大水库。《雅加达邮报》10月25日报道，印尼公共工程与民居部正在研讨有关建设亚齐占波·阿耶（Jambo Aye）水库的相关事宜，这是首座由政府与商务机构合作的水库工程。预计上述工程投资经费约6万亿卢比，该工程已经进入细节工程设计阶段，但目前面临着工地内修建天然气井的挑战。一名官员说："我们将从经济、财务及工程的角度来观察，以期实现上述政府与商务机构合作的工程，包括与能源与矿产资源部针对天然气井的统筹问题。至于有关建设水力发电站的潜能，我们也将与国电公司进行统筹。"占波·阿耶水库将比西爪哇省加迪格蒂（Jatigede）水库更大，加迪格蒂水库可收容10亿立方米的水量，而占波·阿耶水库估计能收容18.77亿立方米的水量。迄今为止，已有2个投资家有意兴建上述水库的水力发电站。③

---

① 《政府要再开拓700万公顷耕地》，《国际日报》2017年5月14日。
② 《印尼政府将在2017年建成5座灌溉堤坝》，《雅加达邮报》2017年5月27日。
③ 《印尼政府拨款6万亿卢比兴建亚齐大水库》，《雅加达邮报》2016年10月25日。

农村是农业发展的基础，农民既是农业的从业者，也是农业的直接受益者。因此，发展农业，也要重视其主体——农民的利益。据2016年12月1日《国际日报》报道，2016年11月30日佐科总统在雅加达主持2016年全国粮食防御纲领颁奖典礼时表示，向全国各地农村准确、完整地配发农村基金已经成为中央和地方政府的责任。他说："我的责任就是监督农村基金的具体落实。如不久前，我去东爪哇省视察厨闽县那样，农村基金必须作为建设灌溉系统和其他基础设施用途使用。"他还说："我当时亲眼看到村民们动工建设灌溉系统，而且也看到他们领取薪酬。这一切都做得很好。"佐科总统还表示："中央政府通过每年国家财政预算持续增加农村基金，今年已增至49万亿盾（约合37亿美元），明年要提高至60万亿盾，2018年还将提升至120万亿盾。农村基金与人民营业贷款一样，已成为中央政府在全国范围内推行扶贫事业的重要措施，通过农村基金与人民营业贷款等措施，我们希望能更好地减少贫穷人口，减少失业人数，减少贫富差距，提高广大民众的生活水平。因此，希望地方政府积极落实农村基金。"[①]

四 农业发展中的主要问题

2016年印尼的大米实现了自给自足，2017年印尼政府已停止进口玉米。这都表明印尼的农业在向前迈进，虽然印尼的农业生产和发展总体稳定，但依然面临着很多问题。

一是印尼的农业相当分散。农业经营主要由国有公司PTPN、大规模私营种植园以及小农户组成。细分来看，棕榈油为主导，而可可、橡胶和咖啡也是主要的出口商品。玉米、糖和稻米以及供国内消费的蔬菜主要由小农户种植经营。提高主要粮食作物的自给自足是本国农业的重点任务，不亚于重点作物（例如糖和小麦）的进口。尤其就小麦而言，印尼几乎完全依靠澳大利亚等国外市场的进口。印尼还是东南亚农作物的最大进口国。

---

① 《佐科总统：农村基金有利于扶贫》，http://id.mofcom.gov.cn/article/jjxs/201612/20161202007832.shtml。

二是印尼农业的劳动生产率、作物单位面积产量都不高。因为具有可比性的土地大部分粮食作物的产量始终偏低。从 2007 年起，政府在农业部 No.33/2006 号法令下开展了一项面向小农户的振兴计划，重点针对棕榈油、橡胶和可可领域，以解决每公顷产量偏低的问题并提高土地生产率。该计划由 7 家国营银行拨出了 5418 亿美元的津贴贷款，但是由于贷款的实际领取率低，直至 2010 年的效果都很有限。农户的主要障碍在于必须有土地所有权证明才能领取贷款，但是一块 4 公顷的土地要交 800 万~900 万印尼盾（视具体省份而定）的登记费，实在昂贵。① 印尼政府必须重振农业生产力，提高单位面积产量，加大资金投入，改善农业基础设施，激励稻农种植高附加值的农作物以增加收入。

三是印尼农业机械化仍处于低水平。印尼人多地少，许多经济学家和社会学家担心，农业机械化将给农村造成大量的剩余劳动力，引起严重的就业和社会问题，所以对农业机械化持反对态度。因此，多年来印尼的农业机械化发展相对缓慢。目前印尼国内使用的农机基本上是从国外引进的，本国农业机械工业体系不完整、配套能力差，自主研发的农机品种少且售价高，农机在实际生产中的应用程度还很低。在耕种、植保、防止病虫害、谷物干燥等方面的机械化程度仍处于低水平。农业科技的推广普及不足，农民教育水平偏低，农业生产基本上处于简单耕作阶段。实际上，整个东南亚地区的农业机械化水平都较为落后。

印尼农业存在的各种问题不仅阻碍着农业的发展，也不同程度地影响了经济的增长。这需要印尼政府在加大重视力度的前提下，制定更多、更适合农业持续发展的政策，并采取具体的、切实可行的措施来解决这些问题。可以预见，随着印尼农业保持稳定增长，只要能有效地解决农业发展过程中存在的问题，印尼的农业发展空间和潜力将会得到进一步的拓展和提升。

五 农业发展前瞻

印尼新政府上任两年来提出了关于加强农业发展，实现粮食自给自足的

---

① http：//www.gbgindonesia.com/zh-cn/agriculture/article/2011/agriculture_overview_of_indonesia.php.

经济工作思路。佐科总统表示,希望在本届政府执政的第二年,印尼能够停止进口大米,第三年能实现玉米和大豆自给自足,随后实现大蒜、牛肉、食糖等的自给,并要求各部门按时完成农业改革措施和发展目标。一是在未来5年内开发100公顷新农田,相当于为450万农民提供新的耕地;二是在未来5年内拨款约15亿美元财政预算用于修建25~30座水坝等灌溉设施,改善300万公顷的农田灌溉系统;三是设立中小微企业和农村银行;四是加强和改善公共粮储公司的供应能力;五是向农民提供更多优质种子和肥料;六是在全国推行新型农业保险。[①] 就目前来看,前两个目标已基本实现,剩下的发展目标也在积极地向前推进。

与此同时,印尼农业发展的重点主要在于以下几个方面:一是要进一步调整农、林、渔在农业内部结构中的比例;二是要在确保农业稳步增长的前提下,促进农产品加工业的快速发展,加快传统农业向集成型农业(种植到生产加工的农业生产方式)转变;三是要在提高农业各行业生产效率的同时,注重防治自然灾害,确保生产成果;四是既要加大政府财政投资,也要不断提升吸引外资的能力。

从世界范围来看,印尼政府有机会参与制定全球粮食安全和农业可持续发展等政策,这不仅可以加深印尼与世界各国农业发展方面的交流合作,更有助于印尼农业加快"走出去"和"引进来"的步伐,提升农业在国际中的竞争力。

第二节 工业发展速度放缓,油气等产业形势严峻

一 工业总体情况

(一)工业增长速度放缓,影响印尼经济增长

2016年,印度尼西亚的工业产值增速为4.6%,工业总产值的增速依然

---

① 《印尼新政府就职一个月经济政策综述》,http://id.mofcom.gov.cn/article/gccb/201411/20141100805960.shtml。

在5%以下，工业增长速度放缓。工业作为印度尼西亚的支柱产业之一，印度尼西亚工业（特指非油气类工业）对国内生产总值的贡献一直徘徊在17%~19%。2016年最新数据显示印度尼西亚工业对国内生产总值的贡献为17.92%，依然没有脱离这个区间。毫无疑问工业增速缓慢势必会影响到印尼的经济增长速度，根据印度尼西亚官方发布的数据显示，印尼在2016年经济增长为5.05%，略低于预期目标（5.1%）。[①]

虽然2016年印度尼西亚工业增长速度放缓，但是除了煤炭和橡胶行业呈现负增长以外，其他行业基本上都保持一定的增长速度。煤炭行业产值为231.68万亿印尼盾（约合242.8万亿美元），增速为-4.14%；石油和天然气行业为369.35万亿印尼盾（约合278.78万亿美元），增速为2.66%；食品饮料行业为276.12万亿印尼盾（约合208.41万亿美元），增速为8.46%；烟草行业为117.16万亿印尼盾（88.43万亿美元），增速为1.64%；纺织品服装业为143.48万亿印尼盾（约合108.3万亿美元），增速-0.13%；皮革制造业为35.14万亿印尼盾（约合2.65万亿美元），增速为8.15%；造纸和印刷行业为89.24万亿印尼盾（约合67.36万亿美元），增速为2.16%；交通运输设备产值为236.54万亿印尼盾（约合178.53万亿美元），增速为4.52%；机械设备行业为40.17万亿印尼盾（约合30.32万亿美元），增速为-2.91%；电力行业为113.14万亿印尼盾（约合85.4万亿美元），增速为6.35%；橡胶和塑料行业为79.24万亿印尼盾（约合59.81万亿美元），增速为-8.34%；运输和仓储行业产值为647.15万亿印尼盾（约合484.15万亿美元），增速为7.74%。[②]

（二）主要行业发展情况

印度尼西亚目前还没有形成较为完善的工业体系，其具有优势和竞争力的行业主要有油气行业、煤炭行业、矿产行业、纺织行业、食品行业。此外

---

① 印度尼西亚国家统计局，https://www.bps.go.id。
② 印度尼西亚国家统计局，https://www.bps.go.id。

电力行业、电子行业、钢铁行业发展前景比较乐观。

1. 油气行业发展态势恶化，印尼政府建立战略石油储备

印度尼西亚曾经是东南亚地区唯一一个石油输出国组织（OPEC）成员，同时也是东南亚第二大石油储量国。但由于印尼对老油田的过度开采以及勘探技术的落后导致近年来印尼油气产量呈现下降趋势，2011年油气产量增长-0.94%，2012年增长-2.80%，2013年增长-1.76%，2014年增长-2.27%，2015年印度尼西亚石油产量为286706千桶，天然气产量为2957230立方米，同比都有所下降。印度尼西亚的天然气储量居世界第13位，其经过探明的储量达到104万亿立方英尺。近年来印尼油气产量下降的原因有以下几点：石油产量下降、石油供给增长乏力、油气行业的勘探和开采技术落后以及投资不足。印尼政府在油气开采方面过度依赖西方跨国公司，然而近年来印尼政府与西方跨国公司的合作也是充满坎坷，导致油气开采滞后。印尼政府正在积极重组石油产业，配合发展天然气产业链，对油气产业管理体制与产业政策进行调整与改革，努力保持油气大国的地位。

随着近年来印尼经济的迅速发展，对石油和天然气的需求也越来越大，但是石油和天然气的供应不足是阻碍印尼经济发展的主要原因之一。自2015年年底印尼成为OPEC一员后，2016年12月印尼决定暂时退出该组织。由于OPEC会议做出决定要求成员国每日减产120万桶原油（不包括液化天然气），印尼原油的日产量将减少5%，大约37000桶。原油的减产对作为石油净输入国的印尼是极为不利的，因此印尼政府决定暂时退出。[①] 除此之外，印尼还加快与其他国家的合作来发挥本国的石油优势，提高石油产量，加大石油的储备量。尽管国际油价低迷打击了印尼油气行业，国际能源署指出这同样对印尼存在有利一面，印尼应借机建立石油储备。国际能源署执行理事法提赫·比罗尔近日表示，印尼应趁油价低迷进行价格改革，逐渐取消补贴，并建立战略石油储备。国际能源署发布的报告预计，截至2040年东南亚对能源的需求量将比2013年增长80%，印尼一国的需求增长量就

---

① 《印尼决定暂时退出欧佩克》，《国际日报》2016年12月15日。

达增长部分的40%。2016年印尼国内每日的石油需求达160万桶，是其国内产量的两倍左右。印尼目前仅有商业石油储备，由印尼油气领域的国家石油公司经营，最大可满足长达23日的能源需求。印尼能源与矿产资源部已经开始着手建立国家战略原油及燃料储备，并在今年新修订的政府预算中获得了约6000万美元的预算。该部油气总司总司长维拉马查·普查（Wiratmaja Puja）表示，印尼政府计划五年内建立一个可满足30日原油及燃料需求的战略储备，并可能在未来十年内扩充到60日的储备规模。① 为支持冶矿业发展，印尼政府正寻求开发被称为亚洲最大天然气储备的东纳土纳区块，目前探明储量约46万亿立方英尺。目前，一个由印尼国家石油公司、美国埃克森美孚集团和一家泰国能源企业组成的财团正在对该区域进行勘探。印尼能源与矿产资源部希望加快该地区的开发。②

2. 煤炭行业变动不大，开始注重清洁能源的使用

印度尼西亚是一个煤炭资源十分丰富的国家，其煤炭主要分布在苏门答腊岛和加里曼丹岛，特别是集中在苏门答腊岛的中部和南部，以及加里曼丹岛的中部、东部和南部。印度尼西亚煤炭不仅品种齐全，而且煤炭品质优良，此外，印度尼西亚的煤炭多为露天煤，具有埋藏浅、煤层厚、开采方便等优势。2014年印度尼西亚已被探明的煤炭储量为280.17亿吨，占世界已探明煤炭总量的3.1%，位居世界第十位，其储量在亚洲地区排第三，仅次于中国和印度。2016年印度尼西亚的煤炭开采量为256亿吨。

印度尼西亚在大力发展煤炭行业的同时也注重煤炭资源的开发和促进清洁能源的使用。印尼能源与矿产资源部地质机构主任表示，目前印尼煤炭储量有82.6亿吨，每年产量近4亿吨，足够20年之用。此外还有尚未探明的239.9亿吨煤炭预测储量，该部分煤炭储存比较容易勘探，风险较小，只需几个月就能探明并进行开采。根据能矿部门的煤炭储量地图，大部分煤炭储

---

① 《国际能源署敦促印尼政府趁油价低迷建立战略石油储备》，http://id.mofcom.gov.cn/article/gccb/201607/20160701362642.shtml。
② 《印尼将开发亚洲最大的天然气储备》，http://id.mofcom.gov.cn/article/gccb/201607/20160701356689.shtml。

存在苏南、廖省、南加里曼丹、东加里曼丹和中加里曼丹。印尼煤矿多为露天矿，开采条件较好。但随着近年来开采量增加，露天煤矿的面积逐渐缩小，未来开采深度和难度将逐渐增加。① 同时，为促进清洁能源的使用，印尼能矿部门计划2017年出台条例，自2019年起对每年的煤炭产量设限。在新条例下，自2019年起，印尼企业每年生产煤炭的数量上限是4亿吨，生产的煤炭将优先供应国内。印尼是全球最大的褐煤生产国，2016年共生产了4.34亿吨煤，其中1.24亿吨由国内消费。印尼能源与矿产资源部煤炭业务监管司司长表示，新条例将在2017年颁布以使生产商事先做好准备。印尼政府将在2019年完成3500万千瓦电站的建设目标，其中使用煤炭的火电站所占比例超50%，使国内煤炭消费可能在2019年增长至2.4亿吨。②

3. 矿产行业受到印尼政府严管，避免本国矿产资源流失

印度尼西亚矿产资源在亚洲国家中位居前列，其主要矿产资源包含铝土矿、镍矿、铜矿、金矿、银矿、铁矿石等。印度尼西亚为了提高矿产行业的附加值，延长其产业链，发展下游冶金产业来扩大就业机会，实施了原矿出口禁令。这一禁令的实施，使得印尼原矿出口量大幅度下降。2016年印尼矿产品出口下降了23.7%，降至78.8亿美元，虽然印尼矿产品出口量不断减少，但是印尼政府依然不会放松对镍矿石和铝矿石的出口禁令。印尼在2014年出台了矿石出口禁令，当时是为了鼓励矿产公司建立冶炼厂来提高矿石的附加值，起先印尼政府考虑允许每年1500万吨的出口配额，但是，印尼能源与矿产资源部部长表示，印尼政府不太可能放松对镍矿和铝矿的出口禁令，因为能在国内进行生产加工的就不允许出口到国外。③ 除此之外，印尼能源与矿产资源部将矿物出口税从原先的0~7.5%调高到15%~20%，希望借此推动印尼国内矿物加工与冶金厂建设继续向前发展，并表示这项出

---

① 《印尼未探明煤炭储量约为239.9吨》，http://id.mofcom.gov.cn/article/ddgk/201702/20170202514965.shtml。
② 《印尼计划自2019年限制煤炭产量，或影响国际市场价格》，http://id.mofcom.gov.cn/article/jjxs/201707/20170702609691.shtml。
③ 《印尼矿业部长：印尼不太可能放松镍矿石和铝矿石出口禁令》，《雅加达环球报》2016年10月16日。

口税条例将在《有关煤炭与矿物开采活动的2014年第1号政府条例》修改后颁布。①

印尼大学经济与社会研究所的研究表明，下游冶炼厂的发展明显提高了矿产品的附加值，并提高了本地的就业率。印尼冶炼协会主席呼吁，政府应继续执行原矿出口禁令，以避免打击投资者建设冶炼厂的热情。根据加工及冶炼企业协会统计，印尼在过去四年间总共建造了32座新冶炼厂，总投资约200亿美元，其中24座是镍冶炼厂，其中主要是来自中国的投资商，中国已经成为印尼最大的投资来源国。中国投资者在印尼申请的计划投资额达278万亿印尼盾（约合200亿美元），占印尼外国计划投资总额的23%，同比上涨了67%。弗兰基指出，中国投资者主要投资领域为基础设施，其中金属工业领域占6%。投资统筹机构主任托马斯3月20日在雅加达通过书面方式表示，他于3月15~22日到欧洲多个国家进行工作访问的目的是要招揽投资家在印尼进行投资，为印尼的经济发展带来积极影响，此次访问的欧洲国家有德国、法国、瑞典、英国和丹麦等。托马斯透露，在本轮的工作访问中，德国有2家企业表示想与印尼矿业国企合作建造镍矿冶炼厂，投资总额约达8亿美元或达10.4万亿印尼盾。此外，也有另一家企业也表示要投资印尼，但对方还没有确定具体的投资额。由于印尼的经济状况已相对稳定，再加上外国直接投资（FDI）的流入资金非常高，这对德国来说是一个很大的吸引力。2016年，流入印尼的外国直接投资总额多达289亿美元，比2015年增加了8.4%，在外国直接投资的总额当中，德国贡献了1.33亿美元。最近5年来，欧洲国家在印尼进行投资的总额高达133亿美元或达172.9万亿印尼盾，其中荷兰、英国、法国、卢森堡和德国是五大投资国。②

4. 电力行业发展具备优势条件，但也面临困难

印度尼西亚拥有丰富的油气资源、煤炭资源、水资源和地热资源，这些资源为印尼电力行业发展提供了得天独厚的条件。从目前印度尼西亚发电能

---

① 《印尼政府上调出口税至20%》，《印度尼西亚商报》2016年10月4日。
② 《德国企业将投资8亿美元建镍矿冶炼厂》，《国际日报》2017年3月20日。

源比例来看，煤炭占57%、天然气占26%、燃油占8%、水利占6%、地热占4%，由此看来印度尼西亚发电能源约90%都属化石能源。印尼最新公布的电力发展规划中只有290.6万千瓦电站使用新能源，约占3500万千瓦电站项目的8.3%，其中地热电站为72.5万千瓦、风能电站为18万千瓦、生物质能电站为3万千瓦，水电站为197.1万千瓦。[1] 印度尼西亚拥有丰富的水利资源，但是印度尼西亚的水力发电尚在起步阶段，印尼水力发电蕴藏着7500万千瓦的潜力，但是有效利用率很低。为了满足年均6.6%的经济增长速度，每年的电力增长需求将达到8.8%。因此印尼加大对水力发电方面的投入，也积极引进外资来扩大水力发电，充分利用水利资源，印度尼西亚政府准备建造49个大坝以达到3500万千瓦的发电量。

印度尼西亚电力行业的发展带来了严重的环境负担，为了寻找更加清洁的能源，印尼政府将目光投入到水资源、核能、地热能、垃圾发电等可再生以及污染较小的能源上。为推动清洁能源在印尼整个能源结构中的比重以及落实《2016年关于加快建设垃圾发电站的第18号总统条例》，日前印尼国家电力公司（PLN）总裁索菲安与7个主要省市政府负责人共同签署了建设垃圾发电站（MOU）的谅解备忘录，上述7个省市包括雅加达、丹格朗、万隆、三宝垄、梭罗、泗水和望加锡，总装机容量为10万千瓦，电价为18.77美分/千瓦时（中高压）和22.43美分/千瓦时（低压）。垃圾发电站将采用BOOT模式，PPA合同有效期为20年。印尼国家电力公司副总裁尼克表示："签署MOU后，上述7省市政府开始遴选或指定垃圾发电站开发商，之后由开发商向PLN和印尼能矿部门提交可行性研究、环评报告等，经批准同意后方可与PLN正式签署购售电协议（PPA）。"[2]

印尼电力行业发展拥有自己的优劣势，主要优势包括：首先，印尼拥有丰富的煤炭和天然气资源，以及可再生资源，这些资源为印尼电力行业发展

---

[1] 《印尼3500千瓦电站依然依赖化石燃料》，http://id.mofcom.gov.cn/article/gccb/201607/20160701360984.shtml。
[2] 《印尼PLN与7个主要省市签署建设垃圾发电站MOU》，http://id.mofcom.gov.cn/article/sxtz/201612/20161202081938.shtml。

提供了能源基础；其次，随着印尼经济的快速发展以及人口的不断增长，印尼未来对电的需求量也会增长，这为印尼提供了很好的市场；最后，印尼政府近年来加大基础设施的建设，电力行业的发展也得到了政府的支持。但是不可否认印尼电力行业发展也存在一些劣势，主要包括：第一，印尼目前处于经济复苏阶段，许多政策上的不成熟会成为电力行业发展的障碍；第二，印尼电力行业过度依赖化石燃料，近年来印尼石油和天然气资源不断下降；第三，在经济复苏阶段，很多地方需要花钱，资金上的不足也会阻碍电力行业发展。

5. 食品行业发展机遇颇多，刺激全球经济复苏

近年来，印度尼西亚在大力发展重工业和基础设施的同时也注重其他行业的发展。印尼拥有丰富的农业和渔业资源，并为食品行业提供了材料支持，这些优势为印尼食品行业发展带来了很好的发展机遇。印尼工业部部长艾朗卡称，食品行业有望成为印尼工业的骨干，因为到目前为止该行业发展前景依然较好，2016年增长达9.82%。2016年第三季度食品行业对国内生产总值贡献占全行业贡献的33.6%。同时，2016年食品行业的出口额达190亿美元。此增长是由民众收入增加、中产阶级人口增加和社会消费方式趋于食用加工食品所致。食品行业的国内投资达24兆印尼盾（约合18亿美元），而外国投资达16亿美元。[1] 而且，印尼食品与饮料商协会总主席阿迪称，预计2017年全球经济复苏会成为食品和饮料出口增长的强劲催化剂。目前印尼70%食品和饮料出口到东盟国家。食品和饮料行业对非石油出口贡献平均率为35%。若食品和饮料出口额提高16%，他对非石油出口能达标持乐观态度。预计2017年食品和饮料业营业额增长8.2%~8.5%，达到1400兆印尼盾。[2] 印尼最大的方便面制造商印多福食品公司（Indofood Sukses Makmur）在2016年净利润上涨了近40%，从2014年的2.97兆印尼盾增长到2016年的

---

[1] 《2016年印尼食品行业增长9.82%》，http://id.mofcom.gov.cn/article/jjxs/201702/20170202512569.shtml。
[2] 《食品和饮料也或成为印尼2017年非石油出口增长动力》，http://id.mofcom.gov.cn/article/sbmy/201701/20170102504752.shtml。

4.41万亿印尼盾（3.11亿美元）。印多福公司董事长说："2016年对印多福来说是个非常好的一年，我们的净收益和核心利润都达到了历史最高纪录"①

6. 纺织行业发展低迷萎缩，政府采取措施改善投资环境

纺织行业作为印尼最早发展的工业之一，一直受到印尼政府的高度重视。目前，印尼共有纺织行业从业人员约150万人，近年来纺织品和服装也一直是印尼的主要出口商品。但是近年来随着全球经济疲软、印尼工资的上涨、原材料价格上涨以及生产成本的提高，纺织业产值有所下降，纺织企业也出现萎缩。针对这些情况，印尼政府积极采取措施来推动纺织业的发展，2016年工业部部长艾朗卡在雅加达发布的新闻稿中说："工业部全力支持肯德尔工业区（KIK）的建设，尤其是因为该工业区提供……从上游至下游结合的工业簇群。"艾朗卡希望，KIK工业区的纺织及其产品工业，有能力提升产品在国内和出口市场的附加价值和竞争力。KIK工业区将建有时尚都市（Kota Mode），总面积100公顷。时尚都市将备有一些设施，其中包括原材料供应中心、购物中心、展览中心，以及纺织产品研究和开发中心。②除此之外，印尼政府也不断改善本国的投资环境，吸引外资。印尼投资统筹机构主任弗兰基表示，印尼劳动密集型工业尚有发展潜力，中国投资者有意在纺织部门进行投资，预计投资额将达800万美元。目前在纺织业，越南是印尼吸引外资的主要竞争对手，根据《金融时报》数据，2010年至2015年9月间，中国对越南纺织业投资了4.7亿美元，创造了12280个就业岗位，而中国对印尼投资主要集中在金属冶炼和建筑业，近5年间，中国在印尼共投资53亿美元，涵盖12个工程项目，吸纳了5906名劳工。为此，印尼政府将不断改善投资环境，特别是劳动密集型工业，包括纺织业等，颁布配套经济措施、确定工资的稳定性。③

---

① 《印尼印多福食品公司2016年利润暴涨近40%》，《雅加达邮报》2017年3月24日。
② 《印尼工业部加速肯德尔工业区建设来推动纺织业发展》，《印度尼西亚商报》2016年8月12日。
③ 《中国将向印尼纺织业投资800万美元》，http://id.mofcom.gov.cn/article/sbmy/201511/20151101197658.shtml。

二 工业园建设

印尼工业部统计资料显示,印尼目前共有74个工业园区,其中55个位于爪哇岛,总面积22795.9公顷,占爪哇岛总面积的75.9%;16个位于苏门答腊岛,总面积4493.45公顷;2个位于苏拉威西岛,总面积2203公顷;还有1个在加里曼丹岛,面积为546公顷。为继续推动全国各地的工业发展,印尼工业部计划在爪哇岛、苏门答腊岛、加里曼丹岛和巴布亚岛再建设20个工业区。

投资统筹机构推介第二期享有建筑直接投资便利的18个工业区项目,希望能有助于提高印尼的国家竞争力。2016年2月21日,投资统筹机构主任托马斯·拉蓬在巴厘巴塘县主持了18个工业区的启用仪式。他说,建筑直接投资便利极为重要,它将有助于提高印尼国家竞争力,赶上邻国和其他竞争对手。此前于2016年2月,政府推介第一期享有建筑直接投资便利的14个工业区项目,面积达1126公顷,共涉83项工程,投资额为120万亿印尼盾。加上第二期的18个工业区,印尼现有32个分布在10个省16个县市享有建筑直接投资便利的工业区,总面积达13516公顷。拉蓬说,菲律宾现有200个同类工业区,其出口创汇占该国总创汇的70%,所以通过该项目有望改善印尼的投资环境。[①] 印尼经济统筹部部长索菲安表示,根据印尼总统佐科·维多多的加速经济增长计划,印尼政府将大力兴建综合工业园区和科技园区,以振兴制造业,减少对进口产品的依赖,同时创造更多就业机会。工业园区将分布在加里曼丹岛、苏拉威西岛、苏门答腊岛东部沿海地区、爪哇岛中部和东部,同时建设包括住房、学校、医疗等园区配套设施。印尼政府将为工业园区和科技园区建设提供财政激励政策,并为所在地区的港口、高速公路、铁路等基础设施项目提供资金支持。佐科要求政府部门减少非必要开支,特别是官员出差和会议经费,这将为政府预算节省16万亿印尼盾(约合13.2亿美元)。

---

① 《印尼投资机构推介享有建筑直接投资便利18工业区》,《千岛日报》2017年2月24日。

2016年11月17日，佐科宣布降低燃油补贴。两项政策的结余资金将投入"海上高速公路"等基础设施和生产性部门，以降低印尼高昂的物流成本。2017年印尼政府将安排115亿美元预算资金用于发展基础设施。印尼国家发展规划部部长安德里诺夫透露，印尼政府将从企业社会责任基金中拨款建设信息科技工业园，每个园区耗资100亿印尼盾（约合83万美元），2017年计划兴建100个科技园区，2019年将达到500个。科技园区具体功能将根据当地特点确定，如城市科技园将以工业为主，乡镇园区将以农业为导向。

三 工业发展中的主要问题

（一）工业发展过度依赖外资，自主发展水平低

目前，印度尼西亚的工业基础设施薄弱，工业基础差，需要大量引进外资来促进本国工业的发展。为此印尼政府也采取了一系列的措施来改进国内投资环境，在最大程度上吸引外资，例如印尼政府加强基础设施建设，简化行政手续，这些都有效提高了印尼对外商的吸引力。印尼佐科总统表示，为了能在2018年把全国平均经济增长率提高至6%的水平，每年的投资增长率必须在10%以上。

联合国贸易和发展会议公布全球吸引外国投资排行榜，印尼从原来的第五位升至第三位，2017年上半年吸引外来投资从原先的194亿美元增至280亿美元，增幅高达44%。占据排行榜首位的是印度，吸引外资实际投资361亿美元；其次是中国，吸引外来投资300亿美元。联合国贸易和发展会议报告称，印尼的外来投资增长迅速，主要是因为政府连续发出了一系列振兴经济措施，简化投资和营业方面的许可证，推行3个小时办理准证服务，改善各地基础设施，提高物流运输能力，大大改善了投资环境。报告还称，印尼人口众多，中产阶级人数庞大，经济增长一直维持在5%的水平，这也吸引了大量外资。不久前发布的新一期全球营商便利排行榜，在190个受调查的国家和地区之中，印尼从去年的第106位升至今

年的第 91 位。①

通过调查显示，在吸引对外投资方面，约有 53.7% 的受访者表示将增加在印尼的投资，该比例仅低于中国（71.6%）和印度（55.7%）。报告称，印尼国内生产总值是东南亚第二大经济体泰国的 2.5 倍，将在 2017 年轻松保持东南亚最大经济体的地位。②

（二）工业利用率低，出口商品以初级产品为主

印度尼西亚工业发展处于起步阶段，在这一阶段工业主要以初级产品为主。工业发展过程中出现许多浪费现象，根据汇丰银行发布的一份贸易报告，直到 2020 年，印尼的出口贸易依然主要依赖于初级商品，如农产品、矿物燃料以及原材料等。即使在更后期的 2021~2030 年，上述初级产品依然会占到这个东南亚最大经济体出口的近 60%。报告还指出，随着当前经济形势的变化，到 2030 年，中国和印度将会取代美国和日本成为印尼最主要的商品输出国；在接下来的五年时间里，印度将对矿业以及原材料存在巨大的需求以满足其经济发展。③

资源与环境统筹部部长卢胡特称，国内工业生产必须提高国产原料的比例。卢胡特 3 月 10 日在巴淡工业区会晤当地一些企业家时表示，工业生产必须遵守国产原料使用比例规定。"我们会实地考察。国内能生产的原料，何必进口？"能源与矿产资源部副部长称，国产原料质量不逊于外国货，甚至更好。他希望国内工业为国产原料提供机会，支持政府减少原料进口。卢胡特还听取企业家的意见与抱怨，意识到政策不连贯，条规重叠，当局办理准证和征地服务慢，使得投资者感到不安。他承诺将透明地解决这些问题，将来再来巴淡视察时，这些问题就要得到解决。印尼政府

---

① 《印尼成为全球第三大吸引外资目的国》，http://id.mofcom.gov.cn/article/sxtz/201611/20161101708583.shtml。
② 《调查显示印尼是亚洲最受欢迎投资目的地之一》，http://id.mofcom.gov.cn/article/sxtz/201701/20170102504761.shtml。
③ 《汇丰银行：印尼出口贸易依然主要依赖于初级商品》，《雅加达邮报》2017 年 1 月 18 日。

在税收政策中也采取一系列措施来限制原料出口，延长产业链以提高产品的利用率。

（三）工业污染严重，影响工业发展

印度尼西亚在工业发展过程中不可避免地造成了严重的环境污染问题。特别是印尼电力行业大部分依赖化石燃料，2016年印尼政府在巴黎气候大会上承诺将于2030年前实现二氧化碳排放减少29%。但是最新公布的电力发展规划中只有290.6万千瓦电站使用新能源，约占3500万千瓦电站项目的8.3%，其中地热电站为72.5万千瓦、风能电站为18万千瓦、生物质能电站为3万千瓦，水电站为197.1万千瓦。3500万千瓦电站中的大部分仍使用煤炭和天然气作为燃料，预计大部分电站为独立电站发展商（IPP）开发，印尼国家电力公司只能建设其中的1056.9万千瓦电站。为满足年均6.6%的经济增长速度，每年电力增长需求应达到8.8%，因此3500万千瓦电站建设势在必行。印尼能源与矿产资源部部长苏迪尔曼签署《印尼国家电力公司2016～2025年电力发展规划》，3500万千瓦电站项目将于2019年全部竣工，届时印尼全国电气化率将达到97%。据统计，2016年印尼全国一半以上的电站为燃煤电站，燃气电站约占25.3%，燃油电站为8.2%，水电站为5.9%，地热电站为4%。佐科总统曾指示国家电力公司应该让私营企业在印尼的电站建设中发挥更大的作用，特别是地热和小水电项目。预计印尼潜在地热发电量为2800万千瓦，而潜在的水力发电量达7500万千瓦。与此同时，印尼国会主管能源的第七位委员会议员萨迪亚表示，在3500万千瓦电站项目中，虽然新能源电站只占小部分，但是与之前的电站项目建设均为燃煤电站相比，还是有不小的改善，这也显示印尼政府努力实现全球减少碳排放目标的决心。萨迪亚还表示，未来印尼应该更多地使用新能源，老是依赖于化石燃料已不可持续。印尼国会已批准使用国家预算约6083万美元设立全国能源安全基金，用于支持所有能源领域发展，其中一个目标就是实现2025年新能源在整个能源结构中占比23%。

四 工业发展前瞻

印度尼西亚具有十分丰富的自然资源，其工业发展优势巨大。虽然近年来印尼工业增速有所下降，但是印尼一直把成为世界工业强国作为工业发展的长期目标。此外，印尼是世界第四人口大国，拥有2.5亿人，这也为印尼工业发展提供强大的人力保障。尽管印尼经济增长速度在放缓，但是2016年国内生产总值为5.05%，在全球经济萧条的背景之下，2017年印尼更是获得首季度4.91%的经济增长以及第二季度5.18%的经济增长速度。这一增长速度远高于世界平均水平。虽然印尼工业在发展过程中会遇到许多困难和挑战，但是总体上依然保持良好的发展势头，发展前景依然乐观，这也在很大程度上增强了工业发展信心，从而促进印尼工业发展。

自佐科—卡拉政府执政以来，印尼国家经济发展不再以爪哇岛作为重点，而是推动全国各地均衡发展，特别是大力发展信息科技，改革经济结构等。在扶贫方面，政府将采取三项重要措施，第一是大兴基础设施建设，第二是提高产值和改善人力资源，第三是改革和提高行政效率。佐科总统领导的工作内阁在不到2年的执政期间，已经修建或新建全长2225公里的国道，132公里的高速公路，160座或16246米的桥梁，并在苏门答腊岛、加里曼丹岛和苏拉威西岛等爪哇岛之外地区建设铁路。政府已经规划24个港口成为海上捷运主要港口，还要建设47个非商业港口作为辅助，其中41个港口正在建设。佐科说："我们的目标是直至2019年将建成100个港口。"佐科总统还提及3500万千瓦电力工程和100万间民房建设纲领，这些建设纲领肯定会在2019年之内完成。他说："为了在预定的时间完成有关建设，政府决定撤销或简化3000项地方条例，如今已完成了96%的工作。政府也已陆续发出12期刺激经济计划，用以推动经济发展。"佐科总统还强调必须以和平方式解决国际领土争端问题。在提及各地统一进行地方选举首长的活动，他呼吁各方采取民主、和谐、团结的方式。[①]

[①] 《印尼佐科总统发表国情咨文》，http://id.mofcom.gov.cn/article/ddgk/201609/20160901402711.shtml。

印尼总统办公室主任德登表示，印尼政府已制订 2016 年与 2017 年重点建设计划，主要包括八大项，分别为：①粮食安全、②海洋轴心、③大力建设巴布亚、④能源安全、⑤基础设施建设、⑥工业化建设、⑦农村建设、⑧土地改革。根据《印尼政府 2015~2019 年中期建设发展规划》，未来 5 年内印尼计划建设 2650 公里公路、1000 公里高速公路、3258 公里铁路、24 个大型港口、60 个轮渡码头、15 个现代化机场、14 个工业园区、49 个大坝、3500 万千瓦电站、约 100 万公顷农田灌溉系统，预计所需资金约 4245 亿美元。根据印尼能源与矿产资源部预计，2016~2025 年印尼大约需要建设新能源电站 3630 万千瓦，共需资金约 1200 亿美元。根据规划，至 2025 年，印尼总体能源结构分别是新能源占比 23%，煤炭占比 30%，原油占比 25%，天然气占比 22%。[①]

第三节　能源结构调整压力加大，国际能源合作继续推进

印度尼西亚由 17508 个岛屿组成，陆地面积为 190.44 万平方公里，在东南亚国家中位居首位。得益广袤的国土，印度尼西亚的能源和矿产资源非常丰富。现已探明的资源有石油、天然气、煤、锡、铝、镍、铜、金、银等，这些能源和矿产在亚太地区乃至世界矿产资源市场上的地位极为重要。

一　能源矿产资源概况

印度尼西亚的能源和矿产资源储量十分丰富，且种类繁多。因此，印度尼西亚的能源和矿业在国家经济中占有重要的比重，为国民经济发展提供强大的动力支持。

[①] 《印尼未来十年发展新能源电站需要投入 1200 亿美元》，http://id.mofcom.gov.cn/article/sxtz/201611/20161101991112.shtml。

(一) 矿产资源

1. 石油

印度尼西亚环海而居，岛屿林立，海岸众多，石油资源十分丰富。印度尼西亚曾经是亚太地区唯一的 OPEC 成员，同时也是亚太地区第二大石油生产国，石油产量居世界第 22 位。石油主要分布在苏门答腊、爪哇、加里曼丹、塞兰等岛和巴布亚，几乎全部赋存在第三纪地层中。较大的油田有苏门答腊的 Minas、Duri 和 Bangko，苏门答腊东南海上的 Cinta 和 Rama，东加里曼丹的 Bunyu、Handi 和 Bakapai，西爪哇海上的 Arjuna 和 Arimbi 等。2011 年，印尼的石油探明储量为 40 亿桶，2014 年石油探明储量为 37 亿桶，随着近年来不断开采，印度尼西亚的石油储量不断下降，截止到 2016 年底，印度尼西亚探明石油储量为 33 亿桶。[①]

2. 天然气

除了丰富的石油资源，天然气资源也是印度尼西亚的支柱能源之一，印度尼西亚是亚洲最大的天然气生产国，目前，印度尼西亚共有 104 万亿立方英尺天然气探明储量。2016 年印度尼西亚的天然气产量为 274 万立方英尺，同比下降 7.4%。尽管如此印度尼西亚依然是世界第 14 位天然气探明储量国，同时也是仅次于中国的亚洲第二大天然气探明储量国，发展潜力巨大。[②] 此外，为支持冶矿业发展，印尼政府正寻求开发被称为亚洲最大天然气储备的东纳土纳区块。报道称，东纳土纳天然气区块位于纳土纳群岛，目前探明储量约 46 万亿立方英尺。目前，一个由印尼国家石油公司、美国埃克森美孚集团和一家泰国能源企业组成的财团正在对该区域进行勘探。印尼能源与矿产资源部希望加快该地区的开发。[③]

[①]《BT 世界能源统计年鉴》，2017 年 6 月。
[②] 印度尼西亚国家统计局，https://www.bps.go.id。
[③]《印尼将开发亚洲最大天然气储备》，http://id.mofcom.gov.cn/article/gccb/201607/20160701356689.shtml。

表2 2012~2016年印度尼西亚石油和天然气产量

类型＼年份	2012	2013	2014	2015	2016
石油产量（千桶）	314666	301192	287902	286706	301615
天然气产量（立方英尺）	2985754	2969211	2999524	2957230	2738395

资料来源：印度尼西亚国家统计局，https://www.bps.go.id。

3. 煤炭

印度尼西亚优越的自然环境决定了其拥有非常丰富的煤炭资源。根据《BT世界能源统计年鉴》统计显示，2016年印度尼西亚煤炭产量4.03亿吨。[①] 由于很多地区尚未探明储量，因此印度尼西亚的煤炭开采潜力巨大。根据印度尼西亚能矿部门估计，印度尼西亚煤炭总储量有可能超过900亿吨，是世界上第三大煤炭储藏国。目前，印度尼西亚已经探明的煤炭储量主要集中在苏门答腊岛和加里曼丹岛，特别是集中在苏门答腊岛的中部和南部，以及加里曼丹岛的中部、东部和南部。此外印尼的煤矿多为露天矿，具有埋藏浅、开采方便等产业发展优势。

尽管全球市场对煤炭的需求下降，但受新设电站及水泥行业的需求影响，印尼国内对煤炭的消费在逐渐上升。印尼能源与矿产资源部的数据显示，印尼国内2016年上半年对煤炭的消费量同比上涨了8%，从约2300万吨上升到了约2500万吨。尽管印尼国内对煤炭的消费有部分上涨，由于来自煤炭主要进口国中国和印度的需求下降，印尼上半年煤炭的出口量同比下降了约32%，降至约8000万吨。印尼能源与矿产资源部发言人表示，国内煤炭消费上涨主要是电力领域需求所致。此外，由于近期许多基础设施建设项目开建，来自水泥行业的需求也拉升了煤炭消费。印尼煤炭协会副主任表示，尽管印尼国内对煤炭的消费与出口相比仍然偏低，由于经济增长原因，印尼国内每年对煤炭的需求量都在上升。报道指出，全球市场对煤炭需求的下降部分是受中国治理污染、加强经济结构调整以及发展新能源影响。全球

[①] 《BT世界能源统计年鉴》，2017年6月。

市场的低迷需求导致煤炭价格持续走低。[①]

表3 2012~2016年印度尼西亚煤炭产量

单位：千吨

年份	2012	2013	2014	2015	2016
煤炭产量	452318	458463	435743	429964	403306

资料来源：印度尼西亚国家统计局，https：//www.bps.go.id。

4. 锡矿

印度尼西亚是世界锡矿资源大国。目前，印度尼西亚锡的储量约为80万吨，占世界总量的14.3%，位居世界第二位。印尼的锡矿主要分布在苏门答腊岛东海岸的廖内群岛。2016年印度尼西亚锡矿的产量为24532吨，同比下降53%。

印度尼西亚的锡矿产量在总体上还是比较稳定的，自从2011年印尼政府出台文件限制原矿出口，锡矿的产量才直线下降，自此以后印尼政府也加大对锡制品的投入，出口工业制品。

表4 2012~2016年印度尼西亚锡矿产量

单位：吨

年份	2012	2013	2014	2015	2016
锡矿产量	44202	59412	51801	52195	24532

资料来源：印度尼西亚国家统计局，https：//www.bps.go.id。

5. 铝矿

印度尼西亚目前已知的铝土资源量为2亿多吨，但由于受到印尼地势的影响很多铝矿无法开采，导致铝土产量有所下降。2016年印尼铝土产量为53万吨。印尼铝矿主要分布在西加里曼丹，其余则分布在廖内群岛中的宾坦岛以及周围的小岛上。印尼当前的铝矿开发也是很不均匀，由于其开采技

[①] 《印尼国内煤炭需求上升缓解煤炭出口下降不良影响》，http：//id.mofcom.gov.cn/article/gccb/201607/20160701359338.shtml。

术和地理因素导致西加里曼丹岛上的铝土资源无法得到很好的开发。目前尚只有宾坦岛以及周围的一些小岛上的铝土资源得到开发。

6. 铜矿

印度尼西亚是世界上重要的铜矿出口国，是仅次于智利和秘鲁的世界第三大铜矿出口国，同时也是世界上第五大铜生产国。印尼的铜矿主要分布在巴布亚岛和苏拉威西岛的哥伦打洛省，资源储量6600万吨，探明储量4100万吨。2016年铜矿产量为240万吨，与之前变化不大。

7. 镍矿

印度尼西亚的镍矿探明储量居世界第五位，同时出口量居世界第二位，仅次于俄罗斯。印度尼西亚的镍矿主要分布在马鲁古群岛、南苏拉威西岛、东加里曼丹岛和巴布亚岛，政府颁布的原矿石出口禁令导致镍产量大幅度减少，2016年产量为190万吨，涨幅不大。为改变这一现状，印尼政府也加大对冶炼厂建设的支持力度。

8. 金矿

印度尼西亚是世界上金矿资源大国。官方统计显示，印度尼西亚金矿资源和金的储量在亚洲地区属于前列。2016年印度尼西亚的金矿产量为110897千克，同比增长了20%。印度尼西亚的金矿类型多为与第三纪火山岩有关的浅成热液型金矿床和矽卡岩——斑岩型铜金矿床。目前印尼境内绝大多数岛屿都有金矿分布，其中巴布亚的格拉斯贝格铜金矿为印尼最大的金矿，也是世界上最大的金矿之一。[1]

表5　2012~2016年印度尼西亚金矿产量

单位：千克

年份	2012	2013	2014	2015	2016
金矿产量	69291	59804	69349	92414	110897

资料来源：印度尼西亚国家统计局，https：//www.bps.go.id。

---

[1] 印度尼西亚国家统计局，https：//www.bps.go.id。

（二）能源资源

1. 森林资源

印度尼西亚位于赤道附近，受到热带气压控制，是典型的热带雨林气候，常年高温多雨，从而孕育出大片的热带雨林，这就使得印度尼西亚的森林资源异常丰富。印度尼西亚植物种类十分丰富，有显花植物2.5万种，森林树种共有4000多种，其中具有商业价值的近250种，商业用材树种50多种。主要商业用材树种有桃花心木、柳桉、龙脑香、南亚松、柚木等。印度尼西亚现有森林面积约1.2亿公顷，占国土面积的63.7%，占土地面积67.1%。活立木蓄积量约为83亿立方米。

2. 水力资源

印度尼西亚常年高温多雨，水资源非常丰富。印度尼西亚境内，共有河流5590条，河流区域133个，全国径流量达到28113立方米，占世界总径流量的6%。与此同时，印度尼西亚的多山地形使得印度尼西亚的水能资源蕴藏量极为丰富。据印尼官方估测，印度尼西亚水力发电潜力达到了7500万千瓦，可供开发利用的潜力达到2560万千瓦。

3. 地热能资源

印度尼西亚是全球地热能资源储量最大的国家，地热能储量在2800万千瓦以上，占全球的40%以上，但受到客观条件限制，开发不足。印尼拥有丰富的地热资源，可用于开发的地热电站装机容量为2900万千瓦，而现在仅开发5%。未来10年，印尼政府计划建设700万千瓦地热电站，以实现2025年可再生能源在全国能源结构中占比23%的目标。印尼能源与矿产资源部部长达哈尔也表示，为推动地热电站建设，能矿部门将协助解决目前地热电站开发面临的征地问题，因为大部分地热电站项目均处于森林保护区内；同时印尼政府对地热电站电价实行上网电价，以鼓励私营企业积极参与。[①]

[①] 《印尼副总统主持地热能源国际展》，http://id.mofcom.gov.cn/article/gccb/201608/20160801378509.shtml。

4. 太阳能资源

印度尼西亚地处热带，赤道从中穿过，受日照时间较长，太阳能资源蕴藏极为丰富。但是印尼政府对太阳能利用率却很低，远远低于其他国家的太阳能发电量。目前印尼政府也在大力发展新型能源和国内基础设施建设，对太阳能也越来越重视，从长远来看，印尼太阳能产业发展潜力巨大。

二 能源政策调整

印度尼西亚拥有丰富的能源和矿产资源，矿业是印尼重要的支柱产业之一。能源和矿产在印尼国民经济中也占有很高比重，因此矿产和能源的开发与管理对于印度尼西亚十分重要。

随着印度尼西亚经济的不断发展，印尼政府根据在本国的不同发展阶段所面临不同的国际国内发展形势，不断调整矿业和能源管理政策，在发展能源产业初期，印尼政府为了大规模开发能源，发展国民经济，放宽了对能源产业的限制，使得能源产业有了较大的发展空间。这一政策为印尼在经济发展初期带来了很好的"资源红利"，使得印尼的能源矿业发展迅速，支撑了印尼早期的经济发展。由于这种初加工或者未经加工的初级产品的产业附加值低，价格低廉且大量的原矿出口也恶化了印尼的贸易环境。长期依赖原矿产品不利于印尼经济的稳定发展。

为了改变这一现状，印度尼西亚政府开始调整已有的能源和矿产政策，明确表示自2014年起开始禁止包括镍矿在内的金属矿石出口。2016年印度尼西亚政府为了规范和促进能源矿业的发展，制定了一系列的法律和政策，继续禁止原矿出口。

2016年10月25日印尼能源与矿产资源部欲将矿物出口税从现在的0～7.5%调高为15%～20%，希望借此推动印尼国内矿物加工与冶炼厂建设继续向前发展。这项出口税条例将在《有关煤炭与矿物开采活动的2014年第1号政府条例》修改后颁布，现在能源与矿产资源部已将该有关草案提交经济统筹部。能源与矿产资源部一名官员表示，该部将向采矿企业征收出口关税，以促使相关企业继续执行冶炼纲领，但如果采矿企业已能将其冶炼厂建设进程达到50%，则政府不再向有关的企业课以高额的矿物出口税，届时不仅是铜精矿，连其他可出口矿物也都不必加税。因此，出口税实施将更为严格，以确保冶炼厂建设能够依照指标进行。① 提高矿物出口税在一定程度上促进了印尼冶炼工业的发展，同时也增加了政府的财政收入。

2016年，印尼政府与国会酝酿修改《2009年有关矿物与煤炭的第4号法令》，欲撤销原矿出口的禁令。印尼能源与矿产资源部公共传播部主任苏查特米科表示，考虑到目前矿产品市场情况，能源与矿产资源部欲重新开放原矿出口渠道。目前，在全球市场上，几乎所有的矿产品价格普遍下跌，导致许多矿业公司财务陷入困难，致使没有足够的资金建设加工与冶炼厂。同时，印尼政府必须避免国内矿业企业出现倒闭。如果因为禁止原矿出口而导致矿业企业停产，则失业人数将会增加。此外，政府也需要从矿业方面获得收入，因此，原矿出口禁令必须放宽。苏查特米科还表示，政府正在研究哪些矿物可以原矿出口，哪些不能。印尼有些国会议员也同意撤销原矿出口禁令。② 随着印尼政府制定的禁止原矿出口政策对下游产业的积极效果开始显现，印尼政府放宽了部分受到质疑的原矿出口限制计划。2009年印尼矿产法规定了原矿出口禁令，以鼓励冶炼厂建设和加工行业的发展。该政策适用于镍、铝土、金、银、铬及锡等矿产品。但是，针对铜精矿、铁矿、锰矿、铅矿和锌矿的出口禁令在2017年才生效，在此之前该部分矿产品的出口会被征收出口税。印尼大学经济与社会研究所的研究表明，下游冶炼厂的发展明显提高了矿产品的附加值，并提高了当地的就业率。印尼冶炼协会主席呼吁，政府应继续执行原矿出口禁令，以避免打击投资者建设冶炼厂的热情。根据加工及冶炼企业协会统计，过去四年间印尼总共建造了32座新冶炼厂，总投资约200亿美元，其中24座是镍冶炼厂。③

---

① 《印尼政府上调矿物出口税至20%》，《印度尼西亚商报》2016年10月25日。
② 《印尼政府欲撤销原矿出口禁令》，http://id.mofcom.gov.cn/article/sxtz/201602/20160201262690.shtml。
③ 《印尼行业协会呼吁政府保持对原矿出口的限制》，http://id.mofcom.gov.cn/article/gccb/201612/20161202273952.shtml。

在限制原矿出口，加强本国冶炼工业能力的同时，印度尼西亚政府还开启了新的能源计划，即增强可再生能源的比重，减少对不可再生能源的依赖。印尼能源与矿产资源部计划从2014~2019年将可再生能源装机总量从目前的1070万千瓦增加至2150万千瓦，新增1080万千瓦的可再生能源量。如今，印尼政府正从多方面实施新能源工程，在发展水电、地热能、太阳能和核能等方面不断发展自身实力，同时不断扩展国际渠道，寻求国际合作。

三 能源矿业发展状况

随着印度尼西亚经济发展步伐的加快，印尼政府加大了对能源和矿业的开发，希望能够充分发挥印度尼西亚已有的能源矿藏优势。与此同时，由于国内政策和国际形势的不断变化，印度尼西亚能源矿业的发展在不同时期呈现不同的局面。

（一）油气资源保持平稳产出

印度尼西亚的石油产出在2012~2014年的具体数据为：2012年每天产出91.8万桶，2013年每天产出88.2万桶，2014年每天产出85.2万桶，2015年每天产出84.1万桶，2016年每天产出88.1万桶。印尼的石油产出总量在2012年达到4460万吨，2013年产出4270万吨，2014年产出4120万吨，2015年产出4070万吨，2016年产出4300万吨。天然气产量在2012年达到77.1十亿立方米，2013年为76.5十亿立方米，2014年达到75.3十亿立方米，2015年达到75.0十亿立方米，2016年达到69.7十亿立方米。[1]

虽然近年来，国际油气市场趋于供大于求，油气价格下跌，但是得益于新油气田的发现和印尼国家政策对油气资源开采的支持以及国内发展需求的加大，印尼的油气资源一直保持着高产量的输出。

（二）矿产产量及出口呈现缩减趋势

以煤炭、铝矿、锡矿为代表的矿物产量及出口逐渐呈现缩减趋势。2015

---

[1]《BT世界能源统计年鉴》，2017年6月。

年印尼煤炭产量达到 272 百万吨，2016 年下降到了 255.7 百万吨，同比下降了 6%。[①] 但是从目前来看，国际市场煤炭价格持续低迷，全球煤炭价格持续下降，部分企业由于效益不佳，不得不控制产量以减少损失。所以在接下来的煤炭产业发展过程中，印尼的煤炭产量将会不可避免的出现一定程度的缩减。

缩减最为明显的是印尼的矿业，印尼政府为增加附加值和就业机会，大力发展冶炼厂，自 2014 年实施原矿出口禁令。禁令颁发后，印尼直接损失了数十亿美元的出口收入。使得印尼原本的资源优势在经济发展过程中很难再起直接作用，其中较为明显的铝矿和锡矿下降最为明显。印尼针对原矿的出口禁令遭到了国内外矿业企业的强烈不满，认为此举会导致印尼大量矿工失业，令原本就不太好的印尼经济"雪上加霜"。

与此同时，由于全球经济持续低迷，国际大宗商品价格疲软，印尼的锡矿出口也遭遇挫折。《2015 年第 33 号贸易部长条例》的调整导致印尼国营锡矿公司（Timah）2016 年的锡出口量下降。2016 年公司的锡出口量大约 2.1 万吨，比前一年的 2.8 万吨更低，而 2016 年的锡出口量指标原定 3 万吨。苏特里斯诺称，《2015 年第 33 号贸易部长条例》限制金属出口，致使 2016 年的锡出口更受控制，因为出口商必须拥有 CNC 清洁证且注册为纯锡条出口商，以及在印尼商品和衍生品交易所（BKDI）销售。他说："自这项贸易部长条例开始生效后，去年印度尼西亚的锡总出口量约 6 万~6.5 万吨。"

（三）新型、可再生能源发展大有潜力

近年来，印尼不断发展可再生资源，并且拟定进一步发掘可再生能源潜力的计划，从而减少对不可再生能源的依赖。印尼总统佐科数次强调，一直以来，印度尼西亚的可再生能源储量十分丰富，但是未得到很好的开发利用。目前，印尼利用能源种类中，石油占 47%，天然气和煤炭各占 24%，可再生能源仅占 5%。佐科总统表示，印尼将大力发展电气化和可再生能

[①] 《BT 世界能源统计年鉴》，2017 年 6 月。

源，计划2019年和2020年分别实现97%和99%的电气化，并于2025年将可再生能源占能源总量比例提高至23%。印尼总统办公室主任德登表示，可再生能源包括生物柴油、生物质、地热、水能、风能、太阳能、潮汐能等。印尼的可再生能源储量十分丰富，以地热能为例，印尼是全球地热储量最大的国家，占全球地热能储量的40%以上。

印尼在大力发展可再生能源的过程中将水电放在首位，为了满足不断增长的电力需求，印尼政府和国家电力公司大力发展水力发电站。印尼公共工程与民居部正在对现有的203座大坝的容量、水电开发潜力等指标进行全面评估，评估将于2016年12月结束，预计2017年该部将向投资者提供33个水电站工程建设项目。印尼也积极加强与其他国家合作，近日日本投资者表示，计划投资印尼绿色能源领域，其中包括可再生能源发电站项目。按计划，日方将投资7500万美元，在印尼的15个地方建设小型水力发电站。[1]

在可再生资源计划中，地热电站所占比重仅次于水电。印尼政府近年计划发掘自身丰富的地热资源，大力发展地热能发电站。卡拉副总统在雅加达主持为期3天的地热能源国际展的致辞中表示，印尼拥有丰富的地热资源，可用于开发的地热电站装机容量为2900万千瓦，而现在仅开发5%。未来10年，印尼政府计划建设700万千瓦地热电站，以实现2025年可再生能源在全国能源结构中占比23%的目标。印尼能源与矿产资源部部长达哈尔在同一场合也表示，为推动地热电站建设，能矿部门将协助解决目前地热电站开发面临的征地问题，因为大部分地热电站项目均处于森林保护区内；同时印尼政府对地热电站电价实行上网电价，以鼓励私营企业积极参与。[2]

除此之外，太阳能也是印尼新能源开发的重要组成部分。印尼政府在发展太阳能的过程中一方面对国内各地进行考察，以投资太阳能电站；另一方面也在政策上对太阳能发电站予以支持，在电力价格上也为太阳能发电给予

---

[1] 《日企将在印尼投资7500万美元兴建小型水电站》，http://id.mofcom.gov.cn/article/jjxs/201603/20160301277388.shtml。

[2] 《印尼副总统主持地热能源国际展》，http://id.mofcom.gov.cn/article/gccb/201608/20160801378509.shtml。

最为稳定的支持。印尼在核能上积极制定了发展规划。印尼能源与矿产资源部能源保护和新能源总司长利达表示,近期佐科总统已指示相关部门制定核能发展路线图。佐科总统强调,发展核能必须先制定一个路线图,这也是2025年印尼国家能源总体规划的一个组成部分。路线图主要包括:首先要有反应堆动力研究和反应堆实验室;其次是推动国际合作,确保核技术始终保持现代化。利达还表示,印尼国家发展规划部部长要及时作出决定,推动各方来共同制定路线图,以落实佐科总统指示。[①]

无论从国际环境还是从印尼国内政策来看,印尼的新型、可再生能源在相当长的一段时间里将会有很大的发展空间和乐观的发展前景。

四 能源矿业国际合作

面对变幻莫测的国内外形势,印尼力求在全球化浪潮中发挥自身的能源优势。一方面不断完善强化自身的工业实力,调整国内的相关政策规定;另一方面加强国际合作,借别国的优势来提升自己。

(一)印尼与中国的能源合作

同为亚洲最具有潜力的发展中大国,中国和印度尼西亚在能源领域有着许多共同的利益,双方也有着许多互补的领域,多年来两国具有众多传统的合作惯例。所以两国的发展需求和周边环境使得双方拥有很多合作机会。

中国与印尼在传统能源贸易领域方面的合作不断发展。在煤炭领域,中国作为世界上使用煤炭最多的国家,虽然国内的煤炭生产量位居世界第一,但是仍然无法满足国内的消费需求,因此中国不得不从国外进口大量的煤炭来满足自己的需求,印尼则是出口中国煤炭较多的国家之一。2016年中国进口煤为25551万吨,与2015年同比增加了25.2%,其中大多数来自印尼,而展望2017年中国进口煤炭情况,随着印尼国内煤炭需求上升和煤炭产量的下

[①] 《印尼佐科总统指示制定核能发展路线图》,http://id.mofcom.gov.cn/article/gccb/201607/20160701360987.shtml。

降,以及澳大利亚的竞争力度加大,预计印尼煤炭对中国出口量会有所减少。

在油气领域,印度尼西亚与中国的合作由来已久。2002年3月,中国和印尼建立了两国能源论坛,在这之后,两国油气合作的深度和广度也不断增加。进入21世纪以来,中国三大油气公司与印尼国家石油公司合作也卓有成效。印度尼西亚由于地形特殊,技术条件落后,无法大规模开采油田,印度尼西亚政府希望得到中国政府在技术和资金上的支持。随着印尼经济的快速发展,预计在2015~2025年用于发展燃气能源的基建投资将达到324.4亿美元。筹措这笔庞大的资金单靠印尼政府是无法完成的,印尼政府希望能与中国政府在这方面加强合作,同时中方也积极回应。中国的油气企业在印尼增加了30多亿美元的投资,主要包括小型天然气提炼厂、油气钻探管工厂以及造船厂。这些迹象都表明中国和印尼在油气领域的合作只会越来越多。目前,印尼国内的油气产量持续下降,同时提炼水平也进入瓶颈阶段,为了满足国内的能源需求,发展本国经济,印尼和中国的合作还会不断深入和扩大。

中国和印尼在电力行业的合作也在加速进行。印尼和中国的关系步入快速发展的新时期,成为"全面战略合作伙伴"。随着印尼经济的不断发展,印度尼西亚的电力需求也会不断增大,电力市场处于快速增长期。目前印尼发电主要是以煤炭为主,而中国的煤炭发电技术也是最为成熟的。同时中国也有着充足的资金来帮助印尼发展电力行业。由中国企业参与投资建设的印尼单体装机容量最大的燃煤发电站项目"爪哇7号"已在万丹省西冷地区举行桩基工程开工仪式,标志着该项目正式进入施工建设阶段。爪哇7号项目拥有2台百万千瓦超临界燃煤发电机组,是中国第一个海外百万千瓦级独立发电商火电项目。由神华国华(印尼)爪哇发电有限公司与印尼国家电力公司子公司共同投资开发,山东电力工程咨询院有限公司和浙江火电建设有限公司联合进行工程总承包。该电站总投资约20亿美元,由中国国家开发银行提供贷款。电站预计于2020年中期正式投入商业运营,运营期25年。[1] 除此之外中

---

[1]《中企印尼最大电站项目正式开工建设》, http://id.mofcom.gov.cn/article/gccb/201701/20170102505981.shtml。

国在水力发电领域也卓有成效,印尼也拥有丰富的水力资源。由中国水电建设集团承建的加蒂格德水力发电站已建设完成20%,印尼国家电力公司称,该水电站建设将耗时43个月,计划于2019年初开始运营。① 可见印尼与中国在电力行业已有很好的合作基础。

近年来,印尼加快了发展可再生能源和新型能源。印尼国家电力公司总经理梭菲安·巴希尔表示,若印尼不想落后于其他国家,必须立刻发展核电站。为支持工业发展,欧洲与美国早在半个世纪以前就使用了核能源。由于使用了廉价的核能源,欧美工业得以成长壮大。为此,印尼必须借鉴欧美的成功之道,立即着手发展核能源。印尼国家电力公司一直对建设核电站充满兴趣。由于核电生产成本较低,如果印尼政府同意,该公司愿意建设核电站。据梭菲安·巴希尔介绍,目前已有多达23名来自美国、中国、俄罗斯以及被称为"核王"的法国投资者有兴趣在印尼发展核能。在此情况下,印尼不能错过良机。如果电力成本降低,印尼就能加强自身的工业竞争能力。② 另外,中国与印尼在电力行业的合作多种多样,印尼西加省坤甸市政府与中国上海电气集团股份有限公司和中晟华泰国际能源有限公司合作兴建垃圾发电厂,把垃圾废弃物处理后转化为电能。垃圾发电厂建设将解决坤甸市的垃圾管理问题,供应8兆~10兆瓦电力,同时还将建成环保教育中心。上海电气集团环保事业部总裁顾志强称,整个建设工程从设计直至施工工程均由上海电气承建,他说:"这项工程是市政府与上海电气的共同投资项目,垃圾发电厂将由双方共同经营,利润也将双方共享。"③

到目前为止,中国企业正日益成为印尼潜在电力市场最有力的竞争对手,在承接和投资建设更多更大的电站上有着更多的综合优势。同时中国企业正在发挥自己的比较优势,加大开拓印尼电力市场力度。

---

① 《印尼国电集团预计,由中国水电建设集团承接的加蒂格德水电站将于2019年初运营》,http://id.mofcom.gov.cn/article/gccb/201704/20170402556646.shtml。
② 《印尼国家电力公司呼吁印尼发展核电》,http://id.mofcom.gov.cn/article/gccb/201606/20160601330268.shtml。
③ 《中国企业在印尼合作兴建垃圾发电厂》,http://id.mofcom.gov.cn/article/qita/201609/20160901404168.shtml。

（二）印尼与俄罗斯的能源合作

印度尼西亚的未来能源发展计划是降低传统能源在国家经济发展中的地位，提高可再生新能源在国民经济中的比重。除了与中国在能源方面的合作以外，印度尼西亚也在积极开拓渠道与俄罗斯进行合作。俄罗斯和印尼自1950年以来已建交67年。2003年两国政府签署了《21世纪伙伴关系和友谊关系框架宣言》，重点是在经济、军事工程和科学技术领域加强双边合作。俄罗斯也是印尼的主要贸易伙伴，特别是在棕榈油和国防工业方面，2015年两国双边贸易额约19.8亿美元。2016年5月19日印尼总统佐科在索契与俄罗斯总统普京举行双边会谈。两国元首已在各种国际会议上多次见面，最近一次是于2014年11月10日在北京出席APEC峰会间隙进行会晤。在索契的双边会谈中，佐科将与普京讨论在经济、能源、国防与安全领域加强双边合作，并将鼓励俄罗斯投资者到印尼投资能源和基础设施建设。按计划，在佐科总统访俄期间，两国将签署在国防合作、处理非法捕鱼和档案制度等领域的合作备忘录。[①]

印尼是世界上第四大人口大国，而且年人口增长率达到1.5%，对电力能源的需求量与日俱增，电力不足也成为制约经济发展的一个重要因素。对于印尼来说，俄罗斯具有世界上最前沿的核电站建设经验；而对于俄罗斯来说，印尼具有核电开发的巨大潜力，能够带来巨大的经济效益，因此双方不谋而合。印尼总统佐科与俄罗斯总统普京于5月18日在俄罗斯黑海沿岸的城市索契共同主持印俄双边会谈，俄方承诺要在印尼增加大约158亿美元的投资额，其中特别瞄准油气、电力和铁路等基础设施建设领域。印尼总统办公室新闻发言人阿里从俄罗斯发出消息称，俄罗斯总统普京表明，俄方对印尼多项庞大的基础设施建设工程深感兴趣，尤其是在巴厘岛开发原油资源，预估投资金约达130亿美元。除此之外，俄罗斯也准备支持印尼的电力生产

---

① 《印尼总统佐科与普京在索契谈经济能源合作》，http://id.mofcom.gov.cn/article/jjxs/201605/20160501321344.shtml。

和供应项目，投资额约达 28 亿美元。普京总统也提及俄罗斯目前在加里曼丹岛正在落实的铁路工程，他说："俄罗斯在加里曼丹正在建设铁路线网，这项工程吸收了当地超过 2000 名工人。而且这项工程建竣之后，将大力推动印尼的经济建设。"① 印尼与俄罗斯之间的合作符合双方的利益，双方合作有很大的发展空间。

（三）印尼与日本的能源合作

在全面实施新的能源合作战略的道路上，印度尼西亚多面开花，除了煤炭、油气、水电、核能等，印尼又发展潮汐能、风能、地热能，而印尼与日本同为岛国，在这些方面有着许多相似之处。印尼总统佐科在茂物行宫与到访的日本首相安倍晋三举行会谈时，讨论了两国经贸和投资合作关系，印尼政府向日方提出四项要求：一是要求日方与印尼在渔业和农业领域开展合作；二是为避免双重征税的问题再次召开会议，找出彻底解决的办法；三是为了让印尼制成品符合日本市场需求，日方应为在印尼的生产设施进行定期的维修和保养；四是从 2017 年开始对印尼与日本经济伙伴关系协定进行一般性审查，并加以完善。两国领导人还就数项大型基础设施项目进行商谈，包括在印尼电站领域投资约 120 亿美元，印尼玛瑟拉油气田建设投资约 250 亿美元，印尼巴丁班港口项目投资约 30 亿美元，雅加达—泗水中速铁路建设项目以及合作开发纳土纳群岛渔业资源等。② 日本在发展新型能源方面有着十分丰富的经验，很值得印尼借鉴。特别在地热能方面，日本的开发利用率很高，印尼也在积极寻求合作，希望可以和日本达成更多层面的合作。

（四）印尼与德国的能源合作

印度尼西亚除了和中国、俄罗斯、日本合作外，也积极寻求与欧洲国家

---

① 《俄罗斯承诺在印尼追加投资 158 亿美元》，http://id.mofcom.gov.cn/article/jjxs/201605/20160501322595.shtml。
② 《日本安倍首相访问印尼，双方探讨大型合作，合作项目金额超过 400 亿美元》，http://id.mofcom.gov.cn/article/jjxs/201701/20170102505978.shtml。

的合作。印尼总统佐科·维多多在贸易部部长托马斯·拉蓬和投资统筹机构主任弗兰基陪同下出席印尼和德国企业家在柏林阿德隆凯宾斯基酒店举行的印尼—德国商业论坛。德国亚太经济委员会主席赫伯特·林哈德博士在该论坛上发表关于印尼与德国商业合作情况的讲话。此前，印尼工商会馆预计，在佐科总统4月17~23日访问欧洲期间，印尼和欧洲企业家将签署多项合作备忘录。印尼工商会馆总主席罗山表示，佐科总统将到场见证两国企业家签署合作备忘录，这是促进印尼经济发展的重要活动。工商会馆副总主席辛达表示，在这次访问中，工商会馆带领印尼各个行业代表在商业论坛上与欧洲企业家们会面，其中包括能源、工业、农业、电信与海运业界的代表。这对发掘或扩大到印尼投资的新潜力，以及在《印尼—欧盟全面经济伙伴协定》框架下加速落实经贸合作，是一个重要的里程碑。根据印尼工商会馆的资料，在访问柏林的第一天，两国企业家将签署总值8.75亿美元的B2B投资合作备忘录。其中德国富乐斯多集团技术和设备供应商（Ferrostahl Cronimet）与印尼多种矿业公司（ANTAM）签约的投资额达8亿美元。①

五 能源矿业发展中的问题

印度尼西亚在不断发展能源与矿业的同时，也产生了一系列的问题。这些问题如果不能很好解决，将会阻碍印度尼西亚可持续发展。

（一）能源矿产品初级、单一，附加值低

印度尼西亚是一个发展中的大国，由于其落后的开采技术，目前能源矿业依然采用原始的开采方式，加之印度尼西亚工业发展水平低，能源加工水平低，所以印尼的能源产品比较初级和单一，大部分集中于原始矿物贸易。印尼近年来经济发展速度较快，与国际上交流也越来越多。国际市场对能源需求巨大，印尼开始大规模开采和挖掘，这些能源大部分都是直接出口到国

---

① 《印尼总统佐科出席印尼—德国商业论坛》，http：//id.mofcom.gov.cn/article/jjxs/201604/20160401299645.shtml。

外。印尼的原矿产品的出口为印尼带来了巨大的外汇和工业发展资本。随着国际能源业的发展和新能源的利用，国际能源市场逐渐趋于饱和，印尼的能源出口出现疲软，能源出口遭受巨大打击。矿产品上，一方面印尼原矿出口价格低廉，另一方面由于经济发展需要不得不大量进口工业产品，这导致巨大的贸易逆差。随着这种逆差的不断增大，印尼原本的资源优势不复存在，这种对外来工业产品的依赖对印尼能源矿业发展是一个很大的打击。

（二）资源丰富，但是资源分布地区不平衡

印度尼西亚的经济区域分布极其不平衡，国内生产总值一半以上都集中在能源储备较少的爪哇岛上，占国内生产总值的58.1%。另外，苏门答腊岛占23.5%，加里曼丹占9.2%，苏拉威西占4.5%，巴厘和努沙登加拉占2.7%，马鲁古和巴布亚占2%。印度尼西亚的资源分布也极其不平衡，经济最为发达的爪哇岛仅占18.4%，苏门答腊岛占64.2%，加里曼丹岛占9.3%，其他地区合计占8.1%。经济发展与资源丰富地区不匹配，造成整个国内的资源分布和利用的不均衡局面。经济发达地区资源需求量大，但是资源供给量不足，使得交通运输费用昂贵。相比之下，经济落后地区资源需求量小，资源丰富却无用武之地。

（三）国内能源消费量增加，能源紧缺现象出现

印度尼西亚曾经作为OPEC成员中唯一一个石油净出口国，随着经济的不断发展，对能源特别是石油、电力的需求量越来越大。而近年来石油的产量越来越低，进口量也是越来越大，对进口的依赖性增强。随着居民生活水平的提高，对生活能源的需求量也不断增加，这增加了印尼能源方面的压力。

第四节 金融业成熟度低，发展速度缓慢

一 金融业发展总体概况

印度尼西亚金融业对整个国家经济发展起着十分重要的作用，尤其像印

尼这样处于高速发展的发展中国家,良好的金融业可以带动整个印尼的经济,加速印度尼西亚经济的发展。2016年印度尼西亚金融业总产值为124.1万亿印尼盾,增长速度从2015年的8.53%上升为9.19%,这表明印尼金融业保持良好的发展趋势。金融中介产值为328.16万亿印尼盾(约合247.2亿美元);保险和养老基金109.27万亿印尼盾(约合82.4亿美元);其他行业变化总体不大。[①]

2017年第二季度,印尼经济增长率达5.18%,较第一季度环比增长4.02%。印尼国家统计局主任苏雅敏表示,2015年第二季度经济增长率为4.66%,而2014年第二季度经济增长率为4.96%,2017年第二季度经济增长率较高,说明印尼已摆脱经济市场萧条的影响。第一季度截至2017年4月底,印尼政府负债达3667.41万亿印尼盾(约合2752亿美元),负债率(占国内生产总值比重)低于30%,处于安全水平。根据印尼财政部报告,截至2017年4月底,政府外债总额约729.62万亿印尼盾。在双边贷款中,主要债权方是日本、法国和德国;在多边贷款中,主要债权方是世界银行、亚洲开发银行和伊斯兰开发银行。主要债权方和供贷额依次为:世界银行供贷234.49万亿盾、日本供贷200.67万亿盾、亚开行供贷120.91万亿盾、法国供贷24.19万亿盾、德国供贷24.88万亿盾、伊开行供贷9.94万亿盾。[②]

印度尼西亚央行行长玛托瓦多约在雅加达谭林街央行大厦表示,印尼经济增长率需要保持在5%以上或达7%才能实现民众生活富裕。他说,目前印尼的经济状况还算稳定,但必须注意全球经济的不稳定情况。"为实现民众生活富裕,经济增速达到5%是不够的,必须7%以上才行。需要共同促进财政、货币及金融领域的结构性改革。"阿古斯说,如果宏观经济稳定,金融系统继续得到维护,那么7%以上的增长是可以达到的。除了经济增长率的提高,印尼也需要建立健康性、持续性经济。国会第十一委员会副主席

[①] 印度尼西亚国家统计局, https://www.bps.go.id。
[②] 《四月底印尼政府负债3667.4万亿盾》,《国际日报》2017年5月31日。

马万·阿山（Marwan Cik Asan）表示："印尼经济不可以一直停留在目前5%的状态。如果5%的增长一直保持到2030年，印尼将成为中等收入国家。央行、金融监管服务局（OJK）、存款保障机构（LPS）的任务至少要保证我们的金融系统不要出现经济动荡的局面。"[1] 印尼政府正大力推动基础设施建设。印尼是东南亚第一大经济体，但基础设施相对落后，很多地区的民众仍无法用上自来水，不少农村地区没有柏油马路，一些偏远地区甚至没有电力供给。印尼2016年国内生产总值增长了5%，世界银行预计2017年增长5.2%，2018年增长5.3%。印尼总统佐科在2014年上台后承诺要将国家经济增长率提升到7%，可是由于全球原料产品价格节节败退，这个自然资源丰富的国家经济欲振乏力，政府在经济建设方面的努力也受影响。印尼央行为了刺激经济增长，2016年六度下调利率。央行预期印尼2017年的经济增长空间有限，因为国内面对通胀压力，而国际大国政策的不确定性及经济前景不明朗也是一大原因。[2]

二 主要金融行业发展情况

（一）银行业作为支柱产业已初具规模，但政府仍需稳定货币市场，营造良好金融环境

印度尼西亚银行业作为印尼金融业的支柱产业，在印度尼西亚经济发展中发挥着十分重要的作用，随着近年来印度尼西亚经济增长速度的放缓，印度尼西亚金融业的发展也受到了一定程度的影响。据统计，目前印尼国内拥有120家商业银行，其中包括4家国有银行，10家外资银行，14家合资银行，31家非外汇银行，26家私有进口银行以及26家区域发展银行；伊斯兰银行及单位共有34家。印尼的银行业发展已具有一定的规模，对印尼经济发展起着重要作用。

---

[1] 《印尼央行行长：经济增长务必在7%以上》，《千岛日报》2017年5月26日。
[2] 《世行行长：未来五年，印尼基建资金缺口达5000亿美元》，https://www.cic.mofcom.gov.cn/2017年7月27日。

近年来，印度尼西亚经济发展迅速，银行贷款率增速提升为20%~25%，净利息收益率为6%~8%，成为世界贷款业务利润率最高的银行市场。但自2014年以来，全球经济增速放缓，存款增速低于贷款增速，导致流通性下降，给银行贷款业务带来不利影响。根据印尼财政部融资与风险管理总署网站报告，截至2016年10月底，印尼政府外来贷款（包括双边和多边贷款）约达727.2万亿印尼盾。双边贷款主要债权方为日本、法国和德国；多边贷款主要债权方为世界银行、亚洲开发银行和伊斯兰开发银行。[1]

随着国际市场需求走弱和全球金融市场不稳定，印尼盾面临较大贬值压力，为此，印尼央行可能停止正在进行的货币宽松周期。印尼央行副行长米尔萨表示，为促进印尼经济增长，央行已采取了充足的货币宽松措施，目前经济未出现明显好转，主要是因为国内市场需求较弱，尚未恢复到2012年时的正常水平。2016年以来，印尼央行六次下调基准利率至4.75%。如果央行进一步降低基准利率，则将面临通胀率升高和美元加息的内外压力，同时资本也可能流出。曼自利银行金融市场分析师吕利（Rully）表示，国际金融市场波动加剧压缩了印尼央行未来进一步宽松货币政策的空间，印尼银行业当务之急是要保持指标稳定，包括资产质量、流动性和资本充足率，这些比利润率和信贷增长率更为重要。[2]

为了维护印尼货币市场的稳定，2017年印尼政府也采取一些措施，印尼央行将会继续保持宽松的货币政策，维持央行基准利率4.75%不变。印尼央行发言人称，美国新任总统特朗普计划采取较为扩张的经济政策以促进美国经济复苏，预计美联储将在今年内进行几次加息，这些都将推高融资成本，对印尼盾币值稳定产生负面影响。央行货币政策司司长表示，从印尼国内来看，取消电力补贴和提高交通工具管理费，这将使国内通胀率上升。根据央行预测，能源价格上涨将导致通胀率上升90个基点，预计2017年通胀

---

[1] 《十月底印尼政府外来贷款达727.2万亿盾》，http://surabaya.mofcom.gov.cn/article/jmxw/201611/20161101886121.shtml。
[2] 《印尼央行或停止宽松的货币政策以应对印尼盾贬值》，http://surabaya.mofcom.gov.cn/article/jmxw/201612/20161202193511.shtml。

率将达4%。经济学家普遍预计，由于大宗商品价格企稳回升，2017年印尼贸易将会得到改善。新加坡华侨银行经济学家威兰托（Wellian Wiranto）表示，综合印尼国内外因素，预计印尼央行2017年将保持基准利率不变。新加坡大华银行经济学家表示，预计印尼央行在2017年上半年继续维持较低的基准利率，如果下半年通胀率上升，央行有可能提高基准利率。[①] 这些措施将在一定程度上改善印尼当前的金融环境，为印尼银行业发展提供更加有力的保障。

印度尼西亚经济的迅猛发展除充分利用国内优势外，十分注重与其他国家的合作，印尼充分利用国内资金的同时也积极引进国外资金来发展本国经济。2016年印度尼西亚和马来西亚金融监管部门负责人正式签署协议，同意放松双方银行进入对方市场的准入要求，这是东盟经济体之间为全面整合做出的努力之一。此举或将该地区两个最大的伊斯兰银行体系联结起来，并可能使马来西亚的银行在进入印尼市场方面占据先机。协议旨在根据互惠原则，允许满足一定条件的银行在两国国内开展业务，控制在市场准入以及两国银行业活动方面的失衡局面。根据协议，两国将被允许在对方国设立三个享受当地银行待遇的银行分支机构。[②] 这说明印度尼西亚政府在尽最大努力来改变印尼当前的发展环境，为印尼的经济发展提供外在的保障。

（二）保险业蓬勃发展，吸引外资，增强市场潜力

印度尼西亚的保险行业正处在蓬勃发展时期。投资者们过去将眼光主要投在印尼的人寿保险业务领域，而随着印尼保险业市场潜力的进一步挖掘，非人寿保险业市场获得了越来越多的关注。虽然目前印尼保险业市场比较小，市场普及率低，但是由于市场日趋成熟，个人和企业对风险的防范意识更强并且对风险防控也提出更多要求；而且印尼拥有约2.5亿人口，年均增

---

① 《印尼央行继续保持宽松的货币政策》，http://surabaya.mofcom.gov.cn/article/jmxw/201702/20170202509027.shtml。

② 《印尼和马来西亚签署协议，放宽双方银行市场准入》，http://id.mofcom.gov.cn/article/jjxs/201608/20160801375939.shtml。

长率超过1%，所以保险行业市场还是巨大的。

值得一提的是，印度尼西亚的保险业一直对外资开放，虽然其国内不断呼吁对全球投资者进行限制，但是保险行业需要大量资金来满足其较高资本需求的事实是不容忽视的，而且印尼的保险业想要在即将形成的东盟经济共同体中获得更大的竞争力就必须敞开大门，让国外的投资者能够进入印尼的保险市场。印尼的保险业市场潜力巨大，据统计，目前印尼注册的人寿保险公司有52家，一般保险公司有82家，提供再保险业务的公司有5家。近年来，印尼的保险业发展迅猛，其资产以平均明年19%的速度增长，而保险费则是以平均每年20%的速度增长。印尼公民对参加社保意识不强，尽管全国劳工有1.3亿人，但是参与社保的仅4600万人，且积极缴费的只有有2100万人。日前印尼劳工社会保障管理机构公共部主任阿卜杜拉·拉迪夫表示，该机构管理的基金只有250.33万亿印尼盾（约合200亿美元），仅为马来西亚的十分之一，而马来西亚劳工只有1500万人。他补充道，其实社保对于劳工来说极为重要，劳工社会保障管理机构所推出的社保产品有4种，一是工伤事故保险，缴费仅占工资的0.24%~1.74%；二是死亡保险，缴费仅占工资的0.3%；三是养老保险，缴费仅占工资的5.7%，其中3.7%由企业负责缴付，2%由劳工自付；四是退休保险，会费仅占工资的3%，其中2%由企业负责缴付，1%由劳工自付。① 印尼保险公司预期随着印尼经济逐渐恢复稳步增长，人寿保险业利润也将继续维持两位数的增长态势。据悉，印尼人寿保险业协会预期2017年的人寿保险业利润增长率至少在10%，将会达到175.2万亿印尼盾，而2016年的利润预期只有159.28万亿印尼盾。该协会表示，印尼人寿保险业的前景还是良好的，并且大胆推测2017年印尼的经济增长率将会达到5.1%。

近年来，印尼保险业的最低产业资本持续提高。2015年初，从事一般保险业务的资本也需要达到1000亿印尼盾（约80亿美元）。逐渐增加对于

---

① 《印尼社保基金仅为马来西亚的十分之一》，http://id.mofcom.gov.cn/article/jjxs/201612/20161202007831.shtml。

资金的要求，不仅能为本地保险公司提供强大的经济基础，还有利于本地银行业的发展。由于庞大的年轻人口、强劲的经济增长和相对宽松的外国投资法律，印度尼西亚的保险行业仍然是一个令人垂涎的行业。短期资本外流的发达经济体收缩货币政策不会破坏这个国家长期的吸引力。新保险法改善监管透明将会产生新的商业机会。数千万的印尼居民目前没有享受到或者更少享受到保险带来的益处，鼓励更多的人参与保险，有利于印度尼西亚保险行业在一段时间内得到快速发展。

（三）证券业发展历史悠久，证券交易有序规范

印度尼西亚的证券业发展至今已经有百年历史，目前印尼国内唯一的证券交易是雅加达的印度尼西亚证券交易所，主要主权指标是雅加达综合指数（JCI）。近年来印尼证券交易所加大了在印尼资本市场的发展力度，通过发行股票和债券获得资金，这对印尼的发展壮大也是至关重要的。印尼还需要进一步扩大本土投资基础，以防止跨境资本过多进入印尼的资本市场。为增加股票和债券的发行量、交易量和流通量，印尼证券交易所与进入服务管理局一直在延长交易时间、完善交易机制、简化发行程序、加强公司治理和普及证券知识等方面保持密切的合作。在过去的几年中，印尼证券交易所发行的证券有着较快的增长，印尼上市公司的数量、股票总市值和每日交易量都在上升。印尼资本市场并没有收到全球投资基金的影响，它依然是印尼本土上升势头最好的行业之一。

2016年最后一个交易日，印尼证券交易所12月30日的雅加达综合指数以5296点收盘，较2015年的年终收盘价上涨了15.3%。印尼经济统筹部部长达尔敏代替佐科总统在印尼证券交易所闭市大典前一分钟发表讲话——印尼股票市场的年回报仅次于巴西、俄罗斯、泰国和加拿大，位居全球第五。而在亚太地区，则以23.89%年回报记录名列第二，仅次于泰国。[①] 近年来随着印尼对外开放程度的加深，受到外界的影响也逐渐变大。因担心资

---

① 《印尼2016年股票年终收盘价反弹》，《雅加达邮报》2016年12月30日。

本外流至美国,印尼央行暂停货币宽松政策。印尼央行行长会议决定维持基准利率4.75%不变,此举是为了应对美元加息政策的影响。报道指出,为迎合美国侯任总统特朗普关于减税提振美国经济增长的承诺,美联储计划在2017年进行三次加息。自特朗普赢得美国大选以来,印尼盾兑美元贬值接近2%,美联储宣布加息当天,印尼盾单日贬值0.68%。在股票市场和国债市场上,卖方压力变大,官方数据显示,自2016年11月9日起,印尼股票市场资金净流出15.3万亿印尼盾,11月8日至12月13日期间,投资者抛售7万亿印尼盾国债。印尼大学经济与社会发展研究中心宏观经济与国际贸易领域的研究人员表示,未来印尼央行继续实施宽松货币政策的空间有限,因为印尼金融市场对国际政策非常敏感。① 面对日益变化的经济浪潮,印尼需要不断改变自身的经济政策,才能保证立于不败之地。

三 金融业存在的问题

随着全球经济的放缓,印尼经济也随之发展缓慢,其中包括银行、证券、保险在内的印尼各个行业都受到一定程度的影响,这些影响使得金融业中存在的问题进一步凸显。

(一) 金融业发展方式单一,创新性不足

目前,印度尼西亚国内银行功能都过于单一,一味注重传统资产的负债业务,中间业务发展滞后。虽然近年来其在业务品种范围上有所扩大,但还是缺乏创新。许多机构传统业务仍停留在粗放的状态下。其中印尼的银行业主要收入来自贷款利润,但是自2015年以来,不良贷款不断增加,同时人寿保险业务占据保险行业的大部分市场,使得金融业更容易受到经济下行的影响,加大了金融业中各个行业的潜在风险。

(二) 过度依赖外资,不利于国内金融市场稳定

印尼央行副行长米尔萨称,2017年印尼银行业资金仅占国内生产总值

---

① 《印尼央行叫停货币宽松政策》, http://surabaya.mofcom.gov.cn/article/jmxw/201612/20161202288626.shtml。

的35%，无法满足国内市场资金需求，仍然需要从国外引进大量的资金用于国内经济建设。他补充称，非银行金融，例如保险、信托基金及资本市场，若把它们统计起来，仍未能达到占国内生产总值的100%，因此需要来自国外的融资。① 印尼近年来的发展不断通过引进外资来扩大自身的经济规模，虽然在一定程度上可以促进经济的发展，从长远来看对印尼经济发展会产生很多不利影响，尤其是印尼的金融业目前还处于起步阶段，外资的不断涌入会使得印尼市场不稳定，而且会在一定程度上威胁国家安全。根据印尼央行统计数据，截至2017年4月底，印尼外债总额达3282亿美元，同比增长2.4%，较3月底增加了2.9%。②

（三）从业人员素质不高，技术落后

金融业是一个高度专业化的产业，不管是对员工还是对技术层次都有着很高的要求；不仅要求员工具备较高的学历，丰富的专业知识，更注重员工的工作能力和创造力。但是目前印尼金融行业的从业者素质普遍偏低，不管是学历还是工作能力和业务水平皆如此。这主要是由于目前印尼金融行业缺乏一套完善的、适合现代金融行业运行的劳动人事制度。首先，员工录用要求不高、把关不严格，有很多是靠着关系而不是因为自身实力进入金融行业工作的。其次，在岗人员也没有得到很好的培训，没有一套严密的考核制度，岗位分工不明确，员工没有很好的工作积极性，创造性不强。最后，服务是金融工作的生命线，良好的人员素质还应该配以先进的技术装备来提高服务质量，而印尼金融行业在硬件方面还是比较落后，许多设备不完整，给顾客造成很多不便。

（四）印尼贸易市场以美元结算，增加了金融业的不确定性

印尼国内众多行业仍以美元为交易和结算货币，这在很大程度上降低了

---

① 《印尼央行行长：印尼仍需要大量外资》，http://id.mofcom.gov.cn/article/sxtz/201708/20170802623055.shtml。
② 《印尼外债总额达到3282亿美元》，http://surabaya.mofcom.gov.cn/article/jmxw/201706/20170602597536.shtml。

印尼盾的流通性和信誉度，使得印尼金融行业的不确定性增加。由于印尼国内对外投资，尤其是对美元的需求程度较高，资本市场对美元的依赖性增强，这使得美元的走势直接影响到印尼的金融业。美银美林发布的调查结果显示，因全球经济增长预期反弹，全球投资者在2016年8月减少现金持有比重，增持新兴市场和美国股票。该机构对基金经理的月度调查显示，随着风险偏好升温，投资者现金配比从7月的15年高点5.8%降至5.4%。23%的投资者目前预期，全球经济在未来12个月将有改善，而这一乐观看法也反映在整体股票配比回升至净超配9%以上；而此前为净低配1%，为四年来首现低配。投资风格转变的最大受益者之一是新兴市场股票，该类资产持仓比重升至净超配13%，为2014年9月以来最高，且高于此前的10%。新兴市场股市自1月以来大涨，2016年迄今涨幅超过15%。美银美林表示，央行创造的极低且稳定的利率环境，是催生这种乐观情绪的一大因素。仅有13%的受访者预期，日本央行与欧洲央行推行的负利率政策将在12个月内结束。另外，对未来三个月股市大幅下滑采取防范措施的基金经理减少，表明他们认为全球股市还会继续上涨。"投资者不那么偏空了，但市场人气尚待从'恐慌'转向'贪婪'。话虽如此，我们预计股价将进一步上涨，直到债市再次发威"，美银美林首席投资策略师哈内特（Michael Hartnett）说道。美国股票配比升至2015年1月以来最高，净加码11%，但欧元区股票配比仍在低位，净加码1%。英国股票配比略微好转，净减码21%，之前为27%。或许出于英国脱欧公投为其他欧盟成员国开创了先例的担忧，22%的受访者称欧盟的分裂现在是困扰全球市场的最大尾部风险。认为最大风险来自人民币又一轮贬值的受访者占18%，美国通胀的受访者占16%。该项调查在8月5~11日间进行，共有管理约5180亿美元的173名基金经理参与。[①]

四 促进金融业发展的措施

2016年，印度尼西亚的金融业取得了一定程度的发展，但是由于印尼

---

① 《全球投资者8月减持现金增持新兴市场和美国股票》，http://id.mofcom.gov.cn/article/sxtz/201608/20160801382127.shtml。

采取一些进出口方面的限制,金融业发展得并不是很好。同时受到国际市场低迷的影响,金融业也不活跃。为了应对金融业存在的问题,降低金融风险,促进其良性发展,印度尼西亚政府以及相关部门也做出了相应的政策调整。

(一) 积极引进外资,弥补本国资金不足情况

根据印尼财政部融资与风险管理总署网站报告,截至2016年10月底,印尼政府外来贷款(包括双边和多边贷款)约达727.2万亿印尼盾。双边贷款主要债权方为日本、法国和德国;多边贷款主要债权方为世界银行、亚洲开发银行和伊斯兰开发银行。其中,世界银行供贷225.06万亿盾(占比30.9%),居首位,其余依次为日本供贷216.57万亿盾(占比29.7%),亚开行供贷117.89万亿盾(占比16.2%),法国供贷23.3万亿盾(占比3.2%),德国供贷19.42万亿盾(占比2.6%),伊开银行供贷8.96万亿盾(占比1.2%)。除了上述六大债权方外,其余外国贷款为:韩国19.3万亿盾,中国11.95万亿盾,美国9.37万亿盾,澳大利亚7.35万亿盾,西班牙3.52万亿盾,俄罗斯3.36万亿盾和英国2.15万亿盾等。[①]

(二) 加强与其他国家合作,刺激经济发展

印度尼西亚在发展国内经济的同时,也不断强化与其他国家之间的合作来促进经济的发展。印尼副总统卡拉在2016年东盟G2B基础设施投资论坛开幕致辞中称,印尼政府将向企业家们提供东盟国家互联互通的建设机遇。

这次论坛目的是为东盟国家提供更多投资机会,通过经济和福利的提高改善东盟人民生活水平,卡拉说:"我们的目标是2025年东盟国家已经互联互通,能够很方便地从一个地方到另一个地方,每个国家经济获得改善和提高。印尼财长穆尔雅妮在同一场合也表明印尼具有巨大投资机遇,且收益率

[①] 《十月底印尼政府外来贷款达727.2万亿盾》,http://surabaya.mofcom.gov.cn/article/jmxw/201611/20161101886121.shtml。

相当可观,她指出印尼在近10年间取得年均5.7%的经济增长,主要原因不在于良好的金融和财政措施,而是政府进行的结构性改革。"[1] 印尼贸易部部长鲁基托与澳大利亚贸易、旅游和投资部长史蒂芬见面后表示,双方着重讨论有关印尼与澳大利亚全面经济伙伴关系协定有关事项。鲁基托说:"印澳两国于2016年10月31日至11月4日已在万隆举行第5轮印澳全面经济伙伴关系协定会议,双方对早期收获的发展合作已达成共识。2017年2月将在澳大利亚举行第六轮会谈进一步磋商。"鲁基托透露,上述的发展合作包括开发技能交流、金融服务、职业教育和培训、食品创新中心、时装和珠宝设计、草药和水疗产品、食品、药品标准和控制措施等。双方还讨论了关于印尼从澳大利亚进口肉牛的政策事项以及支持肉牛养殖计划。据印尼国家统计局统计,2015年印澳双边贸易总额为85.1亿美元,印尼贸易逆差约11亿美元。2016年1~9月,印澳双边贸易总额为62.6亿美元,其中印尼对澳出口约为25.4亿美元,从澳进口约37.2亿美元,印尼对澳贸易逆差11.8亿美元。[2]

(三)刺激消费促进经济发展

印尼国家统计局2016年8月7日发布数据,印尼2016年二季度经济增长5.01%,与一季度持平;政府支出同比下降1.93%;二季度出口和进口仅分别增长3.36%和0.55%;投资则成为经济增长的最大动力,二季度同比增长5.35%,快于一季度的4.78%;占国内生产总值55%的个人消费则增长4.95%,略高于一季度的4.94%。印尼金融监管服务局(OJK)数据显示,自2016年12月以来,个人消费就呈现收缩态势。2017年5月的第三方基金同比增长11.18%,快于4月的9.87%;债务发放的增速则从4月的9.52%降至5月的8.78%。印尼央行行长表示,相信第三季度经济增长将达

---

[1] 《印尼副总统:印尼为东盟其他国家企业家敞开投资大门》,http://id.mofcom.gov.cn/article/sxtz/201611/20161101708581.shtml。

[2] 《印尼与澳大利亚明年有望签署全面经济伙伴关系协定》,http://id.mofcom.gov.cn/article/ddgk/201612/20161202125226.shtml。

到5.2%以上，使全年经济有望增长5%~5.4%。央行将与印尼政府加强协调，出台政策促进消费增长。

（四）调整金融结构，减少外来因素影响

针对2017年美联储将加息三次的计划，印尼央行副行长米尔萨表示，只要印尼的通货膨胀能维持在最低水平，明年美国基准利率的上升对印尼经济影响不大。米尔萨近日表示，预计美联储2017年加息三次，2018年再加息三次。2017年印尼的挑战是因为外在的利率上升，在国内要控制通货膨胀。[①] 印尼也将控制银行的贷款利率，避免不良贷款利率上升，将银行业放贷增长率控制在12%~14%，并把银行第三方存款增长率提升为13%~15%，从而改善银行资本结构，增加银行核心资本，并对国有银行和部分私有银行进行资产重估作出合理调整。对银行从业人员进行技能培训，提升从业人员的能力和素质，积极向国外学习建立贷款风险规避制度，避免不良贷款，提高银行公信力。印度尼西亚政府相信通过一定的措施会在短期内取得一定的效果，但还是要依靠国家的整体实力发展才能从根本上提升国家的金融实力。

第五节 对外经济与贸易发展不够稳定，中国是最大贸易伙伴

一 对外贸易基本情况

印度尼西亚的对外贸易在国民经济中占据着十分重要的位置，对经济的发展有着不可替代的作用。印度尼西亚是个自然资源非常丰富的国家，拥有大量的油气资源，矿产资源，旅游资源和农、林、渔业资源，其中石油、天然气、木材及木制品、天然橡胶、棕榈油、咖啡、可可和多种水产品的产量

---

① 《印尼央行称美联储明年加息对印尼影响不大》，http://id.mofcom.gov.cn/article/jjxs/201612/20161202273970.shtml。

都位居世界前列,这些产品为印度尼西亚的出口奠定了坚实的基础。同时,印度尼西亚还是世界第四大人口大国,而且随着国家经济的发展,人们的生活水平不断提高,国内消费需求日益增长,因而为印度尼西亚进口提供了巨大的市场空间。印度尼西亚的对外贸易中主要出口产品有石油、天然气、纺织品、木材、藤制品、手工艺品、鞋、煤炭、铜、纸浆和纸制品、电器、棕榈油、橡胶等;主要进口产品有机械运输设备、化工产品、汽车及零配件、发电设备、钢铁、塑料、棉花等。

2016年全年,印尼对外贸易额2800.8亿美元,同比下降4.4%,其中出口1444.3亿美元,同比下降4.0%,进口1356.5亿美元,同比下降4.9%,累计贸易顺差87.8亿美元。其中印尼非油气产品贸易额457.8亿美元,同比增长7.8%;出口中国150.9亿美元,同比增长13.9%,占印尼对外出口总额的11.5%,列印尼出口目的地第二位,仅次于美国;印尼自中国进口306.9亿美元,同比增长5.0%,占印尼进口总额的26.2%,在印尼进口来源地中居首。[1]

2017年1~6月,印尼对外贸易额1523.0亿美元,同比增长11.9%,其中出口799.6亿美元,同比增长14.0%,进口723.3亿美元,同比增长9.6%,累计贸易顺差76.3亿美元。其中印尼非油气产品贸易额248.8亿美元,同比增长18.2%;印尼出口中国91.3亿美元,同比增长49.7%,占印尼对外出口总额的12.6%,居印尼出口目的地首位;印尼自中国进口157.6亿美元,同比增长5.4%,占印尼进口总额的26.0%,在印尼进口来源地中居首。[2]

从非油气产品出口目的地看,前十大出口目的地依次是:中国167.9亿美元,占比11.7%;美国161.4亿美元,占比11.1%;日本161亿美元,占比11%;新加坡118.6亿美元,占比8.2%;印度115亿美元,占比8%;马来西亚71.2亿美元,占比4.9%;韩国70亿美元,占比4.8%;泰国53.9

---

[1] 印度尼西亚国家统计局,https://www.bps.go.id。
[2] 印度尼西亚国家统计局,https://www.bps.go.id。

亿美元，占比3.7%；荷兰37亿美元，占比3%；澳大利亚32.1亿美元，占比2.2%。①

从非油气产品进口来源地看，按照金额的排序依次是：中国308亿美元，占比22.7%；新加坡145.5亿美元，占比10.7%；日本129.8亿美元，占比9.6%；欧盟107.4亿美元，占比8%；泰国86.7亿美元，占比6.4%；美国72.8亿美元，占比5.4%；马来西亚72亿美元，占比5.3%；韩国66.7亿美元，占比4.9%；澳大利亚52.6亿美元，占比3.9%；中国台湾40.1亿美元，占比2.3%；印度29.3亿美元，占比2%。②

二 对外贸易主要发展情况

（一）货物进出口贸易不够景气

货物进出口贸易是印尼对外贸易的主体部分。2016年印尼对外货物贸易受到国际和国内的各种因素影响，依然没有上涨趋势。2016年全年，印尼对外贸易额2800.8亿美元，同比下降4.4%，其中出口1444.3亿美元，同比下降4.0%，进口1356.5亿美元，同比下降4.9%，累计贸易顺差87.8亿美元。③油气产品出口总额为131.05亿美元，同比下降30%，原油出口额为51.97亿美元，天然气出口额为70.37亿美元，石油类产品为8.72亿美元；油气产品进口总额为187.4亿美元，同比下降24%，其中原油进口为51.96亿美元，天然气进口为16.69亿美元，石油类产品为103.4亿美元。④整个油气行业都呈现下滑趋势，主要是由国际油气类产品价格下降，印度尼西亚主要石油产地的石油资源开采过猛，而新的石油矿井设施不齐全导致原油产量不足，同时国内需求不断增加所致。

2016年，印度尼西亚非油气类产品在进出口总额上在2015年的基础上

---

① 印度尼西亚国家统计局，https://www.bps.go.id。
② Satistical Yearbook of Indonesia 2017, p.544.
③ 印度尼西亚国家统计局，https://www.bps.go.id。
④ Satistical Yearbook of Indonesia 2017, p.637.

进一步呈现下降趋势。根据印度尼西亚国家统计局的统计数据显示，2016年，印尼非油气类产品进出口总额为2800.8亿美元，约占印尼对外贸易总额的81%，其中出口额为1444.3亿美元，同比下降4.0%，进口额为1356.5亿美元，同比下降4.9%。主要出口的非油气类产品有：烟草（8.2万吨，4.8亿美元）、水果（94.1万吨，10亿美元）、咖啡（41.2万吨，10亿美元）、海藻（16.4万吨，1.1亿美元）、棕榈油（2406.7万吨，159.7亿美元）、纺织品（37.1万吨，62.3亿美元）、电子产品（46.1万吨，45.7亿美元）、珠宝产品（0.12万吨，41.5亿美元）、有机化学农产品（417.8万吨，36.99亿美元）、橡胶粉（249.4万吨，32.4亿美元）、钢铁（292.5万吨，22.4亿美元）、四轮摩托（320万吨，29亿美元）、运动鞋（12.4万吨，24.7亿美元）、煤炭（3.1亿吨，129.1亿美元）、铜矿（191.3万吨，34.8亿美元）、褐煤（0.6亿吨，16.1亿美元）、冰鲜鱼（6万吨，1.3亿美元）、药用植物（31.6万吨，5亿美元）、黑胡椒（2.9万吨，2.2亿美元）、燕窝（992吨，1.9亿美元）。[1]

2016年全年，印尼非油气产品贸易额457.8亿美元，同比增长7.8%；其中印尼出口中国150.9亿美元，同比增长13.9%，占印尼对外出口总额的11.5%，列印尼出口目的地第二位，仅次于美国；印尼自中国进口306.9亿美元，同比增长5.0%，占印尼进口总额的26.2%，在印尼进口来源地中居首。

2016年印尼对外贸易进口总额为1356.5亿美元，同比下降4.9%，其中稻米进口12.83万吨，5318万美元，主要进口国为越南、泰国、巴基斯坦；肥料为65.1万吨，14.2亿美元，主要进口国为中国、加拿大；水泥进口894.86万吨，394.70亿美元，主要进口国为越南、泰国、中国；原油和石油产品进口4832万吨，24.8亿美元，主要进口国为新加坡、马来西亚和沙特阿拉伯；钢铁管进口325.9万吨，53.75亿美元，主要进口国为中国、日本；特殊机械进口353.5万吨，346.02亿美元，主要进口国为中国、缅

---

[1] *Satistical Yearbook of Indonesia 2017*, pp.551-571.

甸；机动车辆进口 589.2 亿美元；电信设备为 322.5 亿美元；蔬菜进口 7754.3 万千克，6958.8 万美元，主要进口国为中国、缅甸；水果进口 4.81 亿千克，8.48 亿美元，主要进口国为中国和美国；肉类进口 14467 万千克，4.8 亿美元，主要进口国为澳大利亚、新西兰和美国；烟草进口 8150.2 万千克，5.58 亿美元，主要进口国为中国、美国；盐进口 2.14 亿千克，8601 万美元，主要进口国为澳大利亚、印度；糖进口 15213 万千克，8943 万美元，主要进口国为泰国、韩国；大豆进口 22.62 亿千克，9.6 亿美元，主要进口国为澳大利亚、印度和中国；小麦进口 105.3 亿千克，24.08 亿美元，主要进口国为澳大利亚、加拿大和乌克兰；铝进口 110.2 万千克，1420 万美元，主要进口国为沙特阿拉伯、中国、韩国；铜进口 2.18 亿千克，11.28 亿美元，主要进口国为日本、中国和澳大利亚。[①]

（二）改善投资环境、吸引外资

随着印度尼西亚投资环境的改善，投资政策的不断开放，以及投资程序的进一步简化，越来越多外国资本投入到印度尼西亚各行各业，印度尼西亚国内的投资资金也主要来源于国外。佐科政府加大力度持续改善印尼投资环境，简化办理投资申请程序，投资统筹机构建立一站式服务，简化外国投资者许可证审批程序。佐科政府指令地方政府必须废除或撤销不利于外国投资者的地方政府条规。2017 年 8 月 14 日，印尼经济统筹部部长达尔敏·纳苏迪安在雅加达表示，印尼政府将于 8 月 17 日国庆日后公布第 16 轮经济配套政策，着重于改善投资环境和简化外资审批程序。达尔敏阐述，在新一轮的经济配套政策中，政府相关部门必须扮演更重要和积极的角色，成立专案工作小组，负责监督执行任务，包括地方政府官员也必须全力以赴确保政府的经济配套内容能被全面贯彻执行，以保证外国投资计划能顺利落实。达尔敏补充说，第 16 轮经济配套政策的主要目的是加强监督和促进外资投资方案。达尔敏还表示，对于不配合或不实施第 16 轮经济配套政策的政府机构或地

---

① *Satistical Yearbook of Indonesia 2017*, pp. 581–598.

方政府官员,将依总统令规定采取制裁措施。①

印尼投资统筹机构发布2016年四季度投资报告。报告指出,2016年全年印尼落实投资612.8万亿印尼盾,同比增长12.4%。其中,国内投资216.2万亿盾,同比增长20.5%;外国投资396.6万亿盾(289.6亿美元),同比增长8.4%。按地域分布,爪哇岛落实投资328.3万亿盾,占比53.6%;爪哇岛外落实投资284.5万亿盾,占比46.4%。

印尼投资统筹机构发布2017年第二季度投资报告。报告指出,2017年上半年印尼落实投资336.7万亿印尼盾,同比增长12.9%,完成当年投资目标的49.6%。按投资类型分类,国内投资129.8万亿盾,同比增长26.5%;外国投资206.9万亿盾(155.5亿美元),同比增长5.8%。按投资地域分布,爪哇岛落实投资181.7万亿盾,同比增长11.7%,占比54.0%;爪哇岛外落实投资155.0万亿盾,同比增长14.4%,占比46.0%。2017年上半年,印尼落实投资共创造就业54.0万人次,其中国内投资创造就业17.2万人次,外国投资创造就业36.7万人次。

1. 国内投资

从投资领域看,国内投资前五大行业依次为:食品工业(21.6万亿盾)、交通仓储通信业(20.5万亿盾)、矿产业(15.5万亿盾)、水电气供应业(13.1万亿盾)和建筑业(11.0万亿盾)。工业领域投资额达52.1万亿盾,占国内投资总额的40.2%。从投资区域看,国内投资前五大区域依次为:东爪哇省(25.0万亿盾)、雅加达特区(22.0万亿盾)、西爪哇省(20.9万亿盾)、中爪哇省(7.8万亿盾)和万丹省(7.5万亿盾)。

2. 国外投资

从投资领域看,国外投资前五大行业依次为:矿产业(21.7亿美元)、金属机械电子业(19.7亿美元)、水电气供应业(17.0亿美元)、化学化工业(12.8亿美元)和食品工业(11.8亿美元)。工业领域投资额达71.0亿

---

① 《印尼加大力度改善投资环境和简化审批程序》,http://id.mofcom.gov.cn/article/sxtz/201708/20170802627028.shtml。

美元，占国外投资总额的45.6%。从投资区域看，国外投资前五大区域依次为：西爪哇省（25.0亿美元）、雅加达特区（20.3亿美元）、万丹省（12.2亿美元）、中苏拉威西省（9.8亿美元）和中爪哇省（9.5亿美元）。从投资来源地看，国外投资前五大来源地依次为：新加坡（36.6亿美元，占比23.5%）、日本（28.5亿美元，占比18.3%）、中国内地（19.6亿美元，占比12.6%）、中国香港（10.2亿美元，占比6.6%）和美国（9.7亿美元，占比6.2%）。与2016年全年外资来源分布相比，新加坡外资份额比重下降8.2百分点，日本外资份额比重略降0.3百分点，中国内地和香港外资份额比重提升1.2百分点。①

三　同主要国家和地区的经贸关系

（一）印尼与中国的经贸关系

作为世界第二大经济体的中国以及作为东盟最大经济体的印尼，两国有着广泛的合作空间。近年来，随着两国全面战略伙伴关系的不断深化，印尼和中国在各个方面都保持着密切的合作和交往。并且，印尼与中国的贸易水平也高于同其他国家的贸易水平。2016年印尼非油气产品贸易额457.8亿美元，同比增长7.8%；其中印尼出口中国150.9亿美元，同比增长13.9%，占印尼对外出口总额的11.5%，列印尼出口目的地第二位，仅次于美国；印尼自中国进口306.9亿美元，同比增长5.0%，占印尼进口总额的26.2%，在印尼进口来源地中居首。这些数据可以说明中国已经成为印尼最大的贸易伙伴国，中国也成为印尼的第二大出口市场和第一大进口来源国。

与此同时，印尼也是中国在东盟投资最多的国家之一，中国的投资涉及能源、矿产、交通、通信、机械、金融、农业、渔业等多个领域。目前中国和印尼正朝着全方位、多层次、宽领域的方向不断迈进，这不仅促进了双方友好关系的发展，更丰富了两国战略伙伴关系的内涵。

---

① 印度尼西亚国家统计局，https://www.bps.go.id。

（二）印尼与日本的经贸关系

印尼拥有丰富的自然资源和巨大的消费市场，日本以进口原料和出口加工产品为主，这就使得印尼和日本形成了天然的贸易互补关系。2016年印尼与日本的进出口贸易总额为312.95亿美元，同比下降了22%。同时日本也是印尼的第二大债权国，仅次于新加坡。印度尼西亚对日本的负债额为334.7亿美元。从日本和印尼的进出口贸易中不难看出，印尼对日本出口主要是生活资料以及原材料，进口多为工业制成品，双方的贸易结构有待改善。

（三）印尼与东盟区域内国家的经贸关系

印尼作为世界排名前二十的经济体，是东盟十国中最大的经济体。印尼在东盟区域内的总体贸易水平遥遥领先于其他国家和地区。2016年印尼与其他九国之间的贸易总额为685.2亿美元，占印尼贸易总额的23.3%。其中对东盟国家的出口总额为338.3亿美元，同比增长0.75%；进口总额为346.9亿美元，同比下降10.6%。由于东盟区域内的国家经济实力差距较大，印尼和其他国家之间的贸易往来也不尽相同。

1. 新加坡排在首位

2016年，印度尼西亚与新加坡的进出口贸易总额为264.1亿美元，占印度尼西亚对东盟贸易总额的38.54%，其中对新加坡的出口额为118.6亿美元，进口额为145.5亿美元。从印度尼西亚与新加坡的经贸关系来看，印度尼西亚主要出口的都是初级农产品和矿物，进口的都是更高一级的制成品和器材，说明印度尼西亚经济结构和贸易结构有待调整。

2. 马来西亚排在第二位

2016年印度尼西亚与马来西亚的贸易总额为143.2亿美元，占印尼与东盟贸易总额的20.9%，其中，印尼对马来西亚的出口总额为71.2亿美元，进口总额为72亿美元。

3. 泰国居第三位

2016年印度尼西亚与泰国的贸易总额为140.6亿美元，占印尼与东盟贸易总额的 20.5%，其中，出口额为 53.9 亿美元，进口额为 86.7 亿美元。

4. 越南位居第四位

2016 年，印尼对越南的进出口贸易总额为 62.7 亿美元，占印尼与东盟贸易总额的 9.2%，其中出口 30.5 亿美元，进口 32.3 亿美元。值得一提的是，印尼对越南的进出口贸易额呈现上涨趋势。

5. 印尼与东盟其他国家的经贸关系

2016 年印尼对老挝、文莱、柬埔寨、菲律宾、缅甸的进出口总额为 74.6 亿元，五国占印尼贸易总额的比重较小。[①]

（四）印尼与美国的经贸关系

印尼与美国分别是东盟地区和世界范围内最大的经济体，但两国的贸易规模却排在中国、新加坡和日本之后，位列第四位。主要原因是两国距离太远，交通运输成本太高。2016 年，印尼与美国的进出口贸易总额为 234.4 亿美元，其中出口额为 161.4 亿美元，进口额为 72.9 亿美元。印尼主要向美国出口缺乏技术含量的初级农产品和油气产品。同时美国也是印尼的债权国。

（五）印尼与韩国的经贸关系

韩国一直是印尼的主要合作伙伴，印尼也是十分重视与韩国的经贸关系。韩国目前的先进技术产品和经验是印尼所缺少的，而且印尼广阔的市场也是韩国所青睐的。2016 年印尼与韩国贸易总额为 136.8 亿美元，其中出口额为 70 亿美元，进口额为 66.7 亿美元。

2016 年印尼国内外投资者申请原则投资许可证（意向投资）金额约达 355 万亿盾，其中国内投资约 75 万亿盾，外国投资约 280 万亿盾，同比增长 167%。在外国投资来源地中，美国意向投资额约达 162 亿美元，居首位。其余依次为中国 3.95 亿美元，英属维尔京群岛 3.23 亿美元，新加坡 3.02

[①] *Satistical Yearbook of Indonesia 2017*, pp. 547-574.

亿美元，韩国2.92亿美元。从意向投资行业看，制造业投资意愿达235万亿盾，占投资意愿总额的66%。[①] 韩国也在不断扩大与印尼的合作领域，以充分利用印尼丰富的自然资源和劳动力资源。

总体来看，印尼的出口主要以初级产品为主，进口则以中高端产品为主，这对印尼总体发展是不利的，进出口结构亟待调整。

---

① 《今年印尼吸引意向投资355万亿盾》，http://surabaya.mofcom.gov.cn/article/jmxw/201603/20160301277044.shtml。

第三章　印度尼西亚外交

自 2014 年印度尼西亚总统佐科上台已有三年，这位出身"卑微"、没有军人经历背景且从政资历较浅的"草根"总统正努力带领印尼成为一个在地区和国际事务中发挥作用的中等强国。2015 年 2 月 12 日，印尼外长蕾特诺·马尔苏迪出席国会听证会时阐述了印尼未来 5 年外交优先发展的四个方向：维护印尼主权与领土完整；保护印尼公民和海外机构的权益；积极开展经济外交，提升印尼经济自立水平；在地区和国际事务中扮演重要角色。[①] 2016 年以来佐科也是按照这个规划，努力掌舵好印尼这艘大船，促进经济发展，提升国际地位。

第一节　印尼总体外交特征

印度尼西亚作为东盟最大的经济体、世界人口第四大国，2016 年继续积极活跃于国际舞台。经济上，印尼内外双管齐下努力寻找促进经济健康飞速发展的机会。政治上，印尼在维护主权与领土完整的同时努力同其他国家搞好关系，为经济发展合作铺平道路。安全上，印尼积极调停、解决国际争端，努力维护地区和世界的和平与稳定。概括起来，可将 2016 年以来印尼的整体外交总结为：首先，继续坚持经济外交的政策，争取与周边和域外国家合作，促进经济的健康飞速发展。其次，利用各个区域性或国际性组织所提供的平台一方面寻找经济发展的潜能，另一方面积极推动国际争端的调停、解决。

[①]《印尼总统佐科展开实用外交，访华签署基础设施建设等 8 项合作》，http://news.163.com/15/0327/12/ALNDJQIL00014SEH.html。

一 继续坚持经济外交政策

经济的发展可以为一个国家的进步提供最根本的物质基础,因此佐科上台以来一直积极推动经济外交政策,不断为印尼经济注入新的活力,推动经济蓬勃发展。印尼的经济外交体现在两个方面,一是对外方面,即印尼注重发展与周边国家和域外国家的经济合作;二是对内方面,即印尼努力改善基础设施建设,为投资者创造良好的投资环境。

(一) 对外方面

印度尼西亚经济外交政策的对外方面体现在两个层面,除了努力争取同周边国家的经济合作外,还在积极探索同域外国家合作的潜能。

1. 同周边国家的经济合作

对于周边国家,印尼与其友好相处,积极开展各方面的经济合作。如菲律宾、新加坡、泰国、马来西亚等。印尼积极同这些东南亚大国探索投资机会,促进贸易和旅游业发展,保障航运安全,增加农产品出口。印尼和新加坡是东盟经济共同体的重要组成部分,新加坡也是印尼最大的外国投资者,两国合作潜力巨大。从2016年的1月至9月,新加坡在印尼共投资了71亿美元,比2015年增长了44%。[1] 在过去的一年里,双方签署了四个谅解备忘录,印尼与新加坡合作范围广,包括旅游、能源、信息技术等领域,甚至合作把海上废料加工成为电能。新加坡在贸易和投资方面一直是印尼的主要合作伙伴,两国领导人也在努力探讨新的合作项目,努力促成达到双赢的局面。

印度是印度尼西亚在南亚的最大贸易伙伴和世界第四大合作伙伴,2015年两国之间的贸易额为144.5亿美元。[2] 2016年12月份,印度尼西亚总统佐科出访印度,与印度总理纳伦德拉·莫迪和总统普拉纳布·慕克吉举行双

---

[1] http://jakartaglobe.id/news/indonesia-singapore-partnerships-expected-pm-lee-meets-jokowi.
[2] http://www.thejakartapost.com/news/2016/12/12/jokowi-kicks-off-state-visit-in-india.html.

边会晤。佐科总统旨在探索印度尼西亚对印度的更多样化的出口,并讨论加强两国对印度尼西亚原材料工业投资的努力。

印尼不仅同周边国家加强经济合作,也与周边国际性或区域性组织保持密切联系。东盟自成立以来不断稳健发展,逐渐成为东南亚乃至世界不可或缺的经济合作组织。印度尼西亚作为东南亚最大的经济体,依托东盟这个平台努力促进本国经济发展。2016年7月23日,印尼外长蕾特诺出席了在万象召开的第49届东盟外长会议。在这次东盟外长会议期间印尼外长蕾特诺主持召开东盟—澳大利亚对话会议。印尼提议,东盟可以加强与澳大利亚合作,作为建立与太平洋地区国家和组织关系的门户。东盟和澳大利亚是传统的合作伙伴,一直致力于促进该地区和平与稳定。在东盟主导的机制内,双方在东亚峰会、东盟地区论坛和东盟国防部长会议框架中都有密切的沟通和合作。在这次会议上,蕾特诺对澳大利亚在东盟—澳大利亚发展项目合作中的贡献表示赞赏,该项目合作金额总计已超过4000万美元,[①]旨在实现2015年和2015年后的东盟经济共同体愿景。

在随后召开的东盟—加拿大对话会议上蕾特诺也表示,2017年是东盟—加拿大关系40周年纪念,有助于双方继续加强合作以及促进地区和平与繁荣发展的势头。加拿大在2016年初任命了第一位驻东盟大使,也达成了未来五年工作计划,这都有助于双方继续加强合作。印尼外长表达了印尼对加拿大在帮助维护东南亚地区和平与安全的行动的赞赏,尤其是在打击恐怖主义、极端主义和其他非传统安全威胁方面。在经济领域,东盟—加拿大商务理事会的建立,将作为探索双方经济合作潜力和加强双方之间商业网络的第一步。2015年,东盟是加拿大的第六大贸易伙伴,贸易总额117.8亿美元。双方还计划到2020年贸易和投资总额将达到现在的两倍。印尼也支持东盟和加拿大在东盟国家中发展中小企业领域的合作,提供资金支持,参

---

① "ASEAN-Australia Develop Cooperation to Open Pacific Region", July. 23, 2016, http://www.kemlu.go.id/en/berita/Pages/ASEAN-Australia-Develop-Cooperation-to-Open-Pacific-Region.aspx.

与"2016~2025年东盟中小企业战略行动计划"。①

通过第49届东盟外长会议可以看出印尼在东盟事务中的主导者角色。印尼继续主导并实施东盟的重要议程，与东盟一起努力打造一个和平、安全和稳定的区域环境。印尼还充分利用东盟这一平台，极力向东盟及其伙伴推荐"全球海洋支点"战略理念，力图将印尼的海洋战略理念镶嵌于东盟对外关系的所有重要方面，特别是针对海上安全问题，包括海盗问题、恐怖主义、非法（IUU）捕捞问题等。

2. 同域外国家的经济合作

印尼积极同中国、美国、日本等大国以及欧盟等国际组织进行经济交流与合作，拓宽印尼经济发展渠道，为印尼经济发展增加竞争力。印尼始终都能清醒地意识到，要想促进经济的长期稳健发展，不仅要着手周边，更重要的是放眼世界。

欧盟是世界上最大的经济体，人均国内生产总值27640美元，也是世界上最大的贸易集团（占全球商品贸易的15%，2015年占全球服务贸易的23%）。印尼是世界上第四人口大国以及迄今为止东盟最大的经济体。但是，印尼仅是欧盟的第30大贸易伙伴，而欧盟与新加坡、泰国、马来西亚和越南却有更多的贸易。②此外，虽然欧盟是印尼的最大直接投资国之一，但欧盟在决定投资印尼时显得犹豫不决，仍会谨慎考虑印尼在东盟的经济重要性。双方谈判代表一致认为，印尼与欧盟之间的合作显然有巨大的增长潜力。印尼和欧盟经济"互补性强"，它们之间的合作将会大大受益于更深层次的商业关系。正是考虑到双边贸易及不断增加投资的巨大增长潜力，所以在佐科总统访欧期间，双方决定通过全面经济伙伴关系协定初步谈判，深化印尼和欧盟的商业关系。欧盟贸易专员玛姆斯托姆（Cecilia Malmström）和印尼贸易部部长拉蓬在欧盟和印尼之间发起了全面经济伙伴关系协定的谈

---

① "ASEAN-Canada Welcome 40 Years of Relations with Cooperation Progress for Regional Peace and Prosperity", July. 25, 2016, http://www.kemlu.go.id/en/berita/Pages/ASEAN-Canada-Welcome-40-Years-of-Relations-with-Cooperation-Progress-for-Regional-Peace-and-Prosperity.aspx.

② http://www.thejakartapost.com/news/2016/07/19/deepening-indonesia-eu-trade-investment.html.

判，以此创造共赢的局面。① 欧盟和印尼也启动了双边贸易谈判，双方同意达成一项涵盖范围广泛的协议，包括关税和其他贸易壁垒、服务、投资、公共采购市场准入及竞争规则和保护知识产权等，以促进双边贸易和投资。该协议旨在确保欧盟和印尼之间更紧密的经济关系，让环境保护和社会发展携手并进。

（二）对内方面

长期以来，印尼国内不良的经营环境是制约其国际经济竞争力的重要因素。佐科自当选总统以来一直不遗余力地促进印尼经济的发展，为此不惜大刀阔斧多次重组内阁，更换部门负责人，为外商投资创造良好的环境。

2016年11月，佐科总统在雅加达出席印尼央行年会时表示，政府仍将持续推进基础设施领域建设，本届政府5年内将大力发展公路、港口、机场等基础设施领域建设，资金可以来自政府财政预算，也可以来自国有企业以及私营企业。唯有基础设施改善了，物流及交通成本才会下降，物流及交通成本下降了，才有可能吸引外资，为印尼经济的发展注入活力。这是佐科政府一直以来追求的目标。印尼政府当前必须解决好三大顽疾以提高国家竞争力并改善营商环境。这三大顽疾分别是贪污腐败及乱收费、政府办事效率低下和落后的基础设施。虽然印尼营商环境全球排名由2016年的106位升至2017年的91位，但是佐科总统仍不满意，其表示还有不少提高的空间，"我们为什么要简政放权，目的就是化繁为简，如果我们做到了，那么印尼的经济发展水平将会再上一个新台阶"。②

2016年7月，在经过有关部门讨论协商之后，印尼做出进一步放宽投资负面清单的决定。在该公告中，佐科总统表示将会进一步开放更多的行业来吸引外国投资商。据印尼投资统筹机构一则报告显示，在印尼修改了外国人投资负面清单之后，一位来自澳大利亚的投资商准备投资100亿卢比在巴

---

① http://www.thejakartapost.com/news/2016/07/19/deepening-indonesia-eu-trade-investment.htm.
② 《佐科总统：持续推进印尼基础设施建设》http://www.mofcom.gov.cn/article/i/jyjl/j/201611/20161101896010.shtml。

厘岛兴建一家餐厅。现在，投资负面清单已经允许外国人完全控股与食品和饮料相关的企业。此前，外国人只被允许拥有这些企业33%~67%的股份，这还要视地点而定。一名投资统筹机构的匿名官员表示，新修改的投资负面清单对于投资者来说是一个好消息，将能有力推动澳大利亚对印尼投资。越来越多的在印尼经商的澳大利亚商人将会因此受益，之前很多澳大利亚商人一直推迟投资计划是因为印尼要求外国投资商必须和印尼当地人合作才能进行投资。①

与此同时，印尼总统佐科下令取消多部门联合办理执照的机制，只在投资统筹机构统一发放投资执照。总统表示，推行一站式办理服务，投资商就无需到多个部门团团转地办理投资执照。他同时指出，往后印尼经济增长的关键在于投资，因此投资统筹机构的一站式服务需要继续改进和整顿，特别要加速服务速度，使服务变得更好。总统下令凡与投资有关的一切，必须得有相应的服务标准，让印尼政府和地方政府真正能够形成合力。总统希望有关部门继续跟进投资执照办理程序简化事宜，不断提升自身服务水平，不让外国投资商在办理营业执照的时候遇上麻烦。

为了促使印尼海外资金回流，2016年6月印尼国会批准通过税务特赦计划。《税务特赦法案》规定，税务特赦期限为2016年7月至2017年3月。主动申报国内资产或申报海外资产并转移回国、存放至少3年的企业或个人只需缴税2%~5%。如果将申报资产留在国外，税率会提高至4%~10%。②

为了更加有效的吸引外资，印尼除了放宽经济政策之外还特意简化了外商的签证程序，为外商投资印尼减少不必要的麻烦。

除了为外商创造良好的投资环境吸引外资促进经济发展，印尼也在积极推动本国的产品走向世界。2016年9月17日至20日，印尼农业部将和国立茂物农业大学共同举办国际水果和花卉节，地点在茂物市。印尼国际水果和

---

① http://jakartaglobe.beritasatu.com/business/more-australian-restaurateurs-to-open-business-in-bali-after-negative-investment-list-revised/.
② 《印尼国会通过税务特赦法案》，《联合早报》2016年6月28日，http://www.zaobao.com/realtime/world/story20160628-634644。

花卉节的举办将会有力地推动印尼水果和花卉的对外出口。[1]

通过各种努力，佐科上台后印尼经济获得稳健发展。联合国贸易和发展会议公布全球吸引外国投资排行榜，印尼从原来的第五位升至第三位，2017年上半年吸引外来投资从原先的194亿美元增至280亿美元，增幅高达44%。联合国贸易和发展会议报告称，印尼的外来投资增长迅速，主要是因为政府连续发出了一系列经济振兴措施，简化投资和营业方面的许可，推行3个小时办理准证服务，改善各地基础设施，提高物流运输能力，这些举措大大改善了投资环境。报告还称，印尼人口众多，中产阶级数量庞大，经济增长一直维持在5%的水平，同样吸引了大量外资。2017年发布的全球营商便利排行榜中，在190个受调查的国家和地区之中，印尼从2016年的第106位升至第91位。[2]

二 继续强化海洋国家身份

印度尼西亚是世界上最大的群岛国家，号称"千岛之国"，有着独特的地理位置。佐科在竞选总统期间提出要强化"海洋国家"的身份，实施"全球海洋支点"战略，让印尼能够成为太平洋和印度洋之间的连接点。

（一）重视维护海洋安全

2017年3月7日，印尼总统佐科在环印联盟（IOR-ARC）峰会闭幕会上表示：所有环印联盟领导人的共同愿望是建立一个安全、和平和繁荣的印度洋地区。和平安全的印度洋是实现其他领域合作的先决条件，所有领导人都认识到保护海洋的重要性。环印联盟领导人签署了《雅加达协定》，主要内容有：第一，促进海上安全；第二，加大贸易投资合作；第三，促进渔业的可持续发展；第四，加强灾害风险管理；第五，提高学术交流与合作；第

---

[1] http://jakartaglobe.beritasatu.com/business/bogor-host-international-fruits-flowers-festival.
[2] 《印尼成为全球第三大吸引外资目的国》，《印度尼西亚商报》2016年11月11日，http://www.shangbaoindonesia.com。

六，促进旅游和文化合作。①

1. 沉船政策

海洋是印尼人赖以生存的摇篮，渔业是印度尼西亚经济发展的重要组成部分。根据联合国2016年统计的数据显示，印度尼西亚是全球第二大鱼类生产国，每年出产1430万吨海鲜。但是，印度尼西亚总统佐科表示每年有5000多艘船在印度尼西亚水域非法捕捞，肆意挑战印尼主权，导致印尼每年损失达200亿美元。②为此，印度尼西亚总统佐科推出"沉船"政策，打击印度尼西亚境内的非法捕捞船只。

2017年4月1日，印度尼西亚宣布炸沉81艘非法捕捞的船只，这些船只中，46艘来自越南，18艘来自菲律宾，11艘来自马来西亚，6艘来自印度尼西亚。自佐科上台以来，目前为止已有317艘非法捕捞的船只被炸沉，其中大部分来自越南，其次是菲律宾和马来西亚。③

印度尼西亚总统佐科和海洋与渔业部部长苏茜经常在一些国际和区域性论坛上强调打击非法捕捞的重要性。苏茜认为，非法捕捞是一项跨国犯罪行为，这意味着要想给予有效打击，需要联合国、欧盟等国际机构的联合执法。印度尼西亚在国际社会上的努力也得到了一些国家的理解和支持，如瑞典和挪威。尽管这项政策饱受争议，但是印度尼西亚不会放弃实施"沉船政策"，印尼打击非法捕捞的立场和决心不容忽视。

2. 加强周边海域防务安全

为了维护周边海域安全，印度尼西亚主张与周边国家加强海上安全合作，通过联合巡逻等方式维护印度洋附近海域的安全与稳定。为此，印度尼西亚副总统卡拉呼吁实现印尼、马来西亚和菲律宾之间的三方安全协议，推动"联合巡逻，海军护航"，以防止在三个国家接壤的水域发生海盗活动和

---

① "Joko: IORA Ensures Peace, Security and Stability in The Indian Ocean" Mar.7, 2017, http://www.kemlu.go.id/en/berita/default-berita-utama.aspx.

② "Indonesia Wants Global War On Illegal Fishing", May.9, 2017, http://thediplomat.com/2017/05/indonesia-wants-global-war-on-illegal-fishing.

③ "Indonesia Blows Up 81 Ships in War on Illegal Fishing", Apr.4, 2017, http://thediplomat.com/2017/04/indonesia-blows-up-81-ships-in-war-on-illegal-fishing.

劫持人质事件。该协议包括海上联合巡逻和允许海军为印尼船只护航,希望在菲律宾和印尼水域降低此类风险事件的发生率。除此之外,印度尼西亚政府和众议院批准了建立印尼和菲律宾专属经济区的海事协议,以保护两国海上安全。两国政府将采取具体措施,加强包括铲除非法捕捞等在内的海上防务合作。①

为了维护海洋安全,印、马、菲三国经常联合巡逻,打击各种海上犯罪行为,最近三国又添新盟友。2017年9月,文莱、印度尼西亚、马来西亚与菲律宾四国军政要员首次一起巡视靠近沙巴海域的菲南巴拉望省孟西岛,以促进各国的安全合作。②

2016年8月24日,印度尼西亚政治、法律与安全事务统筹部部长威兰托在巴厘岛出席印度洋国家海军研讨会后表明,印尼鼓励加强全球海上安全合作,特别是在印度洋地区的国家,应加强合作应对海上跨国犯罪活动。威兰托说,通过国际海域的跨国犯罪活动非常多样化,包括非法捕捞、非法木材交易、贩卖人口、毒品、恐怖主义、海盗和劫持人质等。③为此,国家间的多边合作,特别是对印度洋地区的国家是非常必要的,可以打击跨境犯罪。威兰托接着说,印尼鼓励和平解决某些地区国家之间的争端。

作为2015~2017年的环印联盟轮值主席国,印尼在第16届环印联盟外长级会议上提议并通过了"加强在印度洋的海事合作,维护其和平与稳定"的相关决议。印尼外长蕾特诺在致开幕词时呼吁,印尼有责任确保本区域的稳定与和平。本次会议还讨论了关于两性平等和权利赋予的最后决议。④

---

① "Kalla Calls Implementation Trilateral Security Agreement", July. 12, 2016, http://jakartaglobe.beritasatu.com/news/kalla-calls-implementation-trilateral-security-agreement.
② 《马菲印文四国 加强菲南水域反恐安全合作》,《联合早报》2017年9月5日,http://www.zaobao.com/news/sea/story20170905-792642。
③ 《威兰托:加强全球海上安全合作》,《国际日报》2017年8月17日,http://www.guojiribao.com/shtml/gjrb/20170826/331359.shtml。
④ http://www.kemlu.go.id/id/berita/Pages/Menlu-RI-Membuka-Sidang-Pertemuan-Tingkat-Menteri-IORA.aspx.

3. 维护海洋生态安全

作为一个真正意义上的海洋大国，海洋对于印度尼西亚有着举足轻重的意义。印尼要想实现自身发展，除了维护周边海域安全稳定之外，还要努力保护好海洋环境，节约海洋资源，维护海洋生态平衡。

2017年6月，印度尼西亚海事统筹部部长卢胡特当选为联合国海洋大会主席，卢胡特表示："印尼是全球最大的海洋群岛国家，海域面积是陆地面积的四倍，海洋资源非常丰饶，遏制海洋衰退，责无旁贷，不仅有利全球，也有利本国。然而，在保护海洋免受污染主要是塑料废物污染方面，我国有愧于天下。"[①] 因此，卢胡特向国际社会承诺，努力减少、遏制塑料废物污染海洋。在联合国海洋可持续发展会议上，印尼代表表示，将与其他国家一道，采取种种措施努力保护海洋，包括防止和减少海洋污染，减少使用一次性塑料袋，控制捕捞，遏制海平面上升等。在国内，保护海洋的意识也在增强，公众希望各地政府制定完善的垃圾管理制度，拨出财政与人力资源，制止市民将塑料袋或生活废料丢入江河。

海洋与渔业部部长苏茜也表示，海洋是人类生存的保障，要重视维护海洋。苏茜在题为"促进渔业可持续发展"的海洋大会上表示，要成立负责保护海洋的国际机构，任何政治利益方都无权干涉该机构的职能。这一机构将负责保护海洋鱼类和珊瑚群的生存，打击非法捕捞行为。苏茜还表示，海上捕捞应采取温和方式，不得妨碍鱼类产卵等繁殖活动。[②]

印度尼西亚为维护海洋环境卫生开始着手打击海洋塑料污染。2017年9月，印尼驻东盟总干事约瑟·塔瓦雷斯（Jose Tavares）在于巴厘岛召开的东亚峰会上代表印尼外长蕾特诺表示，我们的海洋正在面临一个非常严重的问题，每年至少有1270万吨塑料废物排入海洋，这些塑料不仅污染海洋还

[①] 《努力遏制海洋污染》，《国际日报》2017年6月13日，http://www.guojiribao.com/shtml/gjrb/20170613/321214.shtml。
[②] 《苏茜部长出席联合国海洋论坛　呼吁重视海洋生态保护》，《千岛日报》2017年6月9日，http://www.qiandaoribao.com/news/96610。

危及一些海洋生物的生存。① 海洋中80%的塑料废物来自大陆,这是废物管理无效造成的。为此印尼特意在东亚峰会期间主持召开了打击海上塑料污染物的会议,会上印尼代表团陈述了印尼为打击海上塑料污染所采取的各种措施,讨论了目前管理海上塑料污染所面临的种种挑战,并强调要用创新性的方案解决,各国要联合行动。②

4. 发展海洋经济

2014年10月,佐科总统在国会发表就职演说时要求各界摒弃分歧,把印尼打造成海洋强国。他强调,印尼民族的未来在海洋,建设海洋强国势在必行,希望把印尼打造成海上交通枢纽,加大基础设施建设,重新吸引外国投资者。印尼海域宽广,自然资源丰富,地理位置关键,占据着世界上最繁忙的海上通道,扼守两洋以及四大战略海峡:马六甲海峡、龙目海峡、望加锡海峡、巽他海峡,确有资本成为"世界海洋轴心"。

改善基础设施、发展海陆互联互通将成为印尼政府的经济发展重点,其中海陆互联互通建设更是重中之重。佐科政府计划投入大量财力用于兴建或修缮各主要岛屿的港口、码头及铁路运输网等基础设施。2015~2019年间,印尼政府将投资699万亿印尼盾(约合574亿美元)实施"海上高速公路"建设规划。印尼政府将通过建立海陆互联互通,完善印尼整体物流运输体系,降低物流成本,提高市场竞争力,推动整体经济发展。③

2016年7月,蕾特诺在第14届西南太平洋对话会议外长级会议上也曾表示,加强西南太平洋地区的连通非常重要,能够解决各种常见的挑战。自2011年以来,印尼一直鼓励在每次西南太平洋对话会议中的连接性议程讨论,内容包括:加强地理连通,特别是在海上和空中;要求私营部门发挥积

---

① "Ministry of Foreign Affairs-Combating Marine Plastic Waste, Indonesia and New Zealand Hosted East Asia Summit Conference", http://www.kemlu.go.id/en.
② "Combating Marine Plastic Waste, Indonesia and New Zealand Hosted East Asia Summit Conference", http://www.kemlu.go.id/en/berita/Pages/Combating-Marine-Plastic-Waste,-Indonesia-and-New-Zealand-Hosted-East-Asia-Summit-Conference.aspx.
③ 《印尼颁布"海上高速公路"投资计划》http://www.caexpo.com/news/info/other/2014/11/27/3635840.html。

极作用，希望通过公私合作机制，商业部门特别是运输业，可以加强西南太平洋的连通性。印尼作为西南太平洋对话会议的发起者，希望该论坛能够产生切实的成果，并且作为一个整体，有助于增强发展，特别是区域连接。

除了加强海陆联通，印尼政府还主张充分利用现有资源。首先，印尼海洋渔业资源丰富，目前只开发利用了不到10%，仍有极大的发展空间，是印尼具有比较优势的一个行业。政府正计划投入更多资源发展渔业，以振兴国内经济，应对全球日益激烈的渔业竞争压力，保持印尼的世界渔业大国地位。新政府积极推动水产养殖业的发展，注重发展水产加工业，提高产品附加值，努力使印尼成为世界最主要的海产品生产大国。其次，着力促进造船业的发展。作为海上互通互联的重要工具，造船业是印尼政府重点关注的领域，为了实现海洋强国梦，佐科政府正在加快造船业发展的步伐，计划在2019年之前新增100家新型造船场。最后，印尼政府充分利用自身优势，大力推动旅游业发展。为此，印尼政府出台多国免签证的新举措。[①] 自2015年起，中国、澳大利亚、俄罗斯、韩国及日本将成为首批获得免签证的5个国家。目前印尼已向东盟国家以及中国香港等15个国家和地区提供免签证待遇，且正在努力向泰国、新加坡等国的游客提供免签证待遇，以此吸引大批外国观光者，促进印尼旅游业的发展。[②]

由于日本也是一个海洋岛国，印尼在发展海洋方面也在积极借鉴日本经验。在2016年12月对东亚国家的访问中，印尼海事统筹部部长卢胡特与日本方面积极探讨相关合作的可能，双方达成多方面的海事合作，如建造售鱼市场、合作开发旅游项目等。[③]

[①] 吴崇伯：《印尼新总统佐科的海洋强国梦及其海洋经济发展战略试析》，《南洋问题研究》2015第4期。
[②] 吴崇伯：《印尼新总统佐科的海洋强国梦及其海洋经济发展战略试析》，《南洋问题研究》2015第4期。
[③] http://www.thejakartapost.com/news/2016/12/19/indonesia-japan-to-address-issues-on-key-projects.html.

三 维护印尼领土与主权完整

2017年8月16日,佐科总统在国会大厦发表国情咨文,阐述政府三年来的工作重点。他再次强调维护国家主权的重要性,"我们应毫不犹豫地维护我们的主权,保护我们的海洋,保护我们的边界,保护我们的自然资源。我们应敢于击沉非法渔船,以保护我们的渔民;我们必须捍卫祖国的每一寸土地,以维护人民的安全和福祉"。[1]

印尼作为一个独立国家,在促进经济发展的同时也在努力维护领土和主权独立。主权是国家的根本属性,它赋予国家独立的内外职能,使国家能够在国际社会中进行独立的、有组织的活动。主权是国家成为国际政治行为体的根本保证。印尼是一个海洋大国,海上边界划分问题一直是多年来印尼与周边国家的一个矛盾。印度尼西亚也一直与周边国家进行积极的谈判和磋商,促使领土领海问题能够和平解决。

目前,印尼仅明确了2258海里的海上边界,包括44%的领海和55%的专属经济区。印尼与东帝汶、印度、泰国的海上边界争议仍在谈判中。印尼计划在2019年通过国家边境管理机构,用好12万亿印尼盾(约合9.68亿美元)经费,确定所有的海上边界。[2]

2017年2月10日,印尼外长与新加坡外长在新加坡举行会谈,庆祝双方建交五十周年,大会上双方交换了印尼—新加坡关于东新加坡海峡划定领海的批准书。随着批准书的交换,印度尼西亚和新加坡现在只有一小部分海上边界尚未划定。[3]

四 维护地区和世界和平

印尼作为东南亚大国,一直致力于采取实际行动来支持参与联合国的维

---

[1]《佐科总统发表国情咨文——全面阐述执政三年的工作重点》,《国际日报》2016年8月18日,http://www.guojiribao.com/shtml/gjrb/20170818/330297.shtml。
[2] 吴崇伯:《印尼新总统佐科的海洋强国梦及其海洋经济发展战略试析》,《南洋问题研究》2015第4期。
[3] http://www.kemlu.go.id/en/berita/Pages/indonesia-singapore-50-years-diplomatic-relations.aspx.

和行动。在联合国维和行动中，印尼维和部队贡献了相当大的力量。同时，印尼派出维和人员加入培训计划，以增强其专业知识和专业精神，并提高维和人员完成任务的能力。据统计，仅2016年，印度尼西亚一共参与了16项联合国维和行动，为维护地区和世界和平作出了巨大牺牲和杰出贡献。[①]

作为一个爱好和平的国家，印度尼西亚除了积极参与维和行动之外也在采取各种努力防止核武器扩散。由于核武器的威胁，目前全球局势很令人担忧，对抗核武器威胁的唯一办法是彻底消除核武器。核武器国家把安全作为核武器合法化的一个理由，但是核武器的存在进一步威胁着全球安全。核武器的威胁促使印度尼西亚坚决支持和积极参与核禁令条约的谈判。2017年3月，印度尼西亚主持召开核武器不扩散对话和协商会议，此次会议的目的主要是消除核武器威胁。[②]

在第49届东盟外长会议上蕾特诺强调东盟需要继续推动东南亚无核区协议的签署。东盟必须在拥有核武器国家之间建立一个桥梁，核心任务是明确说明占有、使用、运输和存储核武器，以防止可能会造成的一系列问题。

第二节 对外关系

一 与美国关系

印尼与美国保持合作关系的战略逻辑十分明确。首先，印尼希望巩固与诸如美国这样的大国关系，以支持其作为具有全球影响力的区域大国的崛起。其次，美国需要拉拢像印度尼西亚这样的新兴的，也是世界第四和穆斯林人口最多的大国。正是出于这种考量，两国关系不断升级。

[①] "Wamenlu RI Tegaskan Komitmen Indonesia untuk Tingkatkan Kontribusi Pasukan Perdamaian PBB", Oct. 27, 2016, http：//www.kemlu.go.id/id/berita/Pages/Wamenlu-RI-Tegaskan-Komitmen-Indonesia-untuk-Tingkatkan-Kontribusi-Pasukan-Perdamaian-PBB.aspx.

[②] "RI Foreign Minister Calls for Total Nuclear Disarmament", Mar. 13, 2017, http：//www.kemlu.go.id/en/berita/Pages/ri-foreign-minister-calls-for-total-nuclear-disarmament.aspx.

(一) 双方合作不断升级

第一，政治上，2016年唐纳德·特朗普当选为新一任美国总统，印度尼西亚总统佐科在特朗普胜选后即向其致电表示祝贺，并表示希望继续发展合作关系。

第二，经济上，印度尼西亚作为一个正在崛起的新兴大国，其发展离不开美国这样的域外大国的投资和支持，同时美国为了增加其在亚太地区的影响力和话语权，就需要不断支持东盟的顺利发展，向东盟国家提供技术援助，帮助其改善落后局面，而印度尼西亚作为东南亚最大的国家，美国支持其发展增强自身影响力也是顺理成章之举。2017年美国副总统彭斯访问印尼时表示，美国需要对双方的经济关系进行一些修改，使其更加自由和公正，他向印尼总统佐科表示愿意为双方合作减轻贸易和投资障碍。在这次访问中，双方签署了100亿美元的协议。

第三，安全上，美国和印度尼西亚两国间的军事关系愈发密切，包括军事参与、交流以及定期演习。双方这种互动一直持续到2017年。2017年5月初，印尼海军及海军陆战队同美国的太平洋海军陆战队在东爪哇举行了一次联合培训，双方决定于2017年8月再开展一连串演习。[①]

(二) 双边关系面临的挑战

随着2016年唐纳德·特朗普当选为美国新一任总统，印尼与美国的关系面临着一些新的挑战。

政治方面，唐纳德·特朗普在竞选中的反伊斯兰言论在很多人看来会加剧西方和伊斯兰世界之间的紧张关系。众所周知，印尼是世界上穆斯林人口最多的国家，一时之间印尼各界对特朗普上台后的双边关系表示担忧。印尼副总统卡拉曾说，特朗普对"世界和平是一个威胁"。基于外交上的考虑，

[①] "US, Indonesia Conclude Military Exercise", July. 26, 2017, http://thediplomat.com/2017/07/us-indonesia-conclude-military-exercise.

印尼官方还是希望同美国延续在奥巴马任期内的友好关系，印尼政界的部分要人表示特朗普的反伊斯兰言论只是出于选举的需要，美国仍然是一个多元和民主的国家。

经济方面，商人出身的特朗普在竞选中推出的贸易保护政策也对双边的经济关系造成影响。印尼经济统筹部部长达尔敏表示："特朗普在竞选期间提及的保护主义计划，将阻碍印尼商品进入美国市场，影响印尼对美出口和印尼经济增长。"① 印尼央行行长玛托瓦多约指出："印尼出口至美国的商品价值占总出口的10%左右，如果美国真的采取贸易保护主义措施，会影响印尼的出口情况。"②

社会舆论方面，印尼是一个穆斯林人口大国，由于特朗普在竞选中的反伊斯兰言论，在当选总统后甚至禁止穆斯林进入美国境内，导致印尼国内民众对特朗普负面意见较大。甚至有些印尼人要求佐科总统禁止特朗普入境以及反对美国企业在印尼投资。

实际上，美国政府为了稳固自己在亚太地区的利益，也希望拉拢印尼这个东南亚大国。对于印尼官方和民间对双边关系的担忧，2017年美国副总统彭斯访问印尼即试图进行修复，彭斯称赞印尼的伊斯兰教很具有温和性，并称之为"对世界的启发"，但是修复效果还有待考证和研究。

在特朗普政府下，美印发展双边关系仍旧充满波折，但2017年4月份美国副总统彭斯出访印度尼西亚是缓和印尼焦虑和双边关系的机会。对于美国来说，彭斯的出访不仅有益于同亚洲伙伴保持联系，也是美国参与东南亚事务的重要行动。③

---

① 《经济统筹部长达尔敏称，特朗普效应料将延续至明年》，《印度尼西亚商报》2016年11月9日，http://www.shangbaoindonesia.com/indonesia-finance。
② 《特朗普将实施保护主义政策央行行长称我国出口将受影响》，《印度尼西亚商报》2016年11月11日，http://www.shangbaoindonesia.com/indonesia-finance。
③ "Trump's Indonesia Challenge Begins With Pence Visit", Apr. 15, 2017, http://thediplomat.com/2017/04/trumps-indonesia-challenge-begins-with-pence-visit.

二 与澳大利亚关系

印度尼西亚与澳大利亚同属印太地区的两个重要大国,双方隔海相望,无论是从地缘政治还是从历史渊源上来说两国都有密切关系。但是,近年来双方矛盾不断,两国关系呈现明显的脆弱性。有专家指出两国在发展外交关系时的侧重点不同,可能存在分歧和差异。堪培拉方面主要是关心战略和安全问题,尤其是关心在海洋方面的利益,因为这直接关系到澳大利亚的贸易和航运安全。然而,对于雅加达来说,其更关注于双方的经济合作,特别是外贸和投资方面。[①]

2017年1月,在双方的联合行动中,印度尼西亚军方指出澳大利亚存储具有进攻性的训练材料,联合行动被迫暂停。后来印尼甚至指控澳大利亚试图招聘印尼顶级军官作为间谍,虽然澳大利亚方面给予否定,但是仍旧给两国关系带来动荡。

尽管如此,还是有分析人士指出,保持印度尼西亚—澳大利亚密切的军事关系是很有必要的。主要有以下三方面的原因:第一,澳大利亚和印度尼西亚作为印度洋和太平洋地区的两个近邻和地区大国,历史上双边关系一直处于动荡状态,缓和双方的军事关系是全面改善两国关系的一种途径和方式。2017年1月的争议事件只不过是雅加达和堪培拉七十多年争端中的最新事件罢了,实际上双方一直冲突不断,尤其是在涉及印度尼西亚领土和主权问题时双方矛盾就更加尖锐,不管是1999年的东帝汶分歧还是2013年的监听事件。但是可以肯定的是,这种脆弱性和敏感性有时是过度的。尽管偶尔出现紧张局势和危机,两国也越来越意识到对方的作用,并且也明确两国在国防领域的全面深入合作有利于为建立良好的双边关系增加信心。例如,在澳大利亚2016年的防务白皮书中,有意思的不是澳大利亚将印度尼西亚置于"至关重要"的地位,而是这种地位不仅是因为印度尼西亚重要的地

---

① "Mismatched Expectations in Jokowi's Maiden Visit to Australia", Mar. 3, 2017, http://thediplomat.com/2017/03/mismatched-expectations-in-jokowis-maiden-visit-to-australia.

缘政治地位，还是因为印尼在经济、外交以及军事方面的增长潜力。第二，保持双方的安全防务关系已经取得明显进展。在过去的十年里，两国在加强军事关系、把最高层次的互动进行制度化和规范化方面已取得重要进展，有利于增加双方互信。2006年，澳大利亚和印度尼西亚签署了《龙目炸弹条约》，确立了两国安全合作关系的框架，这是重要的一步。2012年，双方签署防务合作协议，并且开始在外交部长和国防部长之间进行二对二的对话。"2+2"会议已经举办过了四次，最后一次是在2016年10月份。第三，维持印度尼西亚—澳大利亚的军事关系至关重要，因为这不仅对双方具有重要意义，对于地区和世界和平与稳定也起着巨大作用。正如2013年5月时任澳大利亚国防部长丹尼斯·理查森在接受采访时所说的那样："现在不仅仅是双边关系问题，而是一个区域或者全球问题。"

在过去的几年里，双边关系发展的速度和规模都比较乐观，不仅在海上安全等传统领域，在网络安全以及国防工业建设等领域也有明显进步，尽管双边关系还只是处于早期发展阶段。印度尼西亚国防部部长里亚米扎尔德在接受采访时表示，一些微不足道的"老鼠"正在试图破坏印澳双边关系，我们要淡化冲突，加强双边合作，促进共同发展。[1]

第三节 国际立场

一 打击恐怖主义

近年来，恐怖主义活动猖獗，恐怖主义威胁日益增加，世界仍不太平。在过去的一年里，打击恐怖主义逐渐成为印度尼西亚外交领域的重点和亮点，印度尼西亚为打击恐怖主义付诸多种实际行动。2017年1月11日，印

---

[1] "Why Do Australia-Indonesia Military Relations Matter?", Jan. 7, 2017, http://thediplomat.com/2017/01/why-do-australia-indonesia-military-relations-matter.

尼外长蕾特诺在政府工作报告中指出，反恐将会是 2017 年印尼外交事务的重点。[①]

为打击恐怖主义，印尼组织召开多次国际会议，与域内域外各个国家和国际组织共商反恐事宜。主题为"打击恐怖主义的跨国运动"的国际反恐会议中，有来自 21 个国家（澳大利亚、美国、比利时、荷兰、文莱、加拿大、菲律宾、英国、印度、印度尼西亚、新西兰、新加坡、斯里兰卡、马来西亚、巴基斯坦、法国、俄罗斯、中国、泰国、土耳其和越南）和 3 个国际组织（东盟、国际刑警组织和联合国）的 300 多名相关人士参加。[②] 会议还将关注国际恐怖武装分子的新动向，以及恐怖分子利用信息技术传播极端主义和激进主义思想等相关问题。

印尼始终强调，打击恐怖主义仅凭一国之力恐怕难有作为，需要各方协调合作。在国际反恐会议开幕式上，印尼政治、法律与安全事务统筹部部长威兰托表示，在国家层面上根除恐怖主义的努力必须伴随着强劲的双边合作而展开，国际组织也必须提升打击恐怖主义的能力。随着互联网的发展，国家之间要充分利用网络平台共享信息，以此来有效地打击恐怖主义。

印尼国防部部长利里亚米扎尔德·里亚库杜认为，伊斯兰国恐怖组织已经开始在印、马、菲三国建立类似于该组织在伊拉克和叙利亚建立的基地。其目的已经明确，就是将三国变成中东战乱国家的样子。对此，印尼、马来西亚、菲律宾要出台明确、协调的措施解决伊斯兰国恐怖组织问题。里亚米扎尔德还提到对菲律宾马拉维局势的关注，并表示印方将支持菲律宾军方消灭马拉维恐怖主义势力的一切行动和措施。他强调："恐怖主义无论以何种理由存在，都是我们共同的敌人，是人类共同的敌人。我们应对抗和消灭恐怖主义。目前，恐怖行动流动性增强，其影响范围更大，甚至形成了跨国恐

---

① http://www.thejakartapost.com/news/2017/01/11/indonesias-diplomatic-policy-to-focus-on-counterterrorism.html.
② http://www.kemlu.go.id/en/berita/Pages/delegations-countries-organizations-imct.aspx.

怖主义行动。因此，需要跨国协调对抗恐怖主义的解决方法。"①

对于打击恐怖主义，印尼也给出了新的思路和方向。佐科在出席阿拉伯伊斯兰美国峰会时表示：历史告诉我们，武器和军队无法克服恐怖主义，正确的思维方式终究要取代错误的思维方式。印尼强调硬实力和软实力平衡的重要性，因此，除考虑强硬方式外，印尼着重考虑宗教和文化的力量。印尼作为世界上穆斯林人口最多的国家，宗教信仰浓厚，印尼政府懂得利用自身特点和优势来打击恐怖主义才是明智之举。

作为一个具备坚定反恐立场、爱好和平的国家，印尼一直关注着世界各地的恐怖袭击事件，对受害当局以及遇难者家属都给予深切的同情和慰问。如在过去的一年里印尼对发生在英国伦敦、俄罗斯圣彼得堡、埃及坦塔和亚历山大以及阿富汗喀布尔等地的恐怖袭击事件均深表遗憾，并提醒当局做好打击和防御恐怖袭击的准备，同时也告知当地的印尼侨民注意保护好自身安全。

二 中东问题

2016年6月份，由于埃及常驻联合国代表团向联合国安理会提交了一份卡塔尔资助利比亚境内恐怖组织武器和资金的情况介绍，指责卡塔尔资助利比亚境内的恐怖组织，造成沙特阿拉伯、阿拉伯联合酋长国等四国要求和卡塔尔断绝外交关系。这场中东"断交风波"给本就不太平的中东地区和世界局势造成剧烈动荡。一时之间，土耳其、伊朗以及美国等国作为外部力量试图介入，谋求自身政治利益。印尼外长蕾特诺在与沙特阿拉伯、卡塔尔、科威特、土耳其以及伊朗等国的外长举行电话会议后表示，要想解决该地区的争端和冲突要把协调对话放在首位，只有通过和平的手段和方式才能解决危机和冲突。

中东是当今世界最为突出的热点地区，其中巴以问题最为错综复杂，双

---

① 《印马菲三国防长召开海上巡逻会议　强调反恐措施要明确和协调》，《千岛日报》2011年6月21日，http://www.qiandaoribao.com/news/97195。

方矛盾冲突不断，常常加剧地区和世界范围内的紧张局势。由于美国的介入，巴以问题已经不是单纯的历史遗留问题，更牵扯到当今一些大国的政治利益。对于巴以问题，印尼希望双方能够通过和平的方式解决矛盾冲突，维护地区稳定。在国际事务上，印尼还是采取继续支持巴勒斯坦的立场，尤其是在近期的阿克萨清真寺事件上，印尼甚至推动国际社会向以色列施压。

三 南海问题

（一）整体来看，印尼希望和平解决南海争端

周边环境的安全与稳定是国家经济发展的重要前提。对于南海问题，印度尼西亚作为一个正在不断崛起的中等强国希望能够和平解决争端，淡化矛盾，共同发展。

2016年7月份，印尼外交部就所谓的南海仲裁案发表声明：第一，印尼再次呼吁所有各方自我克制，避免任何可能的紧张局势升级，以及保护东南亚地区的和平与稳定，不受任何军事活动的威胁，尊重包括1982年《联合国海洋法公约》等在内的国际法；第二，印尼也呼吁各方信守承诺，共同维护地区及世界和平，并展示已培养多年的友谊与合作，为此，在南中国海的有关各方应该依照共同认可的原则行动；第三，印尼将继续推动建立东南亚的区域和平、自由和中立，加强东盟政治和安全共同体建设；第四，印尼鼓励所有当事国继续依照国际法，围绕各自在南中国海的主权重叠主张进行和平谈判。[①]

2017年4月，印度尼西亚总统佐科建议在《南中国海行为准则》未制定前，涉及南中国海主权争议的各方应该开展"实质性的合作"，这对维持该海域和平极为重要。佐科总统到马尼拉参加东盟峰会前夕接受《南华早报》专访时说："在我们还没达成（南中国海）行为准则的过渡期，建立互

---

① "Indonesia Calls on All Parties to Respect International Law Including UNCLOS 1982", July. 12, 2016, http://www.kemlu.go.id/en/berita/Pages/Indonesia-Calls-On-All-Parties-To-Respect-International-Law-Including-UNCLOS-1982.aspx.

信是非常重要的。"① 佐科总统所言显示，印尼无意在南中国海这个争议性课题上采取对峙性的态度。

印尼战略与国际研究中心的中印关系专家陈姝伶表示，佐科把焦点集中在中国渔船越境捕鱼方面，因为这直接影响到印尼渔民的生计以及该海域的生态系统。她认为，"佐科将大部分精神投注在改善国内经济，这需要一个稳定的区域环境以及与区域各国打好关系、建立实质合作"。② 印尼不是南中国海主权声索方，佐科总统只是重申争议各方亟须建立互信。

（二）印度尼西亚积极维护其在南海地区的利益

在南海问题上，总体来说，印度尼西亚倾向于中立，雅加达主要考虑的还是维护纳土纳群岛及其附近水域的主权。③ 正如佐科在回答为什么印尼要提升该岛的军事设施时所回答的那样："我必须表明，纳土纳群岛是印尼领土。这是很清楚的。我们在那里设有一个县，拥有163000人口，所以纳土纳群岛问题免谈。我们希望南中国海维持和平状态。"④

印尼之所以如此重视纳土纳群岛是有原因的。纳土纳群岛及其周边海域拥有丰富的油气和渔业资源，且该海域是重要的国际航道，有着重要的战略和经济意义。同时，纳土纳海域牵涉中国、越南、马来西亚、菲律宾和文莱等国利益。因此，虽然印尼与中国在绝大多数时间里一直声称，两国不存在海上主权的争端，然而实际上，纳土纳海域的专属经济区成为两国在南海问题上的主要交锋点。

近年来有一些专家学者认为印度尼西亚在南海问题上的角色正在由

---

① 《佐科建议南中国海争议方准则制定前开展"实质合作"》，《联合早报》2017年4月30日，https://www.zaobao.com/news/sea/story20170430-754628。
② 《佐科建议南中国海争议方准则制定前开展"实质合作"》，《联合早报》2017年4月30日，https://www.zaobao.com/news/sea/story20170430-754628。
③ "Mismatched Expectations in Jokowi's Maiden Visit to Australia", Mar. 3, 2017. http://thediplomat.com/2017/03/mismatched-expectations-in-jokowis-maiden-visit-to-australia.
④ 《佐科建议南中国海争议方准则制定前开展"实质合作"》，《联合早报》2017年4月30日，https://www.zaobao.com/news/sea/story20170430-754628。

"调停者"向"争议国"转变。① 虽然印尼官方公开表示对南海问题的政策立场并未改变，一再声称与中国在南海问题上没有争端，但种种迹象表明，印尼作为东盟最大的经济体，其在南海问题上的立场和态度在一定程度上影响着南海问题的协商进程。

2016年4月初，印尼国民军总司令加铎称，印尼空军将在大纳土纳岛和纳土纳群岛东海岸的拉奈空军基地部署4支空军特种部队并配备用于拦截低空和超低空目标的"欧力根天盾"防空系统，还将在拉奈空军基地修建更多机库以便把部署拟采购的多种战斗机和无人机。②

中国渔民在纳土纳海域以北的南海海域内从事捕捞作业由来已久，过去印尼对此并没有过多干涉。但是近年来印尼不断派出巡逻艇驱逐或者抓捕在南海海域进行正常作业的中国渔船及渔民，尤其是在印尼总统佐科着手打击外国渔船的非法捕捞行为之后，自2016年至今就发生了3起事件。2016年3月19日，中国渔船在纳土纳海域被印尼武装船只袭扰后，中国海警船前往施援，双方发生冲突，险酿成外交事件。2016年5月27日，印尼在纳土纳群岛海域拦截中国渔船并登船逮捕8名船员。2016年6月17日，中国渔船在南海作业时，遭多艘印尼海军舰船袭扰和枪击，该事件造成中国渔船受损，1名船员中弹受伤，另外1艘渔船和船上7名人员被印尼抓扣。③

印度尼西亚在南海问题上态度和立场的转变不仅是因为领导人的更替，南海地区格局的变化以及周边动荡的安全形势也是重要因素。域外大国的插手是南海局势复杂多变的重要原因，在美国等大国势力的支持下，菲律宾等国在南海问题上呈现咄咄逼人的态势，不断推动南海问题国际化。对印尼而言，大国干预南海争端已是无法扭转的大趋势，与其逆势而为不如顺势而动，况且大国势力在背后支撑也有利于印尼同中国争夺纳土纳群岛附近重叠

---

① 张会叶、韦健峰：《近年来印尼南海政策的新变化及影响》，《东南亚南亚研究》2016年第2期。
② 《外媒：印尼将在纳土纳岛部署先进防空系统》，http://world.huanqiu.com/exclusive/2016-04/8801309.html。
③ http://news.xinhuanet.com/world/2016-06-19.

的海域。

事实表明，印尼对于中国南海问题的立场确实比较矛盾。一方面，印尼极力维护对纳土纳群岛及其附近海域的"权利"主张，印尼与中国在南海问题上的分歧有扩大趋势。近年来，随着印尼经济对中国的依赖越来越深，印尼国内有人甚至提出中国有可能对印尼进行"经济殖民主义"。另一方面，佐科政府希望同中国展开多方位的合作，尤其是经济合作。印度尼西亚提出的"全球海洋支点"战略与中国倡议的"海上丝绸之路"战略不谋而合，有重叠和合作的空间。印尼要想经济得到稳健的发展，离不开中国这股东风。目前，印尼同中国仍处于双边关系最好的时期。①

---

① 潘玥：《试析中印尼在南海问题上的互动模型》，《东南亚南亚研究》2017年第1期。

第四章　印度尼西亚社会、文化、宗教与教育

第一节　社会发展

2016年以来，从整体上来看，印尼社会发展情况良好，尤其是在医疗、旅游以及交通方面得到政府更多重视。但是，生态环境、恐怖主义以及毒品问题方面，形势依旧严峻，不容乐观。

一　努力提升医疗服务质量

印度尼西亚拥有17000多个岛屿，是世界上最大的群岛国家。由于很多岛屿发展落后，与现代社会的快速发展脱节，一定程度上存在闭塞情况。岛上的居民往往缺乏现代化的基础设施和保健常识。2017年，印尼政府在医疗方面的改善措施表现为发放了公民健康卡，增加了医疗基础设施建设。

（一）病患问题严峻，政府多个部门合作销毁假疫苗

卫生部部长妮拉表示，目前印尼肺结核患者人数居世界第二，仅次于印度。各方须切实努力，减少患者人数。2017年5月7日，妮拉部长在马辰Ulin地方公共医院，与南加里曼丹的各大医院及医疗卫生机构的院长交谈时表示，肺结核患者人数居高不下，需要引起各方关注。妮拉表示，肺结核的防治不仅要针对患者，也要对患者家属进行检查。要对居民的住宅进行定期检查，确保其居住环境的卫生状况达到规定标准。各地要绘制当地疾病传播

"地图",了解当地目前正在传播的疾病是什么。①

2016年2月19日,印尼万丹省的坦格朗卫生机构声称该地区面临难以根治麻风病的困境,原因是患者常常逃避医务人员的救助。据坦格朗东部一个社区医疗中心的医务人员称,他们已得到多位市民患病的消息,但是这些患者会拿出各种理由拒绝与医务人员见面和治疗,患者的家人则会选择隐瞒病情。虽然麻风病传染率不高,但是十分受人歧视,因此坦格朗地区一直努力遏制着患病人数。②

亚太肠胃管理护士协会(APETNA)主席维达萨里·吉达贾(Widasari Sri Gitarja)表示,印度尼西亚有大约8000名能够护理伤口和控制失禁的护士。但是,他们并不是平均分布在印尼全国各地。每所医院应该至少有两三个WOC护士,即具有肠道保护护理(ETN)证书的人员。③ 需要接受肠道护理的人包括患有慢性创伤的糖尿病患者和患有湿性、刺激性和造口疼痛的患者。膀胱控制问题的患者和寻求足部和皮肤治疗的客户也需要肠道治疗。在"停止截肢"口号下,来自亚太国家的肠系统治疗师强调了早期伤口治疗对于预防截肢的重要性,以及需要与其他卫生工作者进行更密切的合作。

2016年6月24日,印度尼西亚警方粉碎了一个制造和批销供婴儿使用假疫苗的团伙并逮捕多人。警方在东雅加达一家药房展开突击行动,粉碎这个不法集团,药房的老板和两名递送员最先落网。警方根据线索,查到了嫌疑人用来制造假疫苗的房子,并逮捕了疫苗制造商和他的妻子,以及另一名递送员。该名疫苗制造商向警方承认,他把某种液体装入使用过的疫苗瓶子里,然后贴上标签,以假乱真。警方收缴了数百瓶疫苗,防疫种类包括麻

---

① 《尼拉部长:我国肺结核患者人数居世界第二》,《千岛日报》2017年5月9日,http://qiandaoribao.com/news/95231。
② 《坦格朗根治麻风病面临困境》,《雅加达邮报》2017年2月20日,http://www.cistudy.cn/bencandy.php?fid=54&id=3418。
③ 《WOC护士分配不均妨碍患者治疗》,《雅加达邮报》2017年4月18日,http://www.cistudy.cn/bencandy.php?fid=54&id=3663。

疹、卡介苗、B型肝炎、小儿麻痹症以及破伤风等。[1]

根据该事件，新加坡《联合早报》2016年6月29日报道：国会议员促请当局加强执法，到各医院与诊所检查和没收所有未经批准生产的疫苗，以防有更多儿童因接种假疫苗而受害。印尼假药泛滥问题严重，但民众一般对疫苗较放心，认为当局会严格监管疫苗的产销。这起假疫苗案打击了印尼卫生监管部门的威信。针对人们对当地疫苗安全性的质疑，印尼卫生部部长妮拉做出保证说，印尼几乎所有疫苗都来自获政府批准的制造商，当局未接获任何与假疫苗有关的病例。印尼卫生部发出的声明称："卫生部确保在卫生服务单位流通的疫苗都是安全与无害的。在雅加达、万丹与西爪哇，假疫苗占比不超过1%。"[2] 妮拉还告诉家长，如果怀疑孩子注射了假疫苗，可带孩子去重新接种。

2016年7月23日，众多父母聚集在雅加达东部的"母亲的期望（Harapan Bunda）"医院门前，通过和平集会要求医院公开2003~2016年期间被注射过假疫苗的病人名单。假疫苗受害者父母联盟的主席阿古斯特·斯惹卡尔（August Siregar）说，他们恰逢国际儿童节之际组成了这个联盟，他们要求医院为他们的孩子负责，不要忽视他们的诉求，并为受害儿童实施医疗检查。Harapan Bunda医院是14所被指控出售假疫苗的医疗机构之一，截至目前，据受害者父母表示，在卫生部公布14所存在假疫苗的医院之后，他们的孩子们都没有再次接种疫苗。[3]

印尼卫生部部长妮拉认为，印尼不存在疫苗短缺问题，因为印尼绝大多数的疫苗由国有制药公司Bio Farma生产制造。妮拉说，Bio Farma国有制药公司生产的疫苗出口到全世界130多个国家。因此，有足够数量的疫苗供国内使用。另一方面，一些私人医院也从其他制药公司（Glaxo Smith Kline，

---

[1] 《印尼警方破获制造假疫苗集团》，《联合早报》2016年6月24日，http://www.cistudy.cn/bencandy.php?fid=54&id=2372。
[2] 《印尼国会议员促加强取缔假疫苗》，《联合早报》2016年6月29日，http://www.cistudy.cn/bencandy.php?fid=54&id=2400。
[3] 《父母敦促医院公开假疫苗受害者名单》，《雅加达邮报》2016年7月24日，http://www.cistudy.cn/bencandy.php?fid=54&id=2518。

Sanofi，Pfizer 和 MSD）进口疫苗。通过调查发现，在疫苗丑闻中，假疫苗都是在进口疫苗中被发现的，大部分是假的 Pediacel 和 Tripacel 疫苗，它们是主要预防白喉、儿童百日咳和破伤风的疫苗。[①]

由于民众抱怨在很多药店内仍然能够发现假药，政府成立了联合特别行动队，由国家警察总部、卫生部和食品与药品管理局的官员组成，分布到媒体重点报道的有假疫苗的地方；特别行动队的另一个任务是确保假疫苗不会再次流入市场。来自全国多个城市的 12 家医院协助国家警察总部进行调查，已有 18 人被捕，29 人被审问。[②]

（二）政府发放健康卡，医疗设施建设加速进行

2017 年 3 月 18 日，佐科总统在西加喃吧哇县（Mempawah）表示，希望民众到医院或社会保健中心就诊时不要犹豫，直接使用印尼健康卡（KIS）。他说："若医院不接受健康卡，民众可以向县长、省长或卫生部长举报。虽然民众没有付钱，但健康卡是由政府为民众支付医疗费，如果接受免费治疗的民众并没有得到良好的服务，有关方面当心受罚。"[③] 佐科总统还为在场的民众分发印尼智慧卡（KIP）、补品计划卡（PMT）、幸福家庭计划卡（PKH）以及印尼健康卡（KIS）。2017 年 5 月 8 日，佐科总统偕夫人到访北马鲁古中哈尔马赫拉县。佐科总统主持了 Tepeleo 海港建成启动仪式，并向困难群众发放了 4129 张医疗补贴卡，体现了政府正关心和落实印尼健康卡—全国医疗保障项目（JKNKIS），推动项目惠及全体公民。至 2017 年 4 月 28 日，上述项目的参与者总数达 176931515 人。医疗社会保障实施

[①]《卫生部长：印尼没有发生疫苗短缺》，《雅加达邮报》2016 年 7 月 19 日，http：//www.cistudy.cn/bencandy.php？fid＝54&id＝2495。
[②]《特别行动队开始清除假疫苗》，《雅加达邮报》2016 年 7 月 14 日，http：//www.cistudy.cn/bencandy.php？fid＝54&id＝2471。
[③]《总统冀民众使用健康卡勿犹豫》，《千岛日报》2017 年 3 月 20 日，http：//www.cistudy.cn/bencandy.php？fid＝54&id＝3536。

机构也已经同20755家基层医疗机构合作，落实上述项目。① 印尼健康卡由医疗社会保障实施机构印制，民众可通过两种方式参与：一是义务登记和缴纳费用，缴纳形式可分为个人和工作单位缴纳两种；二是困难群体由政府负责登记和缴纳费用。2017年是确保上述项目连续实施的关键一年。为此，医疗社会保障实施机构将采取措施，包括加快工薪阶层的参与、提高个人缴纳费用的参与度等。印尼实施的这种健康卡政策，能够切实给患者带来便利。印尼医院正在努力为印尼居民以及外国游客提供更好的医疗服务。

印度尼西亚已开始使用全球第一款骨痛热症疫苗Dengvaxia。这种新疫苗获得世界卫生组织推荐，新加坡、菲律宾、墨西哥、巴西和萨尔瓦多等国也已批准使用此疫苗。Dengvaxia开发商、法国赛诺菲集团属下疫苗公司赛诺菲巴斯德表示，在2016年11月初获得印尼食品与药品管理局批准后，其印尼分公司已通过分销商将疫苗分发到印尼的诊疗所和私人医院。Dengvaxia获准用于9~45岁的人群，但对于9~16岁人群效果最好。②

万隆市长利克宛·卡米尔表示，万隆市将建新式医院，把闲置的Mayapada建筑改建为医院并取名为万隆Mayapada医院，专为贫民提供服务。Mayapada为万隆苏迪曼街一座14层高的楼房，已闲置多年。建设医院的经费来自万隆一位企业家。该企业将在9个月的时间内对其进行改造装修，预计在2018年六七月间就能投入运作。设立该医院的原因是，现有的医疗服务已经不能满足群众要求，特别是贫民的要求，因此需要兴建为中下层市民服务的医院。服务对象是参加社会健康保险的贫困市民。

---

① 《总统到访北马鲁古Halmahera启动新港口，分发健康卡》，《千岛日报》2017年5月9日，http://qiandaoribao.com/news/95232。
② 《印尼开始使用骨痛热症疫苗》，《联合早报》2016年11月2日，http://www.cistudy.cn/bencandy.php?fid=54&id=2967。

二 多方共同应对生态环境恶化

(一) 多种措施治理烟霾

森林仍因受到人类活动的影响而持续减少,印尼政府正在努力提高民众的森林保护意识。据《联合早报》报道,世界第三大岛屿加里曼丹岛的森林面积已大幅减少,若情况持续恶化,预计到 2020 年其将失去 75% 的森林。[①] 在印尼,对森林的破坏行为主要缘于农业用地以及工业用料等因素。在农业用地方面,印尼更多的还是采用传统的刀耕火种的方式,即烧林垦地的方式,因此"烧芭"行为在印尼长期存在。

字面上来看,"烧芭"就是烧芭蕉树,但是不仅是烧芭蕉树,也烧草皮、灌木以及各种雨林树种。"烧芭"的目的是为了清理地表的植物覆盖层,以获得可用于耕种的耕地。在生产力低下的古代,清理大片植物最快捷有效的方法就是用大火烧。同时燃烧后遗留下来的灰烬也会成为农作物的天然肥料;但是土壤的肥力不会保持很久,几年后就会变得贫瘠。到时人们也只好开垦新的土地用来种植。印尼在 1999 年颁布的《森林法》和 2009 年颁布的《环保法》已禁止了"烧芭"行为,并对该行为做出了相应的处罚规定。近年来,该问题日益受到来自印尼政府、东南亚地区和全世界的关注。印尼政府正在加大打击力度,为保护本国和东南亚地区的环境付出努力。

在林火以及烟霾问题上,由于印尼社会"烧芭"现象长期存在,所以林火和烟霾频发。但是,在 2016 年 6 月至 2017 年 6 月期间,印尼对于林火和烟霾采取了更加"谨慎"的态度。为了应对气候变化,环保人士呼吁政府促进民众参与森林管理事务。[②] 另外,印尼当局近年来加强执法力度对付涉及"烧芭"的企业,有些企业也与地方政府合作,鼓励人们放弃省钱的

[①] 《婆罗洲森林三年后或失 75% 面积 挽救行动刻不容缓》,《联合早报》2017 年 6 月 10 日,http://www.cistudy.cn/bencandy.php?fid=54&id=2967。

[②] 《环保人士呼吁政府促进民众参与森林管理事务》,《雅加达邮报》2016 年 12 月 16 日,http://www.cistudy.cn/bencandy.php?fid=54&id=3161。

烧芭辟地法，这些计划已经初见成效。① 随着干燥季节来临，佐科总统也要求相关部门提前做好林火防御工作。② 为防止旱季烟霾重现，印度尼西亚苏门答腊和加里曼丹两大岛屿上的五个省份已积极做准备，提升林火警戒级别。③ 此外，印尼对于一些有"烧芭"行为的企业，也实施了大额的罚款处罚。

对于印尼的"烧芭"现象，学者江振鹏认为人类的活动——印尼传统种植园经济的驱动与当地居民"烧芭"的传统共同构成了印尼烟霾产生的深刻根源。其主要表现有：第一，森林火灾的发生根源于人类对赤道地区森林的破坏。第二，烟霾频发直接归因为农民和种植园的放火清地行为。为了更多的种植园，森林遭受了更大规模的破坏。第三，印尼的森林火灾持续时间长、难以熄灭，是源于泥炭层被破坏。虽然烟霾的根源已经非常清楚地指向了棕榈种植园，但是在经济利益面前，印尼政府尤其是地方政府宁愿选择牺牲环境。这是因为印尼在跨境烟霾的治理中存在着多重的博弈，这些结构性的因素在不断影响或者制约烟霾的治理效果。首先，经济发展与环境治理的博弈。棕榈种植园经济是当代印尼发展的重要产业支撑，棕榈种植不仅可以带动农业发展，也可以促进其他产业的发展。对棕榈进行深加工，可制成工业润滑油、人造黄油、糕饼松脆油及各种含油化工品，包括甘油、脂肪酸、油性酒精、洗涤剂、表面活化剂和肥皂。其次，环境正义与庇护政治传统之间的博弈。再次，外岛地方政府与印尼政府之间的博弈。最后，"烧芭"传统与现代环保理念之间的博弈。"烧芭"作为一种印尼农业传统，很难在短时间内用行政命令根绝。仅在2016年8月下旬，印尼警方就已经逮捕了超过500名的纵火者。因此，学者提出了治理印尼的烟霾应由多方协作，并且已取得了一定的成效。第一，围绕印尼烟霾形成国际性的法律合作

---

① 《政府与企业推动鼓励 印尼更多农民弃烧芭防林火》，《联合早报》2017年2月26日，http://www.cistudy.cn/bencandy.php?fid=54&id=3447。
② 《佐科要求尽早预防林火》，《雅加达邮报》2016年8月13日，http://www.cistudy.cn/bencandy.php?fid=54&id=2607。
③ 《为防下月烟霾重现 印尼五省提升林火警戒级别》，《联合早报》2016年8月15日，http://www.cistudy.cn/bencandy.php?fid=54&id=2617。

框架。2016年，印尼政府表示要落实《联合国气候变化框架公约》的要求，尽快保护和恢复森林，停止以牺牲环境为代价的经济发展，兑现在2030年前减少碳排放量29%的国际承诺。① 第二，面对印尼缺乏治理烟霾的资金和技术的现状，国际社会也给予了相应的经济支援和技术帮助。第三，非政府组织也积极参与对霾污染的全球性治理中。另外，"绿色和平组织"也积极行动，通过募集资金和公共宣传来帮助印尼解决跨境烟霾问题。治理烟霾的污染归根结底需要以印尼为主导，以国际参与为辅助，实现地方性治理和全球性治理的有机联结。②

（二）水灾、水污染以及山体滑坡时有发生

印尼位于赤道，纬度较低，其气候为典型的热带海洋性气候，全年温差小，无明显的四季变化，只有雨季和旱季之分。印尼进入2016年雨季后，降水集中，由强降水引发的洪灾以及山体滑坡等灾害屡见不鲜。

2016年6月18日，中爪哇省大暴雨引发洪水和山体滑坡，造成省内16个县市的数千间房屋被洪水淹没，数十所房屋被埋，其中灾情最严重的普沃勒佐县已有11人死亡，26人失踪。③ 2016年9月21日，印尼多地在大雨后发生山体滑坡与洪水，造成20人死亡，至少15人失踪。④ 2010年印尼人口普查数据和全国救灾机构的统计显示，若不认真应对，印尼全国受中度至重度的山体滑坡灾害的人总共约达4009万人，或等于全国人口的17.2%。⑤ 在这期间，由雨季强降水导致的洪灾、山体滑坡等灾害，对印尼人民的生命

---

① 《印尼批准〈巴黎协定〉承诺2030年前减排三成》，《联合早报》2016年10月2日，http://www.zaobao.com/news/sea/story20161021-680292。
② 江振鹏：《跨境污染与地方治理困境——以印尼政府烟霾应对为例》，《南洋问题研究》，2017年第2期，第69~78页。
③ 《印尼洪水和山体滑坡已致24人死亡》，http://www.cistudy.cn/bencandy.php?fid=54&id=2348。
④ 《印尼多地洪灾 20死逾15失踪》，《联合早报》2016年9月22日，http://www.cistudy.cn/bencandy.php?fid=54&id=2782。
⑤ 《我国4009万居民受山体滑坡威胁》，《千岛日报》2017年4月8日，http://www.cistudy.cn/bencandy.php?fid=54&id=3621。

财产安全造成了巨大的威胁。

2016年6月至2017年6月,水污染问题也不可忽视。多巴湖是印尼著名的旅游胜地,然而,从2000年至今,多巴湖水质逐渐遭到污染,居民不得不步行约3公里去取水,给居民的生活造成了极大的不便。[①] 印尼是全球最大的海洋群岛国家,然而,在全球十大海洋污染国中,印尼名列第二。国际非政府机构调查表明,每年海洋中有800万吨塑料垃圾,其中五分之一是来自印尼。[②] 首届联合国海洋大会于2017年6月5~9日在纽约举行,有193个成员国及众多专家参加。印尼在此次大会上承诺会采取多种措施,努力保护海洋,防止和减少海洋污染,如减少使用一次性塑料袋,控制捕捞,遏制海平面上升等。[③]

(三) 火山活跃、地震频发

由于印尼位于太平洋周边地壳运动十分活跃的地带,其火山活动也比较频繁。从2016年6月到2017年6月,印尼陆续有火山喷发。火山与地质灾害观测中心报告,北苏门答腊省锡纳朋火山在5月8日前后持续喷发;[④] 于2017年5月20日上午又再度喷发,喷出4公里高火山灰;自从锡纳朋火山喷发,计有2863名居民受影响;[⑤] 北苏门答腊省锡纳朋火山于2017年6月9~11日接连3天在夜晚喷发,等等。2016年6月到2017年6月,印尼的火山活动较频繁,虽对印尼人民的生活造成了一定的影响,但是未出现大的人员伤亡。

[①] 《多巴湖水质遭污染居民不得不步行约3公里去取水》,《印度尼西亚商报》2017年6月14日,http://www.shangbaoindonesia.com/?p=185454。
[②] 《努力遏制海洋污染》,《国际日报》2017年6月13日,http://www.cistudy.cn/bencandy.php?fid=54&id=3945。
[③] 《努力遏制海洋污染》,《国际日报》2017年6月13日,http://www.cistudy.cn/bencandy.php?fid=54&id=3945。
[④] 《锡纳朋火山活动加剧》,《千岛日报》2017年5月8日,http://qiandaoribao.com/news/95183。
[⑤] 《锡纳朋火山喷发4公里高烟灰》,《千岛日报》2017年5月22日,http://qiandaoribao.com/news/95807。

印尼群岛位于太平洋周边地壳运动十分活跃的地带，由几条巨大的岛弧组成，新构造运动强烈。因此，地震在印尼时常发生。2016年6月至2017年6月，印尼多地陆续发生地震。如2017年4月21日上午11时，西苏门答腊省门达威群岛发生里氏5.3级地震；[1] 2017年4月24日凌晨1时，西爪哇省打横县西南部发生里氏5.4级地震；[2] 2017年5月29日凌晨4时54分，亚齐特区Gayo Lues县发生里氏5级地震，同日凌晨3时23分，中苏拉威西省Morowali县发生里氏4级地震。[3]

（四）环保新气象

佐科总统一行于2017年5月7日访问南加里曼丹省Tanah Bumbu县，向当地学生与居民分发自行车，且倡导在全国举行无车日活动。[4] 另外，为减少污染，政府敦促提高环保塑料材料的使用量。[5] 值得一提的是，可口可乐公司在印尼推出新技术，题名为"实惠小巧耀眼包装"，该创新技术已证实能减少印尼的塑料使用量至原用量的40%或者是每年800吨。无论是提高环保塑料材料的使用量还是减少塑料的使用量，都将对印尼的环境带来积极的影响。[6]

（五）围海造地工程反复开展

围海造地工程是印尼政府为应对洪灾、斥巨资开展的一项工程。2014

---

[1] 《苏西门达威群岛发生5.3级地震》，《千岛日报》2017年4月22日，http://www.qiandaoribao.com。
[2] 《西爪打横发生5.4级地震 牙律和万隆有震感》，《千岛日报》2017年4月25日，http://www.qiandaoribao.com。
[3] 《亚齐和中苏分别发生5级与4级地震》，《千岛日报》2017年5月30日，http://qiandaoribao.com/news/96154。
[4] 《佐科总统提倡骑自行车》，《千岛日报》2017年5月9日，http://qiandaoribao.com/news/95239。
[5] 《政府促提高环保塑料使用量》，《印度尼西亚商报》2017年5月9日，http://www.shangbaoindonesia.com/?p=182346。
[6] 《可口可乐推出新环保塑料瓶》，《印度尼西亚商报》2017年6月16日，http://www.shangbaoindonesia.com/?p=185718。

年至2016年6月,这项工程从启动到后来因各方议论而被政府暂时搁置。2016年9月中旬,印度尼西亚当局再次启动暂停了五个月的雅加达北岸庞大的防浪堤及填海造地工程。① 2016年9月22日,印度尼西亚刚重新启动的雅加达北岸庞大的防浪堤及填海造地工程,又因遇到问题而被喊停。② 2016年10月4日,前环保与林业部部长艾米尔·沙林博士表示,在一些地区填海会带来许多好处,包括在雅加达北部海湾的填海工程。③ 自此,进入2017年后,印尼政府慢慢整理所有谜题,重新启动自去年以来因饱受争议而停止的雅加达海湾填海工程。④ 海事统筹部部长卢胡特于2017年5月8日在雅加达表明,政府希望雅加达湾填海工程继续进行,因为该项目对首都雅加达的可持续发展具有重要作用和紧迫性。⑤

三 推动交通基础设施建设

交通建设对于印尼的发展起着重要的作用。2016年6月到2017年6月,印尼在陆上交通、航空以及交通新条例方面,整体上都在向着好的方向发展。

(一)积极推动高速铁路和公路建设

2016年6月到2017年6月,印尼的铁路建设主要集中在爪哇岛和苏门答腊岛。爪哇岛方面,备受瞩目的"雅万高铁项目"正在建设中。印尼国有企业部部长莉妮声称,雅加达—万隆高速铁路工程全长142.3公里,如今

---

① 《雅加达重启大型防浪堤及填海工程》,《联合早报》2016年9月15日,http://www.cistudy.cn/bencandy.php?fid=54&id=2744。
② 《雅加达大型防浪堤及填海工程又喊停》,《联合早报》2016年9月22日,http://www.cistudy.cn/bencandy.php?fid=54&id=2784。
③ 《艾米沙林:雅加达湾填海工程益处多》,《国际日报》2016年10月6日,http://www.cistudy.cn/bencandy.php?fid=54&id=2845。
④ 《印度尼西亚精英团结起来重启雅加达湾填海工程》,《雅加达邮报》2017年4月30日,http://www.cistudy.cn/bencandy.php?fid=54&id=3713。
⑤ 《卢虎:雅加达湾填海工程》,《国际日报》2017年5月9日,http://www.guojiribao.com/shtml/gjrb/20170509/317048.shtml。

才建造其中的5公里路段,预计能在2019年下半年内完成全部的工程。①此外,印尼首都雅加达,也进行了轻轨捷运的兴建工作。② 在"雅万高铁项目"中,印尼选择了中国,但在铁路建设上,印尼也同日本积极合作。2016年10月7日,印尼海事统筹部部长卢胡特在东京进行工作访问时向日本政府发出了邀请,邀请日本参与建造雅加达到泗水的中速铁路。③ 据2017年3月27日《联合早报》报道,印度尼西亚总统佐科已正式决定,邀请日本参与连接首都雅加达与东部大城市泗水的爪哇岛现有铁路(约750公里)高速化计划。④ 此外,在苏加诺-哈达机场,即雅加达机场的轻铁建设项目投运后,可连接第二候机大楼和第三候机大楼,两者之间行程时间缩短为只有3分钟。⑤

苏门答腊岛方面,印尼政府除了从亚齐至楠榜的高速路建设外,也打算在苏门答腊岛全省建设铁路线。根据交通部铁路事务总署在2015~2019年的纲领规划,政府已定下指标,从亚齐美仑至楠榜巴高赫尼的铁路线要相连接。⑥

印尼政府十分重视高速公路建设,其建设主要集中在爪哇岛和加里曼丹岛。为推动国家基础设施建设,佐科总统计划在其5年任期内,修建总长1260公里的高速公路,梭罗高速公路、爪哇高速公路、万鸦老—庞东的苏拉威西高速公路、麻里巴板—三马林达的加里曼丹高速公路项目都已列入政

---

① 《政府确定雅万高铁后年完成》,《国际日报》2017年5月4日,http://www.guojiribao.com/shtml/gjrb/20170504/316398.shtml。
② 《雅加达轻轨第一阶段已完成15%》,《千岛日报》2017年4月22日,http://www.qiandaoribao.com。
③ 《印尼正式邀请日本参与建造雅加达到泗水中速铁路》,《联合早报》2016年10月10日,http://www.cistudy.cn/bencandy.php?fid=54&id=2857。
④ 《印尼邀日本参与"雅泗铁路"高速化计划》,《联合早报》2017年3月27日,http://www.cistudy.cn/bencandy.php?fid=54&id=3572。
⑤ 《雅加达机场轻铁下月投运》,《国际日报》2017年6月7日,http://www.guojiribao.com/shtml/gjrb/20170607/320510.shtml。
⑥ 《雅加达机场轻铁下月投运》,《国际日报》2017年6月7日,http://www.guojiribao.com/shtml/gjrb/20170607/320510.shtml。

府工作计划。在苏门答腊和爪哇岛的数条高速公路，2017年就将投入运行。①

爪哇岛方面已开始建设巴塘—玛朗和巴塘—三宝垄路段的收费公路。② 此外，佐科政府一直加紧发展长达1187公里的跨爪哇高速公路的建设工程，佐科总统届时亲临工程现场观察，他要确定从孔雀港至外南梦的高速公路必须在2019年就已竣工。③ 在首都雅加达，史芒义高架公路已连接完成，这条公路完工通车，可以有效缓解市内交通堵塞。④

在加里曼丹岛方面，2015~2017年期间，印尼政府通过公共工程与民居部已在加里曼丹西部优先建设或开辟边境公路，这条公路全长849.76公里，截至2017年底约有742.4公里的边境公路已能通车，另有107.3公里还未开辟，希望2019年可以完全开辟并开始投运。⑤

此外，号称印度尼西亚最大的机场航站楼已于2016年8月9日启用，这个位于雅加达郊区、属于苏加诺-哈达国际机场的第三航站楼一年可接待的客流量可达2500万人次。⑥ 2017年6月起，天合联盟航空公司的所有国际航班开始从雅加达机场3号航站楼起降。⑦

（二）推出交通新政策和新服务

作为印尼的首都，雅加达的地位可谓举足轻重，然而雅加达有三大问题

---

① 《佐科冀5年内兴建1260公里高速公路》，《千岛日报》2017年5月4日，http://qiandaoribao.com/news/95239。
② 《搁置二十年后，开始爪哇收费公路建设》，《雅加达邮报》2016年6月18日，http://www.cistudy.cn/bencandy.php?fid=54&id=2344。
③ 《跨爪哇高速路全长1187公里》，《国际日报》2016年10月19日，http://www.cistudy.cn/bencandy.php?fid=54&id=2898。
④ 《雅加达史芒义高架公路连接已完成 预计今年八月运行》，《千岛日报》2017年4月27日，http://www.qiandaoribao.com。
⑤ 《加里曼丹边境公路全长850公里明年通车》，《国际日报》2017年5月17日，http://www.guojiribao.com/shtml/gjrb/20170517/317997.shtml。
⑥ 《印尼国际机场第三终站 8月9日启用》，《联合早报》2016年8月8日，http://www.cistudy.cn/bencandy.php?fid=54&id=2586。
⑦ 《6月起天合国际航班将使用苏哈机场3号航站楼》，《千岛日报》2017年5月17日，http://qiandaoribao.com/news/95574。

亟待解决，即交通、垃圾以及洪水。2016年6月至2017年6月，雅加达在交通方面出台了新政策，推出了新服务，对于解决交通拥堵问题具有重要作用。

在新政策方面，雅加达比较突出的就是"车辆单双号限行计划"。雅加达为了解决交通严重拥堵问题，在情况严重的地区开始试行"车辆单双号限行计划"。按这个计划，车牌号码是单数的车辆只能在日期为单数的日子进区，双数车牌也只能在双数日期入区。① 除了车辆，雅加达政府也计划对摩托车施行尾号限行计划。雅加达省长查罗特于2017年6月21日在雅加达省政厅说明，雅加达政府计划对摩托车实行尾号限行计划（按车牌尾号实行单号单日行驶、双号双日行驶）。②

在新服务方面，雅加达特区前省长钟万学计划提供更加舒适的公共汽车，如此一来在日常生活中富人可能更加有意愿使用公共交通工具。③ 此外，印尼交通部推出前往雅加达国际机场的快线穿梭巴士服务，即"雅加达机场快线巴士服务（Jakarta Airport Connexion）"。首辆巴士将从雅加达豪华酒店和购物中心出发，把乘客送往国际机场。④ 在印度尼西亚，使用约车软件呼叫摩托车十分普遍。现在，网约车业者更大胆地推出了"网约直升机"服务，让人们能搭乘直升机赶时间。⑤

四 政府为旅游业增收助力

印尼这个赤道上的绿翡翠，因其独具魅力的自然风光和人文景观，吸引

---

① 《雅加达试行车辆单双号限行计划》，《联合早报》2016年7月30日，http://www.cistudy.cn/bencandy.php?fid=54&id=2549。
② 《雅京政府计划实行摩托车尾号限行规则》，《千岛日报》2017年6月22日，http://www.guojiribao.com/shtml/gjrb/20170622/322558.shtml。
③ 《钟万学提供高品质公交车以吸引富人乘坐》，《雅加达邮报》2016年6月15日，http://www.cistudy.cn/bencandy.php?fid=54&id=2326。
④ 《交通部推出苏哈机场快线穿梭巴士服务》，《千岛日报》2017年5月31日，http://www.cistudy.cn/bencandy.php?fid=54&id=2586。
⑤ 《"打车"新花样 印尼约车APP将推出直升机服务》，《印度尼西亚商报》2017年6月14日，http://www.shangbaoindonesia.com/?p=185528。

了无数旅游者。2016年6月至2017年6月，印尼旅游业在发展方面有三个趋势。

（一）扩建旅游设施

西爪哇省Pangrango国家公园兴建世界上最长高空缆车，约30公里长，人们可以从高空缆车上直接在Gede山山顶中充分感受大自然风光，从容地欣赏Pangrango国家公园多种多样的受保护野生动物。① 从2017年1月7日开始，西爪哇茂物市一辆明亮蓝色的旅游大巴经已接受官方测试，正式成为运载游客环市观光的交通工具。② 西爪哇展玉县政府与印尼火车公司合作，启动Padang山Wara-Wiri旅游车，以方便游客来此旅游，观赏史前遗留的文化巨石。③

（二）扩大国外客源市场，多举措吸引游客

印度尼西亚为争取扩大中东穆斯林的客源市场，旅游局计划推出一系列宣传，向中东游客推销印尼的一些重点旅游景点如龙目岛、雅加达和西苏门答腊等。另外，旅游局也到中东国家为印尼的伊斯兰旅游业做宣传。④ 作为世界人口大国之一，中国自然而然地成了印尼重要的客源市场。印尼以中国春节为契机，采取多项旅游优惠措施吸引中国游客。⑤ 印尼国家统计局数据显示，2016年赴印尼旅游的中国游客达142.9万人次，比2015年增长

---

① 《西爪哇Pangrango国家公园将兴建世界上最长高空缆车》，《千岛日报》2017年1月3日，http：//www.cistudy.cn/bencandy.php？fid=54&id=3235。
② 《茂物启动UNCAL旅游大巴》，《千岛日报》2017年1月10日，http：//www.cistudy.cn/bencandy.php？fid=54&id=3262。
③ 《西爪哇展玉县长将启动旅游车》，《千岛日报》2017年5月9日，http：//qiandaoribao.com/news/95265。
④ 《印尼争取扩大中东游客市场》，《雅加达邮报》2016年12月26日，http：//www.cistudy.cn/bencandy.php？fid=54&id=3206。
⑤ 《印尼以春节为契机吸引中国游客》，《千岛日报》2017年1月4日，http：//www.cistudy.cn/bencandy.php？fid=54&id=3241。

13.96%，成为印尼第一大旅游客源地。[1]

（三）政府大力推新旅游景点

2016年6月至2017年6月，印尼旅游业另外一个明显的趋势就是加大投资，大力推新。在推新方面，印尼教育与文化部部长海马尔法日特（Hilmar Farid）于2017年4月24日在西苏门答腊省达那德达尔县巴度桑卡尔市视察表示，目前国际游客对文化旅游景点最感兴趣，如传统习俗、有历史纪念的古建筑等，占旅游目的地的60%。他认为旅游业是最具有潜力的行业，可改善当地经济和民生，也是地方财政收入和国民收入的来源。为此，他要求达那德达尔县政府巴度桑卡尔市文化遗产保护机构根据该地区的文化习俗加强推动开发旅游景点的力度。[2] 另外一个值得一提的推新例子，就是贫民窟变旅游景点。贫民窟给人的刻板印象就是脏乱不堪。不过中爪哇省的三宝垄市Gunung Brintik乡的贫民窟，经改装后摇身一变，成为亮丽夺目的"彩虹村（Kampung Pelangi）"，每天吸引大批游客前来一睹它的风采，短短一个月内就成了旅游景点，吸引不少访客慕名而来，带动了当地经济发展。[3]

五 社会问题严峻

（一）毒贩猖獗，军人涉毒

印尼的毒品问题一直都很严重，形势不容乐观。这一年，印尼的毒品问题似乎更为严重，主要体现为"毒商云集""贩运毒猖獗""军警涉毒"。

---

[1] 《赴印尼中国游客3年超100万 年均增长率超10%》，《千岛日报》2017年5月26日，http://qiandaoribao.com/news/95934。
[2] 《文教部推动文化旅游景点开发》，《千岛日报》2017年4月27日，http://www.qiandaoribao.com。
[3] 《贫民窟改造成彩虹村 吸引访客带动经济》，《千岛日报》2017年5月23日，http://qiandaoribao.com/news/95825。

2016年8月15日，印尼国家禁毒机构主任布迪在雅加达出席与印尼银行推出防控药物滥用及走私运动的合作协议签署仪式时讲话。他表示，印尼已经成为东南亚的最大毒品市场，印尼吸毒者人数正日趋增长。在印尼运作的国际贩毒集团当中，有多达48个与22座监狱内的贩毒网络有联系。布迪透露，目前印尼的吸毒者超过500万人，大部分吸食的是冰毒，这些毒品一般来自中国、欧洲和南美。① 2017年3月25日，印尼国家禁毒机构社会与工作环境组组长表示，印尼成为东南亚地区贩毒的首选市场。印尼国家禁毒机构的数据显示，印尼吸毒人数占全国总人口的2.2%，其中有超过50%的人为就业人群。印尼成为亚洲"最佳"贩毒市场。②

贩运毒猖獗，案件层出不穷。2017年4月18日，万隆大都市警署破获一起含有Gorilla烟草的电子液态香烟贩毒案，捕获4名商贩，收缴了百余瓶液态大麻。③ 2017年4月19日，西爪哇省苏邦县Cikondang村某居民在苏北省瓜拉纳姆国际机场乘坐飞机时携带2.85公斤冰毒被捕。④ 2017年4月23日，联合缉毒组和打拉根海关成功破获价值40亿印尼盾，由马来西亚走私入境的4公斤冰毒贩毒案。⑤ 2017年4月24日，印尼及廖内省禁毒机构人员，在北干巴汝市逮捕了1名女性和2名男性毒贩。在该女子屋里搜出1公斤冰毒和数百粒快活丸。⑥ 2017年5月14日，印尼禁毒机构人员抓捕掌控北苏门答腊省棉兰市Tanjung Gusta监狱冰毒交易的毒枭Togiman（又名

---

① 《国际贩毒集团云集印尼》，《联合早报》2016年8月18日，http://www.cistudy.cn/bencandy.php?fid=54&id=2627。
② 《印尼成东南亚"最佳"贩毒市场》，《千岛日报》2017年3月28日，http://www.cistudy.cn/bencandy.php?fid=54&id=3578。
③ 《万隆警方破获液态合成大麻贩卖案》，《千岛日报》2017年4月22日，http://www.qiandaoribao.com。
④ 《西爪居民携带2.85公斤冰毒被捕》，《千岛日报》2017年4月21日，http://www.qiandaoribao.com。
⑤ 《警方破获自马国入境4公斤冰毒》，《千岛日报》2017年4月25日，http://www.qiandaoribao.com。
⑥ 《廖省3毒贩被捕》，《千岛日报》2017年4月27日，http://www.qiandaoribao.com。

Toge）。该贩毒集团把冰毒藏在鱼箱中走私。① 2017年5月29日，雅加达北区警署破获一宗毒品交易，警方从毒贩手中查扣了25282粒摇头丸。②

2017年5月11日，占碑警方与宪兵联合拘捕3名携带1.4公斤冰毒毒犯，其中1人是在亚齐服役的军人。③ 2017年6月7日，3名在海军基地执勤的海军陆战队士兵及其朋友，因涉1公斤冰毒交易被北苏门答腊警方抓捕。④

（二）恐怖主义问题严重

印尼的恐怖主义问题严重，形势严峻。印度尼西亚国家反恐局局长表示，恐怖组织伊斯兰国的崛起正使印尼面对第二波恐怖主义的威胁，外国观察家甚至视印尼为继阿富汗之后的第二个反恐战场。⑤

印度尼西亚中爪哇省主要城市梭罗在开斋节前夕发生自杀式袭击。印尼总统佐科促请民众保持警惕，并下令警方彻查和逮捕同这起袭击有关联的激进分子。⑥ 印度尼西亚国家情报局局长苏蒂约索说，梭罗市警局上午遭袭击的案件可能与极端组织"伊斯兰国"在印尼的支持者有关。⑦ 2017年5月8日，印尼万隆发生恐怖袭击，极端分子与警察交火。⑧ 2017年5月24日晚9

---

① 《苏北贩毒集团用鱼箱走私冰毒》，《千岛日报》2017年5月23日，http：//qiandaoribao.com/news/95864。
② 《雅京警方查获2.5万粒摇头丸》，《千岛日报》2017年5月30日，http：//qiandaoribao.com/news/96134。
③ 《占碑警方拘捕一贩毒军人》，《千岛日报》2017年5月18日，http：//www.qiandaoribao.com。
④ 《3海陆战队士兵 涉毒品交易被捕》，《千岛日报》2017年6月9日，http：//qiandaoribao.com/news/96604。
⑤ 《卡伊达之后 印尼面对第二波恐怖威胁》，《联合早报》2016年6月24日，http：//www.cistudy.cn/bencandy.php?fid=54&id=2371。
⑥ 《梭罗遭袭击 印尼总统促人民提高警惕》，《联合早报》2016年7月5日，http：//www.cistudy.cn/bencandy.php?fid=54&id=2431。
⑦ 《印尼情报局长：梭罗恐袭乃IS所为》，《联合早报》2016年7月5日，http：//www.cistudy.cn/bencandy.php?fid=54&id=2432。
⑧ 《印尼万隆发生恐怖袭击 极端分子与警察交火》，《千岛日报》2017年5月10日，http：//www.qiandaoribao.com。

时和9时5分,雅加达东区马来由巴士站相继发生自杀式恐怖爆炸,造成5人死亡,数十人受伤。① 极端组织"伊斯兰国"宣称对5月24日雅加达恐怖袭击事件负责。②

面对频发的恐怖袭击事件,印尼采取了多项反恐措施,修订及严格执行反恐法令。印度尼西亚国家警察总长狄托指出,印尼现有的反恐法令存在太多弱点,他希望有关当局在修订时予以纠正,并考虑现代恐怖主义与极端主义的最新发展趋势。③ 此外,司法与人权部部长劳利也希望国会议员加快修订《关于铲除恐怖主义的2003年第15号法令》。该法令修订后能让警察更灵活地运用现行法律来防止恐怖主义行动。④ 2017年5月30日,国会议长诺凡托明确表示,国会承诺按照佐科总统的要求加速修订《关于铲除恐怖主义的2003年第15号法令》。⑤ 印尼国家反恐局局长苏哈迪于2017年5月13~19日到访土耳其,与土耳其警察总长会面。印尼与土耳其两国政府已在加强合作打击跨国恐怖分子上达成共识。⑥

第二节 文化发展

2016年6月至2017年7月,印尼文化方面呈现以下特点:第一,"潘查希拉"原则及"殊途同归"精神依旧是印尼文化的两大基石,各种族、宗教、地区的不同文化和谐相处,不同文化的相互了解和融合进一步加深。

---

① 《首都发生连环自杀式恐怖炸案 总统强烈谴责 指令国警总长彻查》,《千岛日报》2017年5月26日,http://www.qiandaoribao.com。
② 《极端组织"伊斯兰国"宣称对雅京马来由村恐怖袭击事件负责》,《印度尼西亚商报》2017年5月26日,http://www.shangbaoindonesia.com/? p=183786。
③ 《警察首长:印尼反恐法弱点太多须纠正》,《联合早报》2016年8月15日,http://www.cistudy.cn/bencandy.php? fid=54&id=2616。
④ 《司法部长吁加速修订反恐法令》,《国际日报》2017年5月29日,http://www.guojiribao.com/shtml/gjrb/20170529/319559.shtml。
⑤ 《国会承诺加速修订反恐法令》,《国际日报》2017年5月31日,http://www.guojiribao.com/shtml/gjrb/20170531/319817.shtml。
⑥ 《印土加强合作 打击跨国恐怖分子》,《千岛日报》2017年5月20日,http://www.qiandaoribao.com。

第二，政府及民众对文化遗产的保护意识明显提升，文化在国家发展中的地位也越来越受到重视。第三，在国际社会所热切关注的文化热点问题方面，LGBT[①]问题由于宗教教义的影响，政府对其的管束愈加严苛，时有LGBT者受排斥、同性恋者受鞭刑、反LGBT游行事件发生，引发国际社会对印尼人权约束的抗议。第四，印尼与其他国家的文化交流日益频繁。印尼与中国的人文交流活动如火如荼地进行，华文及中华文化在印尼更加普及，华人对中华文化认同度进一步加深。

一 文化保护不断加强

印度尼西亚被指定为2017年世界文化遗产保护会议的东道国。第17届峰会于2017年5月11日在巴厘岛吉安雅召开，会议邀请了72个国家代表参加。印尼文化遗产保存委员会主席哈希姆曾在一份声明中表示，印尼成为国际会议的东道主，证明了印尼在国内和国际的文化保护层面拥有强大的支持者。通过举办2017年世界文化遗产保护会议，印尼能全面探索传统文化的丰富多彩和智慧，并同参会国一同改善全球的可持续性，尤其是对环境的保护。巴厘岛吉安雅县县长表示，该合作会增加印尼各个地区在发展文物遗产方面的机会。[②]

此外，印尼地方政府也十分重视对文化遗产的保护。位于雅加达北区的"不碌陵园"在被列为雅加达特区历史文化遗产保护区后，每天吸引了大量民众，因此"不碌陵园"已成为雅加达和周围城市民众的朝拜陵园。前省长钟万学坦承，雅加达特区政府将"不碌陵园"列入雅加达特区历史文化遗产保护区，也是表达对这位已故前辈的虔敬，而绝对不是出于政治企图。[③]

在泗水，立法者向泗水旅游局建议，给文化保护区内所有建筑刻上碑文

---

① LGBT为女同性恋者、男同性恋者、双性恋者、跨性别者英文首字母的缩略词。
② 《印尼承办文化遗产保护会议》，http://www.ydnxy.com。
③ 《雅京北区居民赞赏Mbah Priok陵墓被列为国家历史文化保护遗产》，《印度尼西亚商报》2017年3月20日，http://www.shangbaoindonesia.com/? p=178195。

或者铭文。泗水委员会的一名成员说,这是为了使泗水文化保护区的文物建筑不容易丢失。据他介绍,泗水的文物建筑只配备一个牌匾或标志,不仅不耐用,还易于拆卸。万隆市针对文物建筑的大理石铭文的雕刻工作已经开展。这样做是想让人们提醒这些建筑作为文化遗产的重要性,尽量减少人们破坏文物的可能。这名成员补充道,他所在机构要求泗水市政府旅游局确定泗水文化遗产的数量。有了这些数据,他将与文化遗产团队的旅游部门一起商议需要立即装配碑文的建筑物。①

在日惹 Gunung Kidul 县 Karangmojo 镇的 Bejiharjo 村,村民努力保护本地习俗和文化。村政府为文化活动提供设施及资金支持。村长说他们努力保护文化是为了让未来的子孙仍然可以看到他们祖先的文化,作为一个文化之乡,Bejiharjo 村必须保留传统习俗。

此外,印尼政府通过教育与文化部向 155 个文化社区提供设施,恢复 75 个传统村落。文化总干事希尔马·法德说:"这是为了确保传统习俗和当地文化能继续生存,并(促进这些地区)成为殊途同归精神的典范。"② 印尼的文化正面临着挑战,人们抛弃了旧文化,但不接受新的东西。文化工作者和传统村庄的存在可以加强印尼的文化。政府提供的援助用于振兴、充实、提高文化社区和传统村落的质量,以使文化可持续发展;援助的目标包括宫殿、传统社区、传统机构、美术馆等。

在文化发展规划方面,佐科总统 2016 年 8 月 23 日在国家美术馆召开的会议上请求文化界人士制定国家文化蓝图。文化界人士认为最重要的是文化和民族的发展,但不能忽略国家发展建设。佐科在会后表示,无论如何,印尼必须使基础设施之间保持平衡,不能一直谈经济、政治,也要关注印尼文化的宏观政策措施。佐科同意将印尼文化发展作为长远设计建设,文化界人

---

① "Diusulkan Cagar Budaya di Kota Pahlawan Diberi Prasasti", June 14, 2017, http://entertainment.kompas.com/read/2017/06/14/192239710/diusulkan.cagar.budaya.di.kota.pahlawan.diberi.prasasti.

② "Pemerintah Fasilitasi Komunitas Budaya", Apr. 27, 2017, http://entertainment.kompas.com/read/2017/04/27/104957110/pemerintah.fasilitasi.komunitas.budaya.

士必需协助制订国家文化蓝图。① 具体方面包括培养青年文学、加强文化外交、建立文化中心等。

教育与文化部部长穆哈齐说，政府把文化作为可持续发展的一个组成部分。在讲话中他还声明政府把文化放在国家建设的重要位置，文化是国家建设中的一种非常重要的资本，印尼有非常多元的文化，有超过1000个民族和约726种语言，虽然各不相同，但印尼非常和谐。这也反映在"殊途同归"的座右铭上，因此，印尼必须保护和促进印尼文化的多样性，其中一种方法是赋予艺术家力量来促进文化多样性发展。艺术家的言论自由应该受到政府的保护。②

二 文化精神传承

（一）纪念"潘查希拉"诞生日

1945年6月1日，苏加诺总统在印度尼西亚独立筹备调查委员会上提出"潘查希拉"原则。"潘查希拉"是苏加诺对印尼多元思想和文化的概括，集中体现了爪哇文化的核心价值观，继承了爪哇化的行为方式和思维表达理念，也是独立后印尼社会和文化发展的指导思想。③ 其主要内涵包括：至高无上的神道；公正和文明的人道；印度尼西亚的统一；协商和代表之下的民主；实现社会的正义和繁荣。

建国以来，印尼政府一直坚持"潘查希拉"原则，这是多元化的印尼得以团结和睦的关键。印尼国徽上的"Bhinneka Tunggal Ika"含义是"殊途同归"，蕴含求同存异的意义。印尼人民追求同一个承诺和精神，那就是推崇"潘查希拉"原则作为印尼民族之魂、印尼身心的一部分以及国家民族生活方式的精神。"潘查希拉"与"殊途同归"是印尼的两大基石，也正是

---

① 《佐科威总统要求文化界人士制订国家文化蓝图》，《印度尼西亚商报》2016年8月24日，http://www.shangbaoindonesia.com/? p=161189。
② https://www.antaranews.com/berita/626980/menteri-budaya-bagian-penting-dari-pembangunan-berkelanjutan。
③ 杨全喜、唐慧：《印度尼西亚研究》，军事谊文出版社，2009，第124页。

因为有这样的价值观存在,印尼不论如何发展和改革,多元主义、和谐共处仍是国家生存和发展的基石。

佐科总统在雅加达东区国民军总部出席庆祝静居日活动中表示,应发扬光大"潘查希拉"原则与"殊途同归"精神。作为一个多元化的国家,印尼拥有714个部落,国家统计局的数据甚至达1340个部落。各民族和有着不同背景与文化的人们,只要在日常生活中能互相尊重、相互信任,就不会阻碍印尼人的团结,不会阻碍人们和谐的生活。佐科表示,在多元化国家中,印尼有"潘查希拉"原则与"殊途同归"精神,是它们把人们紧紧地团结在一起。通过秉承"潘查希拉"原则与"殊途同归"精神,人们继续团结在一起。只要人们能团结,国家民族就能进步,就能迎接更加辉煌的未来。①

在雅加达苏迪曼街与潭林街印尼大酒店环形公路的由印尼民族联盟发起的各族人民大集会中,一些政党领导人表示,印尼人民唯有在殊途同归、多元化的基础上团结起来,方能战胜愚昧、无知与贫穷。团结建设党中央理事会主席法利德在其演讲中表示,印尼是由数千个岛屿和多个种族所组成的。这些多元化的民族团结在一个国度里,即印度尼西亚共和国。从业党总主席斯迪亚·诺凡多在演讲中表示,2016年12月3日举行的和平集体祷告中,总统同人民一块进行了周五祈祷。从这一点就可以证明佐科总统是亲民的总统。国民民主党总主席苏利亚巴罗(Surya Paloh)演讲说,不是所有的国家都拥有像印尼这样了不起的潜力。这就是为什么印尼应继续紧握上天所给予的恩赐,以及诸多国家领导人、民族战斗英雄、独立宣言者,为了独立牺牲了他们的时间甚至生命。为了感恩,现在最重要的是,印尼人民必须团结起来,方能战胜愚昧、无知与贫穷。②

2017年5月31日,青年与体育部长伊玛姆·纳赫拉维在雅加达鳄鱼洞

---

① 《佐科威总统在出席居静日活动中表示:应发扬光大班渣西拉殊途同归精神》,《印度尼西亚商报》2017年4月25日,http://www.shangbaoindonesia.com/? p=180939。
② 《在殊途同归与多元化的基础上团结起来方能战胜愚昧、无知与贫穷》,《印度尼西亚商报》2016年12月4日,http://www.shangbaoindonesia.com/? p=170039。

神圣的"潘查希拉"纪念碑前，主持"青年组织忠于潘查希拉、1945年宪法和印尼统一国家"的誓师大会。有120个青年团体参加，并在一面大横幅上签字。伊玛姆·纳赫拉维表示，青年应该发展正能量，纪念活动不只具有象征意义，而是要真正提高全国青年热爱"潘查希拉"的思想意识。全国各地的青年要热爱和效忠"潘查希拉"原则。上帝赋予印尼多元文化，而有一些组织想搞分裂。纳赫拉维部长呼吁青年要不断提高对"潘查希拉"的认识和觉悟，以面对这挑战；青年要认识到，国家的思想意识是印尼的先驱经过不断探索得来的，它指引青年处处以民族和国家为本行事。他还表示对背离"潘查希拉"原则的青年组织应采取坚定行动，只有如此才能保证国家的统一。①

在纪念"潘查希拉"诞生日的气氛里，梭罗市民族主义组织发表支持"潘查希拉"和"殊途同归"的宣言，反对反"潘查希拉"社会组织的行动。印尼青年全国委员会主席班邦说，上述宣言是由梭罗安梭青年团多功能队伍、五誓青年组织（PPM）、印尼退伍军人子女通讯论坛（FKPPI）、国警合作伙伴交流中心（Senkom Mitra Polri）和印尼伊斯兰大学生协会（PMII）等10个组织共同发表的。他们声明："我是印度尼西亚，我是反对违反'潘查希拉'和45年宪法的社会组织，并支持政府解散反'潘查希拉'的社会组织。"②

在安梭青年运动组织成立83周年纪念活动中，苏哥哈佐0726军区情报部主任阿吉斯（Muhammad Azis）表示，要防范外国势力及极端主义活动。印尼能矿等自然资源丰富，有人想利用第三方或印尼公民掠夺甚至控制印尼的资源。印尼是多民族的团结的国家，不能让恐怖分子削弱印尼的力量。③

为纪念民族复兴日，旅居在美国的印尼公民在纽约先驱广场举行和平行

---

① 《青年部长主持青年忠于班渣西拉誓师大会》，《千岛日报》2017年6月2日，http://www.qiandaoribao.com。
② 《梭罗民族主义社会组织纷纷反对反班渣西拉思想》，《千岛日报》2017年6月15日，www.qiandaoribao.com。
③ 《苏哥哈佐青年组织誓师 忠于班渣西拉和印尼大一统》，《千岛日报》2017年5月22日，www.qiandaoribao.com。

动,呼吁全面维护"殊途同归"精神。行动代表 Imanuelly Jaya 表示,行动历时2个小时,参与者一同祈祷、高唱印尼国歌。"他们希望重新树立民主、团结、爱国观念,人民可以是不同民族和崇尚不同宗教信仰,但是家只有一个,那就是印度尼西亚。"① 此外,参与者还为被判刑的前省长钟万学声援。他们认为,钟万学不应被判罪。参与者 Nando Tmapu Bolon 表示,他们期望政府维护1945年宪法精神和建国五项基本原则,严厉打击假借宗教、民族、某类群体或任何形式传播仇恨及助长不容忍态度和制造骚乱的人。

(二)卡尔蒂妮精神代代相传,女性群体备受鼓舞

卡尔蒂妮是一位为印尼妇女争取权益与地位的女英雄,值得印尼所有的女性尊敬和敬仰。1964年,苏加诺宣布把卡尔蒂妮的生日4月21日定为法定假日,以纪念这位伟大的妇女运动先驱。

2017年4月29日,东爪哇漳属公会妇女部在该会会所二楼举行义卖活动,纪念"卡尔蒂妮日"。东爪哇漳属公会及妇女部领导张兴仁、陈平泉、吴生基、童佩佩、林美娟、吴秀芬、赵群娟、李虹英、林美玲等参加活动。东爪哇漳属公会妇女部领导童佩佩说,卡尔蒂妮是一位为印尼妇女争取权益与地位的女英雄,值得印尼所有的女性尊敬和敬仰。希望通过举办类似义卖活动,将卡尔蒂妮的精神传承下去。②

印尼华裔总会妇女部和青年部理事以及获得彩虹助学金的百余名学生,为迎接4月21日卡尔蒂妮纪念日,于2017年4月7日在雅加达南区的21电影院,一同观赏名为《卡尔蒂妮》的影片。该部影片叙述1879年4月21日在中爪哇日巴拉出生的卡尔蒂妮从幼年到成年的生活状况。③ 卡尔蒂妮为争取让受压迫的印尼妇女获得应有的权益、提高她们的社会地位、获得同等

---

① 《旅美印尼公民举行和平行动呼吁维护殊途同归精神》,《千岛日报》2017年5月22日,www.qiandaoribao.com。
② 《东爪哇漳属公会妇女部举行义卖活动纪念"卡尔蒂妮日"》,《千岛日报》2017年5月3日,http://www.qiandaoribao.com。
③ 《印尼华裔总会妇女部与青年部献映纪念印尼民族英雄〈Kartini〉影片》,《印度尼西亚商报》2017年4月7日,http://www.shangbaoindonesia.com/?p=179977。

的教育、反对封建社会对妇女不公平的待遇，以不屈不挠的伟大精神与当时的封建社会进行了英勇的斗争。1904年9月17日卡尔蒂妮与世长辞，年仅25岁，令人惋惜。卡尔蒂妮是印尼妇女界备受崇敬和永恒纪念的巾帼英雄。

电影导演布拉曼迪尤（Hanung Bramantyo）表示，他的最新作品《卡尔蒂妮》对一夫多妻制和19世纪爪哇的父权制文化进行了批判，这一点在很大程度上受到了卡尔蒂妮信件以及印度尼西亚传奇作家普拉莫迪亚·安娜塔·托尔（Pramoedya Ananta Toer）作品的影响。他与卡布里尼共同撰写了《卡尔蒂妮》的剧本。他写了很多关于卡尔蒂妮的书籍，并认为卡尔蒂妮是印度尼西亚的一个民族女英雄和妇女运动的先驱。[1] 他的阅读清单包括《从黑暗到光》（Habis Gelap Terbitlah Terang），卡尔蒂妮给欧洲笔友的信，以及《就叫我卡尔蒂妮吧》（Panggil Aku Kartini Saja）。他想用一个现代化的视角来创作一部风格明亮的作品。这部电影是给年青一代的礼物，希望观众享受通过历史了解现在的观影过程。

2017年3月4日，妇女权利活动家参加了雅加达中部的游行。社会法律援助研究所的Naila Rizki Zaqiah说，除了庆祝国际妇女节外，雅加达的游行也是一个声援全世界不享有平等权利的妇女的行动。她说，这次行动的想法来自雅加达女权主义讨论组，这个集团已经活跃一年多了。该组织声称拥有1300多名不同背景的成员，包括全职活动家、企业员工和家庭主妇。妇女活动家对印度尼西亚政府和人民有8个要求，所有要求都已在游行中公开表达。她们呼吁印度尼西亚更为宽容，要求印度尼西亚政府制定公平的《性别公义法》，结束妇女暴力、保护女工，明确对包括残疾人在内的妇女和少数群体友善的公共政策。她们要求政府和国家政党要增加妇女在政治领域的代表性和参与度，结束对LGBT运动的歧视。她们还要求不仅仅是政

---

[1] "Director Hanung Bramantyo Inspired by Classic Indonesian Literature in 'Kartini'", *The Jakarta Globe*, Apr. 7, 2017, http://jakartaglobe.id/features/director-hanung-bramantyo-inspired-classic-indonesian-literature-kartini.

中篇　分报告（2016~2017年）

府，而是所有印度尼西亚人，更多地关注可能会影响到女性的全球问题。①

三　应对LGBT问题

地方政府和教育官员宣布了一系列歧视性的反LGBT措施，其中包括建议禁止在大学校园内举办LGBT学生团体，并命令警方停止同性恋和双性恋男子的艾滋病毒宣传活动。印尼广播委员会要求所有电视台禁止男性以女性形象在电视上暴露演出。

2017年5月21日，雅加达北区警方抓捕被疑参与同性恋派对的141名男士，其中126人被确定为参观者而获释。事发当晚7时30分，警方对雅加达北区Kelapa Gading Barat的Rokan Permata第B15-16座进行搜捕。2017年5月22日，雅加达北区警署长官证实该消息，并表示涉嫌的一些人已接受调查。被没收的物证有避孕套、入场券、闭路电视视频、脱衣舞便签、节目单和手机。②

科技与高等教育部部长纳西尔确认了实行LGBT组织禁止入校园的禁令。据他介绍，学校的本职是为了教育，而不是谈恋爱，更何况同性恋，禁令必须严格执行。③

伊斯兰学生联合会认为滥用药物、女同性恋、男同性恋、双性恋和变性人对年青一代和印度尼西亚的未来构成严重威胁。该组织引用里德韦恩·萨迪的声明，LGBT运动是必须引起关注的威胁之一，LGBT会成为未来犯罪的源头。并且萨迪从法医专家那里获知，很多恐怖分子也参与了LGBT运动。④

---

① "Activists to March in Jakarta to Demand Equal Rights for Women", *The Jakarta Globe*, Mar. 4, 2017, http://jakartaglobe.id/features/activists-to-march-in-jakarta-to-demand-equal-rights-for-women。
② 《警方搜查同性恋派对拘押15人》，《千岛日报》2017年5月24日，http://www.qiandaoribao.com。
③ https://www.antaranews.com/berita/627792/organisasi-lgbt-dilarang-masuk-kampus。
④ https://www.antaranews.com/berita/592721/kb-pii-komunisme-dan-lgbt-ancam-bangsa。

四　印华文学发展

印华文学社在庆祝成立十周年之际，于2017年5月7日在三角花别墅区举办文学座谈暨容子、彩凤《脚印》，符慧平《小小世界》新书发布会。近百位来自万隆、雅加达、苏加巫眉、斗旺、牙律、巴淡、吉里汶的文友，还有新加坡、马来西亚和文莱的作家都莅临现场交流。来自文莱的身兼亚洲及文莱华文作家协会主席的东南亚华文诗人笔会主席的孙德安说，局势动荡或波折，人们就会珍惜，没波折反而写不出好文。经过三十多年的禁锢，现在是百花齐放的时代，他很羡慕也很佩服为印华文学不懈努力的写作者。马来西亚华文作家协会副会长，5部《马华文学选集》的编选者马仑说，在东盟国家里，印尼的华文学是最蓬勃发展的，希望写作者更努力写出更多更好的作品。①

五　文化交流活动日益频繁

（一）国内文化活动如火如荼，民众参与热度高

2017年2月6日晚，由中国海外交流协会、中国驻印尼大使馆、印尼中华总商会共同主办的2017年"文化中国，四海同春"新春文艺演出在雅加达太阳城国际酒楼大礼堂精彩登场。中国海外交流协会谭天星副会长及随团成员，中国驻印尼大使馆谢锋大使及夫人，印尼中华总商会总主席纪辉琦，常务副总主席张锦雄，资深永远荣誉主席郑年锦、黄双安伉俪，辅导主席俞雨龄与全体理监事，各华社领导及来宾，近两千人出席观看这场具有国际性的文艺演出。场面盛况空前，座无虚席。张锦雄致辞称，很高兴能迎来中国海外交流协会选派的优秀艺术家们到印尼演出，为印尼华人送上新春祝福。希望通过此项活动，能更好地推动印尼中国间的文化交流，增进两国人民友谊，在这喜气洋洋的欢乐春节里，让更多华族与同胞有机会感受丰富多

---

① 《印华文学社举办文学座谈暨新书发布会鼓励文友多创作》，《印度尼西亚商报》2017年5月17日，http://www.shangbaoindonesia.com/? p=182935。

彩的中华文化，让漂泊海外的游子能共享一场欢乐的文艺大餐。①

雅加达老城区于 2017 年 8 月 3 日至 6 日举办 2017 年东盟文学节。这个节日有 20 多个国家的作家、学者和艺术家出席。2017 年恰逢该文学节第四周年，东南亚国家联盟 50 周年。该节日的创始人之一，节日主任奥基·马达沙里（Okky Madasari）表示，文学节以"超越想象"为题材，将文化和文学作为东盟成员国的中心组成部分。印尼教育与文化部、旅游部、外交部全力支持此次活动。每年的文学节都举行一系列热身活动，其中包括"文学进入村庄（Sastra Masuk Kampung）"，为当地社区介绍文学作品。2017 年印尼还有一个全国文学大祭，同时还举办了艺术表演、烹饪工作坊和书展。旅游部的营销发展副总裁阿斯杜第（Esthy Reko Astuti）十分赞赏这个节日，这对于雅加达老城区来说是一个有趣的活动，也是印度尼西亚文学界的一场盛会。②

印尼宗教文化交流协会与印尼伊斯兰理事会于 2016 年 7 月 18 日晚在雅加达举办 2016 年开斋节恳亲联谊晚会。此次恳亲会主题为"团结之美"，宏扬"虔诚、和谐与文明"，建设团结繁荣的国家。印尼政治、法律与安全事务统筹部部长卢胡特、宗教事务部部长、工业部部长、外交部副部长、雅加达副省长、中国驻印尼大使谢锋与多国大使以及来自六大宗教团体和当地侨领的近千人参会。在美好的音乐声中，恳亲会开始。大会筹委会主席、印尼宗教文化交流协会总主席麦培满发表热情洋溢的开幕词。他表示，这是协会成立以来举办的第四次恳亲会，主题是"团结之美"，虽然印尼社会的种族、语言、文化和宗教是如此不同，但大家都有决心为创建多元而团结的美好社会努力，这种团结构成一幅五颜六色的美景，而每种颜色之间又相辅相成。③

---

① 《2017"文化中国，四海同春"新春文艺演出雅加达精彩登场》，《印度尼西亚商报》2017 年 2 月 6 日，http://www.shangbaoindonesia.com/?p=174391。
② "Jakarta's Old Town to Host 2017 Asean Literary Festival", *The Jakarta Globe*, Jane. 12, 2017, http://jakartaglobe.id/features/jakartas-old-town-host-2017-asean-literary-festival。
③ 《印尼宗教文化交流协会举办"团结之美"联谊恳亲会》，《印度尼西亚商报》2016 年 7 月 19 日，http://www.shangbaoindonesia.com/?p=158147。

2016年8月20~21日，由椰城校园联谊组织举办的"第九届校园合唱节"暨首都文化艺术节庆祝71周年国庆文娱演出，在慈育大学演艺厅登场。据椰城校园联谊组织创办人许志表示，该组织自2003年印尼第58届国庆开始，每年举办类似活动。本次活动联合了首都各文化艺术团体、高等院校学生、高初中生、业余和专家艺术家一同欢庆节日。另外，该组织自2005年举办了首届椰城合唱节以来，2016年已是举办的第九届，希望通过举办合唱节，不仅提供各华社合唱团一个相互交流、提高歌艺的平台，也希望能成为老龄歌友们展现夕阳风采、促进多元文化融合的舞台。①

（二）国际交流日益紧密，与中国交流尤为突出

印尼的多元文化以伊斯兰文化为主，而中国则具有以儒家文化为核心的多元特点。彼此间部分文化理念相似，比如中国的"和而不同"与印尼的"殊途同归"都是尊重差异，追求和谐、和睦的文化价值观。中国的"友爱互助"与印尼的"互助合作（Gotong Royong）"都强调在困难时期人与人之间要互相帮助，共度时艰。② 随着中国与印尼的人文交流日益加深，交流活动也越来越多。

中国国家艺术基金管理代表团2017年4月23日到访印尼中国经济社会与文化合作协会。该协会代总主席苏德嘉致辞时简单地介绍了印尼中国经济社会与文化合作协会成立的背景与历史。印尼与中国的贸易额不断增加，1964年时两国的贸易额只有80亿美元，每年增加约100%，现在两国的贸易额已达780亿美元。③ 两国在贸易上有很好的发展，在文化上也应该加强交流，感谢中国每年都派出文化团体到各国交流。中国的进步已是亚洲的火车头，亚洲各国包括印尼都希望搭上中国的列车，印尼有丰富的天然资源，

---

① 《椰城校园联谊组织"第九届校园合唱节"暨首都文化艺术节庆祝71周年国庆文娱演出圆满成功》，《印度尼西亚商报》2016年8月22日，http://www.shangbaoindonesia.com/?p=160918。
② 许利平：《新时期中国与印尼的人文交流及前景》，《东南亚研究》2015年第6期。
③ 《中国国家艺术基金管理代表团访印中经社文合作协会加强文化交流 促进艺术合作》，《印度尼西亚商报》2017年4月24日，http://www.shangbaoindonesia.com/?p=180928。

也是人口大国，希望今后印尼与中国在各方面，包括在文化方面能有更多的合作。中国国家艺术基金理事会理事长蔡武博士致辞，感谢印尼中国经济社会与文化合作协会同仁在百忙中的接待。中国国家主席习近平提出"一带一路"战略，就是要进一步促进中国与丝路沿线国家构建"政治互信、经济融合、文化包容"的利益共同体、命运共同体和责任共同体。印尼是"一带一路"沿线的重要国家。两国都是多元民族国家，两国人民有着相近的价值观和欣赏习惯，两国的文化资源博大精深，多元文化遗产丰富。近年来两国的人文、经贸往来日益密切，两国的文化交流逐年增多，日趋活跃。

印度尼西亚驻华大使苏更·拉哈尔佐（Soegeng Raharjo）2017年3月22日在"中国—印度尼西亚人文交流研究中心"成立仪式上表示，印尼与中国在已有基础上还应进一步加强民间文化交流，增进相互了解，做"和睦邻居"。苏更·拉哈尔佐大使表示，近年来印尼与中国两国在政府和企业间的合作交流日益密切，而两国民众间的文化互通则仍须加强。民间交流在双边关系中同样重要。只有双方民众互相了解对方国家的文化和社会状况，才能消除疑虑，实现良性发展。对于"中国—印度尼西亚人文交流研究中心"的成立，苏更·拉哈尔佐认为会为两国在文化、教育、科技等领域间的合作开启"新篇章"，对促进两国人民间相互了解具有重要意义。该研究中心由中国教育部主导，在北京外国语大学成立。中印尼两国专家学者纷纷对该中心及促进中印尼两国文化交流建言献策。有专家认为，双方应加强在海洋考古、互派留学生、文学互译等人文领域的合作。中国社会科学院亚太社会文化研究室主任许利平表示，国之交在于民相亲，只有让双方民众真正理解对方国家的文化传统，才能从根本上消除误会，实现两国稳定发展。[①]

2017年4月17日，中国福清市与印尼玛琅市缔结友好城市签约仪式在玛琅市市政厅隆重举行。在两地政府和旅居玛琅融籍乡亲的共同推动下，福清与玛琅正式缔结友好城市。这是福清市缔结的第一个国际友好城市，标志

[①] 《印尼驻华大使：应进一步加强印尼与中国民间文化交流》，《印度尼西亚商报》2017年3月23日，http：//www.shangbaoindonesia.com/？p=178523。

着两地的交流合作进入了一个多层次、宽领域、全方位的崭新的发展阶段，对于两地实现互利共赢、共同发展，为两地人民创造更多福祉具有十分重要的意义。①

中国国家芭蕾舞团在雅加达 Ciputra Artpreneur 剧院成功演出《大红灯笼高高挂》舞剧。这部获得英国"国家舞蹈大奖"提名的芭蕾舞剧不但轰动全场，也使印尼—中国的文化合作和两国人民的心灵交流得到高度发展。筹委会主席麦培满称该演出的举办作为中国和印尼两国文化交流的一部分，促进了两国已建立的长期合作关系的发展。人类发展与文化统筹部部长普安相信通过芭蕾舞的艺术文化演出，会进一步加强双边合作。她希望将来印尼、中国与其他友好国家之间的合作越来越紧密，为维护社会秩序和世界持久和平做出贡献。普安部长认为不但是与中国，与其他国家的文化外交也应继续提高。文化关系能加深我们对某一个国家的理解，并培养一种正确的态度，赞赏和尊重他们。②

由中国福建省农业厅、福建日报报业集团主办，印尼中华总商会协办，闽声杂志社、茶道杂志社承办的"闽茶海丝行"之印尼站经贸活动，于 2016 年 11 月 9 日在雅加达国际会展中心 PRJ-中国馆举行开幕式。该活动是以"丝路帆远　茶香五洲"为主题的大型福建茶经贸、茶文化交流合作活动。"闽茶海丝行"在深入发掘闽茶、沿线各国茶叶历史文化的基础上，用 5 年时间走进各大洲有代表性的城市，每年策划、组织、举办形式多样的主题活动，宣传推广福建茶产业、茶文化。主要内容有：开展经贸活动，组织茶叶企业与各国国家贸易伙伴、企业签订经贸合同与合作协议，开展茶产业项目推介，举办闽茶产品展销等；开展文化交流，举办"海丝茶路"专题论坛，展示闽茶文化及茶叶品牌，以茶文化交流来推动闽茶的输出和普及；拓展海外市场，通过设立茶叶品牌专营店、国际茶文化推广中心、工夫茶道

---

① 《中国福清市与玛琅市举行缔结友好城市签约仪式》，《印度尼西亚商报》2017 年 4 月 19 日，http://www.shangbaoindonesia.com。
② 《印尼和中国　文化合作更加紧密》，《印度尼西亚商报》2016 年 11 月 3 日，http://www.shangbaoindonesia.com/? p=167466。

馆等形式，促进中国茶文化的传播与推广，提升福建茶叶的知名度和美誉度，以文化助推贸易发展。闽茶是中国茶的典型代表，闽茶文化是中华茶文化的经典。不管是在过去、现在，还是未来，和谐健康的茶都是福建对外展示和传播闽文化、中华文化的最佳使者和最佳代言人。①

2016年8月18日晚，中国厦门市文化代表团一行15人在厦门市文学艺术界联合会副主席陈影团长率领下拜访了印尼东方音乐基金会。代表团一行人抵达后受到了东方音乐基金会陈锡石主席，辅导主席杨秀珍，副主席吴重洋、白建南、蔡金娘，副监察李焕章，总务李长旗，福利部蔡福娘、黄连土，妇女组傅兰英、周淑珍、李淑鸳、吴丽凤及南音组等理事的热情接待。陈影团长在受访时表示，此次访问是应印尼东爪哇省泗水市政府邀请，前来参加"2016年泗水跨文化艺术节"暨庆祝厦门与泗水结好十周年庆典，在庆典结束后顺便来印尼东方音乐基金会参观访问。陈影团长希望通过这次访问，大家能就南音互相切磋交流，共叙乡情。② 当晚，交流会在一片温馨愉快的气氛中进行，双方互赠纪念品后交流会圆满结束。

为推动印尼西爪哇省与广西友好关系的发展，印尼西爪哇省省长阿赫玛德·赫里亚万率代表团于2017年5月4日至7日访问广西，并于5日签署了西爪哇与广西缔结友好区省关系的协议书。③

第三节 维护宗教和谐

近一年来，印尼的宗教矛盾和宗教冲突呈上升趋势，社会多元主义受到巨大冲击。为维护国家统一和民族团结，佐科政府坚决反对极端势力将宗教政治化。2016年12月8日，佐科总统主持巴厘民主论坛开幕礼时称印尼是

---

① 《11月9日在雅加达国际会展中心举行开幕式"闽茶海丝行"经贸茶文化交流活动》，《印度尼西亚商报》2016年11月7日，http://www.shangbaoindonesia.com/? p=167681。
② 《厦门市文化代表团昨拜访印尼东方音乐基金会》，《印度尼西亚商报》2016年8月18日，http://www.shangbaoindonesia.com/? p=160644。
③ 《广西和西爪哇省缔结友好区省》，《印度尼西亚商报》2017年5月10日，http://www.shangbaoindonesia.com。

多元宗教与社会的家园，并强调了宽容价值观是印尼的特色，印尼宗教是和谐、宽容与民主的。热爱和平、渴望印尼国家社会稳定的各界人士纷纷发声，呼吁印尼人民要遵循"潘查希拉"原则。许多印尼宗教界人士在庆祝印尼大型节日之时都会结合时事，从教义的角度解释并宣扬该如何维护印尼国家统一和民族团结，维护印尼社会的稳定。

一　宗教矛盾和宗教冲突显著

（一）前雅加达省长涉嫌亵渎《古兰经》事件

前雅加达省长钟万学涉嫌亵渎《古兰经》事件，给印尼2016~2017年的宗教活动涂上了特别的色彩。2016年11月4日的示威活动震撼了雅加达，人数众多，场面空前。示威者要求立即逮捕亵渎伊斯兰教的雅加达省长钟万学。政府虽允许群众示威，但必须以维持首都治安为前提。示威行动至傍晚尚算和平，但进入晚上以后开始出现骚乱。在雅加达中区独立西街，示威群众举着巨型红白旗走向总统府，一路上他们唱起印度尼西亚国歌，并高喊"逮捕省长"的口号。当他们开始向总统府靠拢时，被守卫在总统府前的警察机动部队挡住，双方仅隔着两层铁丝网。伊斯兰捍卫者阵线哈比卜在演讲中要求佐科总统命令执法者逮捕亵渎伊斯兰教的印尼雅加达省省长。大约2016年11月4日18时45分，不愿解散的示威群众与警方人员发生冲突，示威者向警方人员丢石头，并在总统府前焚烧了两辆汽车，治安人员不得不发射催泪弹驱散示威者。事情虽得到平息，但直至2016年11月4日19时45分，部分示威群众仍不愿解散并继续演讲。[1]

前雅加达省长亵渎伊斯兰教案第5次庭审中，2名千岛群岛居民在作证时敦促法官撤销对前省长的指控并释放他。其中一名证人Dewi Oji表示这个庭审必须终止，必须把前省长释放，因为他没有亵渎伊斯兰教。然而，在几

---

[1]《大规模示威震撼雅加达　晚上开始出现骚乱　示威者要求立即逮捕前省长》，《印度尼西亚商报》2016年11月5日，http://www.shangbaoindonesia.com/?p=167563。

次庭审中，出庭的证人都是没有来过千岛群岛的人，更不要说亲自听取前省长在千岛群岛讲话了。另一名证人 Hamidah 含着眼泪伤心地表示前省长被污蔑和被诽谤亵渎伊斯兰教，前省长对他们尤其是对千岛群岛居民做了很多贡献。①

在第 9 次庭审中，有 2 名现场证人与 1 名来自印尼伊斯兰教传教士理事会的专家证人。一名叫蔡努（Jaenudin）的烤岛渔民在作证时表示，他在千岛群岛的普拉穆卡岛听前省长演讲时并没注意前省长有没有提到《古兰经》宴席篇 51 章的问题。他表示当时他仅关注前省长提到的有关兴建鱼类拍卖场的计划问题。前省长在演讲时提到的三件事，一是有关石斑鱼养殖的事，二是有关 9 种必需品的事，三是有关廉价市场的事。②

在前省长涉嫌亵渎伊斯兰教案第 11 次庭审中，证人 Miftahul 表示前省长于 2016 年 9 月 27 日在千岛群岛说的"不要被《古兰经》第 51 条所欺骗"就足以成为亵渎伊斯兰教的证据。他表示在某种程度上它已经算是对宗教的诽谤。在本案中，检察官已起诉前省长触犯《刑法》第 156a 条与第 156 条，最长将被监禁四到五年。③

2017 年 4 月 20 日，在雅加达南区拉古南农业部大厅，亵渎伊斯兰教案庭审已进入起诉阶段。检察官在起诉中表示被告前省长已触犯有关对某个集团产生仇恨的《刑法》第 156 条，因此要求法官判处前省长 1 年徒刑缓期 2 年执行。④

雅加达北区地方法院公诉检察官撤销了对雅加达北区地方法院的上诉。2017 年 5 月 9 日雅加达北区地方法院宣判前省长确实犯下亵渎罪，判决他

---

① 《前省长亵渎回教案第 5 次庭审千岛群岛居民作证要求撤销指控与释放前省长》，《印度尼西亚商报》2017 年 1 月 10 日，http://www.shangbaoindonesia.com/? p=172642。
② 《前省长涉嫌亵渎回教案第 9 次庭审 千岛居民证人：前省长的话无伤害千岛居民尊严》，《印度尼西亚商报》2017 年 2 月 7 日，http://www.shangbaoindonesia.com/? p=174581。
③ 《前省长涉嫌亵渎回教案第 11 次庭审 证人：前省长一句"被欺骗"足以成为亵渎宗教证据》，《印度尼西亚商报》2017 年 2 月 21 日，http://www.shangbaoindonesia.com/? p=175832。
④ 《亵渎回教案庭审进入起诉阶段 检察官要求法官判处前省长 1 年徒刑缓刑 2 年》，《印度尼西亚商报》2017 年 4 月 21 日，http://www.shangbaoindonesia.com/? p=180743。

入狱两年，前省长随即宣布会再次上诉。前省长钟万学的支持者在全国各地发动声援集会与烛光祈福会。但前省长在与家属及律师团队深入讨论后，最后决定撤销上诉。其妻子林雪莉流着泪念出钟万学的公开信并表示，他撤销上诉是为了印尼的国家和人民的总体利益，希望这样能结束几个月来激进组织在雅加达各地发动的大规模游行示威和抗议活动。①

中国社会科学院亚太与全球战略研究院研究员、中国社会科学院地区安全研究中心副主任张洁表示，由于钟万学身兼"基督徒""华裔""佐科重要政治盟友"三重身份，"反钟万学事件"引起了广泛关注，也成为各方观察伊斯兰教对印尼国内政治发展的影响、印尼改革派和保守派之争，以及印尼华人现状的风向标。然而，张洁认为此次的"反钟万学事件"并非针对钟万学的华裔身份，因为没有引发殃及华裔的情况发生，应避免过度解读。②

（二）伊斯兰教与佛教、孔教等宗教的冲突时有发生

印尼境内贫富差距悬殊，部分不明真相的群众被利用参与扰乱社会秩序的事件，社会宗教矛盾有所激化。一年内，爆炸案、游行、打砸等恶性事件时有发生。苏北省阿沙汉县丹绒巴莱（Tanjung Balai）市 2016 年 7 月 29 日发生了焚烧一座佛教寺庙及五座孔教寺庙并制造骚乱的事件。警察总长狄托称，当地警方逮捕了 7 名在骚乱中进行抢劫的暴徒及 2 名进行录影的人士。苏北省警察局公关主任银丁表示，事情的起因是一名居住在丹绒巴莱市的华裔女士美莉雅娜（Meliana）因不满附近清真寺发出的宣礼声音而到清真寺理论，最后发生争执。事后，伊斯兰教堂理事到该女士家责问又发生争吵，引致民防将争吵双方交给当地警察局，由当地警方调解双方的争执。事情传开后，附近的大量穆斯林居民聚集到警察局，后来包围警局的人数越来越多，经有人挑衅，民众移至离卡利雅街约 500 米的一

---

① 《前省长与公诉检察官已撤销上诉　前省长正式成为犯罪囚犯》，《印度尼西亚商报》2017 年 6 月 8 日，http://www.shangbaoindonesia.com/?p=184922。
② 张洁：《反钟万学运动——观察印尼政治生态的风向标》，《世界知识》2017 年第 3 期。

座寺庙进行破坏并放火焚烧。狄托表示，2016年7月29日的骚乱事件后，当地的宗教领袖及各界民众领袖为避免冲突继续扩大已进行和解并达成协议。他表示，丹绒巴莱事件的发生是因为沟通上的误解，某位人士对宣礼的不满引致双方发生争执。警方已设法控制场面，不让骚乱事件蔓延到其他城市。事后印尼伊斯兰教青少年沟通机构（BKPRMI）、佛教徒沟通机构（FKUB）、跨传统机构沟通论坛（Forkala）、印尼青年全国委员会（KNPI）及华族代表、米南加保族代表和宗教领袖与丹绒巴莱同化论坛已共同签署和解协议。[1]

随着宗教极端势力影响的扩大，伊斯兰教内部不同派别之间也产生了冲突。对宗教极端分子进行打击的呼声日益高涨。除与基督教外，伊斯兰教与佛教、孔教等宗教间的冲突也时有发生。2016年8月28日上午，棉兰一天主教教堂发生自杀炸弹袭击事件。肇事者IAH（18岁）已被苏北警方逮捕，当时他身体和脸部受伤，警方从他的背包里搜出尚未爆炸的土制炸弹、尖刀、斧头及其他利器。据记者从现场获得的信息，该教堂的阿尔伯特神父刚上台开始讲道时，混在信徒中的肇事者突然冲上前去挥刀刺伤了神父的左臂。神父发现肇事者的背包里有火花闪烁，迅疾招呼信众躲避。幸而该土制炸弹的爆炸力很小，没有造成严重伤亡，只有肇事者本身被炸伤。事发后，警方拆弹小组随即赶到教堂清理现场，苏北警方刑侦局长努尔法拉上校确认在这起爆炸案中没有人死亡，受伤的阿尔伯特神父已被送医护理。[2]

印度尼西亚伊斯兰保守派势力迅猛崛起，威胁到印尼包容性世俗国家的形象。为防止印尼的宗教包容性受到侵蚀，当地最大的穆斯林团体伊斯兰教士联合会出动青年团准军事部队对宗教极端分子展开反击。伊斯兰教士联合会表示其有必要挺身而出。印尼什叶派穆斯林、艾哈迈迪派穆斯林、基督徒等少数宗教群体所受到的攻击日益增多，再加上雅加

---

[1] 《苏北省阿沙汉县丹戎巴莱市发生焚烧佛教寺庙及孔教寺庙等骚乱事件》，《印度尼西亚商报》2016年7月31日，http：//www.shangbaoindonesia.com/？p=159084。
[2] 《棉兰天主教教堂发生炸弹袭击案》，《印度尼西亚商报》2016年8月9日，http：//www.guojiribao.com/shtml/gjrb/20160829/282319.shtml。

达原省长钟万学 2017 年 5 月因亵渎罪名成立被判入狱两年,这不禁令人担心印尼的宗教排他情绪有抬头之势。印尼目前仅有亚齐特区奉行伊斯兰教法,伊斯兰强硬派组织要建立"哈里发国"的呼声并未获得广泛回响。2017 年上半年的一项民意调查显示,每十个印尼人当中仅一个支持创建"哈里发国"。尽管如此,宗教排他现象仍不容小觑。伊斯兰教士联合会青年团数百名"准军事人员"直捣伊斯兰极端组织伊斯兰解放阵线(Hizb Ut-Tahrir)召开会议的酒店,将酒店团团包围,迫使会议中断,在场出席者后来被警方押走。印尼伊斯兰解放阵线主张把这个世俗国家改造为实行伊斯兰教法的"哈里发国"。[1]

(三) 邪教及宗教极端主义活动频发

邪教附生于传统宗教,打着宗教的旗号荼毒人们的思想,大多是以传播宗教教义、拯救人类为幌子,散布谣言,以秘密结社的组织形式控制群众,一般以不择手段地敛取钱财为主要目的。这两年中,印度尼西亚发生了几起民众受邪教蛊惑而丢失钱财甚至失去性命的案件。东加三马林达的一间教堂于 2016 年 11 月 13 日大约 10 时发生爆炸事件,造成 5 人受伤,4 辆摩托车损坏,投掷炸弹者"J"已被逮捕,系恐怖分子,之前是囚犯。警方发言人阿玛尔说:"J 系塞尔彭科技研究中心爆炸案前囚犯,属 Pepy Vernando 成员。刑满释放后,他加入东加回祈团并与东爪安梭利集团有联系。有迹象显示,他们想从菲律宾购买或运来军火。"[2]

印尼宗教事务部部长鲁克曼·哈基姆·赛义夫丁号召印尼民众不要相信邪教头目自称的拥有"赚钱"的能力,也不要轻易为其做任何不合理的行为。因为此前,东爪哇省警察逮捕了一名邪教头目,涉嫌谋杀 2 名追随者并

---

[1] 《为维护宗教包容性,印尼温和伊斯兰组织反击极端势力》,《联合早报》2017 年 6 月 12 日,http://www.zaobao.com.sg/znews/sea/story20170612-770424。

[2] 《东加三马林达一间教堂发生爆炸事件五人受伤 歹徒已被逮捕系恐怖分子前囚犯》,《印度尼西亚商报》2016 年 11 月 14 日,http://www.shangbaoindonesia.com/?p=168308。

诈骗他人15亿印尼盾。①

新加坡政府之前逮捕的极端分子承认被印度尼西亚一宗教电台洗脑后，印尼宗教电台越发成为社会的关注焦点。这些电台都与宗教极端主义有关，是逊尼派中的极端保守派，源自中东国家如沙特阿拉伯和也门。虽然很多追随者声称反对恐怖主义和极端主义，可是属于这一派别的卡伊达组织和伊斯兰国（IS）却崇尚暴力。因此，伊斯兰教的极端保守派在印尼的影响力不容小觑。

国家警察总长狄托表示，2016年有600名印尼公民前往叙利亚加入中东地区伊斯兰国（IS）极端组织进行恐怖活动。狄托曾是印尼国家反恐局局长，他于2016年12月28日在雅加达国家警察总部召开的新闻发布会上表示，这些人有一部分死在叙利亚，有一部分在新加坡、马来西亚和土耳其离境时被当地政府逮捕，然后被驱逐出境或遣返回印度尼西亚。在叙利亚有两个极端组织，除了伊斯兰国（IS）还有叙利亚基地组织分支的Al-Nusra阵线。狄托还表示，印尼仍有一些公民继续支持伊斯兰国（IS）和基地组织进行的恐怖活动。2016年12月5日，三名印尼公民在叙利亚被捕，因为有迹象表明他们加入了叙利亚伊斯兰国（IS）极端组织。三名印尼公民最后在土耳其的伊斯坦布尔机场被驱逐出境。2016年12月24日，印尼警察反恐88特遣队从雅加达机场直接逮捕了遭遣返的印尼公民，然后将他们遣送到西爪哇德博警察防暴机动部队作进一步深入的调查。②

二 政府呼吁维护宗教团结

在钟万学被国家警察总部列为涉嫌亵渎宗教嫌疑人后，钟万学案件已经进入司法程序。然而，印尼国内几个伊斯兰激进组织仍不肯罢休，并坚

---

① "Waisak Celebrations Run Safely, Peacefully in Medan", *The Jakarta Post*, Oct. 4, 2016, http://www.thejakartapost.com/news/2017/05/11/waisak-celebrations-run-safely-peacefully-in-medan.html。

② https://www.antaranews.com/berita/603921/sepanjang-tahun-ini-600-wni-pergi-ke-suriah-gabung-isis。

持警方必须立即将钟万学羁押，还扬言将再次在雅加达举行大型示威游行抗议。2016年11月18日，为了确保国家政局稳定和防止某些既得利益集团企图制造社会动荡，数千名印尼国家军警与社区居民在雅加达国家纪念碑广场、教堂、寺庙和其他宗教礼拜所共同举行祷告会，祈求国泰民安。①

2016年8月12日上午，佐科总统在巴厘岛努沙杜瓦巴厘国际会议中心主持第9届巴厘民主论坛开幕礼时称，印尼是多元宗教与社会家园。总统说，有幸的是印尼拥有历史悠久的多元化社会，因此可以说印尼是多元宗教与社会的家园。印尼人口超过2.5亿，约85%是穆斯林。伊斯兰教传入印尼大约在7世纪，印尼历史告诉印尼人，伊斯兰教是以和平的方式进入印尼的，所以直到今天，印尼穆斯林仍该保持和平价值观，致使基督教、天主教、印度教、佛教与孔教仍能立足于印尼国土。②佐科总统赞赏巴厘民主论坛与会人员参观巴厘达巴南县的"Bina Insani"习经院。他表示如果没有高度的宽容价值观，习经院人员不可能在大部分居民是其他宗教信徒的地区安全与舒适地生活，而这就是印尼宗教和谐、宽容与民主的象征。

由于印尼宗教和种族问题不断升温，佐科总统决定召开跨宗教领导人会议。在会议中总统重申所有公民在法律面前平等，无一例外。各宗教、种族和群体之间应相互容忍，无论任何宗教、任何种族及任何群体，都应维护多样性和保持团结。之后，佐科总统由国民军总司令加铎和警察总长狄托陪同与各宗教领导人举行闭门会谈。据分析总统召开该会议是考虑到印尼的升温局势与宗教和种族问题密切相关。总统希望通过该次会议收集关于局势发展态势的信息，并听取各宗教领导人的反馈意见。③

---

① 《数千名军警在雅京各宗教活动场所举行祷告会，祈求国泰民安》，《印度尼西亚商报》2016年11月19日，http://www.shangbaoindonesia.com/? p=168761。
② 《佐科总统主持巴厘民主论坛开幕礼》，《印度尼西亚商报》2016年12月8日，http://www.shangbaoindonesia.com/? p=170358。
③ 《佐科威与卡拉在茂物行宫接见我国跨宗教领袖 总统呼吁国民拥护多元化殊途同归社会 不要把宗教政治化》，《印度尼西亚商报》2017年5月23日，http://www.shangbaoindonesia.com/? p=183535。

三 促进各种宗教活动和平开展

（一）各界共度伊斯兰教开斋节

开斋节对于穆斯林来说，即是他们的新年，有着十分重要的意义。开斋节前一个月是斋月。斋月是伊斯兰教教历的第九个月，是一个奉献、反思和自我克制的圣月，其意义除完成宗教义务外，还在于陶冶性格、克制私欲、体会穷人疾苦、萌发恻隐之心、济贫、行善，它为穆斯林提供了一个自我控制与净化身心的机会。在这个吉祥、高贵的斋月里，所有信奉伊斯兰教的人士都必须遵循斋月的仪式，忍饥挨饿、净化心灵、布施行善，同时必须增加诵读祷文、赞颂真主的仪式。他们在日出之后日落之前禁食，斋戒期间不能喝水、吃饭、生气、行房等，这么做的目的是希望抛弃一切的杂念，虔诚地进行忏悔。斋月的言行举止将获得加倍回缘。一切慈心善举都会换来真主的喜悦。保障斋月期间的社会治安和道路交通十分重要。在开斋节到来之前，警方便进入到紧张的戒备之中，以保证民众的安全。

印尼政府非常重视伊斯兰教教士在民族团结中做出的贡献。佐科总统曾在雅加达中区总统办公室会客大厅接见来自印尼全国各地的20位伊斯兰教教士。总统感谢并赞赏伊斯兰教教士在维护国家民族团结和拥护社会和谐中所发挥的作用，使国家能保持安定团结的良好氛围并同舟共济、同心协力发展印尼的经济。佐科总统希望伊斯兰教教士继续向社会民众发挥良好作用，使各个地区保持良好的氛围。印尼政府再次委托印尼全国各地的伊斯兰教长老能够在印尼全国各地区传递和平的信息以共同维护社会和谐与温馨环境，从而造福全国人民，使印尼各宗教信徒和各民族人民都能和睦相处，让国家迈向宏图发展的康庄大道。

中国在印尼各机构和企业也积极参与了开斋节活动。2016年7月2日，印尼雅加达AT TIN大清真寺举办了分发一千份开斋节礼品给孤儿、贫户与老人的活动。本次开斋节礼品由中国驻印尼大使馆、印尼宗教文化交流协会、中国银行雅加达分行和泛华集团赞助。印尼宗教文化交流协会主席麦培满表示，斋月是充满神圣的月份，对穆斯林来说无论在任何地方真主都会带来祝福。印尼宗教文化交流协会及印尼中国经济社会与文化合作协会愿与所有族群互相融合。①

中国工商银行印尼分行进驻印尼之后，加强了和印尼各层次人员的合作。中国工商银行印尼分行（简称"工银印尼"）于2016年6月24日晚上邀请中国驻印尼大使馆人员在老子清真寺举行开斋聚会。工银印尼总经理沈晓祺在致辞中提到，印尼分行是一个多元和谐的大家庭。中国俗语中的"以和为贵"、"求同存异"和印尼"殊途同归"的含义几乎相同，都具多元化的包容精神。在神圣斋月期间，希望穆斯林员工修行历练、克制私欲。沈总经理除表崇敬之余，也借此机会对全体员工对工银印尼做出的贡献表示感谢。经过三年的努力，工银印尼长足跃进，在转型发展方面取得显著成绩。2015年，工银印尼的整体业务结构合理，在优化管理流程、完善系统功能、支持业务发展等方面的工作成效显著，得到了社会和同业的一致认可和高度评价，圆满完成了股东交给的各项工作任务。工银印尼承诺将尽力优化业务、客户和营利模式，早日将工银印尼打造成客户、股东、同业认可的本地主流商业银行，同时也努力成为亚太地区的重点分行，最终实现服务客户、回报股东、成就员工、奉献社会的目标。中国工商银行印尼分行在开斋节聚会上将3375万印尼盾捐献给雅加达老子清真寺作储备基金用。

印尼和中国之间伊斯兰教的交流历史十分悠久，始于15世纪以前。当时，中国穆斯林商人远洋来到巨港拉圣（Lasem），贸易关系促进了伊斯兰教在印尼的传播。印尼穆斯林与中国穆斯林建立的友好关系使两国间的关系也变得更加密切。2017年5月14日，佐科总统在北京出席"一带一路"高峰论坛之后，参观了北京牛街清真寺并在清真寺内进行祈祷。这座清真寺是北京最大最古老的清真寺。中国有2300万穆斯林，印尼穆斯林侨民受到中国政府的关照。佐科总统称赞了牛街清真寺的美丽与宏伟，并表示它是和谐、宽容与和平的象征。

---

① http://www.shangbaoindonesia.com/? p=157208.

（二）政府为基督教活动提供安全保护

基督教徒希望上帝将荣耀、尊贵、平安加给每个乐意侍奉祂的人，并将一切颂赞、荣耀、感恩、尊贵、权势都归于上帝。2016年7月17日，卡蒂尼灵粮堂举行65周年堂庆，东南亚圣道神学院的宣道学和释经学讲师苏仁发牧师引用《哈该书》1：1-14，并与基督教徒们分享。《哈该书》很清楚地记载了上帝的儿女不可只顾自己的房屋而使上帝的殿荒凉。教会是赞美上帝、敬拜上帝之所；教会使灰心绝望的人看到希望，使软弱的人变得刚强，使忧伤的人得到安慰。[①]

印尼基督教举办的大型活动同样受到"钟万学事件"的牵连，基督教与伊斯兰教的矛盾有所激化。在这两年的时间里，印尼国内多个教堂曾发生爆炸案。2016年，印尼万隆基督教徒举办庆祝圣诞节的大型活动时，受到穆斯林的多次阻挠。在警方戒备森严的情况下，仍有极端分子潜入活动会场阻止活动正常进行。事后万隆市长及时发声，支持基督教归正福音派举办庆祝圣诞节的活动，并坚决维护国家统一和"潘查希拉"原则，并承诺庆祝圣诞节活动将重新举办，市长也将亲自到场支持活动的正常进行。

2016年临近圣诞佳节和欢新送旧庆典之际，雅加达政府提高戒备以确保佳节盛会能安然无恙进行。代理省长索尼·苏玛尔索诺（Soni Sumarsono）动员3000支城管队协助并维持教堂周围的安全。他表示，为了安全起见，他们已动员3000支城管队，还动员了雅加达特区运输部人员帮忙维护治安，以全力指挥佳节庆典时分的道路交通。他们也备好了消防员、救护车和医务人员，以防事故发生。索尼·苏玛尔索诺还于2016年12月22日在国家纪念碑广场出席了2016年蜡烛集会。在警务作战部队演习结束后，他表示已把首都警察所提出的标准操作程序（SOP）用于控制4·11和2·12的示威

[①] 《椰城基督教会卡蒂尼灵粮堂65周年堂庆"家庭在教会增长中所扮演之角色"》，《印度尼西亚商报》2016年8月2日，http：//www.shangbaoindonesia.com/? p=159246。

游行。① 他解释政府已经与警方协调好安保准备工作,并会设置移动厕所。雅加达地区的保护重点是安牢、坦布林和苏迪曼街以及所有政府办公室。除此之外,雅加达的所有教堂也需加强保护。这是最高级别的安全保护,圣诞节时相关人员会在几个大教堂与自卫队合作加强安保措施。

佐科总统于 2017 年 1 月 11 日邀请了伊斯兰教士联合会总主席萨伊德到总统府,双方就关于激进组织的问题进行了讨论。双方一致同意通过加强伊斯兰教温和派与宽容派的教育来抵制激进组织的极端行动。萨伊德表示,有迹象表明宗教极端主义开始加强自身的势力,因此如何加强伊斯兰教温和派的势力已成为一个很重要的议题。2017 年有迹象显示,不宽容甚至极端势力开始抬头。为此,就恢复印尼宽容、和平、文明、庄严的伊斯兰教形象,萨伊德表示其中的一种方式是在短期内让伊斯兰教士联合会的学者或长老加强对教徒的开导,并且长期致力于课程改革。② 政府已要求伊斯兰教士联合会行动起来,共同减少社会冲突并阻止虚假新闻的传播。

(三) 佛教活动和平有序

卫塞节是佛陀出生、成道觉悟、涅槃的一天,众佛教徒希望 2017 年的庆祝活动能为印尼的所有人民带来福祉、和平与幸福。信众们在这一天纷纷前往佛寺,参加各种各样的活动,进行祷告。

棉兰是印尼苏门答腊岛的第一大城市,是北苏门答腊省的首府,华人占当地人口的 19% 以上,大部分华人信仰佛教。为了庆祝卫塞节,佛教徒们在警察的保护下纷纷涌入各个佛寺,进行祈祷并参加各种活动。北苏门答腊省总警察长在棉兰的 Sinar Budhi 寺对众佛教徒的讲话中强调了维护和谐的必要。他表示,如果所有人都能维护和尊重多元化,那么北苏门答腊省乃至

---

① 《暂摄雅京特区省长动员 3000 城管队维持教堂安全》,《印度尼西亚商报》2016 年 12 月 23 日,http://www.shangbaoindonesia.com/?p=171547。
② 《总统邀请伊联总主席沙益德到总统府共进午餐 加强温和宽容伊斯兰教育抵制激进组织》,《印度尼西亚商报》2017 年 1 月 11 日,http://www.shangbaoindonesia.com/?p=172726。

整个印尼就能得到和平与安全的保障。2017年的卫塞节活动从5月9日开始，为期三天，在11日达到高峰。在这段时间里，负责组织活动的委员会为所有来佛寺参加庆祝的人都提供了素食。卫塞节强调佛陀释迦牟尼生命中的三件大事，即出生、觉悟、涅槃。鉴于印尼社会面对的一些政治事件，"在一体中理解多样性"被选为这次卫塞节的主题。①

在首都雅加达，宗教事务部部长鲁克曼主持了印尼全国佛教代表大会，印尼全国佛教代表大会总主席邹丽英致开幕词。2017年4月15日至16日举行的第三届印尼全国佛教代表大会一致推举邹丽英再次担任2017~2022年的总主席。邹丽英总主席致辞表示，印尼佛教徒弘扬佛教教义，始终为大众谋和平，远离罪恶，并提升大众的智慧和福利，效忠印尼国家建国的各项基本原则，即"潘查希拉"、"殊途同归"、1945年宪法和捍卫印尼共和国的完整和统一等。②

（四）发扬印度教文化

印度教是世界的主要宗教之一，传播范围非常广。巴厘岛的伊斯兰教信徒很少，居民以印度教徒为主。东巴厘岛的印度教不仅具有印度教的基本特点，还延续了印尼湿婆教的特点，把印度教和佛教杂糅在一起崇拜，而且也融入了巴厘岛的原始信仰，如自然崇拜和祖先崇拜等。③

印度教静居日的本质是教徒要控制思想和言行，强化容忍观念。爪哇印度教联合大会主席挪曼·苏丹拉（Nyoman Sutantra）表示，2017年的静居日活动包括3月26日洗净肉身，27日净化灵魂，28日净化思想、言行，最后达到身心同一，人们在生活中保持容忍的态度，充满同情心。2017年3月26日，挪曼·苏丹拉表示2017年是印度教的争斗年（Kaliyuga），人容易变得愤

---

① "Waisak Celebrations Run Safely, Peacefully in Medan", *The Jakarta Post*, May. 11, 2017, http://www.thejakartapost.com/news/2017/05/11/waisak-celebrations-run-safely-peacefully-in-medan.html.
② 《第三届印尼全国佛教代表大会在雅加达举行》，《印度尼西亚商报》2017年4月18日，http://www.shangbaoindonesia.com/？p=180529。
③ 杨全喜、唐慧：《印度尼西亚研究》，军事谊文出版社，2009，第85页。

怒而互相争吵。所以，在2017年的静居日净化心灵、思想和行为，使它们免受仇恨的影响非常重要。来自惹班、锦石、徐图利祖、拉梦安和泗水的8000~10000名信众参加了静居日的美拉斯蒂净化节庆活动。在勿里达和外南梦也同时举行了仪式活动。静居日有5个仪式，包括美拉斯蒂（Melasti）、塔舞尔阿贡（Tawur Agung）净化灵魂仪式、冥想、和平宁静的日常生活以及将于4月在外南梦举行的东爪印度教徒的Santi仪式。[1]

此外，2017年6月11日，世界印度教联合会（WHP）在巴厘岛的登巴萨市举办了以"作为印度教学问之根基的精神知识与科技知识"为主题的2017年世界印度教智者会议。全世界的印度教知名人物都出席了此次大会。大会主席表示，此次会议旨在统一全世界印度教的精神活动，探究并发扬印度教圣典所阐释的人的价值，并深入到印度教文化之中。

第四节 教育改革与合作

2017年是中国与东盟建立对话关系25周年，是中国与印尼建交67周年。总体来看，这一年印尼在教育方面虽平稳发展，但仍存在众多问题。印尼与很多国家的教育文化发展十分紧密，比如澳大利亚、乌克兰、中国等。随着印尼和中国的人文交流越加密切，各种华文补习班也越来越多，印尼与中国多个省市的大学建立了合作关系。

印尼总统佐科很重视教育问题，要求教育部部长加强职业教育。2017年初，佐科总统参加了大学校长论坛会议开幕式并表示希望改变印尼的民族心态，更具竞争力与创新力，以赢得全球竞争，并称政府有专项资金供出国留学生使用。

一 政府教育政策及教学改革

印尼的中小学一直实行半天制教学，政府部门正考虑改变这一情况。穆

---

[1] 《庆祝静居日，印度教徒强化容忍观念》，《千岛日报》2017年3月26日，http：//www.qiandaoribao.com/news/93410。

罕默迪亚总主席海达尔·纳西尔请求总统推行全日制教育。教育与文化部部长穆哈齐也建议印尼的私立或国立中小学全天上课。穆哈齐部长表示，全天上课可提高学生学习的自觉性，促使他们在学校把功课做好。等父母下班后来接他们回家，这样可以减少他们放学后到处溜达，或因独自留在家里发生意外的可能。①

对于信仰伊斯兰教的学生，学校可以安排习经师或长老教课。教育部部长表示，其实已有一些私立学校实行全日制，如果实施全天上课，一周可以只上五天课，周六与周日放假，让教师与学生有更多的时间与家人团聚。教育部部长向副总统卡拉报告后，副总统卡拉表示赞同部长的计划，但他建议先试办一所示范全天上课的学校。

穆哈齐说，一周五天、一日八小时的教学制理念产生于教师津贴问题。2005年第14号法令已明确指出教师与教授的工作时间，即在一周内必须在学校授课24小时。但在实践中，许多教师不能满足该条件。其实，如果他们能满足该条件就能获到专业津贴。有的教师为了获得额外收入不得不到别的学校教课。这样必然影响了本校的教学流程，这个问题已有多年。为此，教育部制定了一周五天、一日八小时的教学制度，这将使教师不得不按照学校的上课时间教课，不能再随意外出。②

印尼一向非常重视学生的品德教育。反吸烟教育是品德教育的重要内容之一，是品格形成的一部分。政府将把反吸烟教育纳入小学教材中。教育与文化部部长穆哈齐表示将对反吸烟教材实行的时间和地点进行研究。他称，目前已有教育机构及市政府与县政府提出成为项目试点的请求，政府还将对各个方面进一步进行研究。教育与文化部也还在等待新的国家收支预算出

---

① 《副总统尤淑夫卡拉表赞同教育部长穆哈基尔建议全天上课》，《印度尼西亚商报》2016年8月9日，http://www.shangbaoindonesia.com/? p=159917.
② 《教育部长穆哈基尔·艾芬迪：从教师津贴问题产生一日8小时教学制理念》，《印度尼西亚商报》2017年6月19日，http://www.shangbaoindonesia.com/? p=185922.

台,也计划把反吸烟教育散布到全国。①

佐科总统要求穆哈齐部长发展职业教育。总统希望通过发展职业教育提高印尼青年在工作岗位上的竞争力。穆哈齐认为很多人对职业教育的理解仅限于职业学校。但其实这不是唯一的途径,更不是万能的,应该对职业教育有更全面的了解。他评估技校长期以来的职业教育很不实际,希望重新调整职业教育,并称已有一系列负责组织职业教育的资金。根据穆哈齐的观点,这种教育模式并不新鲜。他以医学专业为例,如果想成为专家,比如眼科,必须勤奋学习眼疾相关的知识,并最终获得认可证,职业教育也是如此,需要促进特定技能方面的教育,与此同时学员将得到主管机构的证书。职业教育在提高个人竞争力、争取高品质工作岗位中显得极为重要,所以对未来的职业教育分类应更加具体。目前印尼的工作岗位发展十分迅速,需要更多具有专业技能的人才,所以印尼必须在职业教育方面进行新的探索。政府应该尽快组织教育机构和部门培养接受职业教育的学生。

目前印尼劳工中42%是小学毕业生,66%是小学与初中毕业生,82%是小学、初中与高中毕业生,政府希望尽快提高印尼人力资源的受教育水平。佐科总统在雅加达会议中心主持2017年大学校长论坛会议开幕式时表示,希望这次会议产生出能改变印尼民族的心态,能使印尼民族更具竞争力和创新力,以赢得全球竞争。佐科总统表示,目前全球竞争愈加激烈,为了生存,为了赢得竞争,为了进步,人力资源的水平将成为关键。为此,印尼必须敢于在教育上进行突破,从而产生出具有高创意与高创新,以及敢于竞争的人力资源。2017年,政府将发布新的普及化的经济政策。实现经济上的普及化,总统希望高等学院能对人力资源发展做出贡献,使印尼的人才具有坚强的意志、诚实、敢于在互助合作的精神下进行竞争。印尼应该加速提高

---

① "Kembangkan Pendidikan Vokasi, Menteri Muhadjir Gunakan 'Senjata Pokemon'",https://www.google.com.hk/amp/www.metrotvnews.com/amp/Rb1768eK-kembangkan-pendidikan-vokasi-menteri-muhadjir-gunakan-senjata-pokemon.

他们的学识,增进他们的水平。①

印尼教育与文化部2017年的发展目标表明,为了提高印尼人力资源优势,该部门将继续发展文化和教育,并制定了2017年文化发展的七个政策方向。这些方向旨在提高民众对于价值观重要性的理解,包括与国外的部门和机构合作,使人们更加宽容,减少宗派暴力;从小提高文化和艺术教育,同时提供艺术创作生产和赞赏的必要工具及基础设施;扩展文化遗产的管理和注册系统,使之更有效率;在农村地区开设艺术和文化活动中心(文化之家),在农村地区进一步进行文化推广等。印尼还将利用人类发展指数(IPM/HDI)来衡量文化领域人类的发展成果。随着政策方向的制定,文化教育的目标才能确定。文化和教育共有六个目标,第一,培养充实有能力的教育者。为实现这一目标教育与文化部将会提高教育人员、教育伙伴的水平、成绩和鉴赏能力,加强父母在教育活动中的作用和社区参与度。第二,扩大民众受教育的机会。为了达成此项,2017年教育与文化部面向17.9万学生提供印度尼西亚智慧卡,兴建了210个新学校,建立了2500个教室,修复了41000间教室,翻新了294所学校,建造了2140个实验室或实践空间,还建设了1332个图书馆。第三,帮助提高14000名教师资格,对非公务教师的116000名教师提供奖励,向24000名教师发放特殊津贴,提供796000个实习教师职位,提供14000套辅助教学设备,对10万名教师发放资格证,帮助3500名一线教师、760万名学生参加全国统一考试,同时将有74000所学校采用2013课表,还有4万所学校和机构获得补助。第四,加强文化保护和文化外交。为了实现这个目标,教育与文化部将发放特殊津贴以介绍并保护地方文化,并通过加强文化交流来实现文化实力的多样性。印尼也将保护或注册13000个文化遗产,建立和振兴122个博物馆,重振75个传统的村庄,帮助175个文化历史社区,对100所学校提供艺术工具援助。第五,改善并加强语言的发展、监管和保护。教育与文化部将加速语言

---

① 《佐科维总统支持2017年大学校长论坛会议开幕仪式 冀创建更具竞争力的教育方案》,《印度尼西亚商报》2017年2月3日,http://www.shangbaoindonesia.com/? p=174133。

的发展，促进识字学校内多样化实验室的发展并传播国家语言。在教师队伍方面有 220 名印尼语教师将被送往海外，在词汇发展上将增加多达 36400 个词条。第六，加强治理和提高公众参与。2017 年教育与文化部将维持财政部意见，正常发展，不做特批，获得政府机构绩效责任报告评分 80 分，投资者满意度指数为 77。这一目标的重点在于加强治理和公众参与活动将通过内部监管来实施。内部监管团体可帮助提高财务管理质量，加强电子采购、电子办公、财务信息系统的水平，并提高综合服务单位的服务。[①]

2016 年，中亚银行通过联合国儿童基金会（UNICEF）援助 8.5 亿印尼盾以支持巴布亚省提升早年儿童发展（PAUD）的教育质量。中亚银行董事会高层在雅加达向联合国儿童基金会驻印尼代表处负责人象征性地提交了捐款。[②]

巴布亚地区是印尼最偏远、教育也较为落后的地区。但在 2017 年，巴布亚的辍学率有所下降。这表示当地受教育的机会不断增大。巴布亚省教育厅负责人伊莱亚斯·沃达表示，将继续努力改善巴布亚儿童教育的机会和质量。

二 教育交流与合作快速开展

2017 年初佐科总统出访澳大利亚，两国将加强军事经贸和教育等多领域合作。以上事件表明，印尼近年越加重视与多个国家加强教育人文方面的合作。目前中印尼关系快速发展，各领域合作顺利推进，政治安全、经贸投资和人文交流三驾马车并驾齐驱。特别是 2015 年中印尼建立起副总理级人文交流机制后，中印尼高校合作日趋活跃。"留学广西"教育展，海南教育代表团访问印尼高校，学术合作和学生交流不断取得新成果。

最近几年，华语教育在印尼迅速发展，不断有印尼大学开设中文（华语）专业，或是在大学内设立中文角，华文补习所越来越受欢迎，华文老

[①] https://www.kemdikbud.go.id/main/blog/2016/09/target-kemendikbud-dalam-pengembangan-pendidikan-dan-kebudayaan-tahun-2017.
[②] 《中亚银行支持巴布亚教育》，《印度尼西亚商报》2016 年 8 月 23 日，http://www.shangbaoindonesia.com/? p=161034。

师研习会也在西爪哇的万隆、东爪哇的泗水多次举行。2016年9月27日，印度尼西亚阿拉扎大学中国馆隆重揭幕。

2016年8月7日，乌克兰总统彼得·波罗申科访问印尼，在日惹王宫会见日惹苏丹哈孟库波诺十世，双方探讨在经济、贸易、教育与文化方面展开合作，特别是在高等教育方面双方就互相交换教授与互相学习对方的语言将有所行动。双方同意在联合国教科文组织下进行合作。联合国教科文组织是专门处理教育与文化合作的机构。最后，乌克兰总统波罗申科邀请苏丹十世访问乌克兰，乌克兰总统一行也参观了中爪哇马格朗的婆罗浮屠佛塔与日惹格拉登的普兰巴兰佛塔。①

三 印尼教育存在的问题

目前印尼教育的主要问题是，师资力量不够，教师水平较低。苏哈托时代的教育与文化部部长瓦尔迪曼（Wardiman Djojonegoro）称，印尼的教育质量仍然很低。2016年9月18日，瓦尔迪曼在东爪哇玛琅巴拉维查亚大学图书馆举办的关于他所写的《一路上的回忆》的讨论会上，讲述了他在1993~1998年担任教育与文化部部长时的经历。当时，有非常多的学校成立，但都缺少教师。有很多学校教师是初中生、高中生，甚至超过90%的教师都没有高中毕业证书。瓦尔迪曼称，现在的情况与当时相比也差不多，能力不足的教师还有很多。他认为，政府必须将财政预算用于提升教师能力；除了给教师上品德课，也应该上教育课。虽然如此，但他认为印尼的教育体制已经处在正确的轨道上，仍依赖于各个地区的情况。② 印尼地域辽阔，教育与文化部的相关政策在各地方的执行情况各不相同，有些地方教育质量很低，甚至有些地方的学校设施坏了也不维修。瓦尔迪曼也对教师与学生之间纠纷事件频发表示关注。有很多教师因对学生施暴而被告到警局。他

---

① 《乌克兰总统会见日惹苏丹，探讨经贸教育文化方面合作》，《印度尼西亚商报》2016年8月7日，http://www.shangbaoindonesia.com/? p=159714。
② 《文化教育部前部长称印尼教育质量仍然很低》，《印度尼西亚商报》2016年9月9日，http://www.shangbaoindonesia.com/? p=163498。

认为这是在滥用《人权法》。如果孩子被老师捏了一下就被视为暴力和违反人权，老师因此而被告到警局或人权委员会很是不公平。因此，他已与人权方面有关各方进行协调，对《人权法》进行修改，要求对教师在教课时给予适当的方便。

2017年4月3日，社会民间组织关怀教育群体组织（FMPP）和雅加达清廉倡导团队（Taji）上报肃贪委，指控2017年雅加达省长候选人阿尼斯·巴斯瓦丹涉嫌2016年度教育与文化部超预算贪腐案。他们质疑阿尼斯滥用教育与文化部部长的职权或缺乏监管而出现超预算的情况，他可能涉嫌该部门的贪腐案。因此，这两家组织要求肃贪委和财政部进行深入调查。他们到肃贪委提交请愿书的主要目的是希望肃贪委能真正根除印尼的贪污腐败，特别是各政府部门存在的超预算贪腐行为。[①]

[①] 《阿尼斯涉嫌2016年度教育部超预算贪腐案》，《印度尼西亚商报》2017年4月4日，http://www.shangbaoindonesia.com/? p=179460。

第五章　印尼—中国关系

　　印度尼西亚是东盟国家中领土面积最大、人口最多的国家，自然资源丰富，是东南亚最大的经济体，是东盟创始国之一和"领头羊"，也是唯一一个加入20国集团的东南亚国家，其在东南亚事务中，甚至在国际事务中有重要的影响力。印尼也是"一带一路"的重要支点国家和"21世纪海上丝绸之路"的关键枢纽。中国是世界上最大的发展中国家，自改革开放以来，经济迅速发展，于2010年超越日本成为仅次于美国的世界第二大经济体，国际地位和国际影响力不断提高。中国、印度尼西亚这两个有影响力的国家同处亚太地区，双边关系不仅深深影响两国的发展，而且对亚太地区甚至全世界都有着至关重要的影响。中国与印尼于1950年4月13日建交。1965年印尼发生"9·30排华事件"后，两国于1967年10月30日中断外交关系。1990年7月印尼外长阿拉塔斯应邀访华，两国发表《关于恢复两国外交关系的公报》，两国恢复外交关系。1999年底，两国就建立和发展长期稳定的睦邻互信全面合作关系达成共识。2005年4月两国共同发表《中国和印尼关于建立战略伙伴关系的联合宣言》。2013年，中印尼关系提升为全面战略伙伴关系，两国共同发表了《中印尼全面战略伙伴关系未来规划》。2015年在中印尼建交65周年之际，两国签署了《中华人民共和国和印度尼西亚共和国关于加强两国全面战略伙伴关系的联合声明》，宣布习近平主席提出的建设"21世纪海上丝绸之路"重大倡议与佐科总统倡导的"全球海洋支点"战略构想高度契合，双方将携手打造"海洋发展伙伴"。2016年，印度尼西亚与中国高层往来频繁，政治互信不断增强。以此为基础，两国各领域合作亮点频现。5月，印度尼西亚国防部部长里亚米扎尔德和中国国防部部长常万全在老挝万象会晤，双方拟加强海上防务合作。8月，中印尼副总理级人文交流机制第二次会议举行，14项合作协议的签订标志着"民心相通"工程将迈出更大步伐。9月，佐科总统到中国杭州出席20国集团峰会期间与中国国家主席习近平会晤，就经贸合作展开了深入会谈。中印尼政治上的互信友好是双方经贸关系发展的有力保障。2016年第三季度，中国已成为印度尼西亚第三大投资来源国；两国同意继续推进能源、基础设施等投资及制造业领域的合作。双边贸易稳步发展，印度尼西亚关注的贸易逆差问题获得中方积极回应。在旅游合作领域，访问印度尼西亚的中国游客数量已居各国之首，增长潜力巨大。[①]

回顾2016年和2017年，可以说，这是中国、印度尼西亚国家发展战略全面对接的快速发展期、成果丰收期，两国的政治、经济和文化等的关系均取得了丰硕的成果。双方领导人多次强调，中印尼关系进入了历史最好时期。2016年9月2日，习近平主席在会见印尼总统佐科时强调，中国和印尼拥有广泛的共同利益，两国关系发展方向和势头良好。加强政治互信和战略对接成为两国领导人和社会各界的共识，2017年5月14日，习近平主席在北京再次会见出席"一带一路"国际合作高峰论坛的印尼总统佐科时表示，为推动两国全面战略伙伴关系不断迈上新台阶，双方要保持高层交往，用好高级别对话和交流机制，深化政治互信。2016~2017年，双方政治、经济和人文等领域的合作继续推动着中印尼"历史最好"关系深入发展。

第一节　印尼—中国政治关系

2016~2017年是中国、印度尼西亚两国领导人互联互访较为频繁的一年。两国高层多次会晤、交流，就加深全面战略伙伴关系、推动中国"21世纪海上丝绸之路"与印度尼西亚"全球海洋支点"战略构想全面对接达成共识，为双方经济和文化关系的发展奠定了基础。中国与印尼都是亚洲地

[①] 杨晓强，王禽哲：《印度尼西亚：2016年回顾与2017年展望》，《东南亚纵横》2017年第1期，第28页。

区有重要影响的大国，两国就一些重大战略问题保持沟通和协调十分必要，保持两国战略沟通的经常化与机制化，符合双方的战略利益。政治关系为中印尼关系的发展提供了战略规划和总体设计，是中印尼发展全面战略伙伴关系的保障。

一 中国—印尼高层政治互访频繁

2016~2017年，两国最高领导人会晤频繁，就双边关系展开沟通与对话。如何实现"一带一路"倡议和"全球海洋支点"战略构想的全面对接，成为两国最高领导人讨论的主线，贯穿两国高层互联互访始终。2016年9月2日，国家主席习近平在杭州会见前来出席20国集团领导人杭州峰会的印度尼西亚总统佐科。习近平畅想了双方发展全面战略伙伴关系的蓝图，强调了两国战略对接的具体实施项目。习近平指出，中国和印尼拥有广泛的共同利益，两国关系发展方向和势头良好，我们应该始终做好邻居、好伙伴、好朋友，不断增进政治互信，扩大务实合作，推动两国全面战略伙伴关系不断向前发展；双方要继续加强高层沟通，积极对接"21世纪海上丝绸之路"倡议和"全球海洋支点"战略构想；要确保雅加达至万隆高铁项目顺利实施，拓展基础设施建设、产能、贸易、投资、金融、电子商务等领域合作，打造更多旗舰项目；要加强教育、科技、卫生、广电、青年等领域交流，夯实两国关系的民意基础。中方将继续坚定支持东盟团结和东盟共同体建设，愿同印尼方在联合国、亚太经合组织、20国集团等多边组织中加强沟通和协调，共同维护发展中国家利益。佐科总统表示，印尼和中国互为重要伙伴，两国全面战略伙伴关系可为世界和平与安全作出贡献。印尼方支持探讨"21世纪海上丝绸之路"倡议和"全球海洋支点"战略构想对接，更愿深化同中国在贸易、投资、金融、基础设施等领域的合作。[1]

2016年7月，中国外交部部长王毅在老挝万象出席东亚合作系列外长

---

[1] 《习近平会见印度尼西亚总统佐科》，http://news.xinhuanet.com/world/2016-09/02/c_1119502818.htm。

会议期间会见印度尼西亚外长蕾特诺。王毅表示，中国和东盟国家同是发展中国家，都处在国家发展建设的重要阶段，需要为此营造积极稳定的国际地区环境，中方愿与印尼方一道为维护地区稳定、促进地区发展作出共同努力。蕾特诺表示，中方的支持对东盟至关重要。东亚合作系列外长会议会取得积极成果，有利于促进东盟与中国关系继续向前发展。[1] 印尼愿与中方努力维护地区规则，维护地区和平稳定。

为推动"一带一路"倡议与印尼"全球海洋支点"战略相对接，2017年5月14日，国家主席习近平在人民大会堂再次单独会见来华出席"一带一路"国际合作高峰论坛的印尼总统佐科。习近平指出，2013年10月中国在印度尼西亚首次提出共同建设"21世纪海上丝绸之路"倡议。佐科总统执政后，提出将印度尼西亚建设成为"全球海洋支点"。近年来，两国积极对接上述倡议和构想，全面深化合作，取得丰硕成果，为双边关系增添了更加丰富的内涵，打开了更加广阔的合作空间。习近平强调，为推动两国全面战略伙伴关系不断迈上新台阶，双方要保持高层交往，用好高级别对话和交流机制，深化政治互信。中方愿本着平等互利原则，推动两国在"一带一路"建设框架内全方位合作。佐科总统对习近平主席的讲话给予了高度重视，表示印尼高度评价"一带一路"倡议和中方举办的此次论坛，相信"一带一路"建设将为印尼同中国经济合作带来更多机遇。印尼愿深化同中方在"一带一路"建设框架下合作，提高经贸投资水平，探讨有关经济互联互通走廊的建设，特别是工业、农业、电力、港口和旅游等领域重大项目合作，深化人文交流。之后，两国元首共同见证了落实全面战略伙伴关系行动计划，经济技术合作、基础设施建设等领域合作文件的签署。[2]

此外，两国外长也在多个场合实现会晤，通过对话和沟通，双方促进了中印尼双边关系稳定向前发展。2016年7月26日，中国外交部部长王毅在

---

[1] 《王毅会见印度尼西亚外长蕾特诺》，http://www.chinanews.com/gn/2016/07-26/7952495.shtml。
[2] 《习近平会见印度尼西亚总统佐科》，http://www.fmprc.gov.cn/web/zyxw/t1461431.shtml。

老挝万象出席东亚合作系列外长会议期间会见印尼外长蕾特诺。王毅表示，中国和东盟国家同是发展中国家，都处在国家发展建设的重要阶段，需要为此营造积极稳定的国际地区环境，发表的《关于全面有效落实〈南海各方行为宣言〉的联合声明》，有助于各方增加互信，重回双边对话协商解决争议的正确轨道，这同时发出了中国和东盟共同维护南海和平稳定的积极信号。中方愿与印尼方一道为维护地区稳定、促进地区发展作出共同努力。蕾特诺表示，中方的支持对东盟至关重要，该次会议取得积极成果，有利于促进东盟与中国关系继续向前发展，印尼愿与中国努力维护地区规则，维护地区的和平与稳定。

在国际和地区事务中，两国共同呼吁通过合作解决争端和冲突，共同致力于维护世界和平与稳定。印尼总统佐科建议在《南中国海行为准则》未制定前，涉及南中国海主权争议的各方应该开展"实质性的合作"，这对维持该海域和平极为重要。佐科到马尼拉参加东盟首脑会议前夕接受《南华早报》专访时说："在我们还没达成（南中国海）行为准则的过渡期，建立互信是非常重要的。"佐科表示，正因为制定行为准则耗时，"趁未有突发状况之前，我们应开展实质性的合作，例如联合进行海事资源研究、合作改进该区域的海事基础设施及开发渔业"。印尼并非南中国海主权声索方，佐科总统只是重申争议各方亟须建立互信。[1] 2017 年 5 月 13 日，印尼外长蕾特诺在与中国外长王毅举行双边会谈时表示，缓解朝鲜半岛和南中国海紧张局势必须优先维持地区的安全与稳定。雷特诺强调朝鲜半岛局势的紧迫性，呼吁朝鲜尊重联合国决议，敦促相关国家参与和平谈判。[2] 可见，在南海争端中，印尼基本保持中立立场，并积极促进争议各方通过谈判化解争端。考虑到印尼在东盟的特殊地位，印尼的中立并多方撮合和谈本身就是对中国在南海问题上的极大支持。

---

[1] 《佐科建议南中国海争议方 准则制定前开展"实质合作"》，《联合早报》2017 年 4 月 30 日，http://www.zaobao.com/news/sea/story20170430-754628。
[2] 《印尼外长就缓解朝鲜半岛紧张局势和南中国海问题与中国外长谈话》，http://jakartaglobe.id/news/indonesia-talks-china-reducing-tensions-korean-peninsula-south-china-sea。

中印尼两国其他政府官员的交流与沟通进一步增强了双方的政治互信和友好往来,对各领域起到了深化务实合作的不可替代的作用。2017年5月16日,中共中央政治局委员、中央政法委书记孟建柱在北京会见印尼海事统筹部部长卢胡特,商谈了落实"一带一路"国际合作高峰论坛达成的成果清单中有关两国执法领域的内容。孟建柱说,习近平主席和佐科总统在"一带一路"国际合作高峰论坛期间举行会谈,就两国关系发展进一步达成重要共识。中方愿同印尼方落实好两国元首共识,深化战略对接,加强包括反恐、打击跨国犯罪、海上执法等在内的各领域务实合作,推动两国全面战略伙伴关系取得更大发展。卢胡特表示,印尼方愿积极参与"一带一路"建设,全面深化与中方合作。① 2017年6月15日,中共中央政治局委员、中央政法委书记孟建柱在北京再次会见印尼总统特使卢胡特。孟建柱说,前不久习近平主席同佐科总统在"一带一路"国际合作高峰论坛期间就中印尼关系发展和两国"一带一路"合作达成重要共识。中方愿同印尼方落实好两国元首共识,深化各领域合作,推动中印尼关系迈向更高发展水平。卢胡特表示,印尼高度重视发展对华关系,愿积极参与"一带一路"合作,加强发展战略对接,实现互利共赢。②

通过领导人经常性会晤、外交部门的相互沟通、其他政府官员的对话机制,中印尼双方的政治和战略互信不断提升,有力地促进中印尼双方发展战略相互对接。

二 两国地方和社会交流频繁

除了高层互访,中国地方与印尼地方省市之间也保持着沟通,建立了多对友好城市,这是两国关系发展的重要内容之一,为两国人民相互了解,增加信任提供了重要渠道。

非政府组织的交流与沟通在中印尼双边关系中发挥了重要的作用。2017

---

① 《孟建柱会见印尼海洋统筹部长卢胡特》,http://qiandaoribao.co.id/news/95663。
② 《孟建柱会见印尼总统特使》,http://qiandaoribao.co.id/news/96976。

年2月20日,中国驻印尼大使谢锋会见了印尼第二大穆斯林团体穆罕默迪亚总主席海达尔·纳西尔,双方就中印尼关系及两国宗教、经贸、旅游等领域的交流合作进行了积极、富有成效的会谈。谢锋大使表示,近年来中印尼经贸合作突飞猛进,中国在连续6年保持印尼最大贸易伙伴地位的同时,从第十大投资来源国升至第三。两国合作领域也从传统贸易和基建承包向基建投资、能源投资、电子商务、财经、通信、房地产等行业拓展,新动能不断涌现。数千家中国企业纷纷来印尼投资兴业,带来了资金、技术和先进的管理经验,增加当地税收,提供了大量的就业机会,促进了经济发展,造福两国人民。关于中国的宗教政策,谢锋大使表示,中国政府尊重和保护教众信仰自由和风俗习惯,中国政府依法保障包括穆斯林在内的宗教信众在参政议政、履行宗教义务和习俗等方面的权利,并在教育、民生等方面予以政策倾斜。纳西尔总主席表示,谢锋大使的介绍加深了他对中印尼关系、两国经贸合作和中国民族宗教政策的了解。穆罕默迪亚愿意加强与中国在教育、卫生、青年等领域的交流与合作,增进中印尼两国穆斯林及两国人民之间的了解与友谊。[1]

中印尼地方政府间的互动是国家间关系发展的重要内容,它细化和丰富了两国关系的内涵。为推动印尼西爪哇省与中国地方城市的交流与沟通,印尼西爪哇省省长艾哈默德·赫亚万率代表团先后访问广西、重庆和黑龙江,并于2017年5月5日签署了西爪哇与广西缔结友好区省关系的协议书。双方将通过建立友好区省关系,在经贸、汽车、旅游、农业和文化教育等多方面加深合作。在汽车制造业、旅游业和农业等方面,西爪哇省都与广西壮族自治区有很大的合作发展空间。[2] 离开广西之后,5月8日,艾哈默德·赫亚万省长率团继续访问重庆,并与重庆市缔结了友好省市关系协议书。赫亚万表示,西爪哇省机场周边项目正计划考虑使用单轨

---

[1] 《驻印度尼西亚大使谢锋会见印尼穆联总主席纳西尔》,http://www.fmprc.gov.cn/web/gjhdq_676201/gj_676203/yz_676205/1206_677244/1206x2_677264/t1451466.shtml。

[2] 《广西和印尼西爪哇省缔结友好区省》,http://news.xinhuanet.com/local/2017-05/06/c_129591999.htm。

列车，希望通过两地建立的友好协议，在单轨交通方面加强合作。在教育方面，赫亚万称，2016年在重庆的印尼留学生超过300名；在旅游方面，中国游客数量居印尼接待的国外游客数量之首；在技术方面，赫亚万希望能将更多中国研发技术引入印尼。① 在访问重庆之后，赫亚万一路北上，于2016年5月10日到访中国黑龙江省，并签署了黑龙江省政府与印尼西爪哇省政府关于建立友好省关系的协议书。黑龙江省省长陆昊表示，正如习近平主席指出，中国和印尼拥有广泛的共同利益，两国关系发展方向和势头良好。黑龙江省和西爪哇省在2010年就签订了建立合作关系意向书，希望两省借助两国关系发展势头，进一步加强相互了解和交流，在各自相关优势领域开展务实合作，不断推动两省友好关系取得新的发展。赫亚万表示，印尼和中国关系源远流长，近年来两国在经贸、文化和旅游等领域的交流合作取得良好发展，希望两省通过建立友好省关系，进一步加强相关领域务实合作，推动两省关系发展。②

2017年3月22日中国—印度尼西亚人文交流研究中心成立仪式暨"一带一路"建设背景下的中国印尼人文交流与智库建设学术研讨会在北京外国语大学举行，印尼驻华大使苏更·拉哈尔佐、中国教育部国际司副司长于继海、北京外国语大学校长彭龙出席成立仪式并讲话。彭龙表示，近年来，中国、印尼两国在教育、经贸和人文交流领域的合作日益密切，该中心的成立是北京外国语大学建设新型智库和服务国家发展的重要举措，希望未来可以和更多的印尼高校展开合作，培养更多优秀人才为两国关系的发展做出贡献。

近年来，印尼赴华留学生的规模持续扩大，留学目的也从参加语言培训转为攻读学位，国际贸易、建筑工程、信息科技成为热门专业。与以往华人学生占多数不同，越来越多的本土学生开始选择出国求学。中国已经成为许

---

① 《重庆与印尼西爪哇省缔结友好市省关系》，http：//www.chinanews.com/gn/2017/05-08/8218561.shtml。
② 《黑龙江省政府与印尼西爪哇省政府共同签署建立友好省关系协议书》，http：//www.gov.cn/xinwen/2017-05-11/content_ 5192807.htm。

多印尼学生留学的首选地。

在国际关系中,次国家行为体之间的外交活动是对国家间外交关系的充实和补充。中印尼社会团体和地方政府之间的友好互动在中印尼关系中发挥着不可替代的作用,是中印尼双方相互沟通与了解的重要渠道,随着中国"一带一路"倡议和印尼"全球海洋支点"战略构想对接的加深,相信会有越来越多的中印尼地方政府结对友好省市,使中印尼友好关系更接地气,使两国普通民众受惠。

三 双方党际交往成果丰硕

政党交流是现代国家外交的重要组成部分。近十年来,中印尼政党交往呈现多层次、宽领域的快速发展势头,对深化两国战略伙伴关系、造福两国人民具有重要意义。中印尼两国政党之间的交往呈现了显著的特点:"一是高层互动频繁,极大地增进了两国政治家之间的互信与友谊,有力地推动了两国关系的健康稳定发展;二是两国政党在各领域的交流逐渐深入,实现了机制化交往,这标志着中国共产党与印尼政党的交流合作迈向了更高的层次;三是全面拓展在干部考察领域的交流合作;四是在多边场合保持良好配合。可以说,中国共产党与印尼政党共同为促进本地区的繁荣稳定与发展做出了积极贡献。"2016~2017年中国共产党与印尼政党交流的最重要事件是,印尼执政党斗争民主党干部考察团(成员主要包括该党三位高层领导兼国会议员和多个省议员及市、县政府的行政长官)应中联部邀请于2016年10月13日至17日访问福州和莆田,实地了解和考察福建省基层社区党建工作、经济社会发展和对外合作情况。在中联部的指导下,福建省外办为考察团安排了参观福州市规划馆、鼓楼区东街街道军门社区等考察活动,精心策划和组织召开了福建—印尼经贸合作对接会,并带领印尼方人员参观了福州海欣食品有限公司和福建(莆田)海安橡胶有限公司等企业,增进了福建省与印尼的相互了解,扩大了经贸合作意向对接,为今后双方深化投资、贸易和产能合作奠定了新的基础。印尼执政党代表团考察福建期间,福建省还适时寻求商机,推进与印尼的经贸合作。10月14日下午,福建省海洋与渔业厅、商务厅、国资委、旅游局、省贸促会等有关部门负责人和省投资集团、能源集团、冶金控股集团、建工集团、船舶集团、旅游发展集团、省中旅、中联控股集团、春申集团、宏龙海洋水产有限公司等21家福建省国有企业及民营企业代表出席了福建—印尼经贸合作对接会。会上，印尼西爪哇省井里汶县县长、中爪哇省三宝垄市市长、东努沙登加拉省北中帝汶县县长、中爪哇省三宝垄县副县长、北苏门答腊省棉兰市副市长、西爪哇省议员等分别介绍了各自地区的经贸发展情况、投资政策环境和主要合作商机。听取印尼方的情况介绍后，福建省与会企业纷纷说明了各自企业与印尼合作的现状或意向书，并就所关心的有关印尼招商引资、保护外商权益和外劳签证政策等情况咨询了考察团相关人员。此次对接会取得良好效果，双方与会人员表示，将继续保持密切联系，携手推动福建与印尼在经贸领域深化互利合作，实现共同发展。考察团在福州海欣食品有限公司参观时，还探讨了"以货易货"的合作模式，即印尼方可以在当地代销海安轮胎，海安可以在中国代销印尼橡胶。对于此次印尼执政党考察团的活动行程，陪同访问的中联部有关司局负责同志表示，这是党际交往促进务实合作的一次有益尝试，福建的做法很有启发。[①]

在过去的一年，中国同印尼的党际交往取得了丰硕的成果，是两国双边关系的重要补充，增加了双方的相互了解和政治互信，扩大了两国的务实合作。

四 印尼—中国安全合作关系向好发展

1. 纳土纳群岛水域冲突

纳土纳群岛专属经济区的划界争端，近年来上升为中国—印尼安全关系中的重要事件，并对两国关系发展产生了不小的影响。虽然中国和印尼不存在纳土纳群岛主权争端，但两国在此海域的专属经济区重叠部分的划界问题

[①] 《以党际交往促务实合作》，http://www.fjfao.gov.cn/zwgk/gzdt/zwyw/201610/t20161018_1221547.htm。

争持不下，不仅给两国渔民及海洋资源开发（尤其是海底油气资源的勘探开发）带来不便，而且也是横亘在两国关系发展中的一道"坎"，处理不当，有可能导致两国关系停滞不前甚至倒退，还可能在印尼社会引发敏感的"华人华侨"问题。印尼军方承认，虽然一直在评估纳土纳群岛面临的风险，但也坚持印尼在南中国海地区主权争端中继续保持中立立场。近年来，随着中国开始主动作为，有预见性地积极捍卫南海主权与海洋权益，与此同时，印尼建立"全球海洋支点"强国，维护海洋权益的意识也越来越强烈，手段也越来越强硬，在双方沟通不畅的情况下，这可能影响中印尼关系的健康发展。[①]

与此同时，印尼政府决定从2017年起，将地图中包括本国"专属经济区"在内的南海区域标注改为"北纳土纳海"。印尼的依据是，印尼当地岛民早已习惯于"北纳土纳海"的名称。这是印尼首次公开在地图中标注"北纳土纳海"，并计划在纳土纳群岛推进部署战斗机以及导弹部队，给中国南海争端增加了新的变数。2017年7月针对印尼政府在新版官方地图中将南海部分海域更名，中国外交部发言人耿爽14日在例行记者会上表示，所谓更名毫无意义，而且不利于国际地名的标准化。耿爽表示，长期以来，南海包括其英文标准地名South China Sea作为一个国际通用的地理实体名称，其地理范围是明确的，且早已为国际社会包括联合国广泛认可和接纳。关于在南海存在的领土和海洋权益争议，中国一贯致力于与直接有关的当事国在尊重历史事实的基础上，根据国际法，通过谈判协商和平解决。这符合国际法及相关国际实践，也是中国和东盟各国在《南海各方行为宣言》中作出的庄严承诺。当前，中印尼全面战略伙伴关系稳步健康发展，双方应共同努力，将两国关系不断推向新的水平。

在印尼与中国处理纳土纳海域专属经济区重叠的问题上，处在两国关系空前"蜜月期"的中印尼两国都倾向于采取和平而温和的方式去协商与解

[①] 张会叶、韦健锋：《近年来印尼南海政策的新变化及影响》，《东南亚南亚研究》2016年第2期，第3页。

决问题，双方极有可能将该问题控制在"斗而不破"的范围内。[①] 虽然纳土纳群岛事件给中国印尼的双边关系带来了消极的影响，但是，在两国发展战略相互对接的背景下，稳步向前发展仍是中国印尼双边关系的主旋律。

2. 两国安全交流与合作

印尼作为正在崛起的新兴中等强国，试图通过推行中等强国外交战略，增强自身的国际地位和影响力，从而成为真正的东南亚地区领袖。恰逢中国努力实现中国梦、强军梦之际，印尼的中等强国战略选择，以及其作为全球重要战略支轴国家的地缘位置，使得其对中国完善周边外交布局，改善周边安全环境具有重要作用。因此，加强中印尼两国的军事交流与安全合作至关重要。为维护国家安全，中国和印尼这两个在地区甚至世界占据特殊地位的国家应不断深化合作，努力促进自身稳健发展。

在执法安全合作上两国不断深化合作。2016年8月，中国国家禁毒委员会副主任、公安部反恐专员刘跃进在北京会见了来华访问的印度尼西亚国家禁毒机构主任布迪·瓦史梭。刘跃进表示，中印尼执法安全合作是两国友好关系的重要组成部分。近年来，在两国领导人的关心和指导下，两国执法安全合作取得丰硕成果，在两国关系中的分量日趋上升。双方在禁毒、反恐、打击电信诈骗、网络安全、追逃追赃等领域展开了高效、务实合作，为维护两国国家安全和社会稳定做出了突出贡献。其中，禁毒合作是中印尼执法安全合作的一大亮点。近年来，两国禁毒部门在人员往来、机制会晤、情报和业务交流等领域开展了高效、务实的执法合作，取得了显著成效。当前，毒品犯罪形势日趋复杂，中印尼双方应更加高效、务实地开展执法合作，建立健全合作机制，及时交流相关情报信息和经验做法，不断推动中印尼禁毒合作取得新的成效。[②]

中国—东盟国防部长非正式会晤是中印尼安全交流与合作的重要平台之

[①] 潘玥：《试析中印尼在南海问题上的互动模型》，《东南亚南亚研究》2017年第1期，第26页。
[②] 《刘跃进会见印尼国家禁毒委员会主任》，http://www.cic.mofcom.gov.cn/ciweb/cic/info/Article.jsp?a_no=392628&col_no=456。

一。国务委员兼国防部部长常万全2016年5月26日在老挝万象会见了印尼国防部部长里亚米扎尔德。常万全说,中国和印尼同为亚洲发展中大国,双方发展战略契合、合作前景广阔。中方愿与印尼方一道,认真落实习近平主席与佐科总统达成的重要共识,进一步深化两国全面战略伙伴关系,携手打造中国—东盟命运共同体。中国军队愿与印尼军队一道,加强各领域务实交流合作,不断推动两军关系向前发展。里亚米扎尔德对此表示同意,他认为多年来两国防务安全合作保持良好势头,双方在高层互访、情报交流、联合训练、装备技术等领域的合作卓有成效。印尼军队愿继续加强两军在双边、多边框架下的务实合作。在谈及南海问题时,常万全表明了中方的一贯政策立场。里亚米扎尔德表示,应当在相互尊重、相互信任的基础上,综合考虑《联合国宪章》、《联合国海洋法公约》、《南海各方行为宣言》和历史因素,通过当事方谈判协商解决有关主权和海洋权益争议。[1]

2016~2017年,双方的海上执法合作取得了进一步深化。2016年11月22日,中国海警局局长孟宏伟在北京与应邀来华访问的印尼海上安全机构主任艾瑞·苏德沃举行了首次正式会晤。双方就积极落实两国领导人重要共识、加强海上执法务实合作深入交换了意见,达成了广泛共识。会晤结束后,孟宏伟与艾瑞·苏德沃共同签署了会议纪要。纪要回顾了近年来两国领导人关于加强两国海上合作的重要共识,并就信息交换、联络窗口、联合演练等具体合作方向达成一系列共识。[2]

此外,双方还就加强禁毒合作达成广泛协议。2017年5月3日,印尼国家禁毒机构成员会晤了中国国家禁毒委员会代表团,以协商2012年3月23日签署的谅解备忘录并采取后继行动。印尼国家禁毒机构法律与合作处助理阿里夫(Arief Wicaksono)称,在此次的会晤中,两方在数个方面达成了协议,如在合作机制和沟通机制方面。双方也就两国的毒品走私问题和对

---

[1] 《常万全会见印度尼西亚国防部长》,http://www.mod.gov.cn/leaders/2016-05/26/content_4665511.htm。
[2] 《中国印尼海警部门首次会晤,就加强海上执法合作达成共识》,http://www.qiandaoribao.com/news/87999。

毒品前体进行检查的问题互相交换了意见。他补充说，两方除了达成互相交换信息的协议之外，也在对官员和工作人员进行能力建设培训的问题上签署了协议。中国国家禁毒委员会非常希望能在根除毒品和防止毒品走私等问题上帮助印尼。①

中印尼两国不断拓展务实合作领域，两国在反恐、网络安全、打击跨国犯罪和执法能力建设等领域的合作，为维护两国国家安全和社会稳定作出突出的贡献。

2016~2017年度，中国与印尼进行了多次军事和安全交流活动。但总体而言，与其他国家相比，中国与印尼之间的军事交流仍然处于较低水平，双方军事交流与合作还有很大的发展空间。

2016年10月7日，中国海军"郑和"号训练舰到访印尼，停靠雅加达丹蓉布洛港码头，受到中国驻印尼大使馆孙伟德公参、中国人民解放军海军大连舰艇学院院长及当地华人华侨、中资企业代表近500人的热烈欢迎。孙伟德说，近年来，中印尼两军合作扎实推进，在人员培训、装备技术联合训练、海上安全、多边安全等多个领域都实现了突破。两军友好交流明显增多，特别是海军舰艇往访十分频繁。印尼海军"德瓦鲁济"号5次访华。中国海军也先后派遣"哈尔滨"舰、"昆仑山"舰、"钱三强"舰、"和平方舟"医院船、"济南"舰、"益阳"舰等近20艘舰艇到访印尼万鸦佬、雅加达、泗水、拉布汉巴焦等地。此次"郑和"号满载着中国人民的情谊再次来访，进一步增进了彼此了解，促进了相互交流，传播了两国两军间兄弟般的友谊。②

印尼海上安全机构主任艾瑞·苏德沃海军中将于2016年11月下旬在对中国进行一系列访问后，对安塔拉通讯社驻北京记者表示，印尼海上安全机构对中印尼两国签署安全合作谅解备忘录表示欢迎，即便其中如双方能够直

---

① 《印尼国家禁毒机构成员接见中国禁毒委代表团》，http：//www.haobaodaily.co.id/news/read/2017/05/04/142988/#.WQxntflpyKU。
② 《中国海军"郑和"号到访印尼 甲板招待会在雅加达码头举行》，http：//www.chinanews.com/gn/2016/11-08/8056070.shtml。

接落实的技术层面等内容仍需进行调整。这些合作不涉及有关地方联合演习和海上执法的具体内容在内的两国其他部门和机构。双方同意合作应针对关涉两国共同利益的问题,扩大合作领域包括举行高层会议、人员培训、舰艇互访、加强能力建设。此外,双方还同意加强协调互信,以便能对跨地区犯罪和海上纠纷作出迅速有效的回应,维护区域安全与稳定。①

中印尼两国的军事和安全交流还有进一步提升的空间,这就需要中印尼双方进一步增加政治和战略互信,扩大军事和安全合作范围,为维护地区和平与稳定做出贡献。

第二节 印尼—中国经济关系

中印尼自1990年正式恢复外交关系以来,经贸关系迅速发展,双边相互贸易额、投资额不断攀升,经济关系已然成为中印尼关系的基石。2013年10月,习近平总书记在访问印尼时,双方共同把中印尼关系提升为全面战略伙伴关系。两国元首同意,在更高水平、更宽领域、更大舞台上开展交流合作。其中,经贸合作方面主要是加强基础设施建设、制造业、农业、投融资等领域的合作。2015年3月25~28日,佐科总统访华并出席博鳌亚洲论坛年会期间,两国签署了《中华人民共和国和印度尼西亚共和国关于加强两国全面战略伙伴关系的联合声明》,一致确认"21世纪海上丝绸之路"倡议与"全球海洋支点"战略构想高度契合。在全面战略伙伴关系框架下以及两国国家发展战略全面对接的背景下,2016~2017年中国印尼经济关系继续稳步向前发展。

一 推进"一带一路"合作

2013年中国政府提出"一带一路"倡议后,印尼作为"21世纪海上丝

---

① 《印尼海上安全机构拟与中国海警局举行联合演习》,http://www.qiandaoribao.com/news/88225。

绸之路"沿线的支点国家,而印尼总统佐科也提出"海洋强国"的施政理念。自2014年印度尼西亚总统佐科上台后,中国印尼关系上升到历史最好时期。印度尼西亚作为一个不断发展的地区大国渴望搭上中国经济高速发展的快车,而中国作为一个正在崛起的世界大国也在努力与周边国家合作,吸收利用优秀资源,促进经济蓬勃发展。正是这种相互需要,两国建立了全面战略合作伙伴关系。中印尼两国领导人几乎同时提出的推动海洋经济发展与建设海洋强国的倡议有许多共同之处,这引起了两国的极大关注。如何把中国"一带一路"倡议和印尼"全球海洋支点"战略对接起来,成为两国关系的重中之重,回顾过去一年两国经济关系的发展历程,不难看出,两国为此做出了巨大的努力,也取得了丰硕的成果。

中国提出的"一带一路"倡议受到印尼高层的关注,印尼领导层高度重视中印尼两国发展战略的对接。2017年5月15日,佐科总统在"一带一路"国际合作高峰论坛圆桌峰会上发言时表示,东南亚国家将为"一带一路"倡议的实现作出显著的贡献;印尼政府的使命和愿景是使印尼成为世界海洋支点。佐科接着说明了印尼政府努力实现世界海洋支点愿景的最新进展,他坚信,在"一带一路"高峰论坛倡议下的国与国之间的联通与合作愿景一定可以实现。[①]

推动"一带一路"倡议与"全球海洋支点"战略构想对接成为中印尼各界的共识,华商组织也通过自身努力助力"一带一路"。2017年6月12~13日,第二届世界华侨华人工商大会在京举行,在"'一带一路'与华商组织协作论坛"上,百位境外华商组织负责人探讨如何加强华商组织协作,引导成员参与"一带一路"建设。中国国务院侨务办公室副主任谭天星在论坛上指出,华商组织是华侨华人工商企业家的重要合作平台,"构建华商组织协作互通,促进华商组织优势互补、'强强联合'是广大华商参与'一带一路'建设,实现事业重大发展的重要基础、有效途径和共同愿望"。多

---

① 《总统在"一带一路"峰会招商引资》,http://www.guojiribao.com/shtml/gjrb/20170516/317617.shtml。

位侨领对华商组织在"一带一路"建设过程中的桥梁作用深有感触。印尼中华总商会副总主席张锦雄表示，各国华商商会扎根当地几十年，有着广泛的人脉资源，最熟悉当地情况。在他看来，多听取当地华商组织的声音，对项目进行可行性研究，前期规划好具体操作方案，对后期业务开展非常有必要。①

印尼对"一带一路"倡议有非常大的期待，希望该倡议能推动中印尼两国的务实合作，促进印尼的经济发展，造福印尼民众。印尼驻华大使苏更·拉哈尔佐在接受中新社记者专访时表示，"一带一路"倡议将造福印尼，对推动中印尼两国多层面合作具有重要意义。苏更认为，中方提出的"21世纪海上丝绸之路"倡议和印尼方的"全球海洋支点"战略构想高度契合。对于中印尼经贸方面的合作，苏更认为，近年来两国间经贸关系取得很大发展。"2015年，中国对印尼投资居于第9位；而2016年，中国已成为仅次于新加坡和日本的第三大投资国。"在政治关系上，苏更表示，两国不存在任何分歧，在维护地区和平稳定方面，印尼同中国有着共同的立场。在人文交流方面，两国均十分重视高层互访和民间交流。2015年，中印尼副总理级人文交流机制首次会议在雅加达举行；2016年该机制第二次会议在中国贵阳召开，双方在教育、科技、文化等领域签署了重要交流合作协议。苏更认为，该机制的成立对于促进两国人文领域交流具有重要意义。"民心相通"是"一带一路"框架下的一项重要内容。苏更认为，近年来印尼和中国在政府和企业间的合作交流日益密切，已经取得诸多成就，而两国民众间的文化互通则仍须加强。"民间交流在双边关系中同样重要。只有双方民众互相了解对方国家的文化和社会状况，才能消除疑虑，实现良性发展。"② 中国政府对"民心相通"也寄予极高期望，并有明确规划。正如习近平主席在"一带一路"国际合作高峰论坛圆桌峰会上的闭幕词所言："我

---

① 《华商组织助力"一带一路"：协作、引领、共赢》，http://www.chinanews.com/hr/2017/06-13/8249603.shtml。
② 《印尼驻华大使："一带一路"建设将推进印尼与中国多领域合作》，http://interview.chinanews.com/gn/2017/04-25/8208491.shtml。

们期待架设各国民间交往的桥梁,为人民创造更美好的生活。我们都认为,文明交流互鉴是古丝绸之路留下的精神财富,民心相通应该成为'一带一路'建设国际合作的重要组成部分。我们愿探讨多层次、宽领域的人文合作,加强教育、科技、文化、卫生、旅游、体育等领域交流合作,搭建更多合作平台,开辟更多合作渠道。我们愿积极创造条件,让社会各阶层、各群体都参与到合作中来,营造多元互动、百花齐放的人文交流局面。我们将顺应人民期待,加强环境保护、应对气候变化、反腐败等领域合作。我们还将完善签证便利化举措,让各国民间往来更顺畅、更舒心。"

印尼作为"一带一路"倡议的沿线国家,期待与中国加强基础设施建设领域的合作,促进基础设施建设的发展。印尼外交部发言人阿尔马纳塔·纳西尔(Arrmannatha Nasir)2017年3月2日表示,近年来中国企业对印尼直接投资快速增长,印尼期待与中国加强基础设施和能源领域的合作。印尼希望更多中企积极投资印尼的高速公路、码头、机场等基础设施建设领域,以及能源和矿业领域。对于中国的"一带一路"建设,纳西尔表示,希望将中国"一带一路"倡议和印尼"全球海洋支点"战略构想对接,使印尼能够获益更多。[①] 可以看出,作为"一带一路"沿线的重要国家,印尼对中国提出的倡议满怀期待,期待两国的发展战略相对接,希望借助中国的力量助力其经济发展,造福印尼民众。

为推动中国和印尼的发展战略相对接,2016年8月25日,在雅加达召开了第二届海上丝绸之路中国—印尼论坛暨对接印尼商机推介会。与会代表结合当前东盟经济共同体发展和"海上丝绸之路"建设,共同展望新形势下中国和印尼、中国和东盟的经贸商机。中国—东盟商务理事会执行理事长、中国首席东盟商务专家许宁宁在主旨演讲中表示,东盟经济共同体发展和"海上丝绸之路"建设,两者完全可相互促进。中国与东盟经贸合作正进入新阶段,中国和印尼的企业应找准合作发展的着力点,扬长避短,互利

---

① 《促进沿线国家的基础设施建设是"一带一路"倡议的重要目的》,http://www.haobaodaily.co.id/news/read/2017/03/04/138027/#.WXu8_IVpwQJ。

合作，共同应对世界经济增长缓慢的形势。①

2016~2017年，在"一带一路"倡议的推动和中印尼双方的共同努力下，越来越多的中国企业到印尼投资，促进了中国产业结构的调整和印尼的经济发展。在落实"一带一路"倡议与中国经济结构性调整的大背景下，大量中国企业特别是民企来到印尼投资发展。央企、国企通过参与印尼基础设施建设，也间接带动了中国的产业出口与合作。据不完全统计，现有1000多家中资企业在印尼开展经贸合作，涉及钢铁、建材、石化、海产、汽车、农业、纺织、电商等诸多领域。另据印尼投资统筹机构统计，目前还有20家中国广东企业有意到印尼投资，行业涉及制鞋、装备制造、电子及电器产品生产以及工业园区建设等。另外，有中国公司表示要投资中苏拉威西省公路、电力、港口和机场等建设项目。还有中企有意赴北苏拉威西省投资发展基础设施建设。为吸引更多中国企业赴印尼投资，印尼投资统筹机构专门设立了中国投资服务小组，协助解决中资企业在印尼投资过程中遇到的问题和障碍。②

在中国"一带一路"倡议和印尼"全球海洋支点"战略构想对接的背景下，中印尼两国之间的经济务实合作也得到了进一步加强，一批合作项目得以落实。作为"一带一路"倡议落地印尼的重点项目，2013年10月中国与印尼签署协议，携手建设青山工业园区。3年多来，青山工业园区助推印尼经济发展，为当地民众带来了看得见、摸得着的实惠。中印尼合作青山工业园区中方代表、上海鼎信投资（集团）有限公司董事长黄卫峰表示，截至2016年10月，青山工业园区已投入资金24.5亿美元，创造约1万个就业岗位。园区所在的莫罗瓦利县县长安瓦尔表示，青山工业园区不仅为当地创造大量就业机会，而且通过税收等途径为当地创造了财富。同时，园区积

---

① 《第二届海上丝绸之路中国—印尼论坛暨对接印尼商机推介会在雅加达召开》，http://world.people.com.cn/n1/2016/0825/c1002-28666581.html。
② 《中企投资助力印尼基础设施建设》，http://world.people.com.cn/n1/2016/0805/c1002-28612434.html。

极履行社会责任,通过一些惠民项目带动了当地商业的繁荣。[1]

印尼与中国通过各自倡导的"全球海洋支点"战略构想与"一带一路"倡议,进一步密切两国关系,切实为双方带来好处,特别是在提高人民福利方面,印尼积极利用合作实施"一带一路"倡议的机会发展了印尼的基础设施建设。中国"一带一路"倡议和印尼"全球海洋支点"战略构想对接存在现实条件——中国与印尼良好的双边关系与维护地区安全稳定的共同利益是保障两大发展战略成功对接的现实条件,中国与印尼双方可将基础设施建设、能源资源合作等领域作为突破口,逐步推进战略对接。但是,中国与印尼双方的战略对接也面临一系列潜在挑战,如印尼海上强势执法、国内对华人的态度以及一些大国如美国、日本的干涉等,印尼各界不乏怀疑、警惕与批评"一带一路"倡议的声音,这些声音多来自大学学者、智库专家与战略研究者,这些言论反映了一部分印尼社会精英对中国"一带一路"倡议的负面认知。印尼强烈的民族主义倾向、多元制衡的政治权力结构、人治大于法治的法律环境、宗教极端势力的渗透、军方对政治的强势影响、地方自治的缺陷等一系列国内政治特点,使得两国海洋战略对接面临多种杂音,经济利益竞争更为激烈,经济合作隐性成本增加,政治互信面临挑战。[2] 这可能使中印尼两国的发展战略对接难以顺利进行。

二 印尼—中国地方经贸合作

印尼中华总商会是促进中国印尼经贸交流合作的一个重要机构,成立于2001年的印尼中华总商会的使命是推动并配合海内外华商积极发展实业,在印尼与中国的经贸往来中发挥中介桥梁作用。印尼中华总商会为中国印尼经贸交流提供了一个平台,中国地方省市积极通过印尼中华总商会这个平台,加强与印尼的经济交流与对话,促进双方的经济发展。

为促进广西的经济发展以及寻求投资商机,以丁元龙为团长的中国广西

---

[1] 《中国投资产业园助推印尼经济发展》,http://qiandaoribao.com/news/89758。
[2] 韦红:《印尼国内政治对中国印尼共建海上丝绸之路的影响及对策》,《社会主义研究》2016年第3期,第145页。

贸促会代表团一行18人到访印尼工商会馆中国委员会，印尼中华总商会常务副主席张锦雄在致辞中表示，希望中国企业多来印尼考察、了解，寻求发展合作的商机。丁元龙对广西与印尼经贸关系的发展前景充满信心，希望通过访问和考察，加深彼此了解，寻求合作与投资商机，为中印尼两国的经济发展做出贡献。会谈中，双方还就印尼国情、经济发展及投资政策等多方面问题进行了深入探讨和交流。①

为加强天津市与印尼的经贸合作和交流，2017年5月5日，中国天津市商务委员会代表团一行5人访问了印尼中华总商会，张锦雄在致辞中说，很高兴看到两国这些年来关系顺利发展，如今两国的经贸合作已经拓展到各个领域，两国人民的交流和往来日益密切。伴随着两国政府高层的频繁互访，"一带一路"倡议的推进，中国政府和企业大量走出国门，来到印尼考察交流，在印尼投资兴业，开拓海外事业版图。天津市商务委员会外资处处长张文刚表示，此次组团出访印尼，旨在加强双方的交流，扩大中印尼两国在各领域的合作。②

除了多元化的经济交流活动，中国印尼两国的经济对话渠道始终畅通。2016年10月5日下午，中国（广东）—印尼双边经贸合作交流会在雅加达顺利召开。广东省政协主席王荣、印尼旅游部部长阿里夫·叶海亚、印尼投资统筹机构主任拉蓬等100余人参加了交流会。王荣指出，印尼作为"21世纪海上丝绸之路"沿线重要国家，与广东的合作发展正面临难得的机遇。他提出几点建议：一是共同扩大友好交流；二是共同扩大贸易规模；三是共同促进投资合作；四是共同深化旅游人文合作；五是共同完善经贸合作机制。他建议，把旅游业和房地产业结合起来，合作开发投资。印尼投资统筹机构主任拉蓬表示，佐科总统非常重视发展与中国的关系，中国企业的投资额已跃居第三位，两国间商贸交流合作日益增长，尤其是中资企业来印尼投

---

① 《广西贸促会代表团访印尼工商会馆中国委员会》，http://www.guojiribao.com/shtml/gjrb/20170505/316582.shtml。
② 《中国天津市商务委员会代表团访中华总商会》，http://www.guojiribao.com/shtml/gjrb/20170506/316701.shtml。

资水泥业后，让这一重要的建筑材料价格下降，更加便宜。拉蓬祝贺人民币"入篮"，今后双方贸易业和旅游业均可以人民币结算，他介绍了印尼的税务减免条例，诚挚邀请中国的企业家们前来投资。①

另外，中国和印尼还通过各种经济对话形式积极推进单个城市的发展战略对接。2016年7月15日，2016佛山—印尼企业对接会在雅加达举行，来自中印尼近百名企业家就加强各领域合作举行一对一交流座谈。张锦雄在对接会上表示，从2005年印尼与中国签署战略合作伙伴关系的协议以来，两国间的经贸合作、人员往来、社会文化交流日益密切。2015年全年，印尼吸引投资额达到436亿美元，同比增长17.8%，其中来自中国的实际投资达9.7亿美元，一跃成为印尼第三大投资来源国。他希望对接会能让佛山的企业家们更近距离地认识印尼，了解在印尼经商合作的一些基本情况，更加精准地找到印尼的合作伙伴。②

湖北省也搭上"一带一路"国际合作的列车，积极与印尼开展经贸合作。《湖北省人民政府关于国家长江经济带发展战略的实施意见》提出了宏伟的发展战略，即发挥区位优势，在更高起点、更大平台上深化湖北长江经济带开放开发，提升湖北在长江经济带建设中的枢纽和聚焦功能；发挥科教优势，实施创新驱动发展战略，促进经济结构转型，打造湖北经济升级版；培育开放新优势，融入"一带一路"建设，构建对内对外开放新格局；丰富和完善"一元多层次"战略体系，夯实战略支点基础，推动湖北科学发展、跨越式发展，加快实现"建成支点、走在前列"总目标。这些发展战略与参与"一带一路"国际合作有莫大的关系。湖北省发展与印尼的"一带一路"战略合作有众多优势：一是湖北是桥梁大省，交通基础设施建设实力雄厚；二是湖北省会武汉的信息产业发达，"光谷"的创新活力也适合印尼这样的新兴市场；三是湖北武汉高校林立，与印尼高校间建立了密切的

---

① 《中国（广东）—印尼经贸合作交流会在雅举行》，http://www.guojiribao.com/shtml/gjrb/20161006/287972.shtml。
② 《佛山—印尼企业对接会在雅加达举行》，http://www.chinanews.com/df/2016/07-15/7941104.shtm。

合作关系；四是湖北是中药大省，而印尼的中药材丰富，发展中药的合作空间大；五是众多湖北企业已在印尼开展了业务，正在积极实施品牌本土化战略。为推进湖北省与印尼经贸关系更大发展，2016年中国湖北省—印尼项目对接洽谈会在雅加达举行。湖北省贸促会会长周彩娟、中国驻印尼大使馆王立平公参及来自中国与印尼的企业家近200人与会。周彩娟在洽谈会上介绍了湖北地理位置和投资环境的优势，希望和印尼企业家深化合作、共谋发展。她说，2015年湖北省在印尼中方协议投资额为1456万美元。湖北省和印尼在高新能源领域的合作前景很大。此次活动，旨在进一步增进双方的沟通和了解，并为到访的十余家湖北企业寻求与印尼方在农业、轻工、机械设备、汽车及零部件、工程建设，特别是高新能源等领域的合作。① 但总体而言，湖北省的区位优势、经济产业优势、人文优势还没有发挥出来，需要有规划地进一步推进湖北省与印尼在"一带一路"国际合作中大发展。

以印尼中华总商会作为沟通与交流的平台，一系列的经贸交流活动和发展战略对接会深化了双方的经贸合作，促进了中印尼双方的相互沟通与了解，促进了两国的经济合作与发展。

三　印尼—中国投资和贸易关系

2015年是中国与印尼建交65周年。65年来，两国关系走过风雨和辉煌，取得历史性进展，给两国人民带来巨大福祉。随着中国和印尼全面战略伙伴关系的建立，双边经贸投资合作正朝着全方位、多层次、宽领域的方向不断迈进。

2016年印尼与中国贸易总额457.83亿美元，同比增长7.76%，其中对中国出口150.97亿美元，同比增长13.85%，占印尼非油气类产品出口总额的11.49%；自中国进口306.86亿美元，同比增长5.0%，占印尼非油气类产品进口总额的26.24%。中国继续成为印尼非油气类产品第一大贸易

---

① 《2016中国湖北省—印度尼西亚项目对接洽谈会在雅加达举行》，http：//www.chinanews.com/cj/2016/11-11/8060266.shtml。

伙伴。[1]

1. 2016年中国对印尼投资情况

印尼是东南亚最大的国家,也是东盟第一大经济体。印尼资源丰富,是世界石油天然气生产大国,铜锰等有色金属和煤的储量也相当可观,丰富的资源吸引了国际资本的大量流入。

2015年之前,中国对印尼的投资已具有较大的规模。这为2016年以来扩大投资打下了基础,开辟了投资空间。

表1 2010~2015年中国在印尼的投资情况

单位:十万美元

工业部门	项目	资本支出	创造就业岗位
金属	20	17753	24606
建筑及建筑材料	6	1516	2119
替代/可再生能源	2	1555	131
橡胶	1	1140	3000
电子元件	2	611	958
机械设备及工具	4	462	3545
通信	6	197	2334
汽车OEM	1	132	1925
食品及烟草	2	97	374
木材生产	1	30	194

资料来源:http://www7.bkpm.go.id/en/publication/detail/investment-news/govt-targets-30-percent-increase-in-chinese-investment。

2015年以来,中国对印尼的投资继续保持逐年增加的势头。印尼投资统筹机构的数据显示,2016年1月至9月,来自中国的外国直接投资达到16亿美元,比2015年全年多了6亿美元。2016年1月至9月,中国投资者对印尼的投资承诺额高达61亿美元。目前,中国超越美国是印尼第三大投

---

[1] *Statistcal Yearbook of Indonesia 2016*,印度尼西亚国家统计局。

资国,仅次于新加坡和日本。印尼投资统筹机构负责监督投资事务的副主席阿扎指出:"未来几年,中国投资承诺获得实现的潜能依然很高,会维持在前五名以内。最大的挑战在于,这些投资计划如何能很快获得实现。"[1]

根据印尼投资统筹机构公布的数据,2016年印尼接受外国投资297.5亿美元,同比增长8.4%。新加坡和日本仍为第一和第二大投资国,投资额分别为91亿美元和54亿美元,中国投资额26亿美元,与2015年相比增幅高达313%,名次从2015年第九大投资国跃居第三大投资国,主要投资领域为镍矿冶炼及电站建设等。印尼投资统筹机构主任拉蓬表示,中国对印尼投资大幅上升在于中国持续推动企业对外投资,与在亚太地区投资大幅上升相一致,中国已成为区域数国的最大投资国,未来对印尼的投资潜力仍然很大。[2]

印尼投资统筹机构2017年7月26日发布的数据显示,2017年上半年中国对印尼投资达19.6亿美元,同比增长94.1%,继续列新加坡和日本之后,为印尼第三大投资来源地。印尼投资统筹机构官员卢比斯称,目前中国对印尼的投资主要集中在冶炼和电厂等领域,但正逐渐向房地产和旅游领域延伸。2017年5月在北京召开的"一带一路"高峰论坛将进一步促进中国企业对爪哇岛之外地区的投资,从长远来看,中国投资将继续保持强劲势头。[3]

实际上,中国对印尼投资出现明显增长是最近几年的事,随着中国经济进入新常态,产能过剩,原材料和劳动成本增加,在"走出去"战略的推动下,越来越多的中国企业将到印尼投资。虽然中国在印尼的投资额增长迅速,但中国在印尼投资项目的实际落实情况还有待改善。

---

[1] 《中国对印尼投资额今年增逾一倍》,《联合早报》2016年11月1日,http://www.zaobao.com/realtime/world/story20161101-684880。

[2] 《2016年中国对印尼投资额大幅上升,跃居第三大投资国》,http://medan.mofcom.gov.cn/article/jmxw/201702/20170202508951.shtml。

[3] 《印尼官员:中国对印尼投资稳步增长,领域不断延伸》,http://medan.mofcom.gov.cn/article/jmxw/201707/20170702617426.shtml。

表2　2015年全年与2016年上半年中国对印尼投资落实情况

单位：亿美元，个

时间 类别	2016年 第一季度	2016年 第二季度	2016年 第三季度	2016年 第四季度	2017年 第一季度	2017年 第二季度
投资额	4.64	5.50	5.75	10.75	5.99	13.55
投资项目	339	499	398	520	480	700

资料来源：http://www7.bkpm.go.id。

2016~2017年，中国在产能、能源和基础设施等领域对印尼进行了大量的投资，促进了印尼经济的发展。印尼中国商会副秘书长杜淮介绍说，印尼主流矿种有煤炭、红土镍矿、铝土矿等，其中作为镍产业原料的红土镍矿约占全球储量的12%。21世纪以来，印尼的红土镍矿占中国的需求曾一度达到55%。在2014年1月份印尼正式禁止原矿出口前后，中国的企业家们配合"一带一路"倡议的实施，开始了中国与印尼资源与产能合作的新历程。实践表明：中国的产能合作，特别是在资源整合方面在印尼大有可为。"资源与产能的完美结合是中国印尼经贸合作的最佳模式"，杜淮对未来中印尼经贸合作抱有极大信心，"随着中国印尼经贸合作进一步的发展，两国既定国策的深入对接，我们期待着越来越多的旗舰项目出现。"[1]

产能和基础设施建设是中国对印尼投资的重要组成部分，越来越多的中国企业到印尼投资设厂。2016年7月12日，印尼中国商会总会会长、中国银行雅加达分行行长张敏在中国—东盟产能合作高层论坛上表示，近年来中印尼的产能合作项目顺应了印尼的重点发展领域，涉及的行业面广，投资的金额大。电力行业是印尼鼓励和支持的行业，而中国的电力企业已积极介入印尼各类火电、水电等新能源电站的建设。为配合印尼的禁止原矿出口政策调整，多个大型中国企业在印尼新建镍铁和氧化铝冶炼厂，延伸产业链，填补不锈钢生产的空白。基础设施是印尼发展的重点，大量的中国工程承包企

---

[1]《印尼中国商会副秘书长：期待两国资源与产能合作对接》，http://www.chinanews.com/gj/2016/09-08/7998421.shtml。

业来到印尼，或利用中国政府资金或利用中资银行贷款承建公路、码头、铁路和桥梁。张敏指出，印尼注重园区的建设，中国企业已形成广西农垦工业园区、青山镍矿冶炼工业园区、上海通用五菱工业园区、天津聚龙棕榈油农业园区等。中国投资的水泥、钢铁、建材、能源、汽车、农业、家电、电信、房地产等诸多领域，也都是印尼需要发展的行业。这些项目和行业的合作，既符合印尼经济发展的方向，带动项目所在地的就业，增加当地税收，也利于中国企业拓展海外市场，实现互利共赢。①

在能源领域，中国对印尼的投资发展迅速，印尼投资统筹机构主任拉蓬表示，中国已经成为印尼最大的矿业冶炼和矿产品加工投资来源地，特别是中国在镍冶炼厂的大额投资有望使印尼在近期内成为全球第三大不锈钢生产国。②

中国在印尼的投资不仅促进了自身经济发展，还注重承担社会责任，积极为印尼当地的经济发展做贡献。近年来，中国企业在印尼的投资领域不断拓展和深化，并注重履行社会责任。印尼中国商会总会秘书长刘城介绍了中国企业在印尼发展及履行社会责任的情况。刘城称，中国企业来印尼投资，不仅带来资金、技术，还直接促进了当地的就业，并切实把落实企业社会责任作为一项重要工作来做。他说，有的中资企业为项目周边的村庄长期提供医疗服务，援建清真寺，给贫困家庭慈善捐赠，有的企业长期为本地学校提供奖学金，还投入大笔资金兴建公共设施改善当地基础设施落后的现状，还有些企业与当地技术学校合作培训技术工人，印尼中国商会总会也多次为贫困儿童学校慈恩学校组织捐赠活动。③ 中石油等大型跨国公司积极参与社会公益事业，受到了当地民众的尊敬和欢迎。

值得注意的是，中国在印尼的投资也存在一些潜在的风险和挑战，印尼

---

① 《张敏：中印尼产能合作业已取得可观成果，未来发展空间广阔》，http://www.chinanews.com/cj/2016/07-12/7936783.shtml。
② 《中国镍矿冶炼投资有望使印尼成为全球第三大不锈钢生产国》，http://medan.mofcom.gov.cn/article/jmxw/201705/20170502568047.shtml。
③ 《中国企业拓展在印尼投资领域 注重履行社会责任》，http://www.chinanews.com/hr/2017/01-19/8128750.shtml。

虽有民主制度和相应的法律法规，但实际执行效果往往因为崇拜权威的传统政治文化、根深蒂固的权力寻租风气以及印尼政府与地方政府在政策执行上的矛盾而大打折扣。官僚机构效率低下所导致的各种准入困难，土地证、外来劳工输入签证的苛刻条件以及各种行政手续繁琐拖沓，都将影响中资机构在印尼的业务拓展。[①]

2.中国—印尼双边贸易情况

2016~2017年中国和印尼的双边贸易继续向着良好的方向发展。根据印尼国家统计局统计数据，2016年，印尼对中国出口最多的商品为矿物燃料、动植物油、木浆等纤维状纤维素浆、钢铁及制品、木材及木制品。上述五大类商品的出口额依次为54.0亿美元、27.4亿美元、9.7亿美元、9.3亿美元和8.3亿美元，占对中国出口总额的64.7%。其他对华出口商品还有矿砂、橡胶及其制品、机电产品、塑料制品、杂项化学产品、铜及制品、有机化学品、可可及制品、棉花、水产品等。印尼自中国进口的商品品类繁多，主要有机械设备、机电产品、钢材、塑料制品和有机化学品。2016年，印尼进口的上述五类商品合计180.5亿美元，占印尼自中国进口总额的58.6%。除上述产品外，印尼自中国进口的主要商品还有金属及制品、肥料、干鲜水果、无机化学品、化学纤维长丝、鞋类制品、肥料、铝制品、音响器材制品等。截至12月底，印尼对中国的商品出口已一举超过美国和日本，使中国不仅成为印尼第一大出口市场，也是其第一大商品进口来源地。在印尼的十大类进口商品中，中国出口的机电产品、金属制品、纺织品、家具和瓷器处于较明显的优势地位；但中国出口的化工品、塑料制品、光学仪器和运输设备等仍面临着来自欧洲、美国、日本等发达国家和地区的竞争。

2016年1~11月，中印尼非油气类产品贸易额达407.8亿美元，同比增长5.9%；其中，印尼出口中国132.3亿美元，同比增长10.0%，占印尼对外出口总额的11.1%，列印尼出口目的地第二位，仅次于美国；印尼自中

[①] 施雪琴、叶丽萍：《契机与挑战：当代中国与印尼新型互动关系的构建——以"21世纪海上丝绸之路"建设为背景》，《当代世界与社会主义》2017年第3期，第151页。

国进口275.5亿美元，同比增长4.1%，占印尼进口总额的26.0%，中国在印尼进口来源地中居首。[1]

根据印尼国家统计局2017年7月17日发布的贸易报告，2017年上半年，印尼对外贸易额1523亿美元，同比增长11.9%，其中出口799.6亿美元，同比增长14.0%，进口723.3亿美元，同比增长9.6%，累计贸易顺差76.3亿美元。2017年上半年，中印尼非油气类产品贸易额248.8亿美元，同比增长18.2%；其中印尼出口中国91.3亿美元，同比增长49.7%，占印尼对外出口总额的12.6%，居印尼出口目的地首位；印尼自中国进口157.6亿美元，同比增长5.4%，占印尼进口总额的26.0%，中国在印尼进口来源地中居首。

表3 2016年和2017上半年印尼与中国的双边贸易额

单位：亿美元

时间 类别	2016年 第一季度	2016年 第二季度	2016年 第三季度	2016年 第四季度	2017年 第一季度	2017年 第二季度
进口	71.28	74.31	74.26	87.01	77.55	80.01
出口	28.40	32.43	36.26	53.88	46.89	44.38
进出口总额	99.68	106.74	110.52	140.89	124.44	124.39

资料来源：http：//bps/go/id，http：//medan.mofcom.gov.cn/article/jmxw。

此外，中国与印尼在能源、渔业等领域也展开了密切的合作。印尼生物柴油生产商对中国政府实施的生物柴油纲领极感兴趣，因为中国采用生物柴油可提高对棕榈油产品的使用量，如此一来，印尼的棕榈油出口就可高幅提升。印尼生物柴油生产商协会（APROBI）总主席杜芒科宣称，中国采用生物柴油将提供900万吨的棕榈生油需求量，这样，印尼就无须再顾虑对欧洲和美国的出口受阻。[2]

据中国海关总署公布的数据，2017年1月至4月，印尼鱼类产品向中

---

[1] 《2016年1-11月中印尼贸易情况概述》，中国印尼经贸合作网，http：//www.cic.mofcom.gov.cn/ciweb/cic/info/Article.jsp？a_no=397216&col_no=493。

[2] 《印尼将提高对中国的棕榈生油出口量》，http：//www.guojiribao.com/shtml/gjrb/20170612/321054.shtml。

国出口1.1231亿美元，同比增长46.54%，占中国进口鱼类产品总额5.32%，成为中国第五大鱼类产品供应国。印尼鱼类产品出口中国的品种数量亦显著增加，其中鱿鱼出口同比增长132.31%，占中国该类产品进口总额的47.67%，成为对中国最大的鱿鱼出口国。印尼企业家协会渔业部门负责人达玛宛表示，印尼鱼类产品向中国出口大幅增加有两个原因：一是中国鱼类产品消费量持续增加，二是印尼限制外国渔船在领海捕鱼，造成中国鱼类产品紧缺。目前，中国更有兴趣进口冷冻鱼类产品，其中部分在其国内加工后再向印尼及他国家出口，因此，出口中国的鱼类产品增加与印尼政府推动的本国加工产品出口政策相抵触。①

3. 中国—印尼双边基础设施建设合作情况

基础设施合作是中国与印尼经济合作的一大亮点，更是"一带一路"倡议和"全球海洋支点"战略构想相互对接的重要组成部分。伴随着印尼经济的发展和人民生活水平的提高，印尼愈发渴望发展基础设施。经过近几年的摸索和发展，中国基础设施水平领先世界，双方近两年在基础设施领域的合作非常密切。2016~2017年双边基础设施合作更是达到新的高度，一系列由中方投资或承建，象征着中印尼合作果实的基建合作项目在印尼逐一落实，包括中国首座百万级千瓦燃煤电站及印尼明古鲁燃煤电站项目，当然还包括中印尼基础设施合作的标志性工程——雅万高铁项目。

在中印尼双方共同努力下，在中国"一带一路"倡议和印尼"全球海洋支点"战略构想的推动下，2016~2017年，中国继续在印尼落实新的基建项目。2016年10月12日，由中国成达工程公司和印尼SSP公司合作承建的芝拉扎3期100万千瓦燃煤电站项目在印尼中爪哇省芝拉扎县举行正式开工仪式。该项目系印尼3500万千瓦电站项目之一，也是中国企业在印尼正式开工建设的第一台百万千瓦级电站项目，具有标志性意义。该项目业主为印尼SSP公司和PJB公司（印尼国家电力公司子公司），总投资金额约14

---

① 《印尼对华鱼类产品出口大幅增长　成为中国第五大渔类产品供应国》，http://haobaodaily.co.id/news/read/2016/07/16/118126/#.WXqqtoVpwQJ。

亿美元，预计工期39个月，总承包商为中国成达工程公司。项目将全部使用中国电站设备和技术标准，是中国技术和中国标准"走出去"的又一典范。该项目的建成将为印尼经济发展提供有力的能源保障。[1]

2016年10月25日，由中国电力建设集团参与投资建设的印尼明古鲁燃煤电站项目在明古鲁省首府明古鲁市举行开工仪式。该项目总投资约3.6亿美元，其中75%为中国工商银行和中国进出口银行的银团融资贷款，25%为合资企业自有资金。项目预计2019年正式商业运营，运营期25年。中国电力建设集团海外投资有限公司董事长盛玉明接受新华社记者采访时说，这一项目将给当地创造就业岗位，带动建筑市场，并增加当地税收。明古鲁省省长里德万·穆克提说，明古鲁是印尼贫困省份，电力对于明古鲁经济发展具有重要意义。"没有电力，就没有工业，没有工业就没有就业，"他说，"明古鲁省将全力支持中国电建集团的燃煤电站项目，以推动明古鲁省实现减贫目标。"据了解，印尼明古鲁燃煤电站项目由印尼国家电力公司向全球公开招标，由中标人以"建设—运营—移交"（BOT）方式进行投资建设。2015年8月，中国电力建设集团海外投资公司持股70%的中印尼合资企业中标，并于同年11月与印尼国家电力公司签署协议。[2]

在中印尼基础设施建设合作中，雅加达—万隆高铁是"一带一路"倡议和印尼"全球海洋支点"发展战略相对接取得的早期重大收获。中国铁路总公司有关负责人介绍，印尼作为东南亚最大经济体，是中国实施"一带一路"倡议的重要合作伙伴。中印尼合作建设雅万高速铁路，对于发挥铁路在推进"一带一路"倡议中的服务保障作用，深化中国与东南亚相关国家在铁路方面的合作，加快泛亚铁路网建设，实现中国与"一带一路"沿线国家交通基础设施互联互通，以及增加印尼就业机会、改善民生，有效缓解雅加达至万隆的交通压力，方便沿线民众出行，加快形成雅万经济走廊，促进

---

[1] 《中国首座百万级千瓦燃煤电站在印尼正式开工》，http://www.mofcom.gov.cn/article/i/jyjl/j/201610/20161001409134.shtml。

[2] 《中国电建印尼明古鲁燃煤电站项目开工》，http://news.xinhuanet.com/world/2016-10/25/c_129337200.htm。

印尼经济社会发展，更好地造福印尼人民，都具有十分重要的意义。

雅万高铁项目连接雅加达和印尼第三大城市万隆，全长 142 公里，最高设计时速 350 公里，计划 3 年建成通车。届时，雅加达到万隆的旅行时间将由现在的 3 个多小时缩短至 40 分钟，极大地方便民众出行，有效缓解两个城市间的交通压力，带动沿线商业和旅游业发展，并促进印尼经济社会进一步发展。同时，雅万高铁项目对于发挥铁路在推进"一带一路"建设中的服务保障作用，深化中国与东南亚相关国家的铁路合作，实现"一带一路"沿线国家交通基础设施互联互通，具有十分重要的意义。[1] 过去一年多来，在两国政府共同努力下，雅万高铁项目从签署合资公司协议到签订总承包合同，一个问题一个问题的解决，一步一个脚印扎实推进。2017 年 4 月 4 日，雅万高铁项目总承包合同签署仪式在雅加达隆重举行。该仪式标志着中印尼铁路合作取得重要进展，雅万高铁进入全面实施阶段。中国驻印尼大使谢锋、印尼总统办公室主任德登·马斯杜基、印尼高铁企业联合体监事会主席萨哈拉等来宾，与 200 多名来自两国相关企业的代表共同见证了这一重要时刻。谢锋大使在合同签署仪式的致辞中指出，总承包合同的签署是雅万高铁项目又一具有里程碑意义的进展。雅万高铁由中印尼合资修建，双方风险共担、利益共享，结成紧密的命运共同体。相信在两国政府全力支持和双方团队不懈努力下，雅万高铁一定能高质量建成。中方愿以雅万高铁为标杆，与印尼方开展更加全面、深入的互利合作，推动中印尼全面战略伙伴关系向前发展。马斯杜基表示，雅万高铁项目是印尼和中国标志性的合作项目，总承包合同的签署是该项目阶段性的重大突破，相信双方会继续加强合作，使项目取得圆满成功。为了雅万高铁项目能够顺利开展，中国国家发改委 2017 年 5 月 23 日表示，国家开发银行在北京与印尼中国高铁有限公司就印尼雅加达至万隆高速铁路项目正式签署贷款协议，贷款额度 45 亿美元。据了解，雅万高铁由中印尼企业按照 B2B 商业模式合作，中方由中国铁路总公司牵

---

[1] 《雅万高铁项目进入全面实施阶段》，http://finance.people.com.cn/n1/2017/0405/c1004-29188824.html。

头，组织铁路设计、建造、装备和运营等企业组成联合体，与印尼维贾亚卡亚公司牵头的印尼国有企业联合体合作。项目全部采用中国高铁技术和装备，借鉴中国高铁丰富的建设和运营管理经验，这是中国高铁标准"走出去"的第一单。经过一年多的努力，中印尼合作伙伴先后完成了高铁线路规划审批、项目建设许可、特许经营协议、线路环评、勘察设计等各项准备工作。此次总承包合同签署后，中印尼双方将加强项目建设的组织和管理，高标准施工，确保项目顺利推进。雅万高铁是"一带一路"建设的早期重大收获和中印尼务实合作的标志性工程，签署项目贷款协议是"一带一路"国际合作高峰论坛成果清单设施联通领域的重要成果，标志着中国高铁"走出去"的"第一单"已进入快速实施阶段。①

实际上，雅万高铁从中标到实施并不是一帆风顺的。我们要从雅万高铁的个案中吸取经验，为其他项目的顺利实施做好前期准备工作。对此，暨南大学东南亚研究所副教授张明亮就对《南华早报》表示，中国不应低估"一带一路"倡议在东南亚推进的阻力，"即使建设工作已经开始，政治、经济、环境、宗教和劳工问题将来都可能导致项目失败"。雅万高铁在建设过程中面临土地征收、劳工、环保等方面的阻力。

第一，来自土地征收方面的障碍。印尼实行土地私有制，政府没有权力征收土地，土地征收问题需要印尼各个部门之间，各级政府之间以及政府与民众之间的紧密沟通与协调，这是一个长期的过程，势必会影响雅万高铁的建设进度。

第二，在雅万高铁的建设过程中，印尼要求使用本地劳工。印尼劳工工作态度不积极，素质不高，中国企业对其培训需要花费较长的时间。而且印尼是世界上穆斯林最多的国家，假期非常多，这就使印尼本地劳工实际工作时间很短，而印尼法律又要求保护本地劳工的休假等各种权益，这在一定程度上影响了雅万高铁的建设进程。

---

① 《中国将为印尼雅万高铁项目提供45亿美元贷款》，http://www.chinanews.com/cj/2017/05-23/8232045.shtml。

第三，雅万高铁可能会对沿线水土资源造成影响和破坏。印尼国内一些环保组织以此为理由反对建设雅万高铁，这给雅万高铁的建设带来诸多方面的困难。

从雅万高铁项目进展缓慢可以看出，中国企业在海外经营时需要注重企业本土化，企业要熟悉所在国的政治、经济、文化和社会环境，淡化企业的母国色彩，在人员、资金、产品零部件的来源、技术开发等方面都实施本土化策略，使企业成为地道的本地公司。

通过中印尼两国政府的共同努力，印尼政府和地方政府的沟通，中国企业在雅万高铁建设过程中已注重实现本土化经营，相信雅万高铁建设会进入快车道，造福印尼民众。

4. 金融合作

伴随中国—东盟自由贸易区的逐步完善和发展，区域内的贸易和投资一体化也在不断加强，即由贸易投资的融合促进金融合作与金融一体化发展。印尼作为中国在东盟地区的第四大贸易伙伴国，近年来双边的贸易投资联系越来越紧密，因此，加强双边金融合作势在必行。作为经济合作的重要内容，双方金融领域的合作也相当紧密。2015年6月4日，印尼金融监管服务局主席穆利亚曼（Muliaman Darmansyah Hadad）与中国银监会副主席周慕冰代表双方监管部门签署了合作谅解备忘录。通过签署合作谅解备忘录，双方监管部门将加强信息共享和合作监管，这将有助于两国银行的业务拓展。印尼本地银行 Mandiri、BRI，中资银行中国工商银行印尼分行及主流媒体参加了合作谅解备忘录签署仪式。印尼金融监管服务局有关人士表示，签署监管合作谅解备忘录将有助于不断完善双边监管合作机制、提高跨境银行监管水平，也有利于印尼金融监管服务局与中国的金融监管部门进行有效信息沟通和交叉核实，及时了解互设机构的经营情况，及时发现问题或不良发展趋势，做到及时预警、及时惩戒，从而促进双方互设机构的合法稳健经营。[①]

---

① 《印尼金融监管局与中国银监会签署合作协议》，http：//www.shangbaoindonesia.com/indonesia-berita/印尼金融监管局与中国银监会签署合作协议.html。

印尼积极推动人民币国际化，双方努力推动印尼卢比和人民币之间的直接交易，以促进两国的经贸发展。2016年9月20日至21日，中国银行在雅加达成功举办人民币国际化论坛。本次论坛由中国银行香港分行和中国银行雅加达分行联合举办。来自印尼央行、财政部、国有企业部的官员，来自36家金融机构的100名代表以及来自中印尼双方企业的近500名代表参加了这次论坛。此次论坛倡导印尼中资企业和印尼企业关注人民币国际化，在中印尼两国经贸、投资活动中更多使用人民币。中国银行香港分行的人民币业务专家介绍了中国经济和人民币国际化的最新进展、人民币财资产品、人民币清算系统、印尼企业该如何利用人民币的国际化机遇等，得到与会代表的热烈反响。[①]

2016年，中国向印尼提供了大量贷款，以促进其经济发展和基础设施建设。2016年11月23日中国国家开发银行厦门分行行长杨爱武在"开发性金融支持印尼基础设施建设和产业发展论坛"上表示，截至2016年9月底，国家开发银行累计支持印尼项目57个，承诺贷款144.9亿美元，贷款余额97.26亿美元，涉及金融、电站、煤炭、造纸、镍铁等重点领域，开发性金融合作谱写了中印尼合作新篇章。杨爱武分析说，开发性金融合作能够在印尼取得目前的成绩主要在于：一是得益于两国战略伙伴关系不断加强。2015年3月佐科总统访问中国期间，国家开发银行与印尼国有企业部、印尼国家电力公司签署合作备忘录，涉及融资金额超过300亿美元。目前已实现印尼三家国有银行等值30亿美元全额发放，用于印尼基础设施和产业项目建设，这是两国金融机构的首次长期大额合作。二是得益于印尼经济快速发展和产业升级。近年来印尼积极实施改革措施，改善投资环境，经济快速平稳发展，引领了东南亚地区的经济增长。在此背景下国家开发银行围绕印尼资源优势，支持了一批纸浆、金属冶炼、采矿、棕榈等产业项目。其中，青山集团年产120万吨镍铁、年产200万吨不锈钢的国家级工业园区建成

---

① 《人民币国际化论坛在雅加达成功举办》，http://www.chinanews.com/fortune/2016/09-21/8009461.shtml。

后，将成为全球单体规模最大、产业链最长、技术最新、成本最低的不锈钢生产集群。三是得益于中资企业积极"走出去"到印尼开展基础设施建设和产能合作。例如，以华电集团、神华集团为代表的中资企业积极投资和承包印尼电站项目，将中国的优势产能与印尼发展需求相结合，目前国家开发银行已累计支持11个印尼电站项目，电力建设总装机容量643万千瓦。四是得益于国家开发银行的定位和业务模式。国家开发银行作为中国开发性金融机构，具有长期、大额、集中的业务特点，能够对基础设施、产业项目建设提供有力的支持。国家开发银行在印尼从提供单一项目贷款，到提供综合金融产品，再到提供整体发展规划，服务手段不断丰富；从与印尼国企合作，到与印尼龙头企业、有实力的民企合作，客户群体不断多元；从支持电站建设，到纸浆、镍铁、金融等多个领域，涉及行业不断扩大。五是得益于国家开发银行的高度社会责任感，将社会公众利益始终放在首位。国家开发银行积极推动绿色信贷，选择项目时不是单纯考虑经济效益，而是综合考虑社会效益和对经济社会发展的长远促进作用，从而有效推动印尼出口创汇、增加税收、创造就业。目前国家开发银行在印尼支持的项目累计已增加就业岗位约5万个。杨爱武表示，下一步，国家开发银行将继续担当"一带一路"倡议的先行者和主力军，结合印尼"海洋强国"战略和经济发展规划，支持中印尼友好合作，以开发性金融助力中国"21世纪海上丝绸之路"倡议和印尼"海洋强国"战略的实施，不断谱写中印尼经贸合作的新篇章。[1]

为推动两国金融合作进一步发展，2017年2月24日，中国建设银行（印尼）股份有限公司揭牌仪式在印尼首都雅加达举行。据其总裁李国夫介绍，中国建设银行（印尼）股份有限公司由印尼温杜银行（PT Bank Windu Kentjana International Tbk）与安达银行（PT Bank Antardaerah）合并而成。2016年9月，中国建设银行完成对温杜银行60%股份的收购。经中国和印尼监管机构批准，印尼温杜银行正式更名为中国建设银行（印尼）股份有

---

[1] 《杨爱武：开发性金融合作谱写中印尼合作新篇章》，http://www.chinanews.com/cj/2016/11-23/8072786.shtml。

限公司（PT Bank China Construction Bank Indonesia Tbk）。截至2016年年末，中国建设银行（印尼）股份有限公司在印尼国内15个省份拥有112家分支机构，通过多元化渠道为客户提供范围广泛的产品和服务。①

在加强双边金融合作方面，双方金融机构还可以进一步加强沟通，推动双边信息共享；双方金融监管机构也可以定期开展会晤，制定适宜双边金融发展的金融合作政策。

5.经济技术合作

在中印尼两国关系不断深化的背景下，双方的经济技术合作也不断发展。2010年，双方签署了《中印尼经济技术合作无偿援助谅解备忘录》。2016~2017年，两国的经济技术合作与交流频繁。在中国对印尼出口贸易及投资合作中，科技因素成为关注重点。印尼希望中国政府"授人以渔"，支持中国对印尼进行技术转让，期待中国企业增加对印尼的科研投入和人力资源培训，更多使用本地原料和员工，实现本地化生产制造，提升产业对接和产能合作水平。在航天领域，中国与印尼展开了密切的技术合作，中国航天科技集团公司所属中国长城工业集团有限公司和印尼的卫星运营公司PSNS在雅加达签署了印尼"帕拉帕-N1"通信卫星项目合同。这标志着中国国产通信卫星首次进入印尼航天市场。② 此外，高铁也是中国与印尼经济技术开展密切合作的领域。雅加达—万隆高铁项目承建联合体印尼中国高铁有限公司总经理亨科罗曾表示，根据佐科总统指示，雅万高铁项目应用技术必须符合印尼技术应用与研究机构（BPPT）的标准并获得认证，印尼中国高铁公司将与该机构合作，保障高铁技术的转让。亨科罗称，印尼中国高铁公司已与印尼技术应用与研究机构交通运输设施与系统技术中心主任就签署合作备忘录事宜进行了沟通，同意在开斋节后签署备忘录。尔后，印尼中国高铁公司还将与印尼交通部和工业部分别签署备忘录，保障高铁技术转让顺利进

---

① 《中印尼金融合作又结硕果　建行印尼隆重揭牌》，http://www.chinanews.com/fortune/2017/02-25/8159317.shtml。
② 《"一带一路"合作共赢：中国与印尼航天合作取得进展》，http://news.cctv.com/2017/05/18/ARTIbpEgMk3xg6P69qRoGydD170518.shtml。

行。此前，亨科罗曾表示，印尼政府雅万高铁项目最后选择中国方案，主要原因除了中国政府在资金方面不要求印尼政府担保，无需动用政府资金外，更重要的就是中国政府承诺转让高铁技术，这为印尼提供了持续发展的机遇。[1]

在中印尼双方的经济技术合作中，应加强技术转让和本地化生产。中印尼之间的经济技术合作一方面为中国技术、中国产能走出去提供了重要的渠道，另一方面也促进了印尼的经济发展和技术进步，对两国来说这是双赢之举。

6. 深化中国与印尼双边经济关系的思考

印尼是东南亚地区人口最多的发展中国家和最大的经济体，也是东盟内部最具地缘战略价值的经济体。中国与印尼在确立战略伙伴关系之后，双边的经贸关系无论是从横向上还是从纵向上都达到了有史以来最为密切的合作阶段，在当今的现实国际环境下如何继续深化拓展两国经贸和投资合作已成为未来值得关注的新焦点。

第一，加强对印尼经济、政治、文化和社会等各方面研究，了解各种风险的客观存在。通过聘请当地律师或其他方式熟悉、了解、掌握并遵守当地的法律法规，并尊重当地的社会习俗和习惯，避免因法律法规和习俗习惯的差异引起不必要的纠纷与麻烦。

第二，换位思考，充分理解和尊重印尼的外交平衡政策与民族主义情绪，理解印尼出于自身国家利益的考量，对中国既合作又防范的政策。尽到企业的社会责任，加强与当地民众的交流，为企业在印尼的发展建设良好的外部环境。

第三，稳步推进双方的经济关系，认真履行已签署的投资项目，把现有的合作项目落实到位，维护中国对外投资的信誉。"一带一路"、"互联互通"和"海洋经济"是长期发展战略，避免过度或跟风投资，从而避免带

---

[1] 《印尼积极筹备雅—万高铁技术转让事宜》，http：//www.mofcom.gov.cn/article/i/jyjl/j/201607/20160701352056.shtml。

来更多的风险。

第四，努力实现企业在政治、经济、文化和社会等方面的本土化，从而实现中国企业在印尼的正常发展。

第五，深入研究日本等周边国家对印尼的政策，预防这些国家在外交上利用印尼来对抗中国。中国对印尼的关注点除了高铁等经济议题之外，更应该关注政党政治和南海争议等外交方面的议题，防止外交事件影响中国企业对印尼的投资经营。

第三节 印尼—中国人文交流

中国和印尼都是多民族的国家，两国人民有着相近的价值观，两国的文化博大精深，多元文化遗产丰富。作为好邻居、好朋友、好伙伴，中印尼人文交流源远流长。2015年建立的中印尼副总理级人文交流机制是深化两国在教育、科技、文化、学术、宗教、卫生、青年、媒体和旅游等相关领域交流与合作的重要平台。中印尼副总理级人文交流机制是中国与发展中国家和新兴经济体建立的首个人文交流机制，也是中国和"一带一路"沿线发展中国家建立的首个人文交流机制，是中国和印尼人文交流乃至两国关系发展的一大里程碑。中印尼人文交流在近年来越来越呈现宽领域、多层次、高水平的特点，在副总理级人文交流机制建立的契机下，中印尼人文交流将坚持官民并举、多方参与，加强统筹谋划，搭建理解、包容、合作的桥梁。

作为一衣带水的好邻居、好朋友、好伙伴，中印尼人文交流源远流长，近年来，两国人文交流取得了长足发展，增强了两国发展战略对接的文化和民意基础。

一 中国印尼副总理级人文交流机制

2015年，刘延东副总理与印尼人类发展与文化统筹部部长共同主持了中印尼副总理级人文交流机制首次会议，这次会议深化和拓展了两国在人文领域的交流与合作，增进了两国人民的相互了解与友谊，巩固了中印尼全面战略伙伴关系的社会和民意基础。2016年8月1日，刘延东副总理与印尼人类发展与文化统筹部部长普安在贵阳共同主持了中印尼副总理级人文交流机制第二次会议。刘延东表示，中印尼副总理级人文交流机制是习近平主席和佐科总统共同提议建立的，是中国与发展中国家建立的首个高级别人文交流机制。在该机制的统筹协调下，一年来，双方在教育、科技、文化、卫生、体育、旅游、青年、传媒等八个领域合作取得丰硕成果。刘延东指出，中印尼都处于发展的关键时期，在促进地区繁荣和稳定方面合作潜力巨大。推动"一带一路"倡议与印尼的发展战略以及东盟共同体建设有效对接，需要不断深化两国人文交流，塑造开放包容的"软环境"。双方应以战略思维和长远眼光，按照机制化、品牌化、大众化的思路，使中印尼人文交流成为中国—东盟合作的典范，为推动两国关系发展、促进地区繁荣和稳定注入更多"正能量"和"暖力量"。普安高度评价了印尼与中国人文交流机制的作用，建议用好这一重要平台，深化两国相关领域合作，助力双边关系发展。印尼愿与中国加强合作，不断推动东盟—中国关系向前发展。会前，刘延东与普安举行小范围会谈。会后，双方共同签署教育、科技、文化、林业等8项合作协议。[①] 中印尼副总理级人文交流机制自2015年正式建立以来，就与中印尼副总理级对话、高层经济对话一道构成引领两国在政治与安全、经贸和人文领域合作的"三驾马车"，成为中印尼全面战略伙伴关系建设的重要内容与基础。

二 两国教育交流与合作

作为印尼驻华大使，苏更·拉哈尔佐也非常重视中印尼两国之间的人文交流。他在北京外国语大学"中国—印度尼西亚人文交流研究中心"成立仪式上表示，近年来印尼与中国在政府和企业间的合作交流日益密切，而两国民众间的文化互通则仍须加强，以增进相互了解，做"和睦邻居"。苏更

[①]《刘延东主持中印尼副总理级人文交流机制第二次会议》，http://news.xinhuanet.com/world/2016-08/01/c_1119318340.htm。

大使说,"民间交流在双边关系中同样重要。只有双方民众互相了解对方国家的文化和社会状况,才能消除疑虑,实现良性发展"。

2016~2017年双方继续保持文化交流的良好态势。在中印尼双方共同努力下,中印尼人文交流取得了丰硕的成果,成为中印尼两国人民相互了解、增进信任的重要渠道。

2016年是中国—东盟教育交流年,同时也是中国、印尼建立人文交流机制的第二年。近年来,印尼赴华学生稳步增长,2011~2015年累计达到63976名,其中2015年达到12694名。在两国政府和社会各界人士的共同努力下,双方的教育交流与合作会取得很多成果。中印尼两国政府在教育领域的合作明显加强,亮点纷呈。两国政府已签署两个重要的合作文件,《中印尼高等教育合作协议》和《中印尼高等教育学历互认协议》;校际合作活跃,中印尼已合作建立6所孔子学院和多所孔子课堂,每年培养的学生将近15000人。留学生交流数成倍增长。目前,中国有近500名学生在印尼留学,而印尼有超过1.4万名学生在中国留学。印尼参加"汉考"人数连年增加,2015年达到1.1万人,2016年参加考试的人数达到1.39万人,较上年增长26.4%,实现了历史新突破。[①] 留学生成为中印尼相互交流与沟通的重要桥梁,成为中印尼友好合作的使者。

2016年11月9日,印尼劳工部、清华大学与求同存异基金会(United in Diversity)在雅加达就有关"印尼就业方面和公共政策领域人力资源领导力和创新培训项目"签署谅解备忘录。印尼劳工部部长哈尼夫·达基里、清华大学校长邱勇与求同存异基金会创始人之一阿里斯迪德斯·卡托波(Aristides Katoppo)签署了该谅解备忘录。劳工部部长哈尼夫表示,有了这项谅解备忘录,将敞开机会给印尼劳工部、国会、工会及私营部门,使得相关人员可通过清华大学的人力资源领导力和创新培训项目提高竞争能力。清华大学校长邱勇在致辞中说,清华大学与印度尼西亚高校以及社会各界有着

---

① 《越来越多的印尼学生到中国留学》,《国际日报》2017年7月21日,http://www.guojiribao.com/shtml/gjrb/20170721/325940.shtml。

良好的合作经验，与印度尼西亚大学、加查玛达大学、万隆科技大学等高校在师生交流、学术活动、教育培训等方面都取得了可喜的合作成果。[1]

2017年6月5日，中国华侨大学校长贾益民率团访问印尼达国大学，与该校基金会主席古纳迪（Gunardi）签署合作协议，开启了两校全方位合作。华侨大学校长贾益民表示，华侨大学迫切希望与达国大学能展开多领域、全方位合作。此番合作协议的签署是两校交流合作的新里程碑。据贾益民介绍，华侨大学和达国大学在很多专业领域都有很好的合作基础，如工程学科的优势、建筑设计和土木建筑的专业强项、体育教育和竞技体育的强大底蕴等，是两所学校的共同特点，双方开展务实合作的空间很大。[2]

三 华文教育交流与合作

华文教育机构作为海外华人华侨教育的主要力量，为中印尼文化交流做出了巨大贡献。

2016年7月28日上午，在雅加达华文教育协调机构（简称"雅协"）的积极推动下，以黎岳南副厅长为首的海南教育代表团与以古纳迪主席为首的UNTAR大学领导在UNTAR大学就华文教育方面的交流与合作进行了友好会谈。UNTAR大学基金会董事长、雅协辅导委员会总主席郑年锦先生非常关心印尼的华文教育工作，于百忙之中来到现场并致欢迎词。在会谈上，海南省教育代表团与UNTAR大学领导相互介绍了各自的情况，并就留学事宜进行了深入交流，共同探讨双方今后合作的可能性。下午4点，留学海南推介活动在印尼UNTAR大学会议室6楼举行。留学推介会现场人数爆满，有120多人，他们分别是来自雅加达11所高校的老师和学生。海南院校的老师通过发放宣传手册、播放留学海南宣传片、与学生面对面交流等多种形式介绍各自院校的留学项目，引起了印尼学生积极而又热烈的反响。

---

[1] 《印尼劳工部、清华大学与求同存异基金会签署教育与培训合作谅解备忘录》，《印度尼西亚商报》2016年9月27日。
[2] 《华侨大学与印尼达国大学签合作协议拓合作领域》，http：//www.chinanews.com/hr/2017/06-05/8242219.shtml。

2016年8月5日，印尼雅加达华文教育协调机构和到访的吉林省海外交流协会代表团就华文教育方面的交流与合作举行会谈。雅加达华文教育协调机构执行主席蔡昌杰在座谈会上表示，雅加达华文教育协调机构是印尼第一个成立的华文教育协调机构，到目前为止，印尼共有19个省成立了相关机构。印尼的华文教育历经波折，能发展到现在实属不易。他希望能够加强印尼与吉林省在华文教育特别是在青少年冬夏令营项目方面的合作，让印尼青少年了解中国文化、了解中国现在的发展，通过交流与合作，增进友谊，共同促进两国发展。①

印尼三语教育在双方文化交流中发挥着重要作用。知名学者、印尼民族建设基金会创会主席汪友山表示，华族对印尼的民族独立与发展历史做出了巨大贡献。印尼的华文教育如同中印尼关系，经历过高潮和低谷。1965年"9·30排华事件"后，全印尼的华文学校被关闭。1998年，印尼华文教育开始了新生。2005年，印尼成立了最早的一批三语学校，即泗水新中三语学校、巴厘文桥三语学校。随着中印尼关系的全面发展，双方的教育合作也不断深化，印尼的三语教育也不断发展壮大，双方学校之间的交流与沟通也日益频繁。2016年9月3日，中国重庆三峡学院校长张伟一行六人和印尼《国际日报》董事长熊德龙访问巴厘岛印华三语学校。双方就加强教育领域的交流与合作签署协议。印华学校董事长表示印华学校一直致力于巴厘岛的华语教育，从无到有，从有到优，孜孜追求，诲人不倦。印尼华语教育从来都离不开中国力量，学校16年的发展更是承蒙中国相关单位的关怀和帮助。张伟提出，重庆三峡学院在伟大的三峡工程脚下不断壮大，印华学校在举世闻名的巴厘岛上默默耕耘，双方都在为中华教育贡献自己的力量，希望在熊德龙先生的带动下，双方能加强教育方面的合作交流，开创双赢局面。熊德龙对张伟的提议表示赞同，他说自己深爱中华文化，愿意为文化交流贡献一分力量。印华学校作为巴厘岛传播中华文化的一个重要基地，期待在这里寻

---

① 《印尼雅加达华文协调机构与吉林省海外交流协会代表团举行会谈》，http://www.chinanews.com/gj/2016/08-05/7963285.shtml。

求有价值的合作项目，促进双方在教育领域的发展走向国际化、现代化。双方本着增进友谊和平等互利的原则，就加强华文教育方面的交流与合作签署了合作协议，内容包括：①教师互访交流；②学生互访、夏令营与冬令营、短期游学；③合作举办文化活动；④设立留学重庆三峡学院奖学金；⑤外派汉语教师。这五大合作项目富有针对性，符合双方发展的需求。[①]

孔子学院可以增进世界人民对中国语言和文化的了解，发展中国与外国的友好关系，促进世界多元文化发展，也为构建和谐世界贡献力量。设立孔子学院是中国加强与世界文化交流的重要举措，是实现世界包容性发展的重要一环。在中印尼双方的努力下，目前，中国在印尼共有6所孔子学院和数量众多的孔子课堂。2016年以来，印尼孔子学院开展了丰富多彩的文化交流活动。2017年5月，印尼泗水国立大学孔子学院举办成立六周年庆典暨泗水国立大学首届中印尼文化交流日活动，在当地引起轰动。中国驻泗水总领事顾景奇、印尼东爪哇华文教育统筹机构主席李光迈、泗水国立大学孔子学院中方院长肖任飞及泗水国立大学孔子学院近300名师生参加活动。回顾中印尼两国友好关系的发展历史，顾景奇表示，目前两国关系处于历史最好时期，人文交流不断深化。他说，六年来，两国在经济、文化、基础设施建设等各个领域都有密切的合作与交流，硕果累累。肖任飞致辞说，中印尼两国的文化交流对增进和夯实两国人民的友谊有着积极的意义。未来，孔子学院将架好中印尼两国沟通的桥梁。[②]

"汉语桥"是中印尼两国相互交流的一个窗口，有利于双方相互了解，有利于中印尼两国关系稳步向前发展。2017年6月18日，由中国孔子学院总部/国家汉办、中国驻印尼大使馆主办，雅加达华文教育协调机构承办，印尼阿拉扎大学孔子学院协办的2017年"汉语桥"世界中文比赛印尼全国总决赛，在印尼首都雅加达经过两天的角逐，圆满顺利地落下帷幕。来自印

[①] 《巴厘岛印华学校与重庆三峡学院签署合作协议》，《国际日报》2016年9月5日，http://www.guojiribao.com/shtml/gjrb/20160905/283346.shtml。
[②] 《印尼泗水国立大学孔子学院庆首届中印尼文化交流日》，http://www.chinaqw.com/hwjy/2017/05-20/142720.shtml。

尼全国的参赛选手们经过演讲、即兴问答与中华才艺展现等环节，向印尼社会各界展现他们学习汉语的成绩。比赛中，每个选手都能表现得字正腔圆、多才多艺，演讲中语调正规、前后照应、激情充沛，才艺展示也都创意十足，无论是中国戏剧、武术，还是舞蹈、歌曲，都很好地表明了选手的思想，从各方面表现了相当高的中文运用能力与中华才艺水平。中国驻印尼大使馆文化参赞周斌评价，"汉语桥"中文比赛自2002年至今，吸引了包括印尼在内的110多个国家的上百万名青少年选手参赛。各国青年朋友相聚在"汉语桥"，提高了汉语水平，体验了中华文化，结下了深厚友谊。我们高兴地看到，"汉语桥"印尼赛区的比赛也是越办越好。周斌对此次比赛深感赞赏，认为它集中展示了印尼学生学习汉语的成果，反映了印尼开展汉语教学的成绩；来自不同省份的64位选手均有精彩表现，比赛达到了预期的效果。在展望印尼未来的中文教育前景时，周斌指出："当前中印尼关系正处在历史最好时期，两国政治互信加强、商贸投资扩大、人文交流活跃。合作与交流离不开语言的运用，建设一系列中印尼合作项目需要大量掌握汉语的人才，这为广大汉语学习者的未来发展提供了广阔的天地。"印尼教育与文化部瑞萨女士发表致辞，赞扬中华文化的博大精深，希望印尼青年学生能抓住机遇学好汉语，将来更好地参与建设美丽的印尼国家。①

四 青年交流

青年交流互访是中印尼人文交流合作的重要组成部分。为了促进两国青年学生相互了解，2017年4月11日，随着搭载印尼代表团成员的航班抵达厦门高崎国际机场，由福建省和中国驻印尼使馆主办的首届中印尼青年互访交流活动正式拉开帷幕。中国和印尼的代表团成员包括高校师生、政府官员、智库成员、媒体记者等。在为期18天的行程里，代表团成员将结伴而行，通过参观、培训、座谈、联欢等形式多样的活动，深入八闽大地和印尼

---

① 《2017年"汉语桥"印尼全国总决赛在雅加达落幕》，http://world.people.com.cn/n1/2017/0619/c1002-29346563.html。

的重要城市,了解当地的风土人情、人文环境、城市建设、青年创新创业项目、推进"海丝"建设情况等,从而了解一个真实的中国和一个真实的印尼,并播下友谊的种子,最终为推进"21世纪海上丝绸之路"建设作贡献。福建省是"21世纪海上丝绸之路"核心区,印尼是古代海上丝绸之路的途经之地和"21世纪海上丝绸之路"的首倡之地。此次中印尼青年互访交流活动有利于加深两国青年之间的友好往来,增进两国青年的相互了解,夯实两国友好合作的民意基础,助推"一带一路"建设。①

五 艺术交流

艺术是联结世界、沟通民心的桥梁。2016年9月21日,来自中国河南漯河的杂技艺术代表团到访巴厘文桥三语学校,为当地师生献上一场精彩的杂技演出。中国驻登巴萨总领事胡银全,文桥三语学校创办人江连福老先生、江睿董事长,巴厘省文桥、海南、印华、光明等三语学校师生代表共同观看了演出。胡银全总领事在致辞中表示,中国的杂技艺术历史悠久、源远流长,是一种集惊、特、险、奇于一体的艺术表现形式,独具艺术特色,深受人民喜爱,是中华民族珍贵的优秀文化遗产。他鼓励同学们在欣赏高超的中国杂技艺术的同时,更多地了解中国文化艺术精髓,努力学习,争取在不久的将来成为中印尼两国文化交流的友好使者,为增进两国友好关系贡献力量。②

六 宗教交流

中国与印尼的宗教交流也非常频繁。印尼是世界上穆斯林人口最多的国家。据统计,2015年印尼全国人口超过2.485亿,其中有87%的人口信奉

---

① 《中国和印尼举行青年互访交流活动》,fhttp://fjrb.fjsen.com/fjrb/html/2017-04/12/content_1017171.htm? div=-1。
② 《中国杂技艺术走进印尼校园》, http: //www.fmprc.gov.cn/web/zwbd_673032/nbhd_673044/t1399757.shtml。

伊斯兰教。①据中国2010年第六次全国人口普查统计，中国的穆斯林人口达到近2314.21万，②有10个信奉伊斯兰教的少数民族。从这些数据可以看出，两国的宗教交往非常重要而且非常必要。伊斯兰教作为一个重要媒介和载体，在两国交往中起着积极的促进和纽带作用。此外，孔教作为印尼的六大宗教之一，源于中国，印尼孔教以孔子学说（儒学）为宗教信仰，作为民间宗教而长期存在，是印尼一部分华人特有的宗教形式与文化认同的标志。孔教对华人华侨融入本地社会发挥了重要作用，也为中印尼民间交往提供了重要渠道。伊斯兰教士联合会总主席萨伊德在接受中国记者独家专访时表示："我们愿意作为主要桥梁，推动两国在反对极端主义、倡导温和伊斯兰教、开展伊斯兰教育等方面积极合作，尤其是通过强化语言、宗教、科技工艺、医疗卫生等多方面的人才交流与教育合作，促进双方共建平等互利、和谐共荣的关系。"③ 2017年3月15日，中华人民共和国驻印尼大使谢锋访问西爪哇井里汶根贝经学院，谢锋借此机会推动中印尼宗教学者交流。谢锋大使表示，和印尼一样，中国的青年穆斯林也可以进入各类宗教学校和伊斯兰教育中心学习宗教知识和现代文化。中印尼两国在宗教领域的交流为两国增加了解增添了一个重要渠道，也有助于双方发展战略的对接。

七 旅游合作

旅游合作是中印尼人文交流的重要组成部分。随着近年来中国和印尼两国在经贸和人文方面的频繁交流，两国的关系日益密切，通过不断努力，中国与印尼的旅游合作取得了明显成效。印尼政府向来重视旅游业的发展，自2014年起，旅游业同基建、海洋、食品和能源一起被列为印尼五大优先发展的支柱产业。2016年，中国赴印尼旅游人次数达145.3万，是印尼第一大旅游客源地。印尼高度重视与中国的旅游合作，旅游业的快速发展不仅为

---

① http://www.renkou.org.cn/countries/yindunixiya/2016/4946.html.
② http://www.stats.gov.cn/tjsj/pcsj/rkpc/6rp/indexch.htm.
③ 《中国和印尼将开展多元交流》，http://www.cankaoxiaoxi.com/finance/20160516/1160911.shtml.

国民经济建设带来了大量的外汇收入,促进了相关产业的发展,还为商业、酒店业以及旅游商品的生产带来了生机,而且解决了就业问题。2017年3月29日,中国驻印尼大使谢锋会见印尼旅游部部长阿里夫·叶海亚,双方就加强中印尼旅游合作进行了友好、深入和富有建设性的交流。谢锋大使指出了中印尼旅游合作的重要性以及近年来中印尼旅游合作的丰硕成果。据印尼方统计,过去六年中国游客累计增长144.2%,2016年中国内地来印尼游客145.3万人次,中国跃升为印尼第一大外国游客来源地,人均旅游支出1107美元,仅此一项就给印尼带来约20亿美元的外汇收入。2017年前两个月,中国内地来印尼游客高达39.8万人次,占所有来印尼外国游客总数的1/5。照此势头发展,2017年全年中国来印尼游客人次数有望再创新高。谢锋大使表示,未来5年,中国内地出境游客人次数预计将达7亿,平均每年1.4亿,其中大部分将赴周边国家和地区旅游。中国赴印尼游客人次数仍有很大增长空间,两国旅游合作潜力巨大。谢锋大使希望印尼旅游部进一步协调印尼有关部门,确保中国游客出入境畅通、顺利,确保中国游客在印尼的安全与合法权益,同时为广大中国游客提供更多符合需求的旅游产品和更加便利化、个性化的服务。中国驻印尼使领馆愿同印尼方继续深化沟通合作,鼓励更多中国游客来印尼旅游,增进两国人民的相互了解。[①] 印尼为吸引中国游客采取了一系列的措施:推行免签政策,增加直飞航线,鼓励中资企业对印尼旅游业进行投资,增添中国文化元素等。

免签政策推动了中印尼的旅游合作,吸引了中国游客赴印尼旅游。2016年7月12日,印尼旅游业部长阿里夫在中国—东盟产能合作高层论坛上指出,旅游业作为印尼的一个重要产业,在国家发展战略中具有重要地位。2014年,旅游业在印尼国内生产总值中所占比例为9%,根据印尼政府的发展规划,这一比例到2019年将提升至15%。2016年中国赴印尼游客有望达到200万人次。印尼政府期待东盟—中国关系更加紧密、更加强劲,希望有

---

① 《中印尼共同努力,开创旅游合作新局面》,http://www.fmprc.gov.cn/ce/ceindo/chn/sgsd/t1449965.htm。

更多的中国游客到访印尼。阿里夫还宣布，印尼政府计划未来十年内，除巴厘岛、雅加达外，还将优先建设10个新旅游区，并对包括中国在内的世界169个国家和地区的游客实施免签政策，从而实现2019年有2000万外国游客到印尼旅游的目标。①

除了免签政策，两国之间还增开直飞航班来促进双方旅游合作的发展。2017年1月15日，印尼鹰航开通成都直飞巴厘岛航线，以作为中国西南部的重要枢纽，这条航线的开通可以更好地促进中国西部与印尼的联系。同时巴厘岛和成都作为两国的重要旅游城市，这条航线可以更好地促进两国旅游业的发展。

郑和作为中印尼历史的一个连接点，是两国人民友好关系的纽带。2017年1月12日，由印尼旅游部主办的"郑和下西洋之路"旅游线启动仪式在亚齐首府万达亚齐举行。旅游部部长阿里夫在启动仪式上说，中国伟大的航海家郑和在600年前下西洋途中5次驻足印尼的亚齐、巨港、井里汶、三宝垄、锦石、泗水、巴厘岛等地区，留下了两国人民友好交往的历史足迹。他表示，本次启动的旅游线路旨在通过吸引印尼和中国游客游览郑和文化遗迹来重温两国的友好历史往来，加强两国人员的了解，增进两国人民之间的情谊。②

另外，吸引中国对印尼旅游业进行投资也是印尼政府吸引中国游客的重要举措。2016年7月12日，印尼旅游部部长阿里夫等在雅加达接受《亚太日报》记者专访时说，印尼作为东盟大国，有着丰富的旅游资源，希望进一步挖掘潜力，与中国加强在旅游领域的合作。而中国是一个拥有巨大人口的新兴市场，包括印尼在内的东盟国家将深化与中国在旅游领域的巨大合作潜力。印尼也有潜力成为吸引中国游客最多的东盟国家。他鼓励中国资本投资印尼旅游业，并表示这将为中国和印尼带来双赢。尽管近年来到访印尼的

---

① 《印尼旅游部长：中印尼加强产能合作有利促进旅游业发展》，http：//www.chinanews.com/gj/2016/07-12/7936946.shtml。
② 《旅游部：启动"郑和下西洋之路"线 吸引中国游客来印尼观光》，http：//www.haobaodaily.co.id/news/read/2017/01/12/133724/。

游客数量逐年增加，但就中国潜在的旅游市场而言，这一数字仍有很大提高空间。为此，印尼政府正积极拓展旅游产业，规划建设更多的旅游项目，其中包括开发10个类似巴厘岛的旅游胜地，投资规模将达到100亿美元。印尼希望吸引更多来自中国的投资，也将为中国投资者提供各项政策帮助，以使中国投资者在印尼得到应有的回报。①

此外，印尼还在旅游景观导览中注入中国文化元素。例如完善重要旅游景点标识、文字介绍、注意事项等的中文表述。印尼旅游部和巴厘岛旅游企业还在春节期间在巴厘岛举行春节联欢晚会以吸引中国游客。

双方也在不断进行旅游推介与交流，中国积极向印尼推广自己的旅游产品。2017年6月21日，由中国贵州省人民政府主办的"山地公园省·多彩贵州风"旅游推介会在雅加达举行，以推动贵州和印尼的旅游文化合作。中国驻印尼大使馆临时代办孙伟德在推介会上说，近年来随着中印尼关系的快速发展，两国旅游合作越来越密切。中国已成为印尼第一大游客来源国，印尼也是中国游客第六大旅游目的地。使馆愿提供各种协助和支持，推动贵州和印尼的旅游文化合作不断取得新的发展。印尼旅游部亚太推广司司长维森修斯·哲马杜说，旅游业是中印尼两国双边合作的重要内容，贵州是中国旅游资源丰富的省份之一，拥有很多印尼游客钟爱的景点，印尼旅游部期待未来能与贵州进行更加深入的合作。在当天的推介会上，与会嘉宾还欣赏了民族元素浓郁的贵州侗族歌舞，观看了贵州形象宣传片"多彩贵州·风行天下"，对贵州的山地地貌、人文历史景观、多民族聚居、经济发展状况以及民族文化特色等有了更多的了解。②

印尼拥有多种多样的文化以及丰富的自然资源，有潜力成为中国游客选择的旅游目标国，通过双方的旅游合作，两国民众能互相认识，并能在更多方面进行深入了解和合作。

---

① 《印尼旅游部长亚赫亚：印尼与中国深化旅游合作潜力巨大》，http://cn.apdnews.com/asia/asean/444837.html。
② 《贵州在印尼举办旅游推介会》，http://world.people.com.cn/n1/2017/0621/c1002-29354027.html。

人文交流在中印尼两国关系中发挥了不可替代的作用，双边人文交流不仅能促进双方的相互了解，拉近双边关系，而且也能为本地区合作与发展带来积极效应，是双边关系的重要领域。为了更好地发挥人文交流在两国关系中的作用，双方还应在以下方面进一步努力。

一是拓展两国人文交流合作新领域。全面切实履行"一带一路"国际合作高峰论坛圆桌峰会联合公报及"一带一路"国际合作高峰论坛成果清单所达成的共识，深化教育、科技、体育、卫生、智库、媒体以及包括实习培训在内的能力建设等领域的务实合作，特别是围绕建设绿色、健康、智力、和平丝绸之路，拓展一批有助民生发展、民心相通的人文交流项目。

二是创新两国人文交流合作新平台。在已有合作机制基础上，双方相关部门需集思广益，进一步创新人文交流的形式与路径，催生人文交流新平台。可以将网络等新媒体工具与教育、科技、文化、卫生、体育、旅游、传媒等领域进行创造性结合，搭建互联网时代两国民心相通的网络丝绸之路。

三是扩大两国人文交流合作新主体。官方引导、全民参与是中印尼人文交流合作成功的经验，我们应进一步鼓励各级政府、国际和地区组织、私营部门、民间社会和广大民众共同参与，特别是要与民众进行面对面的互动与沟通。今后，双方应积极推动更多民众到对方国家参观与旅行，通过面对面的形式加深彼此间的了解。同时，双方需要继续推动媒体记者、青年学生、学者、科学家、艺术家等举办各种形式的交流活动，形成社会精英与普通民众共推两国人文交流的良好氛围。

四是打造两国人文交流合作新品牌。以品牌凝聚民心，以品牌带动效益，加强中印尼人文交流项目品牌培育，在海洋科技、教育、智库、健康、环保等合作领域着力打造一批具有强大影响力和感召力的品牌项目，并使覆盖不同人群，推动两国人文交流不断取得新成果。

中国与印尼的关系源远流长，两国关系的发展在21世纪面临着来自全球、地区和国家层面的契机与挑战。中国"21世纪海上丝绸之路"倡议与印尼"全球海洋支点"战略构想的耦合与对接,反映了两国正在试图构建一种新型的互动关系。双方应当积极把握契机,共同应对挑战。对中国而言,既要进一步挖掘经济外交的潜力,也要重视人文交流和民间外交在塑造印尼对华认知中的独特作用;对印尼而言,应该全面正确地理解中国的崛起以及华人社会在印尼国家发展中的角色与作用,严格执行国内的法律法规,对极端民族主义情绪和极端势力加以约束,营造一个稳定、有序、包容的发展环境。[1]

---

[1] 施雪琴、叶丽萍:《契机与挑战:当代中国与印尼新型互动关系的构建——以"21世纪海上丝绸之路"建设为背景》,《当代世界与社会主义》2017年第3期,第144页。

下篇

大事记及统计数据
（2016年）

一　2016年印度尼西亚大事记

1月7日　印尼外交部部长蕾特诺周四发表声明,印度尼西亚呼吁朝鲜遵守联合国安理会决议。印度尼西亚呼吁各方尊重和遵守有关联合国安理会的决议,停止他们的行动,并坚持外交对话,创造有利于和平、稳定和发展的局势。

1月7日　印尼国防部与韩国国防部同意共同合作研发并于2025年开始生产名为KFX/IFX的喷气式战斗机,由印尼航空业有限公司(PTDI)和韩国航宇工业公司(KAI)进行研发生产。

1月9日　巴厘岛在2015年被美国出版的 *Travel+Leisure* 杂志评为世界第二最佳旅游岛,仅次于厄瓜多尔的卡拉巴果斯群岛,同时也是亚洲第一最佳旅游岛。

1月14日　佐科总统周三任命13名驻友好国家的特命全权大使。其中一名是印尼斗争民主党政客亚历山大·利达埃(Alexander Litaay)。

1月14日　印尼首都雅加达市中心发生连环爆炸袭击,造成7人死亡,20人受伤。印尼警方称,极端组织"伊斯兰国"是此次袭击的幕后黑手。

1月15日　印尼国家统计局局长苏尔亚敏(Suryamin)称,2015年1月至12月,印尼出口额达1502.5亿美元,比2014年下降14.62%。进口额为1427.4亿美元,同比下降19.89%。出超75.2亿美元。

1月16日　由于祖国曙光运动(Gafatar)组织被认为扰乱社会,并与数人失踪的案件有关联,为此受到总统的特别关注。总统佐科已向国家警察总长海迪下达调查该组织的命令。

1月17日　印尼近海当地时间1月17日上午8时22分发生里氏5.5级

地震，震源深度46公里。据印尼官员称，地震已造成至少8人受伤，大约120栋房屋受损。

1月18日　印尼交通部12项总值2.071万亿盾的战略合同签署仪式在雅加达交通部大楼举行，由佐科总统见证。该12项战略合同是印尼交通部2016年预算中共273项合同的一部分，分别为2项陆运、4项海运、3项空运、2项铁路、1项人力资源开发。

1月19日　印尼东部一座火山喷出烟云和毒气，迫使超过1200人撤离家园。当局表示，假如情况进一步恶化，即准备发布大规模撤离令。

1月20日　佐科总统在国家宫主持经济与工业委员会的成立仪式，国家使命党政要苏德利斯诺（Soetrisno Bachir）担任委员会主席。

1月22日　在2015年期间，印尼对瑞士的出口总额约达10亿美元，比2014年仅达1.33亿美元增加了约650%。

1月26日　佐科总统出访东帝汶。东帝汶政府把该国的最高荣誉勋章Grande Colar de Ordem de Timor Leste授予佐科总统，体现该国对来访的印尼元首的敬意。

1月28日　印度尼西亚自由港公司声称，为获得已于1月28日结束的铜精矿砂延长出口许可证，准备满足政府的要求而缴付5.3亿美元的保证金。

2月2日　印尼国家统计局公布，2016年1月通胀率为0.51%。通胀率是5年来最低。

2月3日　佐科总统和环保与林业部部长西蒂·努尔巴亚在独立宫会见挪威气候与环境大臣维达尔·海尔格森，双方讨论继续运用挪威提供的援款修复印尼的泥炭地。

2月4日　匈牙利总理欧尔班正式访问印度尼西亚，两国政府签署了有关自来水厂建设和改造的3730万美元合同，中国进出口银行为两国企业合作提供了2亿欧元的信用额度。

2月4日　印尼投资统筹机构主任弗兰基声称，目前已取得来自日本的44.8亿美元或60.5万亿印尼盾投资承诺，其中包括增资4000万美元以扩大营业，新投资为17.25亿美元，已持有原则许可证为27.19亿美元。

2月15~16日　佐科总统率领印尼代表团访问美国，参加在加利福尼亚州举行的东盟—美国峰会，并与美国总统奥巴马展开会谈。

2月15日　佐科总统在美国—东盟峰会上重申对南海问题的立场，印尼不是南海争端的声索国。印尼坚持必须要有良好的对话才能解决问题。

2月17日　佐科总统在美国加州访问Twitter总部时邀请其在@Jokowi账号上传播促进世界和平和宽容的信息。

2月22日　全球最大展览会主办企业德国汉诺威展览公司与英国ITE集团通过Debindo-ITE公司，将于2月28日至3月3日在雅加达ICE BSD City举办东盟最大物流展览会，取名为"印尼雅加达跨亚洲与东南亚CeMAT黄金物流链"展览会。

2月22日　佐科总统在独立宫与国会领导人举行协商会议，讨论国家立法优先议程及其他问题。

2月22日　印度尼西亚在外海炸毁包括菲律宾、越南、马来西亚及缅甸的27艘船只，这些渔船都被发现进入印度尼西亚所属群岛内非法捕捞。

2月23日　"人民呼声（Populi Center）"针对2017年雅加达省长选举所作的民意调查结果显示，现任省长钟万学当选的可能性高居榜首，达到52.5%。

2月25日　佐科总统在国家宫为10名新任大使主持就职仪式后向印尼驻埃及大使海尔米道贺。

2月26~27日　在上海举行的20国集团财长与央行行长会议上，印尼财长希望如期实行已经达成一致的国际税务合作。

3月6日　印尼外交部部长蕾特诺在雅加达会议中心出席伊斯兰合作组织（OKI）雅加达特别峰会间隙与埃及外长舒凯里举行双边会晤，会后蕾特诺在新闻发布会上表示，在这次会议上，埃及在讨论巴勒斯坦问题中发挥重要作用，在埃及的支持下会议将产生一个很好的决议和宣言。

3月7日　佐科总统在伊斯兰合作组织（OKI）雅加达特别峰会闭幕式上演讲时表示，伊斯兰世界仍欠巴勒斯坦人民一个"独立"的债，巴勒斯坦人民争取独立的斗争是全世界伊斯兰国家的斗争,但愿我们能够在有生之年看到巴勒斯坦独立建国。

3月16日　印尼与澳大利亚一致同意启动有关两国的全面经济合作伙伴关系协定(IA-CEPA),以创造性及创新的原则和理念为前提,旨在促使两国达到双赢。

3月22日　印尼外长蕾特诺和巴布亚新几内亚外长帕托(Rimbink Pato)举行会谈,讨论共同解决边境地区问题。

3月26日　印尼驻越南社会主义共和国大使伊布奴·哈迪(Ibnu Hadi)在河内向越南国家主席张晋创递交国书,以示他担任印尼特命全权大使可在越南开始展开活动。

3月30日　佐科总统在雅加达国家宫接见到访的瑞士副总统洛伊特哈德及其代表团。在会晤中双方一致同意加强两国经济等的合作。

4月4~5日　由印尼外交部多边事务总局代表和印尼在纽约的常驻联合国代表团代表组成的印尼代表团参加了在埃塞俄比亚首都亚的斯亚贝巴召开的一次关于"UN70:为新一任秘书长设定议程"的会议。

4月10日　印尼外长蕾特诺和欧盟外交与安全政策高级代表兼欧盟委员会副主席费代丽卡·莫盖里尼(Federica Mogherini)在雅加达共同主持了首次印尼—欧盟部长级战略对话。这次对话标志着印尼和欧盟在促进和平、稳定和繁荣方面的伙伴关系发展到了一个新的水平。双方讨论了包括双边、地区和全球问题在内的各种议题。

4月12日　由印度尼西亚海军主办的"科摩多-2016"多边人道主义救援减灾演习在印尼西苏门答腊岛巴东开幕。印尼总统佐科参加开幕式并致辞。

4月12日　在土耳其伊斯坦布尔召开的伊斯兰合作组织外长会议期间,印尼外长蕾特诺和马来西亚外长阿尼法(Sri Anifah Aman)参加了这次双边会议。两位外长同意加强海上边界谈判。他们将加快速解决海上边界问题的重任委托于被任命的特使身上。

4月13日　由印尼海军承办的第15届西太平洋海军论坛年会在印尼巴

东举行。来自论坛21个成员国和4个观察员国,以及2个申请成为论坛观察员国的27国海军领导人或代表参加了此次年会。

4月19日　总统佐科周二在伦敦唐宁街10号会见了英国首相卡梅伦。佐科会后声明,此次访问伦敦是一个巨大的荣誉,也是对卡梅伦去年访问雅加达做出的积极回应。

4月23日　印尼政府对朝鲜的潜艇导弹试验表示深层担忧,这次潜艇导弹实验已导致该地区日趋紧张。在这个关键时刻,印尼敦促朝鲜自我克制,避免进行影响和平与稳定的行动。印尼呼吁重启六方会谈,以确保朝鲜半岛的和平与稳定。

5月3日　总统佐科在雅加达国家宫主持了最高法院司法部门副首席法官穆罕默德·夏利夫汀（Muhammad Syarifuddin）的宣誓就职仪式。

5月5日　印尼、马来西亚和菲律宾的三国外长及军事首长,印尼的蕾特诺和加铎、马来西亚的阿尼法和祖基菲里以及菲律宾的阿尔门德拉斯和凯撒齐聚日惹,共商影响三方的海事安全挑战问题。

5月11日　印尼伊斯兰教士联合会和来自35个国家的乌理玛签署了《雅加达公告》,坚持传播和平的伊斯兰教价值观对结束国家与宗教之间的冲突的重要性。该公告是已经举行了两天的伊斯兰温和领导人会议达成的成果。

5月12日　印尼政府给"光明印尼"工程拨款5万亿卢比,此项工程旨在让更多东部岛屿地区的民众能够使用电力。

5月16日　韩国总统朴槿惠在青瓦台总统府用官方仪式热烈欢迎佐科总统的到来。佐科表示他希望贸易成为两国伙伴关系的主要焦点。两国领导人还讨论了目前比较紧张的朝鲜半岛局势。

5月18日　印尼总统佐科与俄罗斯总统普京签署了五项协议,加强两国之间的双边关系。它们包括在国防、国家和外事档案、文化以及共同努力遏制非法的未经申请和不受管制的捕捞活动等方面的双边合作。

5月27日　总统佐科在7国集团峰会扩大会议期间与日本首相安倍晋三和法国总统弗朗索瓦·奥朗德举行双边会谈。

6月1日　佐科总统正式宣布将6月1日定为一个全国性的节日，以纪念"潘查希拉"的诞生。

6月2日　为了增加与伊朗合作，以能源与矿产资源部部长苏迪尔曼为首的印尼代表团会见了伊朗石油部长赞加内以及其他相关官员。这次会议促成了印尼国家石油公司和伊朗国家石油公司之间的合作，即签署合作协议，伊朗将向印尼供应液化石油气。

6月10日　印尼驻丹麦新大使穆罕默德（Muhammad Ibnu）表示，在丹麦弗雷登斯堡宫举行的一场仪式期间，他已经向丹麦女王玛格丽特二世递交了凭证。这表明新任大使能够在丹麦正式履行国家义务。

6月25日　亚洲基础设施投资银行批准了印尼2.16亿美元的贷款请求，该项贷款将用来支持印尼的贫民窟改造工程。此举将会大力改善印尼广大民众的居住环境。

7月1日　民主党国会第三委员会议员布度（Putu Sudiartana）因涉嫌3000亿印尼盾基础设施工程而被肃贪委当场抓获。

7月5日　印尼中爪哇省梭罗市一警察局5日发生自杀式炸弹袭击事件，造成袭击者本人死亡和1名警察受伤。

7月7日　印尼外长蕾特诺在法国巴黎与法国外长让-马克·埃罗举行双边会谈时，传达了印尼政府将继续努力推动中东和平进程的决心。

7月12日　印尼外交部就所谓的南海仲裁案发表声明，呼吁所有各方尊重《联合国海洋法公约》等国际法。

7月12日　副总统卡拉呼吁实现印尼、马来西亚和菲律宾之间的三方安全协议，推动"联合巡逻，海军护航"，以防止在三个国家接壤的海域发生海盗活动和劫持人质事件。

7月18日　印尼警方表示，印尼头号恐怖分子桑托索可能已在同安全部队的交火中被击毙。

7月19日　欧盟贸易专员西西莉亚·玛姆斯托姆（Cecilia Malmström）和印尼贸易部部长托马斯·拉蓬在欧盟和印尼之间发起了全面经济伙伴关系协定的谈判（CEPA）。

7月25日至8月2日，印尼国民军与美国太平洋司令部举行联合作战演习。

7月26日　印尼外长蕾特诺在东盟—美国对话会议上表示："东盟与美国的战略伙伴关系可以成为创造该地区和平与稳定的手段，而这将是经济繁荣的主要基础。"

7月27日　佐科总统在雅加达独立宫正式公布第二次内阁改组的成员名单，此次内阁改组替换或转移岗位的部长共达13人。

8月1日　人协议长祖尔基夫里·哈桑针对7月30日晚间在丹绒巴莱所发生的纵火焚烧佛教寺庙的不法行为表示谴责，并要求警方必须对肇事者采取严厉制裁。

8月1日　佐科总统签署了一份有关建立印尼国际化伊斯兰大学的文件，此举是为了使这个拥有全世界最多穆斯林人口的国家成为伊斯兰教思想的中心。

8月3日　印尼驻新加坡大使苏瓦查亚（Ngurah Swajaya）与廖内群岛首脑以及两党成员召开会议，商讨增加两国之间的投资机会，促进贸易和旅游业的发展，以振兴巴淡岛。

8月5日　印尼总统佐科和乌克兰总统波罗申科举行了双边会谈，双方一致同意加强农业部门的合作与交流。除了转让技术，佐科总统表示他期待乌克兰能够投资印尼的农业，尤其是小麦产业。

8月5日　印尼国家统计局5日公布的数据显示，受全球大宗商品价格反弹提振，印尼第二季度国内生产总值同比增长5.18%，增速快于第一季度的4.91%。

8月8日　印尼中央银行表示，印尼7月份居民消费信心指数达到自2015年以来的最高值。

8月8日　经济统筹部部长达尔敏近日表示，政府决定将货物港口滞留时间从原来的2.8天缩短为2.5天。

8月10日　印尼在巴厘岛举办了一次题为"打击恐怖主义的跨国运动"的国际反恐会议。

8月15日　出任印尼能源与矿产资源部部长还不到一个月的达哈尔因拥有印尼、美国双重国籍，被总统佐科解除职务。

8月15日　佐科总统在雅加达国家宫向前任国家警察总长巴德罗丁·海迪（Badrodin Haiti）退休将军颁发二级英雄勋章，表扬他在任期间对国家的贡献。

8月16日　印尼外长蕾特诺在东盟成立49周年庆祝会上表示，东南亚国家联盟面临着巨大的历史机遇，她希望这次周年庆典能够让各成员国一道克服困难，完成新的历史使命。

8月19~31日　1609名印尼士兵和1102名美军士兵在西苏门答腊举行一年两次的"太平洋伙伴关系"联合军事演习。

8月21日　印尼外交部向菲律宾移民局喊话：因护照骗局而被拘留的177名印尼人是受害者而不是犯罪嫌疑人。

9月2日　总统佐科建议由国家警察副总长布迪·古纳万出任下一届国家情报局局长。

9月4日　在与吉布提贸易商会的合作会议中，印尼驻埃塞俄比亚、吉布提和非洲联盟的大使们共同出席了印尼贸易博览会（TEI）。

9月9日和11日　国会正式批准布迪·古纳万担任国家情报局局长，国家警察副总长职位则由夏夫鲁丁（Syafruddin）警察中将正式接任。

9月9日　在伦敦召开的联合国维和行动会议中，印尼国防部防御战略司司长尤迪·斯瓦斯丹吐（Yoedhi Swastanto）代表印尼国防部部长发表声明：印尼将继续兑现为联合国维和行动提供4000名维和人员的坚定承诺，并且提高维和部队质量和所属装备，致力于打造专业人才。

9月15日　第四届美国和印尼投资贸易峰会在雅加达市中心的文华东方酒店举行，印尼新任内阁官员、美国政府代表和商业代表在此进行了友好交流。

9月15日　印度尼西亚当局再次启动暂停了五个月的雅加达北岸庞大的防浪堤及填海造地工程。

9月17日　在不结盟运动峰会期间，印尼和厄瓜多尔两国外长达成协议：同意增加双边贸易。

9月17日　印尼外长蕾特诺表示：印尼敦促不结盟运动的成员国继续支持巴勒斯坦政府和人民的斗争，并强调不结盟运动所有成员国支持的重要性，希望重启巴勒斯坦和平进程，让其最终成为一个独立的主权国家。

9月19日　在联合国大会期间，印尼副总统卡拉呼吁世界各国领导人加强国际合作来应对全球移民危机。

9月24日　印尼国民军总司令加铎重申，在2017年地方首长同步选举中，军人必须保持中立。

9月24日　在第71届联合国大会期间，印尼外长蕾特诺会见了欧盟外交与安全政策高级代表兼欧盟委员会副主席费代丽卡·莫盖里尼，双方讨论了加强印尼和欧盟之间合作的一系列事项。

10月4日　佐科总统在独立宫举办仪式，欢迎18位新的驻印度尼西亚大使。

10月7日　司法与人权部部长亚索纳·劳利在雅加达新闻发布会上表示，印尼团结党是唯一通过法律验证程序的新政党。

10月9日　印度尼西亚政府正式邀请日本参与建造雅加达到泗水的中速铁路。

10月13日　印尼财政部部长斯莉·穆尔亚妮·英德拉瓦迪（Sri Mulyani Indrawati）担任世界银行开发委员会主席。

10月14日　佐科总统为能源与矿产资源部部长伊格纳苏斯·佐南举行就职典礼。

10月19日　在塔什干举行的伊斯兰会议组织（OIC）外长会议期间，印尼外长蕾特诺与吉尔吉斯斯坦共和国外长阿卜迪尔达耶夫·埃尔兰·贝克肖维（Abdyldaev Erlan Bekeshovich）举行了双边会谈。

10月20日　团结建设党法利德阵营宣布支持雅加达省长钟万学和副省长查罗特参加2017年的雅加达省长选举。

10月27日　作为2015~2017年的环印联盟轮值主席国，印尼在第16届环印联盟外长级会议上提议并通过了"加强在印度洋的海事合作，维护其和平与稳定"的相关决议。

11月1日　印尼副总统卡拉和亚美尼亚共和国外交部长爱德华·纳尔班迪安（Edward Nalbandian）举行双边会谈，旨在加强两国外交和贸易领域的关系。

11月5日　因雅加达爆发了穆斯林要求省长钟万辞职的示威游行，总统佐科决定推迟对澳大利亚的访问。

11月7日　在马来西亚吉隆坡，马来西亚外长阿尼法会见了印尼外长蕾特诺。

11月10日　亚洲基础设施投资银行准备向印尼提供2.16亿美元的低息贷款，用于整顿或改造印尼154个地区的贫民窟，让印尼人民获得更舒适的生活环境。

11月11日　联合国贸易和发展会议公布全球吸引外国投资排行榜，印尼从原来的第五位升至第三位，上半年吸引外来投资从原先的194亿美元增至280亿美元，增幅高达44%。

11月13日　新加坡总理李显龙访问印尼，旨在加强新加坡与印尼之间的经济合作。

11月17日　印尼外长蕾特诺在沙特的圣城麦加召开的紧急会议上表示："伊斯兰会议组织（OIC）的成员国要兑现维护伊斯兰世界和平、安全、稳定与繁荣的承诺。"

11月23日　佐科总统在雅加达独立宫会见了荷兰首相马克·鲁特，双方讨论了双边合作伙伴关系中的问题。

11月27日　印尼就古巴前总统菲德尔·卡斯特罗的逝世，向古巴政府和人民表示慰问。

12月1日　印尼度假胜地巴厘岛当选为2018年国际货币基金组织—世界银行年度峰会的举办地，届时将有来自全球各个国家的中央银行行长和财政部长参与此次会议，共同讨论国际金融问题。

12月2日　印尼决定暂时退出石油输出国组织。

12月2日　印尼前总统梅加瓦蒂的妹妹拉玛华蒂因涉嫌叛国罪被捕。

12月2日　在雅加达中部爆发了反对钟万学的大规模群众集会，此次集会导致缅甸领导人昂山素季推迟了访问印尼的行程。

12月8日　印度尼西亚总统佐科出席在巴厘岛举办的民主论坛（Bali Democracy Forum，BDF）的开幕式上强调："今年巴厘民主论坛的主题是'宗教、民主和宽容'，这与当今的宗教和全球问题息息相关。"

12月12日　印尼和日本延长了彼此签订的228亿美金本币互换协议。

12月14日　伊朗总统鲁哈尼在萨德阿巴德王宫前迎接到访的佐科总统。两国政府同意在油气和能源领域加强合作。

12月20日　印尼驻伦敦大使馆宣布，印尼获得森林执法、管理与贸易（FLEGT）许可证，明年初将向英国出口首批木制品。

12月21日　惠誉国际上调印尼信用评级展望至"正面"，印尼有望提升其信誉等级。

12月27日　印度尼西亚要求以色列执行联合国安理会关于在巴勒斯坦领土上非法建立以色列居民点的决议，以推动以色列和巴勒斯坦之间的和谈。

二　2016年印度尼西亚—中国关系大事记

1月6日　印尼投资统筹机构统计数据显示，2015年印尼收到外国申请投资总额1208.8万亿盾，其中中国申请投资277.59万亿盾，占比22.96%，在外国申请投资中居首。

1月7日　印尼巴厘省省长芒古·帕斯蒂卡接到邀请参加3月在中国海南省举行的2016年博鳌亚洲论坛，成为唯一被邀请参加博鳌亚洲论坛的印尼省长。

1月15日　巨港达鲁萨兰苏丹马哈茂德·巴达鲁丁三世莅临中国印尼商业和文化中心开幕仪式，向10位杰出人士颁发荣誉奖项，表彰他们为中国和印尼双边关系做出的贡献。

1月21日　印度尼西亚首条高速铁路雅加达至万隆高铁正式开工，标志着中国和印度尼西亚铁路合作取得重大进展，中国铁路2016年"走出去"实现良好开局。

1月24日　中国海军152舰艇编队24日抵达印尼雅加达港，对印尼进行5天的友好访问，印方在码头举行欢迎仪式。

1月28日　正在执行环球访问任务的中国海军152舰艇编队在离开印度尼西亚启程回国途中，应印尼海军请求，与其在爪哇海举行了联合演练。演练内容主要包括两国舰艇的沟通联络与会合、通信指挥协同等。

2月10日　印尼旅游部和巴厘岛旅游企业在印尼巴厘岛举办第一届中国春节联欢晚会，受到当地民众及华人华侨的极大欢迎。

2月20日　中国驻印尼大使谢锋在雅加达出席"欢乐春节"庆祝活动时表示，中国给世界带来合作机遇和增长机遇。中国经济仍在合理区间运行，而且"含金量"更高，不会"硬着陆"。

3月5日　印尼旅游部宣布开启18条航线可直通中国多个大城市，目标是吸引200万中国游客。

3月16日　印度尼西亚交通部与印尼雅万高铁合资公司在印尼雅加达签署特许经营协议。这是继2016年1月21日印尼雅万高铁项目开工奠基之后，该项目推进过程中取得的新进展。

4月13~16日　应印度尼西亚斗争民主党邀请，中共中央对外联络部部长宋涛率中共代表团访问印尼。访问期间，代表团拜会了印尼总统佐科，并先后同印尼斗争民主党总主席、前总统梅加瓦蒂，印尼民主党总主席、前总统苏西洛，大印尼运动党总主席普拉博沃，印尼国会议长阿德等。

4月12日　由中国海军北海舰队导弹护卫舰潍坊舰和远洋救生船长兴岛船组成的舰艇编队，与其他15个国家的40多艘舰艇在锚地完成集结后，参加12日起在印尼举行的"科摩多-2016"联合演习。

4月22日　应国务委员杨洁篪邀请，印度尼西亚共和国政治、法律与安全事务统筹部部长卢胡特将于26~27日访华，并同杨洁篪国务委员共同主持中印尼副总理级对话机制第五次会议。

4月27日　国务院总理李克强在中南海紫光阁会见来华出席中印尼副总理级对话机制第五次会议的印尼政治、法律与安全事务统筹部部长卢胡特。

4月28日　印尼旅游部在雅加达举行的全国旅游协调大会上，任命印尼《国际日报》董事长熊德龙为印尼—中国旅游亲善大使。印尼旅游部部长阿里夫当天亲自给熊德龙颁发亲善大使证书和纪念品。

4月30日　中国爱乐乐团在印度尼西亚首都雅加达举行"2016海上丝绸之路巡演"首场演出。中国驻印尼大使谢锋、印尼前总统哈比比及当地观众逾300人共同观看，精彩的演出受到印尼观众的好评。

5月9日　国务委员杨洁篪和印尼经济统筹部部长达尔敏在雅加达共同主持中印尼高层经济对话第二次会议。

5月11日　中国共青团中央书记处书记汪鸿雁率中国青年代表团一行97人访问印尼青年与体育部，并和印尼青年企业家举行座谈。

5月17日　广东省人大常委会主任黄龙云在广州会见了印尼东爪哇省议会议长阿卜杜·哈利姆·伊斯坎达一行。并简要介绍了广东省经济社会发展、省人大及常委会履职情况。

6月3日　历时10天的"2016中国电影展映及电影大师讲堂"在印度尼西亚巴厘岛落下帷幕。本次活动是首届由两国影视界自发组织，由两国政府部门支持，旨在传播中国经典电影作品的影视文化交流活动。

6月5日　印尼国家旅游部副部长I Gede Pitana，印尼国家旅游部亚太区总监文森修斯·杰马度（Vinsensius Jemadu），印尼旅游协会总会长Asnawi Bahar，旅游协会推广部主任、巴厘省中印尼友好协会主席以及旅游协会各领域负责人员一行5人到访北京，并于6日与中国旅游协会秘书长张润钢带领的中国旅游相关领域负责人及其他有关机构负责人举行了会谈。

6月23日　对于印度尼西亚军舰在纳土纳群岛附近枪击并扣押一艘中国渔船的事件，中国外交部表示强烈抗议和谴责。

6月27日　中国驻印尼大使谢锋26日赴亚齐中印尼友谊村看望并慰问当地村民，并走访村民家庭，视察使馆出资修缮的道路、学校等公共设施，向友谊村学校捐建中国图书馆，并向贫困村民发放斋月慰问品。

7月3日　由印尼广东社团联合总会主办，雅加达海南联谊会承办，以

"感知海南，追寻亲情，团结乡亲"为主题的"海南民族歌舞团文艺演出"在雅加达慈育大学成功举行。

7月15日　2016年佛山—印尼企业对接会在雅加达举行，来自中国和印尼的近百名企业家就加强各领域合作举行一对一交流座谈，旨在合作共赢。

7月26日　中国外交部部长王毅在老挝万象出席东亚合作系列外长会议期间会议见印度尼西亚外长蕾特诺。

7月28日　中国驻印度尼西亚陆、海、空三军武官鲁大力大校28日晚在雅加达举行招待会，庆祝中国人民解放军建军89周年。

8月1日　国务院副总理刘延东与印尼人类发展与文化统筹部部长普安在贵阳共同主持中印尼副总理级人文交流机制第二次会议。

8月12日　印尼反倾销委员会（KADI）对从中国进口的陶瓷原料—玻璃料可能涉及反倾销进行调查。

9月2日　中国国家主席习近平在杭州会见前来出席二十国集团领导人杭州峰会的印度尼西亚总统佐科。

9月3日　由华夏幸福、印度尼西亚驻华大使馆、印度尼西亚投资统筹机构以及中国印度尼西亚商会联合举办的"印度尼西亚投资论坛"在上海盛大召开。

9月23日　中国驻登巴萨总领馆举行庆祝中华人民共和国成立67周年招待会，共500余名中印尼各界人士出席。

9月28日　中国驻印尼大使馆文化处，中国知网及阿拉扎大学孔子学院联合在雅加达南部安巴拉大酒店会议厅举行中印尼高等教育合作发展论坛暨中国知识云服务启动仪式。

10月5日　由广东省贸促会、印尼工商会馆中国委员会主办，印尼中华总商会、印尼华裔总会协办，广东省驻印尼经贸代表处承办的中国（广东）—印度尼西亚双边经贸合作交流会在雅加达香格里拉酒店顺利召开。

11月13日　印尼驻华大使苏更·拉哈尔佐、印尼驻华大使馆参赞孙浩（Santo Darmosumarto）在福建省外办领事文化处相关人员陪同下对福建中医药大学进行访问。

11月21日　受中国国家汉办、孔子学院总部委派，华中师范大学在泗水国立大学举行"孔子学院文艺巡演"活动。

12月9日　由中国—东盟商务理事会与印尼中华总商会联合举办的"中国日化企业领袖印尼交流会"在雅加达婆罗浮屠酒店成功举行。

12月13~20日　由中国海外交流协会主办，江苏省海外交流协会承办，印尼巴中三语学校协办的为期8天的2016年"中华文化大乐园—印尼巴中营"系列文化活动于12月20日在巴中学校礼堂宣告圆满闭营。

三　经济社会数据统计表格

表1　2010~2016年印尼人口数量及增长率

省份	人口（千人） 2010年	人口（千人） 2016年	人口增长率（%） 2000~2010年	人口增长率（%） 2010~2016年
亚齐特区	4494.4	5096.2	2.36	2.01
北苏门答腊省	12982.2	14102.9	1.10	1.33
西苏门答腊省	4846.9	5259.5	1.34	1.31
廖内省	5538.4	6501.0	3.58	2.59
占碑省	3092.3	3458.9	2.56	1.80
南苏门答腊省	7450.4	8160.9	1.85	1.46
明古鲁省	1715.5	1904.8	1.67	1.69
楠榜省	7608.4	8205.1	1.24	1.21
邦加勿里洞群岛省	1223.3	1401.8	3.14	2.20
廖内群岛省	1679.2	2028.2	4.95	3.06
大雅加达首都特区	9607.8	10277.6	1.41	1.07
西爪哇省	43053.7	47379.4	1.90	1.54
中爪哇省	32382.7	34019.1	0.37	0.79
日惹特区	3457.5	3720.9	1.04	1.18
东爪哇省	37476.8	39075.3	0.76	0.66
万丹省	10632.2	12203.1	2.78	2.23

续表

省份	人口（千人）		人口增长率（%）	
	2010年	2016年	2000~2010年	2010~2016年
巴厘省	3890.8	4200.1	2.15	1.21
西努沙登加拉省	4500.2	4896.2	1.17	1.36
东努沙登加拉省	4683.8	5203.5	2.07	1.69
西加里曼丹省	4396.0	4861.7	0.91	1.63
中加里曼丹省	2212.1	2550.2	1.79	2.33
南加里曼丹省	3626.6	4055.5	1.99	1.81
东加里曼丹省	3553.1	3501.2	3.81	2.58
北加里曼丹省		666.3		
北苏拉威西省	2270.6	2436.9	1.28	1.13
中苏拉威西省	2635.0	2921.7	1.95	1.67
南苏拉威西省	8034.8	8606.4	1.17	1.10
东南苏拉威西省	2232.6	2551.0	2.08	2.16
哥伦打洛省	1040.2	1150.8	2.26	1.62
西苏拉威西省	1158.6	1306.5	2.68	1.93
马鲁古省	1533.5	1715.5	2.80	1.79
北马鲁古省	1038.1	1185.9	2.47	2.16
西巴布亚省	760.4	893.4	3.71	2.61
巴布亚省	2833.4	3207.4	5.39	1.95
印度尼西亚	237641.3	258705.0	1.49	1.36

资料来源：*Statistical Yearbook of Indonesia 2017*，印度尼西亚国家统计局，https://www.bps.go.id。

表2 2012~2016年印度尼西亚国内生产总值（现行市场价格）

单位：亿印尼盾

行业分类	2012年	2013年	2014年	2015年	2016年
A. 农业、林业、渔业	1152262.1	1275048.4	1409655.7	1555746.9	1668997.8
1. 农业、畜牧业和农业服务业	902125.9	994778.4	1089549.7	1183970.8	1266361.0
a. 粮食作物	305670.5	332111.9	343252.3	397408.6	424898.4

续表

行业分类	2012 年	2013 年	2014 年	2015 年	2016 年
b. 园艺作物	125107.9	137368.8	160568.6	174453.7	186908.5
c. 种植园作物	323361.0	358172.4	398260.7	405291.5	429682.0
d. 畜牧业	130614.2	147981.9	167008.0	184151.5	200611.3
e. 农业服务	17371.7	19143.4	20460.1	22665.5	24260.8
2. 林业和伐木业	65882.2	69599.2	74618.0	82859.5	85545.0
3. 渔业	184254.0	210670.8	245488.0	288916.6	317091.8
B. 采掘业	1000307.6	1050745.8	1042900.9	881694.1	893946.9
1. 原油、天然气和地热开采	492894.2	520088.1	508911.1	384515.9	369353.5
2. 煤和褐煤开采	270519.1	282193.1	257236.2	229973.9	231679.8
3. 铁矿石开采	100844.8	98468.4	93897.9	74264.2	73301.0
4. 其他采掘业	136049.5	149996.2	182855.7	192940.1	219594.6
C. 制造业	1848150.9	2007426.8	2219441.4	2418376.4	2544576.0
1. 煤和成品油制造业	284098.7	314215.5	329058.0	320329.8	286061.3
2. 食品和饮料制造业	410387.4	491142.4	562016.6	647071.9	741733.7
3. 烟草制造业	71735.4	82684.3	95668.1	108651.6	117163.0
4. 纺织品和服装业	108192.1	129912.0	139031.6	139393.6	143480.7
5. 皮革制品和制鞋业	22045.0	24810.0	28600.2	31440.9	35144.5
6. 木材及其他产品行业	59501.0	66958.0	76071.9	77993.4	80132.9
7. 造纸和印刷品行业	75308.0	74139.0	84372.5	87760.4	89246.0
8. 化工医药行业	124716.9	157042.1	180037.2	209788.2	222597.4
9. 橡胶和塑料行业	72006.0	76466.3	80262.9	85951.4	79243.0
10. 其他非金属矿物制造业	55606.4	69400.6	76852.0	83371.0	89047.7
11. 基本金属制造业	62846.1	74495.1	82118.8	90159.3	89351.7

续表

行业分类	2012年	2013年	2014年	2015年	2016年
12. 电子、电子设备制造业	142059.4	186194.9	198080.6	226678.1	241794.0
13. 机器设备行业	23376.4	25504.2	33078.8	37287.5	40170.6
14. 运输设备行业	154863.9	192768.0	207401.4	220511.0	236567.7
15. 家具制造行业	21984.5	24930.6	28117.7	31339.7	32125.7
16. 机械设备维修和安装、其他制造业	15523.3	16583.8	18673.1	20648.6	20716.1
D. 电力和天然气	91721.9	98686.8	114617.9	131250.3	142771.6
1. 电力	72815.8	74358.3	83841.9	102068.6	113048.8
2. 燃气制造	18906.1	24328.5	30776.0	29181.7	29722.8
E. 供水、排水、垃圾管理和整治行业	6208.8	7209.0	7887.1	8546.4	8947.5
F. 建筑业	712184.4	905990.5	1041949.5	1177084.1	1287659.3
G. 批发零售贸易行业、机动车和摩托车维修	1066092.1	1261145.6	1420054.3	1535287.8	1635959.8
1. 批发零售贸易及机动车和摩托车维修	208944.3	258942.3	292839.2	311606.2	334100.2
2. 除机动车和摩托车之外的批发零售贸易	909817.9	1002203.3	1127215.1	1223681.6	1301859.6
H. 运输和仓储	313156.2	375305.9	466968.9	579059.6	647154.3
1. 铁路运输	2782.9	3142.5	4227.9	6357.5	6928.1
2. 公路运输	159225.7	190200.7	225881.6	283222.3	305024.0
3. 海运	26614.7	30061.9	36061.9	39306.8	39907.1
4. 内河航运	9780.0	11164.6	13137.3	14266.8	14185.4
5. 航空运输	62211.0	77721.8	108791.9	142536.4	176548.7
6. 运输仓储和配套服务、邮局和快递	52551.8	63014.4	78855.3	93369.8	104561.0
I. 住房和食品服务行业	252612.3	289498.3	321062.1	341555.8	362232.0

续表

行业分类	2012年	2013年	2014年	2015年	2016年
1. 住房	51052.4	63489.0	74255.1	80790.5	86107.5
2. 食品饮料服务行业	201559.9	226009.3	248807.0	260765.3	276124.5
J. 信息通信行业	311362.4	341009.3	369415.0	405991.9	449141.0
K. 金融保险业	320534.3	370131.9	408438.8	465019.9	520926.4
1. 金融中介服务	204479.4	237169.6	256028.9	291510.3	328161.1
2. 保险与养老基金	65882.2	76004.5	87336.5	99041.1	109268.6
3. 其他金融服务业	42687.6	48278.5	55244.7	63465.3	71824.5
4. 金融配套服务	7485.1	8679.3	9828.7	11003.2	11672.2
L. 房地产行业	237913.9	264275.0	294537.4	327601.4	348297.8
M.N. 商业活动	127724.2	144604.1	165990.6	190267.9	211623.6
O. 公共管理与国防、强制性社会保障	340567.6	372195.0	404629.6	450233.1	478636.2
P. 教育	270372.3	307862.3	342063.2	388041.8	418258.3
Q. 公民医疗与社会工作	86235.4	96881.3	109147.2	122928.2	132427.5
R.S.T.U. 其他服务行业	122566.2	140315.5	163548.8	190579.5	212220.1
按基本价格的增加值总额	8429699.5	9308331.6	10302344.4	11169265.1	11963766.1
产品减税补贴	186005.0	237802.4	263472.9	362451.8	443033.7
国内生产总值	8615704.5	9546134.0	10565817.3	11531716.9	12406809.8

资料来源：*Statistical Yearbook of Indonesia 2017*，印度尼西亚国家统计局，https://www.bps.go.id。

表3　2013~2016年印度尼西亚国内生产总值增长率

单位：%

行业分类	2013年	2014年	2015年	2016年
A. 农业、林业、渔业	4.20	4.24	3.77	3.25
1. 农业、畜牧业和农业服务业	3.85	3.85	3.00	3.16
a. 粮食作物	1.97	0.06	4.32	2.53
b. 园艺作物	0.67	5.15	2.26	2.69
c. 种植园作物	6.15	5.94	1.97	3.50

续表

行业分类	2013年	2014年	2015年	2016年
d. 畜牧业	5.08	5.52	3.57	4.03
e. 农业服务	5.91	2.95	3.75	3.18
2. 林业和伐木业	0.61	0.58	1.99	−1.73
3. 渔业	7.24	7.35	7.89	5.15
B. 采掘业	2.53	0.43	−3.42	1.06
1. 原油、天然气和地热开采	−3.18	−1.97	0.05	2.66
2. 煤和褐煤开采	7.37	1.41	−7.31	−4.14
3. 铁矿石开采	7.63	−0.36	−10.74	1.82
4. 其他采掘业	4.61	4.92	1.14	5.74
C. 制造业	4.37	4.64	4.33	4.29
1. 煤和成品油制造业	−2.64	−2.12	−1.13	3.24
2. 食品和饮料制造业	4.07	9.49	7.54	8.46
3. 烟草制造业	−0.27	8.33	6.24	1.64
4. 纺织品和服装业	6.58	1.56	−4.79	−0.13
5. 皮革制品和制鞋业	5.23	5.62	3.97	8.15
6. 木材及其他产品行业	6.19	6.12	−1.63	1.80
7. 造纸和印刷品行业	−0.53	3.58	−0.16	2.16
8. 化工医药行业	5.10	4.04	7.61	5.48
9. 橡胶和塑料行业	−1.86	1.16	5.04	−8.34
10. 其他非金属矿物制造业	3.34	2.41	6.03	5.46
11. 基本金属制造业	11.63	6.01	6.21	0.76
12. 电子、电子设备制造业	9.22	2.94	7.83	4.34
13. 机器设备行业	−5.00	8.67	7.58	5.05
14. 运输设备行业	14.95	4.01	2.40	4.52
15. 家具制造行业	3.64	3.60	5.17	0.47

续表

行业分类	2013 年	2014 年	2015 年	2016 年
16. 机械设备维修和安装、其他制造业	-0.70	7.65	4.66	-2.91
D. 电力和天然气	5.23	5.90	0.90	5.39
1. 电力	5.96	6.04	2.29	6.35
2. 燃气制造	1.39	5.17	-6.76	-0.43
E. 供水、排水、垃圾管理和整治行业	3.32	5.24	7.07	3.60
F. 建筑业	6.11	6.97	6.36	5.22
G. 批发零售贸易行业、机动车和摩托车维修	4.81	5.18	2.59	3.93
1. 批发零售贸易及机动车和摩托车维修	7.30	5.01	0.32	3.75
2. 除机动车和摩托车之外的批发零售贸易	4.22	5.23	3.13	3.97
H. 运输和仓储	6.97	7.36	6.68	7.74
1. 铁路运输	6.14	20.81	4.45	3.46
2. 公路运输	7.51	7.64	7.15	7.59
3. 海运	6.92	7.68	2.37	1.25
4. 内河航运	4.55	6.85	1.03	1.46
5. 航空运输	4.75	6.07	9.44	13.28
6. 运输仓储和配套服务、邮局和快递	7.98	6.99	5.95	7.46
I. 住房和食品服务行业	6.80	5.77	4.31	4.94
1. 住房	9.48	7.81	5.67	5.32
2. 食品饮料服务行业	6.16	5.27	3.97	4.84
J. 信息通信行业	10.39	10.12	9.69	8.87
K. 金融保险业	8.76	4.68	8.59	8.90
1. 金融中介服务	9.66	2.92	9.57	9.82

续表

行业分类	2013年	2014年	2015年	2016年
2. 保险与养老基金	7.69	7.94	6.60	6.49
3. 其他金融服务业	6.44	7.48	7.98	9.24
4. 金融配套服务	8.35	6.36	5.24	4.76
L. 房地产行业	6.54	5.00	4.11	4.30
M. N. 商业活动	7.91	9.81	7.69	7.36
O. 公共管理与国防、强制性社会保障	2.56	2.38	4.63	3.19
P. 教育	7.44	5.47	7.33	3.84
Q. 公民医疗与社会工作	7.96	7.96	6.68	5.00
R. S. T. U. 其他服务行业	6.40	8.93	8.08	7.80
按基本价格的增加值总额	5.20	5.00	4.18	4.55
产品减税补贴	21.80	5.08	32.24	19.31
国内生产总值	5.56	5.01	4.88	5.02

资料来源：Statistical Yearbook of Indonesia 2017，印度尼西亚国家统计局，https://www.bps.go.id。

表4　2012~2016年印度尼西亚主要进口产品

单位：百万美元

产品	2012年	2013年	2014年	2015年	2016年
大米	945.6	246.0	388.2	351.6	531.8
化肥	2619.3	1747.6	1822.1	1786.2	1422.4
水泥	213.2	255.1	249.6	185.5	394.7
原油和石油制品	42564.2	45266.4	43459.9	24613.2	18739.8
钢铁管材	2554.5	2302.6	1789.9	827.1	537.5
机动车辆	5542.2	3361.8	2328.9	757.0	589.0
电信设备	7519.4	7480.6	7010.6	3794.8	3224.8
特种工业机械	14598.7	12954.7	12292.1	10281.5	3460.2
蔬菜	503.6	640.8	644.0	558.1	695.9
水果	818.7	667.3	789.2	666.4	848.1

续表

产品	2012年	2013年	2014年	2015年	2016年
肉牛动物	156.0	238.6	432.5	240.6	558.8
烟草	659.0	627.3	570.0	412.3	477.3
盐	108.0	88.7	104.3	79.8	86.0
糖	62.0	53.1	35.8	29.5	89.4
大豆	1211.2	1101.6	1176.9	1034.4	959.0
小麦和混合麦	2253.9	2440.0	2387.3	2082.8	2408.2
铝	1916.7	1777.5	1656.4	1468.8	1420.2
铜	1536.0	1306.0	1373.4	1286.2	1127.6

资料来源：Statistical Yearbook of Indonesia 2017，印度尼西亚国家统计局，https://www.bps.go.id。

表5 2012~2016年印度尼西亚主要出口产品

单位：百万美元

产品	2012年	2013年	2014年	2015年	2016年
原油	12293.4	10204.7	9215.0	6479.4	5196.7
石油产品	4163.4	4299.1	3623.5	1754.2	872.0
天然气	20520.5	18129.2	17180.3	10340.8	7036.8
咖啡	1243.8	1166.2	1030.7	1189.6	1000.6
药用植物、香料	299.8	342.3	492.3	516.4	506.8
水果	168.3	119.6	184.7	249.1	334.2
黑胡椒	298.1	186.0	136.5	302.0	220.7
燕窝	153.4	153.3	128.0	99.8	192.5
白胡椒	114.4	144.6	164.7	219.6	187.1
新鲜/冷冻鱼	205.7	178.9	149.6	171.7	128.0
海藻及其他藻类	110.1	145.4	202.2	151.6	109.9
棕榈油	18461.5	16787.5	18615.0	16427.0	15966.4
纺织服装	6106.4	6216.9	6256.0	6410.9	6229.8
电气设备	4913.2	5104.2	5013.1	4510.4	4565.7
珠宝首饰和贵重物品	179.3	202.0	2143.5	3319.9	4148.9
基础化学有机农业	4336.8	4124.3	4731.3	3174.0	3698.9

续表

产品	2012年	2013年	2014年	2015年	2016年
橡胶	7626.7	6706.9	4595.1	3564.1	3243.0
四轮及以上机动车	2551.4	2499.4	2923.9	2698.8	2894.2
运动鞋	2021.3	2175.2	2229.8	2446.4	2471.1
铁/钢	1825.7	1652.5	2062.4	2407.4	2237.2
基础贵金属	3030.5	2528.4	2479.1	2148.4	2208.6
煤炭	24288.2	22759.7	18697.7	14717.3	12914.6
铜矿石	2594.7	3006.8	1683.6	3277.2	3481.6
褐煤	1878.1	1741.6	2121.5	1281.7	1613.0

资料来源：Statistical Yearbook of Indonesia 2017，印度尼西亚国家统计局，https://www.bps.go.id。

表6 2012~2016年印度尼西亚主要进口国家和地区

单位：百万美元

国家和地区		2012年	2013年	2014年	2015年	2016年
亚洲	东盟	53662.2	53851.4	50726.0	38794.9	34696.8
	泰国	11438.3	10703.1	9781.0	8083.4	8666.9
	新加坡	26087.3	25581.8	25185.7	18022.5	14548.3
	菲律宾	799.7	777.4	699.7	683.1	821.8
	马来西亚	12243.5	13322.5	10855.4	8530.7	7200.9
	缅甸	63.5	73.2	122.1	160.4	113.3
	柬埔寨	11.6	17.8	18.7	21.1	25.3
	文莱	419.8	645.4	594.3	131.4	87.7
	老挝	3.3	7.6	51.3	0.8	4.2
	越南	2595.0	2722.6	3417.8	3161.5	3228.4
	日本	22767.8	19284.3	17007.6	13263.5	12984.8
	中国	29385.8	29849.5	30624.3	29410.9	30800.5
	韩国	11970.4	11592.6	11847.4	8427.2	6674.6
	其他国家	24086.7	24471.9	23050.8	15123.6	13681.0
非洲		5703.4	5549.6	5465.6	3739.2	3525.0

续表

国家和地区		2012 年	2013 年	2014 年	2015 年	2016 年
大洋洲	澳大利亚	5297.6	5038.2	5647.5	4815.8	5260.9
	新西兰	696.3	806.0	836.0	637.0	660.9
	其他国家	62.4	23.4	38.5	27.4	37.3
美洲	北美自贸区	13981.8	11648.9	10217.8	9400.1	8858.4
	美国	11602.6	9065.7	8170.1	7593.2	7298.4
	加拿大	1810.8	2067.4	1860.2	1609.3	1383.0
	墨西哥	568.4	515.8	187.5	197.6	177.0
	拉丁美洲	4457	4768.4	4562.3	4136.6	4233.9
欧洲	欧盟	14132.2	13708.1	12691.4	11282.8	10742.2
	英国	1366.3	1081.9	894.8	818.9	893.8
	荷兰	880.2	1033.8	908.3	785.2	723.6
	法国	1924.2	1590.7	1332.5	1336.9	1362.0
	德国	4188.6	4426.3	4091.2	3471.7	3159.5
	奥地利	324.5	383.6	343.0	316.2	358.6
	比利时	628.1	642.5	585.5	559.4	491.1
	丹麦	173.5	199.3	168.0	201.3	156.6
	瑞士	1298.7	825.6	691.1	691.2	526.2
	芬兰	448.8	442.5	668.4	534.1	338.6
	爱尔兰	109.9	115.8	100.4	103.3	110.3
	意大利	1523.8	1695.6	1722.9	1368.2	1387.2
	西班牙	459.1	545.2	517.1	472.5	484.1
	其他欧盟国家	806.5	725.3	667.9	623.9	750.6
	其他欧洲国家	5485.9	6036.4	5643.4	3635.8	3496.5
总计		191689.5	186628.7	178178.8	142694.8	135652.8

资料来源：*Statistical Yearbook of Indonesia 2017*，印度尼西亚国家统计局，https：//www.bps.go.id。

表7 2012~2016年印度尼西亚主要出口国家和地区

单位：百万美元

国家和地区		2012年	2013年	2014年	2015年	2016年
亚洲	东盟	41829.1	40630.0	39668.1	33577.0	33830.3
	泰国	6635.1	6061.9	5783.1	5507.3	5394.0
	新加坡	17135.0	16686.3	16728.3	12632.6	11861.0
	菲律宾	3707.6	3817.0	3887.8	3921.7	5270.9
	马来西亚	11278.3	10666.6	9730.0	7630.9	7121.6
	缅甸	401.6	556.4	566.9	615.7	615.7
	柬埔寨	292.2	312.4	415.8	429.7	426.9
	文莱	81.8	122.7	100.3	91.2	88.7
	老挝	23.8	5.8	4.6	7.7	5.9
	越南	2273.7	2400.9	2451.3	2740.2	3045.6
	日本	30135.1	27086.3	23117.5	18020.9	16098.6
	中国香港	2631.9	2693.3	2777.6	2067.2	2144.9
	韩国	15049.9	11422.5	10601.1	7664.4	7008.9
	中国台湾	6242.5	5862.4	6425.1	5043.5	3655.8
	中国大陆	21659.5	22601.5	17605.9	15046.4	16790.8
	其他国家	22059.7	22630.6	24076.8	22128.1	19059.7
非洲		5713.7	5615.5	6262.9	4759.5	4186.3
大洋洲	澳大利亚	4905.4	4370.5	4948.4	3702.3	3208.9
	新西兰	441.0	469.5	481.4	436.2	366.6
	其他国家	336.4	367.5	308.6	295.0	338.1
美洲	北美自贸区	16316.7	17161.3	18136.0	17787.1	17688.9
	美国	14874.4	15691.7	16530.1	16240.8	16141.4
	加拿大	792.4	782.3	755.0	722.3	732.4
	墨西哥	649.9	687.3	850.1	824.0	815.1
	拉丁美洲	2975.2	3018.5	2819.0	2450.2	2399.1

续表

国家和地区		2012年	2013年	2014年	2015年	2016年
欧洲	欧盟	18027.3	16763.7	16893.6	14842.5	14454.8
	英国	1696.8	1634.8	1658.6	1527.1	1590.4
	荷兰	4664.3	4106.0	3984.6	3442.2	3254.9
	法国	1128.2	1062.7	1019.3	973.0	872.8
	德国	3075.0	2883.4	2821.6	2664.2	2638.7
	比利时	1297.7	1259.3	1217.3	1113.3	1125.7
	丹麦	229.4	224.5	226.6	207.0	187.6
	瑞典	166.3	162.4	177.1	146.8	144.7
	芬兰	197.8	149.1	111.4	84.9	83.9
	意大利	2277.0	2128.6	2286.9	1872.9	1572.1
	西班牙	2069.3	1810.4	1937.6	1481.3	1579.3
	希腊	139.9	149.2	157.4	143.9	142.2
	波兰	340.0	365.4	396.0	358.9	370.0
	其他欧盟国家	745.6	827.9	899.1	827.0	892.5
	其他欧洲国家	1696.9	1858.7	1778.1	2546.0	3954.5
总计		190020.3	182551.8	175980.0	150366.3	145186.2

资料来源：Statistical Yearbook of Indonesia 2017，印度尼西亚国家统计局，https://www.bps.go.id。

表8 2014~2016年印度尼西亚实际落实投资来源地

国家和地区	项目（个）			投资额（百万美元）		
	2014年	2015年	2016年	2014年	2015年	2016年
美洲地区	493	913	2364	2120.1	1773.4	2677.9
美国	179	261	540	1299.5	893.2	1161.9
加拿大	34	34	81	164.2	103.5	99.8
其他美洲国家	280	618	1743	656.4	776.7	1416.2
欧洲	896	1604	3136	3983.1	2326.7	2980
比利时	21	72	118	13.6	7.4	169.7
丹麦	15	15	37	1.5	2.0	0.8

续表

国家和地区	项目（个）			投资额（百万美元）		
	2014年	2015年	2016年	2014年	2015年	2016年
法国	115	197	424	200.2	131.6	109.0
意大利	51	118	169	63.1	104.1	26.7
荷兰	181	421	840	1726.3	1307.8	1475.0
挪威	3	13	31	0.1	1.8	15.7
德国	114	169	310	50.1	57.3	133.2
英国	182	267	495	1587.9	503.2	306.7
瑞士	56	103	218	150.9	61.8	346.7
其他欧洲国家	158	229	494	189.5	149.7	396.5
亚洲	4944	10516	18364	13458.1	15043.7	22352.7
日本	1010	2030	3302	2705.1	2877.0	5400.9
韩国	1054	2329	2996	1126.6	1213.5	1065.8
中国香港	197	422	1137	657.2	937.2	2248.3
中国台湾	150	275	480	114.7	107.9	149.1
新加坡	1302	3012	5874	5832.1	5901.2	9178.7
印度	137	2369	485	37.1	57.2	55.0
其他亚洲国家	1094	2212	4090	2985.2	3949.7	4254.9
大洋洲	263	502	978	685.0	205.2	208.5
澳大利亚	226	443	813	647.3	168.0	174.7
新西兰	15	20	56	17.6	17.2	17.1
其他大洋洲国家	22	39	109	20.1	20.0	16.7
非洲	83	161	479	664.0	192.9	745.0
尼日利亚	4	6	10	0.5	0.5	1.8
其他非洲国家	79	155	469	663.5	192.4	743.2
联合国	2206	4042		7619.4	9734.0	
总计	8885	17738	25321	28529.7	29275.9	28964.1

资料来源：*Statistical Yearbook of Indonesia 2017*，印度尼西亚国家统计局，https://www.bps.go.id。

表9 2014~2016年印度尼西亚分行业外商实际落实直接投资

经济部门	项目（个） 2014年	2015年	2016年	投资额（百万美元） 2014年	2015年	2016年
农业	350	704	950	2237.5	2147.1	1638.1
林业	28	79	108	53.3	19.0	78.2
渔业	47	85	124	35.3	53.1	43.3
采掘业	552	1066	1130	4665.1	4017.2	2742.4
制造业	3075	7184	9563	13019.3	11763.1	16687.6
电力、煤气、供水	118	350	748	1248.8	3028.9	2139.6
建筑业	147	358	437	1383.6	954.5	186.9
贸易	2339	3705	5540	866.8	625.1	670.4
餐馆酒店	407	1052	2026	513.1	650.2	887.8
运输、仓储和通信	228	493	620	3000.8	3289.9	750.2
房地产和商业服务	255	858	1151	1168.4	2433.6	2321.5
社区、社会、个人服务	1339	1804	2924	337.5	394.3	818.2
总计	8885	17738	25321	28529.6	2927.5	28964.1

资料来源：Statistical Yearbook of Indonesia 2017，印度尼西亚国家统计局，https://www.bps.go.id。

表10 2000~2016年印度尼西亚商品进出口总额

单位：百万美元

年份	非油气 出口	进口	油气 出口	进口	总计 出口	进口
2000	47757.4	27495.3	14366.6	6019.5	62124.0	33514.8
2001	43684.6	25490.3	12636.3	5471.8	56320.9	30962.1
2002	45046.1	24763.1	12112.7	6525.8	57158.8	31288.9
2003	47406.8	24939.8	13651.4	7610.9	61058.2	32550.7
2004	55939.3	34792.5	15645.3	11732.0	71584.6	46524.5

续表

年份	非油气 出口	非油气 进口	油气 出口	油气 进口	总计 出口	总计 进口
2005	66428.4	40234.2	19231.6	17457.7	85660.0	57700.9
2006	79589.1	42102.6	21209.5	18962.9	100798.6	61065.5
2007	92012.3	52540.6	22088.6	21932.8	114100.9	74473.4
2008	107894.1	98644.4	29126.3	30552.9	137020.4	129197.3
2009	97491.7	77848.5	19018.3	18980.7	116510.0	96829.2
2010	129739.5	108250.6	28039.6	27412.7	157779.1	135663.3
2011	162019.6	136734.1	41477.0	40701.5	203496.6	177435.6
2012	153043.0	149125.3	36977.3	42564.2	190020.3	191689.5
2013	149918.8	141362.3	32633.0	45266.4	182551.8	186628.7
2014	145961.2	134718.9	30018.8	43459.9	175980.0	178178.8
2015	131791.9	118081.6	18574.4	24613.2	150366.3	142694.8
2016	132080.8	116913.0	13105.5	18739.8	145186.2	135652.8

资料来源：*Statistical Yearbook of Indonesia 2017*，印度尼西亚国家统计局，https://www.bps.go.id。

表11 2012~2016年印度尼西亚外国游客数量

单位：人

国家和地区	2012年	2013年	2014年	2015年	2016年
亚太地区	6376116	6943413	7475050	8096372	8908561
文莱	16423	16932	19078	18262	23693
马来西亚	1269089	1380686	1418256	1431728	1541197
菲律宾	236866	247573	248182	267700	298910
新加坡	1324706	1432060	1559044	1594102	1515701
泰国	114867	125059	114272	118579	124569
越南	33598	43249	48018	49845	60984
中国香港	81782	95258	94560	93529	101369

续表

国家和地区	2012 年	2013 年	2014 年	2015 年	2016 年
印度	196983	231266	267082	306960	422045
日本	463486	497399	505175	528606	545392
韩国	328989	351154	352004	375586	386789
巴基斯坦	5330	6281	7057	7570	10098
孟加拉国	5998	8132	13891	15790	39026
斯里兰卡	8786	8288	8760	11190	24256
中国台湾	217708	247146	220328	223478	252849
中国大陆	726088	858140	1050705	1249091	1556771
澳大利亚	952717	983911	1145576	1090025	1302292
新西兰	59606	67852	79380	86609	105391
其他亚太地区	333144	343027	321682	627720	597229
美洲地区	312525	343573	361220	401934	475982
美国	217599	236375	246397	269062	316782
加拿大	58245	65385	68462	74212	86804
其他美洲国家	36681	41813	46391	58660	72396
欧洲	1174079	1285097	1337552	1439464	1767145
奥地利	19120	21645	20599	22458	24375
比利时	28243	34414	33601	38193	43607
丹麦	21168	22890	22577	27692	36380
法国	184273	201917	208537	208679	256229
德国	158212	173470	184463	201202	243873
意大利	46651	56705	62265	67892	79424
荷兰	152749	161402	168494	172371	200811
西班牙	34991	39383	47376	53115	68840
葡萄牙	15406	18194	17675	22032	29286

续表

国家和地区	2012年	2013年	2014年	2015年	2016年
瑞典	26097	29281	32308	37555	45934
挪威	17118	18174	17253	18526	19478
芬兰	15035	15074	15332	18564	21031
瑞士	37756	43906	45567	51685	56700
英国	219726	236794	244594	286806	352017
俄罗斯	99448	99872	94345	72302	88520
其他欧洲国家	98086	111976	122566	140393	200640
中东和非洲	181692	230046	261589	293006	367587
总计	80444462	8802129	9435411	10230775	11519275

资料来源：*Statistical Yearbook of Indonesia 2017*，印度尼西亚国家统计局，https：//www.bps.go.id。

表12　2015~2016年印度尼西亚15岁以上有识字能力的人口比例

单位：%

年龄段	城市 2015年	城市 2016年	农村 2015年	农村 2016年	城乡总和 2015年	城乡总和 2016年
15~19岁	100.00	99.98	99.78	99.61	99.89	99.80
20~24岁	99.90	99.87	98.90	99.11	99.45	99.53
25~29岁	99.81	99.76	98.53	98.53	99.19	99.18
30~34岁	99.72	99.71	97.96	98.00	98.88	98.91
35~39岁	99.65	99.74	97.96	97.64	98.64	98.76
40~44岁	99.79	99.08	95.39	96.13	97.11	97.65
45~49岁	98.37	98.79	93.77	95.29	96.13	97.12
50岁及以上	90.73	91.12	80.13	80.14	85.25	85.56
总计	97.43	97.53	92.91	93.03	95.22	95.38

资料来源：*Statistical Yearbook of Indonesia 2017*，印度尼西亚国家统计局，https：//www.bps.go.id。

表 13 2013/2014～2015/2016 年度印度尼西亚学校、教师和学生数量

单位：个，人

学校类别		2013/2014 年度			2014/2015 年度			2015/2016 年度		
		学校	教师	学生	学校	教师	学生	学校	教师	学生
教育部管辖	幼儿园	74982	302182	4174783	79386	277585	4358225	85499	281136	4495432
	小学	148272	1539819	26504160	147513	1695349	26132141	147536	1648077	25885053
	初中	35488	596089	9715203	36518	759422	9930647	37023	644399	10040277
	高中	12409	278711	4292288	12513	350180	4232572	12689	283223	4312407
	职业高中	11726	186401	4199657	12421	346678	4211245	12659	260694	4334987
	大学	3280	230915	5839587	3225	171771	5896419	3261	240786	5377106
宗教事务部管辖	小学	23678	262090	3290240	24353	278811	3463028	24560	269460	3565875
	初中	16383	266278	2817027	16741	299360	3158689	16934	265784	3160685
	高中	7260	132277	1099366	7582	148019	1208616	7843	123463	1294776
	大学	678	26671	613665	693	30524	689181	699	31055	775517

资料来源：Statistical Yearbook of Indonesia 2017，印度尼西亚国家统计局，https://www.bps.go.id。

参考文献

一 著作和论文

（一）著作与报告

1. *Statistical Yearbook of Indonesia 2017*，印度尼西亚国家统计局。

2. *Domestic and Foreign Direct Investmnet Relation In Quarter* Ⅰ，Ⅱ，Ⅲ，Ⅳ，*2016*；*Domestic and Foreign Direct Investment Relation in Quarter* Ⅰ，Ⅱ，*2017*，印度尼西亚投资统筹机构，2017。

3. *The Annual Press Statement of The Indonesian Minster for Foreign Affairs*，*2017*，Minster for Foreign Affairs of The Republic of Indonesia，Jan. 10，2017.

4. *The Economist Intelligence Unit*：*Haze Trouble Returns*，Sept. 8，2016.

5. Indonesia Economic Quarterly Sustaining Reform Momentum，January 2017.

6. 《BT 世界能源统计年鉴》，英国石油公司，2017。

7. 张航燕、胡文龙等：《"一带一路"国家产业竞争力分析》，社会科学文献出版社，2017。

8. 唐慧、陈扬、张燕、王辉：《印度尼西亚概论》，世界图书出版公司，2012。

9. 米良：《东盟国家宪政制度研究》，云南大学出版社，2011。

10. 吴崇伯：《举足轻重的东南亚大国——认识印度尼西亚》，山东大学出版社，2010。

11. 杨全喜、唐慧：《印度尼西亚研究》，军事谊文出版社，2009。

12. 蔡金城：《印度尼西亚社会文化与投资环境》，世界图书出版公司，2014。

13. 俞亚克：《当代印度尼西亚经济》，云南大学出版社，2000。

14. 《人口统计公报》，http://www.stats.gov.cn/tjsj/pcsj/rkpc/6rp/indexch.htm。

（二）论文

1. 杨晓强、王禽哲：《印度尼西亚：2016年回顾与2017年展望》，《东南亚纵横》2017年第1期。

2. 吴崇伯、钱树静：《印度尼西亚的中等收入陷阱问题分析》，《南洋问题研究》2017年第3期。

3. 吴崇伯：《中国—印尼海洋经济合作的前景分析》，《学术研究》2015年第1期。

4. 韦红、史自洋：《印尼环境治理失灵问题思考——以烟霾治理为例》，《东南亚南亚研究》2016年第3期。

5. 王玉娟、方天建：《泛伊斯兰背景下"伊斯兰国"对东南亚的渗透》，《东南亚研究》，2017年第1期。

6. 潘玥、常小竹：《印尼对"一带一路"的认知、反应及中国的应对建议》，《现代国际关系》2017年第5期。

7. 薛松、许利平：《印尼"海洋强国战略"与对华海洋合作》，《国际问题研究》2016年第3期。

8. 吴崇伯：《挑战与希望并存：印尼新政府的内外政策走向》，《当代世界》2014年第10期。

9. 张洁：《"反钟万学运动"：观察印尼政治生态的风向标？》，《世界知识》2017年第3期。

10. 孔志远：《印尼华人与宗教》，《青岛大学学报》1994年第1期。

11. 朱陆民、廖梦琦：《浅析后苏哈托时期印尼伊斯兰教的变化及其原因》，《大庆师范学院学报》2017年第4期。

12. 吴崇伯：《印尼新总统佐科的海洋强国梦及其海洋经济发展战略试

析》,《南洋问题研究》2015 第 4 期。

13. 张会叶、韦健峰:《近年来印尼南海政策的新变化及影响》,《东南亚南亚研究》2016 年第 2 期。

14. 潘玥:《试析中印尼在南海问题上的互动模型》,《东南亚南亚研究》2017 年第 1 期。

15. 江振鹏:《跨境污染与地方治理困境——以印尼政府烟霾应对为例》,《南洋问题研究》,2017 年第 2 期。

16. 许利平:《新时期中国与印尼的人文交流及前景》,《东南亚研究》2015 年第 6 期。

17. 郑亚南:《印尼本土华文教师现状调查分析及建议——以雅加达、唐格朗为例》, 西安外国语大学硕士学位论文 2017。

18. 韦红:《印尼国内政治对中国印尼共建海上丝绸之路的影响及对策》,《社会主义研究》2016 年第 3 期。

19. 施雪琴、叶丽萍:《契机与挑战:当代中国与印尼新型互动关系的构建——以"21 世纪海上丝绸之路"建设为背景》,《当代世界与社会主义》2017 年第 3 期。

二 报刊

1. 《雅加达环球报》
2. 《雅加达邮报》
3. 《罗盘报》
4. 《巴厘邮报》
5. 《国际日报》
6. 《印度尼西亚商报》
7. 《千岛日报》
8. 《星洲日报》
9. 《联合早报》
10. 《人民日报》

11.《经济日报》

12.《亚太日报》

三 网站

（一）印度尼西亚

1. 印度尼西亚国家统计局，http：//bps/go/id。

2. 印度尼西亚外交部，http：//www.kemlu.go.id/Page/Default.aspx。

3. 印度尼西亚驻华大使馆，http：//kemlu.go.id/beijing。

4. 印度尼西亚投资统筹机构，http：//www7.bkpm.go.id。

5. 印尼教育与文化部，http：//www.kemdiknas.go.id。

6. 安塔新闻社，http：//antaranews.com。

7. 印尼华人网，http：//www.ydnxy.com。

8. 美都新闻网，http：//www.metrotvnews.com。

（二）中国

1. 中华人民共和国外交部，http：//www.fmprc.gov.cn。

2. 中华人民共和国商务部，http：//www.kemlu.go.id/Page/Default.aspx。

3. 中华人民共和国国防部，http：//www.mod.gov.cn。

4. 中华人民共和国驻印度尼西亚大使馆经济商务参赞处，http：//id.mofcom.gov.cn。

5. 中华人民共和国中央人民政府网，http：//www.gov.cn。

6. 中国—印尼经贸合作网，https：//www.cic.mofcom.gov.cn。

7. 中国侨网，http：//www.chinanews.com。

8. 中国东盟研究中心，http：//cari.gxu.edu.cn。

9. 中华人民共和国驻泗水总领事馆经济商务室，http：//surabaya.mofcom.gov.cn。

10. 中华人民共和国驻棉兰总领馆经济商务室，http：//medan.mofcom.

gov. cn。

11. 中国国际贸易促进委员会，http：//www. ccpit. org。

12. 中国经济网，http：//www. ce. cn。

13. 中国财经网，http：//finance. china. com. cn。

14. 新华社，http：//www. xinhuanet. co。

15. 人民网，http：//www. people. com. cn。

16. 环球网，http：//www. huanqiu. com。

17. 中国新闻网，http：//www. chinanews. com。

18. 央视网，http：//www. cctv. com。

19. 观察者网，http：//www. guancha. cn。

20. 中国情报网 http：//www. askci. com。

21. 中国远洋渔业信息网，http：//www. cndwf. com。

22. 中国水产门户网，http：//www. bbwfish. com。

23. 中国林业网，http：//indonesia. forestry. gov. cn。

24. 中国木材网，http：//www. chinatimber. org。

25. 中国产业信息网：http：//www. chyxx. com。

26. 东方烟草网，http：//www. eastobacco. com。

27. 凤凰网，http：//www. ifeng. com。

（三）其他

1. http：//thediplomat. com。

2. http：//www. economist. com。

3. http：//www. gbgindonesia. com。

4. http：//www. lovyinstitute. org。

5. 世界银行，http：//www. worldbank. org。

6. 国际在线，http：//gb. cri. cn。

7. 澳大利亚广播公司，http：//www. abc. net. au。

后　记

2017年是中印尼关系继续向前发展的一年，中国"一带一路"与印尼"互联互通"共同推进，两国经贸合作稳步发展。2017年5月14日，在北京举行的第一届"一带一路"国际合作高峰论坛上，习近平主席和佐科总统都表示要推动两国在"一带一路"建设框架内全方位合作。同时，中印尼人文交流进一步发展。2017年11月28日，第三次中印尼副总理级人文交流机制会议在印尼梭罗市举行，两国人文交流的深度和广度不断拓展，为中印尼战略对接奠定了更加坚实的社会民意基础。

2017年，华中师范大学印度尼西亚研究中心也得到突破性发展，进入教育部国别和区域研究中心备案名单，并更名为中印尼人文交流研究中心。中心研究团队多次赴印尼、中国香港等地调研，收集一手资料，为国家相关部门提供政策咨询报告，并在国内外刊物发表多篇论文。

《印度尼西亚国情报告（2017）》是华中师范大学中印尼人文交流研究中心团队集体努力的结晶，韦红、王勇辉对全书通稿及修改，具体撰写分工如下：

上篇：韦红　李次园

中篇第一章：刘明　周李桥

中篇第二章：王勇辉　王晓超

中篇第三章：赵长峰　汪彩平

中篇第四章：许芸毓

中篇第五章：宋秀琚　吕军

下篇：王勇辉　冯凯

此外，感谢华中师范大学社科处对本中心的支持，感谢社会科学文献出版社仇扬编辑等人为本报告的校稿和编辑作出的巨大贡献。由于作者水平有限，书中难免不足之处，恳请学界同仁批评指正。

韦　红　王勇辉
于桂子山
2017 年 12 月 1 日

图书在版编目(CIP)数据

印度尼西亚国情报告.2017/韦红主编.--北京：社会科学文献出版社，2017.12
　ISBN 978-7-5201-2135-4

Ⅰ.①印… Ⅱ.①韦… Ⅲ.①印度尼西亚-研究报告-2017　Ⅳ.①K934.2

中国版本图书馆CIP数据核字(2017)第328111号

印度尼西亚国情报告（2017）

主　　编／韦　红
副 主 编／王勇辉

出 版 人／谢寿光
项目统筹／祝得彬　仇　扬
责任编辑／仇　扬　陈旭泽

出　　版／社会科学文献出版社·当代世界出版分社（010）59367004
　　　　　　地址：北京市北三环中路甲29号院华龙大厦　邮编：100029
　　　　　　网址：www.ssap.com.cn
发　　行／市场营销中心（010）59367081　59367018
印　　装／北京季蜂印刷有限公司

规　　格／开本：787mm×1092mm　1/16
　　　　　　印张：21　字数：317千字
版　　次／2017年12月第1版　2017年12月第1次印刷
书　　号／ISBN 978-7-5201-2135-4
定　　价／98.00元

本书如有印装质量问题，请与读者服务中心（010-59367028）联系

版权所有 翻印必究